Philipp VANDENBERG

Die heimlichen Herrscher

Die Mächtigen und ihre Ärzte.
Von Marc Aurel bis Papst Pius XII.

W0175475

BASTEI
LÜBBE

BASTEI LÜBBE TASCHENBUCH
Band 61 441

1. Auflage: Dezember 1999
2. Auflage: März 2000

Vollständige Taschenbuchausgabe
der im Gustav Lübbe Verlag erschienenen Hardcoverausgabe

Bastei Lübbe Taschenbücher und Gustav Lübbe Verlag
sind Imprints der Verlagsgruppe Lübbe

© by Verlagsgruppe Lübbe GmbH & Co. KG, Bergisch Gladbach
Umschlaggestaltung: CCG, Köln
Titelfoto: AKG, Berlin
Gesamtherstellung: Ebner Ulm
Printed in Germany
ISBN 3-404-61441-0

Sie finden uns im Internet unter
http://www.luebbe.de

Der Preis dieses Bandes versteht sich einschließlich
der gesetzlichen Mehrwertsteuer.

INHALT

DIE HEIMLICHEN HERRSCHER

Der größte Fehler der Geschichtsschreibung ist der, daß sie die Leiblichkeit der handelnden Personen vergißt. Dabei war Adenauers Leibarzt Professor Paul Niehans wichtiger für die Geschichte als seine Minister Seebohm, Storch und Wildermuth zusammen.

Die Geschichte lehrt, daß Helden gesund sein müssen. Sie kennen keinen Bandscheibenschaden, kein Magengeschwür – von Parkinson ganz zu schweigen. Je größer, je gesünder – je gesünder, desto göttlicher. Göttlich! Die griechische Mythologie beschreibt annähernd 600 Götter und Helden mit abenteuerlichem Schicksal, aber nur die fragwürdigen Gestalten verfallen dem Wahnsinn (wie Ixion), werden enthauptet (wie Medusa), kommen als Mißgeburten zur Welt (wie Triton und Minotaurus) oder lahmen (wie Hephaistos, der Gott des Feuers und der Künste). Ist ihnen Kraft und Gesundheit beschieden wie Vater Zeus oder dem strahlenden, unter die Götter aufgenommenen Helden Herakles, so verletzen sie sich vielleicht im Kampf und geraten in allerlei Scharmützel, aber sie überleben. Einen Arzt brauchen sie nie. Unvorstellbar, daß der Dulder Odysseus während seiner zehnjährigen Irrfahrt wegen schwerer Verletzungen an Leib und Leben oder gar wegen vegetativer Dystonie einen Arzt aufgesucht hätte. Nicht einmal Asklepios, der wundertätige Arzt und Gott der Heilkunde, schien anrufenswert. Krankheit und Gebrechen werden ästhetisiert oder zur Wollust des Leidens, und es scheint, als hätten die Herrschenden diesen Unsinn seit Menschengedenken kultiviert, wobei zwei Extreme zutage traten: das amtlich verordnete Schweigen und die amtlich verfügte Veröffentlichung.

Hitlers komplexbeladenes Sprachrohr Joseph Goebbels ließ alle Ganzfotos verbieten, auf denen erkannt werden konnte, daß er einen Klumpfuß hatte; und schritt er auf ein Rednerpodium, so mußte der »Fußweg« mit Topfpflanzen abgedeckt sein (in der Tat wußten während der Nazi-Zeit nur ganz wenige von seinem Gebrechen). Der vierzehnte Ludwig hingegen, der sich in Versailles als Sonnenkönig feierte, ließ täglich ein Gesundheitsbulletin veröffentlichen, das weder den königlichen Stuhlgang noch ein Bäuerchen seiner Majestät tabuisierte. Vom Suff, dem Alexander der Große bis zur Bewußtlosigkeit anhing und der ihn letztlich auch das Leben kostete, durfte niemand außerhalb seiner Umgebung reden, während Sir Winston Churchill, der demselben Laster huldigte (Alexander jedoch um 60 Jahre überlebte), öffentlich mit seiner Sucht kokettierte: »Mein Arzt hat mir verboten, zwischen Frühstück und Abendessen etwas Antialkoholisches zu mir zu nehmen.«[1] Der Wittelsbacher Ludwig I., von Lungenentzündungen, Beinschwellungen, Ausschlägen und Migräne mindestens ebenso verfolgt wie vom Historizismus, ließ nie öffentlich über seine Plagen verlauten; er verschwand lieber heimlich zur Kur nach Italien oder Bad Brückenau, was oft sogar der nächsten Umgebung am Hofe verborgen blieb. Napoleon Bonaparte hingegen, der sich viele Krankheiten durch ein äußerst ungesundes Leben erdiente (er verzehrte schon zum Frühstück – wie Churchill – Fleisch und Rotwein und verschlang alle Mahlzeiten in abstoßendem Tempo), ließ nicht nur alle Malaisen, oft von einem halben Dutzend Ärzten diagnostiziert, veröffentlichen, er verfügte ausdrücklich seine eigene Autopsie. »Ich will, daß mein Leichnam geöffnet wird ... Erst wenn man mich aufschneidet, wird man wissen, was bei mir nicht in Ordnung ist.«[2]

Die Perfektion dieses Übermenschen geht hier bis zur Perfektion der Selbstdemontage. Gescheitert, versuchte Napoleon das Scheitern zu verwissenschaftlichen, die Krankheit zum Motiv zu erheben. Wieviel seelische Verkümmerung steckt hinter diesem Motiv, wieviel Ratlosigkeit und ohnmächtige Wut, wieviel gespaltenes Leben, wieviel Unterdrückung von Gewöhnlichkeit! Einfach krank sein, einfach sterben – für einen Bonaparte unmöglich! Die Fähigkeit, Schwächen einzugestehen, war nie Sache von Staatslenkern und Diktatoren, und sie ist es auch heute nicht. Wer herrscht, erhebt sich über alle anderen. Wer herrscht, ist besser als alle anderen. Wer herrscht, ist gesund.

Von der Tatsache, daß dem nicht so ist, lebt eine ganze Mediensparte, bunte Periodika, die dem Präsidenten Krebs, dem Fürsten Impotenz und der Königin Depressionen andichten, was stimmen mag oder nicht, auf jeden Fall aber so sein könnte und damit die Gleichheit mit unsereins bewiese, dem Mann oder der Frau aus dem Volk. Die Großen dieser Welt lebten und leben in einer Art Bühnengesundheit; doch das Schauspiel unbezwingbarer Resistenz gerät, vertieft man sich in nur wenige Herrscher-Biographien, zunehmend zum Drama, bisweilen sogar zur Mitleid erregenden Posse. Fußnoten der Geschichte sind vielfach ihr Inhalt.

Henry de Montherlant, der französische Schriftsteller, gewohnt, kein Blatt vor den Mund zu nehmen, drückte es so aus: »Man spricht über die Nase Kleopatras, aber niemand redet über die Hämmorrhoiden von Richelieu.« Oder Emile Zola, der sich über die Gallensteine Napoleons III. folgendermaßen ausließ: »Ein Sandkorn im Fleisch eines Mannes, und Weltreiche beginnen zu wanken und fallen.«

Gewiß, man kann Fürst Otto von Bismarck als »eisernen Kanzler«, als geistreichen Diplomaten, als großen Staatsmann bezeichnen, jedenfalls häufen sich diese Attribute in unseren Geschichtsbüchern; aber wer redet von Bismarck als dem reizbaren, ausfälligen, unberechenbaren Neurotiker? Die Nachwelt, die dem Mimen keine Kränze flicht, ist bereit, Feldherren und Herrscher zu verzeihen, wenn sie erfolgreich waren. Bismarck *war* erfolgreich, und so mißt die auf seinen Ruhm bedachte Nachwelt seine literarischen Ergüsse an Shakespeare und Schiller nicht weniger als seine strategischen Winkelzüge an Moltke und Ludendorff – vom schlaflosen, suizidgefährdeten Fresser, Trinker und Kettenraucher Bismarck, der mit sich selbst größere Probleme hatte als mit seinem Reich, ist nie die Rede. Noch weniger von Dr. Otto Schweninger, seinem Leibarzt, dem der vollgefressene Kanzler vermutlich sein Leben verdankt und der gegen Gallenkoliken und Gesichtsneuralgien seines überempfindsamen Patienten ankämpfte. Tatsächlich ist der Stellenwert der Medizin in der Geschichte weit höher als angenommen, und weil Medizin des Mediziners bedarf, ist der Stellenwert der Männer, die sie repräsentieren, von noch größerer Bedeutung.

Forscht man gründlich im Leben der Herrschenden, so tritt eine erstaunliche Entdeckung zutage. Jene, denen nach außen eine widerstandsfähige Gesundheit, ein nicht enden wollendes Regenerieren, beinahe eine gewisse Unsterblichkeit innewohnte, waren ihren Leibärzten, Wunderheilern und Scharlatanen ergeben wie Kinder der Vaterfigur. Wie Kinder suchten sie ihre Nähe, und es scheint, als brauchten selbst Unbesiegbare, Unfehlbare, Unersetzliche einen Menschen, bei dem sie schwach und krank sein durften. Die Wollust des Leides, der wir bisweilen alle verfallen, macht auch vor Übermenschen nicht halt.

Adolf Hitler, in der Kartei seines Leibarztes Theo Morell als »Patient A« geführt, war unter den Händen des geheimnisumwitterten Mediziners ein anderer Mensch, ein chronisch kranker Patient mit Blähsucht, Magenschmerzen und Krebsangst, und in Verbindung damit der Überzeugung, nicht alt zu werden, Symptomen, die dem äußeren Erscheinungsbild des »großen Führers« total entgegengesetzt waren und daher nie bekannt werden durften. Friedrich August I., besser bekannt als August der Starke, der sich zahlloser siegreicher Schlachten und 364 eigenständig gezeugter Kinder rühmte, stand seit seinem vierzigsten Lebensjahr in einer Art Abhängigkeit von seinen Herren Leibärzten, insbesondere von seinem Leibchirurgen Weiß, der ihm – medizinisch höchst umstritten – im Schlaf eine Zehe abschnitt, während Atemlähmungen, Ohnmachten und Kreislaufzusammenbrüche auf Grund der Körperfülle des Patienten kaum Heilungsaussichten hatten. Admiral Nelson, dessen Vornamen Horatio selbst manche Historiker nicht kennen und der fast sein ganzes Leben auf dem Wasser zugebracht hat, war, sieht man von seiner Liebesbeziehung zu Lady Hamilton einmal ab, ein Ausbund von Härte und Korrektheit. Er benahm sich auf seinen Schiffen wie ein kleiner Gott, wurde streng behütet und bewacht, und kein Matrose hätte es je gewagt, ihn anzusprechen. Trat er in Luv an Deck, stob die Mannschaft auf die Leeseite. Nelson an seine Frau Frances (»Fanny«): »Denke daran, daß der Tapfere bloß einmal stirbt, der Feige aber sein ganzes Leben lang.«[3] Ein Schuß, der Nelson beim Korsika-Feldzug traf, raubte ihm das rechte Auge (hämorrhagische Läsion der Retina), veranlaßte ihn jedoch keineswegs zum Tragen einer, wie er sagte, »entstellenden Augenklappe«. Um den Schein der Unverletzbarkeit zu wahren, ließ er sich bei James Lock in der Londoner St. James Street einen Admiralsdreispitz mit integriertem grünen Schirm anfertigen, der *beide* Augen verdeckte, so daß man das tote rechte Auge, dessen Pupille so groß war wie die Iris des anderen, nicht sehen konnte.

Mit dem Arzt seines Flaggschiffs, Dr. Gillespie, verband ihn gewiß keine Freundschaft wie mit Dr. Benjamin Moseley, aber Gillespies Allgegenwärtigkeit an Bord, von sechs bis 21 Uhr, ging doch über das korrekte Verhältnis Arzt-Patient hinaus. Nicht weil Nelson dauernd seekrank wurde, er lebte in ständiger Phobie, irgendwie krank zu werden und ganz zu erblinden. Jeden Tag, wenn es das Wetter erlaubte, beobachtete Nelson zusammen mit seinem Flottenarzt den Sonnenaufgang.

Bisweilen führt das Verhältnis Arzt-Patient auch zum Konflikt – gewiß nicht weniger häufig als im gewöhnlichen Leben, nur sind die Folgen spektakulärer: Nicht wenige Leibärzte haben, gewollt oder ungewollt, Geschichte gemacht. Churchills Leibarzt Lord Moran, der mit dem großen Alten 25 Jahre zusammenlebte wie ein Ehepartner und sich seinem Patienten wie bei einem altgewordenen Ehepaar im Aussehen anglich, gestand freimütig und wohl nicht ohne Stolz, daß er es war, der den der Senilität anheimfallenden Churchill seit dem 70. Lebensjahr mit allen Mitteln ärztlicher und psychologischer Kunst zum Durchhalten ermutigte, woraus ein Drama weltgeschichtlichen Ausmaßes entstand.

Dr. Ross McIntire, Leibarzt von Franklin D. Roosevelt, einem von Poliomyelitis, schwerer Hypertonie und anderen Risikofaktoren verfolgten Patienten, verschwieg nicht nur der Öffentlichkeit, sondern auch dem US-Präsidenten seine alarmierende Diagnose; zu der epochemachenden Konferenz von Jalta erschien kein harter Verhandlungspartner, sondern ein menschliches Wrack. Dabei spielten parteipolitische Gründe die Hauptrolle. Roosevelt hatte kurz vor Jalta zum vierten Male als Präsidentschaftskandidat antreten müssen, weil der von seiner Partei, den Demokraten, designierte Nachfolger Harry S. Truman in den Vereinigten Staaten völlig unbekannt war und somit einer sicheren Niederlage entgegengesehen hätte. Roosevelt überlebte seine Wiederwahl keine fünf Monate.

Zu den Ärzten, die gegen ihren Willen Geschichte machten, gehören Sir Morell Mackenzie und Obermedizinalrat Bernhard von Gudden, Männer, die erst in Verbindung mit ihren prominenten Patienten zu Weltruhm gelangten: Mackenzie mit einer vermeintlichen Fehldiagnose, von Gudden durch ein fragwürdiges Gutachten, das – selten genug – Ursache für den gleichzeitigen Tod mit seinem Patienten war. Mackenzie war Leibarzt Kaiser Friedrichs III., von Gudden bescheinigte Ludwig II. Paranoia (ohne den König je untersucht zu haben). Daß Ludwigs Leben wie das von Guddens endete und von Guddens wie das des Königs, ist jene Ironie der Geschichte, die bisweilen aus Fußnoten Schlagzeilen macht; aber auch ohne das ungewöhnliche Ende in einem oberbayerischen See wäre der Bayernkönig nicht mehr auf seinen Märchenthron zurückgekehrt.

Anders bei Friedrich III., dem 99-Tage-Kaiser. Er hatte Kehlkopfkrebs, jedenfalls hatte ein Berliner Professor frühzeitig die Diagnose gestellt. Aber Friedrichs Frau Victoria, die älteste Tochter der gleichnamigen englischen Königin und wie ihre Mutter willensstärker als der Gemahl, verlangte einen britischen Hals-Nasen-Ohren-Spezialisten, Dr. Morell Mackenzie, der nach einer negativen Gewebeuntersuchung durch Professor Rudolf Virchow Krebs ausschloß. Ein Jahr später war Friedrich III. tot, und in diesem Zusammenhang sei der Gedanke erlaubt, was geschehen wäre, wenn der König von Preußen entgegen der Diagnose des Londoner Spezialisten erfolgreich operiert worden wäre und so lange wie sein Vater Wilhelm I. oder sein Sohn Wilhelm II. gelebt hätte. Spekulation – gewiß, aber eine lohnende: Hätte Friedrich III. seine Liberalisierung der Innenpolitik und die Abkehr vom persönlichen Regiment in Preußen fortgesetzt, hätte er den Nichtangriffspakt zwischen Rußland und Deutschland durchgesetzt, hätte er sein Versprechen zu enger Freundschaft mit England eingelöst und Bismarck im Zaum gehalten, die Weltgeschichte wäre anders verlaufen, vielleicht hätte der Erste Weltkrieg nie stattgefunden.

Der größte Fehler der Geschichtsschreibung ist der, daß sie die Leiblichkeit der handelnden Personen vergißt. Dabei war Adenauers Leibarzt Professor Paul Niehans wichtiger für die Geschichte als seine Minister Seebohm, Storch und Wildermuth zusammen. Und verdankt Hitler seinem Leibarzt Professor Theo Morell auch nicht gerade sein Leben, so doch seine langjährige Sublimierung seines Todestriebes und die Therapie seiner seelischen Verkümmerung, der er mit in eigener Firma produzierten »Vitamultin-Calcium F«-Injektionen begegnete, jeden zweiten Tag intravenös. Gewiß war Rasputin ein dämonischer Scharlatan, aber mit seinen hypnotischen und magnetischen Kräften, die den an Bluterkrankheit leidenden Zarewitsch Aleksej retteten, beherrschte er in den Jahren vor dem Ersten Weltkrieg nicht nur die Kaiserin Alexandra, er wurde zum heimlichen Herrscher Rußlands, der sogar Minister ein- und absetzte.

Im Arzt-Patient-Verhältnis der Herrschenden begegnen wir, wie im alltäglichen Leben, Freundschaften wie zwischen Churchill und Lord Moran, aber auch abgrundtiefen Feindschaften, die aus gescheiterten Vertrauensverhältnissen entstehen. Stalin ließ seinen Leibarzt Dr. Wladimir Winogradow, Internist am Ersten Moskauer Medizinischen Setschemow-Institut, kurz vor seinem Tod unter Spionageverdacht verhaften. Das hatte zur Folge, daß an Stalins Sterbebett nur Ärzte standen, die seine Anamnese nicht kannten. Glaubt man dem römischen Historiker Cassius Dio, so ließ der griechische Leibarzt Galenos seinen kaiserlichen Patienten Marc Aurel auf dem Operationstisch sterben, weil er dessen Sohn und Nachfolger »gefällig sein wollte«.

Man sieht, die Herrschenden und ihre Leibärzte verbindet ein dramatisches Band, und oft wurden die Herrschenden von ihren Ärzten beherrscht. Diese Konstellation führte zu operettenhaften Wendungen der Geschichte, bisweilen aber auch zu historischen Dramen und Tragödien. Es ist das uralte Spiel um die Macht, ein Spiel so alt wie die Menschheit.

Geschichte aus der Perspektive des Arztes ist eine andere als jene, die in den Annalen aufgeführt wird, es ist eine zutiefst menschliche, und – das sei beklagt – sie wirkt gerade deshalb fremd, als ob es nicht Menschen wären, die die Geschichte machen. Und dabei scheint es, als habe sich in den letzten zweitausend Jahren nichts geändert.

I.
DIE GROSSEN DREI VON JALTA:
DR. MCINTIRE, DR. WINOGRADOW,
LORD MORAN

Der äußere Eindruck täuschte nicht: Da saßen drei kranke Männer, umsorgt und behütet von ihren Leibärzten, die über die Teilung der Beute feilschten wie drei alte, erschöpfte, zahnlose Löwen, die in Erinnerung besserer Zeiten alle Zebra- und Gazellenherden der Serengeti untereinander aufteilten.

Die Konferenz von Jalta, auf der im Februar 1945 über die Zukunft Europas entschieden wurde, wird in den Geschichtsbüchern als Konferenz der mächtigsten Politiker der Welt bezeichnet. Das klingt imponierend, aber in Wirklichkeit war Jalta ein Konsilium von Ärzten unterschiedlicher Reputation; denn in Jalta trafen sich drei alte kranke Männer in Begleitung ihrer Ärzte, und der Gedanke liegt nahe, daß unser aller Zukunft möglicherweise von ein paar wirkungsvollen Pillen oder ein paar Tropfen zur rechten Zeit entschieden wurde.

Jalta – warum in aller Welt gerade Jalta? Die Entscheidung für Jalta traf Roosevelts mächtiger Leibarzt Ross McIntire. Er hatte zunächst die Ansicht vertreten, eine Woche Seereise würde dem Präsidenten guttun, und ein Treffen irgendwo im Mittelmeer vorgeschlagen; aber Stalin weigerte sich, den Einflußbereich des russischen Geheimdienstes zu verlassen, und beharrte auf einer Stadt in Rußland, am besten Odessa. »Aber«, bekennt McIntire in seinen Erinnerungen, »ich legte mein Veto ein gegen diesen ungesunden Ort, und ich verwarf auch noch ein paar andere Städte aus eben demselben Grund.«[1] Gegen Jalta hatte er nichts einzuwenden.

Im großen Ballsaal des Palais Liwadia, der Sommerresidenz von Zar Nikolaus II., trafen sich drei Männer, die viel älter aussahen, als es ihren Lebensjahren entsprach, vor allem machten sie nicht den Eindruck von Siegern, obwohl das Ende des Zweiten Weltkrieges nur noch eine Frage von wenigen Wochen oder Monaten war. Der äußere Eindruck täuschte nicht: Da saßen drei kranke Männer, umsorgt und behütet von ihren Leibärzten, die über die Teilung der Beute feilschten wie drei alte, erschöpfte, zahnlose Löwen, die in Erinnerung besserer Zeiten alle Zebra- und Gazellenherden der Serengeti untereinander aufteilten.

Für die Vereinigten Staaten von Amerika: Franklin Delano Roosevelt, 63 Jahre alt, seit 24 Jahren von der Hüfte abwärts gelähmt infolge von Kinderlähmung, herzkrank und in Begleitung seines Leibarztes Admiral Dr. Ross T. McIntire.

Für England: Sir Winston Churchill, 71 Jahre alt, Kettenraucher und Trinker (nach eigenen Angaben Teil seiner Religion), soeben von einer Lungenentzündung genesen, depressiv und überzeugt, nicht mehr lange zu leben, bettlägerig, von ständigen Fieberanfällen und Diarrhö verfolgt und in Begleitung eines Ärzteteams unter Leibarzt Lord Moran.

Für die Sowjetunion: Josef Stalin, 65 Jahre alt, Kettenraucher mit einer erweiterten linken Herzkammer, extrem hoher Blutdruck, in Begleitung eines ganzen Ärzteteams.

Noch bevor die Delegationen – immerhin 700 Mann – in Jalta eintrafen, hatte Dr. Ross McIntire das Kommando als heimlicher Herrscher übernommen. »In Anbetracht der Tatsache«, schreibt der Leibarzt des US-Präsidenten, »daß die Deutschen alle Gebäude auf Jalta bis vor kurzem besetzt hielten, und weil ich vermutete, daß sie diese nicht gerade pfleglich behandelt hatten, mußte ich Vorsorge treffen. Ich hatte durch unseren Flottenarzt im Mittelmeer ein kompetentes Team von Ärzten und Krankenpflegern aufstellen lassen, das auf Seuchenbekämpfung spezialisiert war. Kurz vor unserer Ankunft dampfte die ›Catoctin‹ durch die Dardanellen ins Schwarze Meer nach Sewastopol mit allem für das Leben der amerikanischen Delegation Notwendigen an Bord.

Der Kommandierende Offizier Admiral Olson hatte mir berichtet, er habe beim ersten Anblick des Palais Liwadia die Hände über dem Kopf zusammengeschlagen und gezweifelt, ob dieses Gebäude überhaupt bewohnbar gemacht werden könnte. Obwohl neu installiert, funktionierten die Wasserleitungen kaum; aber schlimmer war der Dreck und das reichliche Ungeziefer. Russische Arbeiter wurden hinzugezogen, und nachdem sie den Dreck von Jahren beseitigt hatten, wurde eine zehnprozentige Lösung aus DDT in Kerosin angewendet. Jedes Bett, jedes Kissen, jeder Teppich und jeder Vorhang wurde so dreimal eingesprüht und anschließend mit DDT-Talkum-Pulver bestäubt. Tauchte bei den täglichen Inspektionen ein Insekt auf, wurde Alarm gegeben.«[2]

Dr. Ross McIntire für einen harmlosen, für die Hygiene oder den Puls des US-Präsidenten Roosevelt verantwortlichen Doktor zu halten, ginge ebenso an der Wahrheit vorbei wie der Zustand der großen Drei, den jeder nach außen hin zur Schau trug. Die Sieger waren, wenn nicht Verlierer, so doch gesundheitlich so angeschlagen, daß wechselseitige Zweifel an der Verhandlungsfähigkeit der anderen geäußert wurden, und McIntire befand sich zweifellos in der kritischsten Situation. Er war seit 13 Jahren Roosevelts Leibarzt, seit dessen erster Präsidentschaft im Jahre 1933, und seither gab es keinen Tag, an dem er den Präsidenten nicht zweimal täglich, morgens um halb neun und abends um halb sechs, gesehen hatte. Anfangs beschränkte sich diese Tätigkeit, zu der McIntire ohne Stethoskop und Blutdruckmeßgerät zu erscheinen pflegte, darauf, dem Präsidenten beim Frühstück zuzusehen und ihn bei einem kurzen Spaziergang zu begleiten; denn Roosevelt bedurfte keiner ärztlichen Hilfe, und McIntires eigentliche Aufgabe waren die Leitung der Hals-, Nasen-, Ohren- und Augenabteilung des *Naval Hospitals* und ein Lehrstuhl am *Naval Medical Center.* Aber dann, nach 1938 – so McIntire nicht ohne Stolz –, »als der Präsident mich großzügigerweise zum leitenden Marinearzt im Rang eines Vizeadmirals ernannte, war meine Beschäftigung anspruchsvoller. Auf der Höhe des Krieges war ich Chef von 175 000 Ärzten, Zahnärzten, Schwestern und Sanitätern, 52 Hospitälern und 278 mobilen Hospitälern in der ganzen Welt, von 25 bis 1500 Betten.«[3]

Aber nicht allein deshalb war Ross McIntire ein ungewöhnlich mächtiger Mann. Der Arzt, dessen Namen kaum jemand kannte, weil er stets im Hintergrund blieb, gewann zunehmend an Einfluß auf das politische Geschehen, je mehr sich der körperliche Verfall Franklin D. Roosevelts fortsetzte. Ursache dieses Verfalls war nicht etwa die Lähmung, die den Präsidenten zum Krüppel machte. McIntire hatte den Präsidenten nie anders gesehen als von der Hüfte abwärts gelähmt, und er hatte es auf grandiose Weise verstanden, dieses körperliche Gebrechen, von dem jeder Amerikaner wußte, vergessen zu machen, indem er sich einiger Tricks bediente. Was ihn, pflegte McIntire zu sagen, während all der Jahre mit dem Präsidenten am meisten verblüffte, war, daß keiner von den Tausenden, die mit Roosevelt konferierten, und keinen von den Millionen, die ihm im Wahlkampf zwischen West- und Ostküste zuhörten, ihn als Krüppel betrachteten. Roosevelt zeigte sich selten mit seinen spezialangefertigten Stahlkrücken, aber er scheute sich auch nicht, damit aufzutreten. Für diese Art Fortbewegung stand ihm ein eigener Gehwächter zur Verfügung. Gus Gennerich, ein New Yorker Polizist, der das Kunststück beherrschte, Roosevelt beim Krückengehen so zu unterstützen, daß niemand etwas merkte. Mit Gennerichs Hilfe konnte der Präsident Züge besteigen und Boote, denn Gus war ein Kleiderschrank von einem Mann und kraftstrotzend; er hob den 76-Kilo-Präsidenten von hinten an den Ellenbogen hoch und setzte ihn am gewünschten Ort ab. So war es für Roosevelt ein Schock, als Gennerich unerwartet an einer Koronarthrombose starb; aber er fand in Tommy Qualters, ebenfalls einem Polizisten aus New York, Ersatz.

Nein, nicht seine Lähmung hatte Franklin D. Roosevelt an den Rand des Zusammenbruchs gebracht, der Präsident war schwer herzkrank und seit Monaten ein Streitfall für seine Ärzte. McIntire wollte die Krankheit seines Patienten nicht wahrhaben. – Oder durfte er sie nicht wahrhaben? Wer steckte hinter dieser Geheimhaltungspolitik?

Churchill, selbst nur noch ein Schatten und in ständiger Sorge um die Klarheit seines Verstandes, bemerkte später, Roosevelt habe bei der Konferenz von Jalta im Hinblick auf Stalin nur eine Komparsenrolle gespielt. Ein Brief des Präsidenten der amerikanischen Ärztekammer, Dr. Roger Lee, aus Boston bestätigte das: »Roosevelt hatte vor acht Monaten einen Herzanfall. Es gibt natürlich verschiedene Grade von Kongestionsbeschwerden, aber Roosevelt litt an einer Leberschwellung und war kurzatmig. Eine Obduktion hätte den Blutandrang in seinen inneren Organen gezeigt. Er war jähzornig und wurde sehr nervös, wenn er sich längere Zeit konzentrieren mußte. Wenn etwas zur Sprache kam, das Nachdenken erforderte, pflegte er das Thema zu wechseln ...«[4]

Zur Reisebegleitung des Präsidenten gehörte J. F. Byrnes, Leiter des Amtes für Kriegsmobilisierung und später Außenminister der Vereinigten Staaten. Ihm fiel auf, daß Roosevelt kaum Vorbereitungen für die Konferenz getroffen hatte, obwohl während der Überfahrt genügend Zeit gewesen wäre. »Erst am Tag vor unserer Landung in Jalta«, schreibt Byrnes, »erfuhr ich, daß wir eine sehr umfassende Aktensammlung mit Untersuchungen und Empfehlungen des State Department an Bord hatten ... Sicherlich lag es an der Krankheit des Präsidenten, daß er es unterlassen hatte, sie zu studieren.«[5]

Churchills Leibarzt Lord Moran hatte den amerikanischen Präsidenten zuletzt in Quebec gesehen, und schon damals war ihm Roosevelts körperlicher Verfall aufgefallen. Nun aber schien sich auch sein psychischer Zustand verschlechtert zu haben. Moran, der den Konferenzen beiwohnte, fiel auf, daß Roosevelt sich kaum an den Debatten beteiligte, meist hätte er mit offenem Mund dagesessen. Unter dem 4. Februar 1945 notierte er in sein Tagebuch: »Wenn er früher manchmal nicht genau mit den zur Diskussion stehenden Fakten vertraut gewesen war, so hatte sein Scharfsinn diese Schwäche wieder wettgemacht. Jetzt, hört man, ist der Scharfsinn geschwunden und nichts übriggeblieben. Nach allem, was ich hier beobachte, muß ich bezweifeln, ob er seiner Aufgabe gewachsen ist.«[6]

In den Augen seiner Ärzte stellte sich der Mann, den die Amerikaner zum 32. Präsidenten der Vereinigten Staaten gewählt hatten, anders dar als in den Geschichtsbüchern, ganz anders sogar, und man gewinnt den Eindruck, dies ist nicht die Krankengeschichte eines Mannes, sondern die einer ganzen Nation. Franklin D. stammte aus gutem Hause, war also nie – was seinen Nimbus gewiß erhöht hätte – Tellerwäscher oder Schuhputzer; er hatte als Kind Scharlach wie tausend andere Kinder und als junger Mann Masern, die ihn vor dem Wehrdienst im Spanisch-Amerikanischen Krieg bewahrten. Mit 23 heiratete er seine Cousine Eleonor. Die Hochzeitsreise ging nach Europa und ist aus medizinischer Sicht insofern erwähnenswert, als dabei zum ersten Mal eine Urticaria auftrat, ausgelöst durch Fliegen und Weißwein, doch ist bekannt, daß diese Nesselsucht auch von psychischen Faktoren beeinflußt wird. Der Segler, Schwimmer und Golfspieler der sich überschlagenden Charleston-Zeit erging sich auf einmal in Merkwürdigkeiten und Krankheiten, die seine allgemeine Verfassung bestimmten. Nach zweijähriger Ehe bemerkte Eleonor, daß ihr Mann schlafwandelte, und mehr als einmal pflückte sie ihn vom Schlafzimmerfenster. Zweimal hintereinander wurde Franklin D. von Typhus ereilt, einer Appendizitis folgte eine Pneumonie, was aber seine Parteikarriere bei den Demokraten nicht bremsen konnte; im Gegenteil, nach Harvard-Studium und Anwaltstätigkeit wurde Franklin Delano Roosevelt 1910 in den Senat von New York gewählt und drei Jahre später Unterstaatssekretär im Marine-Ministerium.

Das war eine steile Karriere. Um so mehr traf ihn der Schock seiner gescheiterten Kandidatur als Vizepräsident der Vereinigten Staaten, doch folgte ihm noch ein furchtbarerer. Am 10. August 1921, einem heißen Ferientag, den Roosevelt am Strand von Campobello Island verbrachte, stellten sich Fieber, Gliederschmerzen und Lähmungserscheinungen ein. Der eilends hinzugezogene Arzt des Ortes wagte keine Diagnose und rief nach W. W. Keen, dem berühmtesten Neurochirurgen Amerikas, der ebenfalls Ferien machte. Keen untersuchte den Patienten und diagnostizierte Thrombose im Rückenmark. Acht Tage später, am 18. August 1921, sandte Keen mit der Rechnung über 600 Dollar einen Brief an Eleonor Roosevelt, in dem er die Vermutung äußerte, es könne sich um eine Rückenmarksentzündung handeln. Für diesen Betrag bekam man damals ein respektables Automobil. Die richtige Diagnose, Poliomyelitis, stellte fünf Tage später Dr. Robert Lovett.

An Krücken und Rollstuhl gefesselt, versuchte Roose-

velt drei Jahre lang, sich mit den Folgen der Kinderlähmung zu arrangieren, Unmögliches zu verdrängen, Mögli-
ches zu erkennen, und drei Jahre nach dem furchtbaren
Ereignis tauchte er dann wieder auf der politischen Bühne
auf, im Rollstuhl, auf Krücken, manchmal sogar nur auf einen Stock gestützt.

1929 wurde Franklin D. Roosevelt Gouverneur von New
York. Er hatte sich nur widerwillig dem Wunsch seiner
Partei gebeugt und erst zugestimmt, als die Demokraten
ihn überzeugen konnten, daß dieser Posten das beste
Sprungbrett auf dem Weg zum Präsidenten der USA sei.
Der große Crash und die Weltwirtschaftskrise mit Millionen von Arbeitslosen, von aus der Bahn geworfenen Menschen, psychischen Krüppeln, die alle auf die Hilfe anderer
angewiesen waren, schien genau das richtige Umfeld für
einen »ungewöhnlichen« Präsidenten zu sein, einen, der
weit entfernt war von allem Glanz und Gloria früherer
Amtsinhaber, einen vom Schicksal Angeschlagenen wie
Millionen andere, bemitleidenswert ob seines Gebrechens,
aber beneidenswert wegen seiner geistigen Fähigkeiten.
Der Krüppel hatte das Zeug zum »New Deal« – wie er sein
aus dem Kartenspiel übernommenes Reformprogramm
nannte –, und er wurde Präsident, der 32. der Vereinigten
Staaten. Daß er drei Amtsperioden durchstehen und für
eine vierte wiedergewählt werden würde, hätte damals, im
Jahr 1933, niemand erwartet.

Zwei Ärzte teilten sich den Präsidentenpatienten: Dr.
Ross T. McIntire, der den offiziellen Titel »White House
Physician« beanspruchte und sich stets in Roosevelts Nähe
aufhielt, und Dr. Howard Bruenn, Internist und Kardio-
loge am *Bethesda Marine Hospital* im Rang eines Lieuten-
ant Commander. Sie konnten sich weder persönlich gut
leiden, noch hielten sie fachlich viel voneinander, wofür es,
dank ihrer Mitteilungsfreudigkeit, die sich in Fachbeiträ-
gen und Buchveröffentlichungen niederschlug, viele Be-

weise gibt; aber der Zufall hatte sie verurteilt, gemeinsam über Leben und Gesundheit des US-Präsidenten zu wachen.

Ihre Bedeutung war zweitrangig, solange Franklin D. Roosevelt sein körperliches Gebrechen durch geistige Überaktivität kompensierte und die Amerikaner vergessen ließ, daß ihr Präsident im Rollstuhl saß. Aber dann, während des Wahlkampfes 1944, zeigte der Präsident deutliche Anzeichen von Erschöpfung und Gewichtsverlust und veranlaßte Ross McIntire zu mahnenden Worten. Zwischen dem 20. September und dem 1. November 1944 wurde Roosevelt mehrfach untersucht, wozu neben Dr. Bruenn auch ein Lungenfacharzt, Dr. Robert Duncan, hinzugezogen wurde. Befunderhebung: Der systolische Blutdruck lag zwischen 165 und 180 mm Hg, der diastolische Wert schwankte zwischen 85 und 100 mm Hg. Bronchialreiz. Häufige Bauchkrämpfe. Gequälter Gesichtsausdruck. Blasse Hautfarbe. Roosevelts viel zu niedrige Hämoglobinwerte waren seit 1941 bekannt (4,5 pro 100 ml). Appetitlosigkeit und daraus resultierender Gewichtsverlust. Körpergewicht 77 kg. Arteriosklerotische Symptome.

Dieser Befund war erschreckend genug, aber noch erschreckender war die Tatsache, daß Dr. Bruenn einen Blutdruck von 240/130 festgestellt hatte und daß Präsident Roosevelt, seit vielen Jahren von Dr. McIntire untersucht, nie über seinen alarmierenden Zustand unterrichtet worden war. Die drei an der Untersuchung beteiligten Ärzte kamen überein, die von ihnen getroffene bedenkliche Diagnose dem Präsidenten umgehend mitzuteilen, und da McIntire bei Roosevelt das größte Vertrauen besaß, fiel ihm diese Aufgabe zu. Amerikanische Historiker kommen jedoch übereinstimmend zu der Ansicht, daß der Leibarzt seinen Präsidenten nie über dessen besorgniserregenden Zustand informiert hat. James McGregor Burnes nennt drei mögliche Ursachen für McIntires Schweigen: Es fehlte ihm schlichtweg der Mut, zwischen Arzt und Patient herrschte kein Vertrauensverhältnis oder er glaubte, Roosevelt würde ihm weder glauben noch seine Therapie befolgen.[7] Noch deutlicher wurde der anerkannte White-House-Historiker Jim Bishop: »Als Arzt erkannte McIntire die Situation ganz genau, aber er verdrängte sie. Die täglichen Bulletins von Dr. Bruenn wurden zu Navy-Geheimnissen erklärt. Der Admiral (McIntire) hatte die Oberhand über den Commander (Bruenn). McIntire hätte Franklin D. Roosevelt schon im April 1944 seinen lebensbedrohenden Zustand mitteilen können. Und wenn dies den Präsidenten nicht von seinem Ziel, eine vierte Wahlperiode anzutreten, abgehalten hätte, hätte der Admiral als Arzt von Integrität abdanken oder sich einen anderen Job suchen müssen ... So jedenfalls läßt er den Forscher in der Annahme zurück, daß McIntire ein Lügner war – er hat nicht nur die Welt belogen, sondern auch den Präsidenten selbst.«[8]

Schweigen kann die bösartigste Form der Lüge sein, und es ist viel an diesem Schweigen herumgerätselt worden. Warum schwieg Dr. Ross McIntire?

Zweifellos handelt es sich hierbei um einen Verstoß gegen die ärztliche Ethik. Bis heute sind die täglichen ärztlichen Bulletins des Internisten Dr. Howard Bruenn vom *Bethesda Marine Hospital* verschwunden, und niemand vermag zu sagen, ob diese – wie Bishop behauptet – von McIntire vernichtet wurden oder ob sie Roosevelts Familie oder seine Partei, die Demokraten, beseitigt haben. Geheime Verbindungen zwischen Roosevelts Partei und Dr. McIntire sind zwar Spekulationen, wären aber eine logische Erklärung für sein eigentümliches Verhalten. Den Demokraten ging es vor allem darum, die nächste Wahl zu gewinnen, und Roosevelt, von dem nur die engsten Vertrauten ahnten, daß er sterbenskrank war, galt noch immer als das beste Zugpferd seiner Partei.

Es muß den »einfachen Hals-Nasen-Ohren- und Augen-arzt« – wie er sich selbst bei seinem Amtsantritt im Weißen Haus bezeichnete, gereizt haben, auf perfide Weise die Weltgeschichte in seine Hände zu nehmen; denn betrachtet man, wie Jim Bishop, die letzten 365 Tage im Leben des Franklin D. Roosevelt kritisch, so taucht aus dem Dunkel des zu Ende gehenden Weltkriegs ein heimlicher Herrscher auf: Dr. Ross McIntire.

Wäre Roosevelts wahrer Zustand damals in den Vereinigten Staaten bekannt gewesen, hätten die Amerikaner den Präsidenten mit Sicherheit kein viertes Mal gewählt. Er wäre vermutlich nicht einmal mehr von seiner Partei nominiert worden. Der »Kronprinz« der Demokraten, Harry S. Truman, war zwar schon 60 Jahre alt, aber außerhalb von Kansas, seinem Heimatstaat, weitgehend unbekannt. Vor allem fehlte dem Richter und Senator jede Erfahrung. Roosevelt *mußte* also bleiben.

Zu jenen, denen der schlechte Zustand des Patienten nicht verborgen bleiben konnte, gehörte seine Sekretärin Grace Tully. Miss Tully, die 1949 über ihre Arbeit für Roosevelt ein Buch geschrieben hat, erinnert sich: »Im letzten Jahr beobachtete ich, wie der Chef bisweilen über seiner Post einfach einnickte oder während des Diktats einschlief. Als diese Vorfälle immer häufiger wurden, war ich ziemlich beunruhigt.«[9] Zur gleichen Zeit (am 14. November 1944) schrieb Dr. Ross McIntire an seinen Kollegen Dr. Harold T. Hyman: »Ich freue mich, Ihnen sagen zu können, daß all diese eingebildeten Diagnosen falsch sind. Der Präsident befindet sich in exzellentem Gesundheitszustand.«[10]

Inwieweit Roosevelts Familie über seinen Zustand Bescheid wußte, ist nicht ganz klar. Fest steht, daß die Söhne Franklin jun. und James sich später nicht mit Vorwürfen zurückhielten. James beklagte öffentlich, daß sein Vater von den Ärzten nicht an der vierten Präsidentschaftskandidatur gehindert wurde, denn damit habe er sein Todesurteil unterschrieben.

Wie geplant gewann der Präsident die Wahl zum vierten Male. Am 20. Januar 1945 fand die zweistündige Amtseinführung statt. Mitarbeitern aus seiner Umgebung fiel Roosevelts graue Hautfarbe auf. Die Augen wirkten glasig. Seine Lippen schienen blau. Besonders auffällig: seine zitternden Hände, mit denen er von Zeit zu Zeit den Kopf abstützte, damit er nicht vorne auf die Brust sank.

Dieser Mann reiste unmittelbar nach seiner Vereidigung als Präsident der Vereinigten Staaten nach Jalta, um mit Churchill und Stalin über die Zukunft Europas und Asiens zu verhandeln. Natürlich fiel den Reportern, die aus aller Welt angereist waren, der beklagenswerte Gesundheitszustand des Präsidenten auf, und er gab Anlaß zu allerlei Spekulationen, über die in amerikanischen Zeitungen groß berichtet wurde. McIntire rechtfertigte sich in seinen Erinnerungen: »Als Ergebnis heimtückischer und beharrlicher Propaganda war zu hören, der Präsident sei gar nicht selbst in Jalta, entweder physisch oder geistig, oder er fungiere nur als Nachbeter für Marschall Stalin und gebe seinen Forderungen in jeder Beziehung nach wie ein Schwächling. Ich sagte damals, und ich sage jetzt, diese Anschuldigungen waren ebenso falsch und grundlos wie das Gerede über seinen Zusammenbruch in Teheran. Es stimmt, der Präsident war erschöpft, als er Washington verließ, weniger wegen des zurückliegenden Wahlkampfs als wegen der in den Zeitungen breitgetretenen Affären zwischen seiner Wiederwahl und der Amtseinführung. Die Tage auf See gaben ihm jedoch Kraft, und Roosevelt kam in Jalta in guter Verfassung an. Die langen Sitzungen waren anstrengend, und es gab Abende, an denen er eingestand, ganz schön fertig zu sein, aber es gab zu keiner Zeit einen Verlust seiner Lebenskraft und geistigen Klarheit zu beklagen.«[11]

Dr. McIntires Verhalten gegenüber dem Präsidenten vermittelt jedoch einen anderen Eindruck. Jeden Abend vor dem Dinner bekam Roosevelt eine Ganzkörperabreibung mit reinem Alkohol und eine leichte Massage, und vor dem Schlafengehen setzte sich McIntire zum Präsidenten ans Bett, und dieser berichtete ihm die wichtigsten Ereignisse des Tages. Dies erscheint höchst ungewöhnlich angesichts der weltpolitischen Bedeutung jener Tage: Wie ein Kind, das sein Abendgebet spricht, berichtete der Präsident der Vereinigten Staaten seinem Leibarzt vom Tagesgeschehen. McIntire nimmt darauf in seinen Erinnerungen Bezug und behauptet, Roosevelt habe diese Bettgespräche weniger zu seiner, McIntires, Informationen geführt als zu dem Zweck, sie auf diese Weise besser im Gedächtnis zu behalten. Eine Erklärung wäre das wohl, doch gibt McIntire keinen Hinweis auf sein eigenes Verhalten bei den Gute-Nacht-Konferenzen, jedenfalls ist es schwer vorstellbar, daß der Leibarzt, der so entscheidend bei der Wiederwahl des Präsidenten mitgewirkt hatte, nur dasaß und zuhörte, ohne seine Meinung zum Konferenzgeschehen zu äußern.

Jahrzehnte hatte Roosevelt mit seinen Reden und durch seine Vitalität brilliert und jede Art von Gebrechlichkeit weggewischt wie ein Trugbild, doch nun, in der wichtigsten Phase seines Lebens, begegnen wir einem menschlichen Wrack, ja es scheint, als hätte der Präsident den Sinn für die Realität verloren. Während amerikanische Zeitungen die Nachgiebigkeit und Ineffektivität des Präsidenten scharf kritisierten, äußerte dieser gegenüber seinem Leibarzt Ross McIntire: »Ich habe alles erreicht, wofür ich gekommen bin, und nicht einmal zu einem hohen Preis.«[12]

Eitel wie ein Hollywood-Star verfolgte McIntire nach der Rückkehr in die Vereinigten Staaten »seine« Presse und kanzelte jene herunter, die Jalta als Beschwichtigungspolitik eines kranken Mannes bezeichneten. »Ich bin kein Politiker, und es mag sein, daß Ergebenheit mein Urteil verzerrt, aber ich konnte nie erkennen, warum die Vereinbarungen von Jalta als kriecherische Beschwichtigungspolitik und schändliche Kapitulation angegriffen wurden. Es ist wahr, manches wurde nicht erreicht, anderes erhielt durch Wortverdrehungen eine neue Bedeutung; aber macht das die Verträge an sich ungültig?«[13]

Wie es um den Gesundheitszustand des US-Präsidenten wirklich stand, wurde am 1. März 1945 deutlich, als Roosevelt vom Weißen Haus zum Capitol fuhr, um dem Parlament Bericht über die Konferenz von Jalta zu erstatten. Entgegen sonstiger Gewohnheit trat er nicht mit Krücken vor das Rednerpult, sondern er wurde im Rollstuhl hochgehievt, und obwohl sein Redemanuskript keine Stellungnahme zu den Anwürfen, er sei »ein kranker Mann«, enthielt, begann er seine Rede aus dem Stegreif. Die Entscheidung muß in letzter Minute gefallen sein, und es ist unklar, ob es die einsame Entscheidung des Präsidenten war oder ob McIntire oder einer seiner Berater ihm zu diesem Schritt geraten hat, jedenfalls war es eine Flucht nach vorn, als Franklin D. Roosevelt seine große Rede mit den Worten begann: »Ich hoffe, Sie verzeihen mir den ungewöhnlichen Auftritt während meiner Rede, aber Sie werden verstehen, daß es für mich sehr viel leichter ist, nicht zehn Pfund Stahl herumschleppen zu müssen, schließlich habe ich gerade einen 14 000-Meilen-Trip hinter mir. Ich komme von dieser weiten Reise frisch und belebt zurück, und es ging mir gut die ganze Zeit. Ich war nicht eine Sekunde krank, bis ich nach Washington zurückkam. Hier hörte ich von all den Gerüchten, die während meiner Abwesenheit im Umlauf waren. Ja, ich bin von dieser Reise frisch und neu belebt zurückgekehrt. Die Roosevelts haben nichts gegen das Reisen, wir scheinen sogar dabei aufzublühen ...«[14]

Von der Idee her war diese unerwartete Vorrede äußerst geschickt, vermittelte sie doch den Eindruck, der Präsident stehe über den Dingen; in Wirklichkeit aber bedurfte Franklin D. Roosevelt eines dringenden Klinikaufenthaltes. Doch der hätte nur die Krankheitsgerüchte bestätigt. Der Präsident war ein Opfer seiner eigenen Öffentlichkeitsarbeit geworden. Obwohl McIntire nicht aufhörte zu betonen, Blutdruck, Puls, Nieren- und Leberfunktionen seines Patienten seien normal, was Dr. Bruenns Diagnose widersprach, verordnete er Roosevelt vier Wochen Warm Springs. Er selbst blieb seltsamerweise in Washington zurück und legte das Schicksal des Präsidenten »in die bewährten Hände von Commander Bruenn und Commander George Fox, dem Physiotherapeuten, der schon seit 1933 über ihn wachte«. Bruenn hatte die Aufgabe, täglich Bericht zu erstatten.

Donnerstag, 12. April 1945. Am Morgen telefonierte McIntire mit Bruenn und kündigte an, er werde den Internisten Dr. James Paullin aus Atlanta nach Warm Springs schicken. Paullin sollte bei Roosevelt einen Checkup vornehmen. Warum Dr. Bruenn, der den Präsidenten seit vielen Jahren kannte, diese Untersuchung nicht vornahm, darüber äußert sich McIntire in seinem 244seitigen Rechenschaftsbericht »White House Physician« mit keinem Wort, doch liegt die Vermutung nahe, daß es zwischen den beiden Ärzten zu Meinungsverschiedenheiten über Roosevelts tatsächlichen Gesundheitszustand gekommen ist.

Um 13 Uhr 20, kurz vor dem Lunch – Roosevelt scherzte mit seinen beiden Cousinen und einer Malerin, die ihn gerade porträtierte –, sackte der Präsident mit einem erstarrten Lächeln auf den Lippen in seinem Stuhl zusammen und war bewußtlos. Dr. Bruenn stellte zunächst gleich große Pupillen fest, aber schon nach wenigen Sekunden weitete sich die linke extrem. Roosevelt war am ganzen Körper gelähmt. Bruenns Diagnose: Cerebraler Infarkt (cerebral hemorrhage) bei normalen Herztönen, guter Atmung und fallendem Blutdruck.

Als Dr. James Paullin gegen 15 Uhr 30 eintraf, lag Roosevelt schon im Sterben. In Paullins Report über die letzten Minuten des Präsidenten heißt es: »Der Präsident befand sich *in extremis*, als ich eintraf. Er lag in kaltem Schweiß, war aschfahl, und das Atmen fiel ihm schwer. Er röchelte. Man hatte ihn im Bett aufgerichtet. Commander Bruenn hatte mit künstlicher Beatmung begonnen. Der Puls war gerade noch wahrzunehmen. Ich konnte gerade noch Herztöne hören, aber dreieinhalb Minuten nach meinem Eintreffen blieben sie plötzlich aus. In der Hoffnung, sein Herz zu reaktivieren, spritzte ich intracardial eine Dosis Adrenalin, aber ohne Erfolg, abgesehen von zwei oder drei Herzschlägen, die sich nicht fortsetzten. Fünf Minuten nachdem ich den Raum betreten hatte, war alles Leben vom Präsidenten gewichen. Es war 15 Uhr 35.«[15]

Leibarzt Dr. Ross McIntire hat den Präsidenten nicht mehr lebend gesehen, und diese Tatsache hat ebenso Verwunderung ausgelöst wie das Verbot einer Obduktion. So kam es und kommt es bis heute immer wieder zu Spekulationen über die wahre Ursache des Todes von Franklin D. Roosevelt, obwohl in unserem Zusammenhang die Ursache des Todes von geringerer Bedeutung ist als die Tatsache an sich. Denn fraglos wußte Ross McIntire um den Zustand des Patienten, politische Gründe gaben jedoch den Ausschlag, die wahre Diagnose geheimzuhalten. Die Demokratische Partei brauchte Roosevelt aus den genannten Gründen, aber sie brauchte einen gesunden, keinen todkranken Präsidentschaftskandidaten. Den lieferte Dr. McIntire – solange es in seiner Macht stand.

Die Geheimnistuerei um Roosevelts Tod ist also unerheblich, obwohl sie bisweilen das Treatment eines Thrillers annimmt; 1949, vier Jahre nach dem Tod des Präsidenten, fand in St. Louis, Missouri, ein Ärztekongreß statt. Hirnchirurgen des *Walter Reed Hospitals* in Washington präsentierten dabei Bilder von Gehirntumoren, bezeichnet mit einer Seriennummer und dem Datum der Obduktion. Bei einem Dia fehlte die Seriennummer. Es zeigte einen rechtsseitigen Gehirntumor und trug nur das Datum der Obduktion: 14. April 1945. War es Zufall, daß an diesem Tag die Leiche Roosevelts nach Washington, D.C., überführt wurde?

Es besteht keinen Zweifel, daß Roosevelt, aber auch Churchill im Februar 1945 »im Schatten Stalins« standen – wie Lord Moran die Situation charakterisierte. Obwohl er das Gesicht bei jedem Auftritt zu einem aufgesetzten Grinsen verzog, wirkte Stalin auf alle, die ihm nahe kamen, kränkelnd. Weniger, weil sein linker Arm und die Schulter fast steif waren, was von einem Unfall in Kindertagen herrührte, er schien auffallend blaß. Josef (»Jossif«) Stalin, klein von Wuchs, leicht dicklich, ein Eindruck, der durch den gedrungenen Oberkörper verstärkt wurde, war Kettenraucher, und das machte sich in schwarzen Zähnen und gelben Augen sowie in Bluthochdruck bemerkbar.

Wie die meisten Diktatoren hatte er zwei Gesichter, das des Schreckens und jenes einnehmender Liebenswürdigkeit. Nicht nur bei seinem Volk, auch bei den Menschen seiner Umgebung war Stalin gefürchtet; aber er konnte auch charmant und zuvorkommend sein. Er haßte Ärzte und verachtete sie, wie er überhaupt Menschen verachtete; aber in Jalta sandte er Churchills Leibarzt ein Paket mit Kaviar und zehn Schachteln russischer Zigaretten. Lord Moran schweigt sich aus, was den Diktator zu dieser Freundlichkeit veranlaßt haben könnte. Hatte Stalin Morans Dienste in Anspruch genommen, und wenn ja, warum?

Stalins Leibarzt, der Internist Dr. Wladimir Nikititsch Winogradow, war am Ersten Moskauer Medizinischen Setschenow-Institut tätig, und Stalin begegnete ihm mit tiefem Mißtrauen. Wie sein Vorgänger Lenin hielt er nichts von russischen Ärzten. Er ließ sich ein- bis zweimal im Jahr von Winogradow untersuchen, die vom Arzt verschriebenen Medikamente bewahrte er in einer Schublade auf, aus der er sich nach eigenem Gutdünken bediente. Zu dieser Art Eigentherapie gehörten auch seltsame Anwendungen wie Jod, das er in einem Glas Wasser auflöste und trank. Es sollte den hohen Blutdruck senken als Folge des Rauchens, das er erst 1952, im Alter von 73 Jahren, aufgab. Er schwor auf sibirische Dampfbäder und stellte sich taub gegenüber allen Kritikern dieser Roßkur.

Lord Moran kannte Stalin seit August 1942, als er Churchill auf dessen Moskau-Reise begleitete. Der Premier und der Marschall waren sich gleich am zweiten Tag derart in die Wolle geraten, daß Churchill (»Ist ihm nicht klargewesen, mit wem er es zu tun hat?«) abreisen wollte, ohne sich zu verabschieden. Lord Moran hatte damals einen verzweifelten Vermittlungsversuch unternommen, höchst ungewöhnlich für einen Leibarzt, aber ebenso erfolgreich; denn die Verstimmung der beiden Staatsmänner wurde bei einem gemeinsamen Abendessen in Stalins Privathaus beigelegt. Churchill erzählte Moran ausführlich, wie es dabei zugegangen war: »Das Essen begann sehr einfach mit ein paar Radieschen und wuchs sich zu einem Bankett aus – ein Spanferkel, zwei Hühner, Hammel- und Rinderbraten und jede Sorte Fisch. Es hätte gereicht, um dreißig Menschen zu sättigen. Stalin stocherte in ein paar Gängen herum – hier eine Kartoffel, da ein Stückchen. Nachdem wir vier Stunden bei Tisch gesessen hatten, fing er auf einmal an, herzhaft zuzugreifen. Er bot mir einen Schweinskopf an, und als ich ablehnte, nahm er ihn selber mit Genuß in Angriff. Er putzte den Kopf mit dem Messer aus und steckte die Bissen mit dem Messer in den Mund. Dann schnitt er sich Fleischstücke aus den Schweinsbacken und aß sie mit den Fingern. Stalins Tochter, ein rothaariges, ansehnliches Mädchen, kam herein und küßte ihn, aber sie durfte nicht bleiben ...«[16]

Dieselbe Szene schilderte 21 Jahre später Stalins Tochter Swetlana Allilujewa in ihrer in 35 Tagen niedergeschriebenen Lebensbeichte. Swetlana konnte damals nicht ahnen, daß sie vier Jahre später, im Mai 1967, diese Aufzeichnungen in den Vereinigten von Amerika, wohin sie inzwischen geflüchtet war, veröffentlichen würde: »Vater«, schrieb Swetlana, »war außerordentlich gut gelaunt. Er war in seiner freundlichsten und liebenswürdigsten Laune, die stets alle bezauberte. Er sagte: ›Das ist meine Tochter!‹ und fügte hinzu, während er mit der Hand über meinen Kopf strich: ›Die Rothaarige!‹ – Winston Churchill lächelte und sagte, er sei als junger Mensch ebenfalls rothaarig gewesen, und jetzt – er deutete nur mit der Zigarre auf seinen Kopf ... Vater küßte mich und sagte, daß ich gehen und mich mit meinen Angelegenheiten befassen könne. Weshalb er mich Churchill zeigen wollte, war mir damals unverständlich. Heute weiß ich es: Er wollte sich doch auch wie ein gewöhnlicher Mensch geben ...«[17]

Swetlana kannte ihren Vater besser als jeder andere Mensch, obwohl sie ihn in jungen Jahren oft wochenlang, später sogar jahrelang nicht zu Gesicht bekam. Stalin umgab sich bewußt, auch seiner Familie gegenüber, mit einem geheimnisvollen Nimbus, er legte es darauf an, verkannt oder falsch eingeschätzt zu werden, und das bezog sich auf jedes Gebiet, auch auf seine Gesundheit, mit der er Raubbau trieb.

Vor dem Krieg ließ der große Diktator seine Tochter Swetlana in den Sommerferien zu sich kommen. Er liebte sie auf seine Weise abgöttisch, schickte Äpfel und Mandarinen, eine Rarität für russische Verhältnisse, und schrieb ihr Briefe wie ein Zögling aus dem Internat (»Ich lebe nicht schlecht, bin gesund, aber ich langweile mich ohne dich«) und nannte sie »meine kleine Hausfrau«.[18]

Vater und Tochter verständigten sich mit kleinen Briefen, die von staatlichen Kurieren überbracht und im Tonfall und Stil wie diplomatische Noten gehalten waren. Dabei unterzeichnete er stets mit »Der kleine Sekretär der Hausfrau, der arme J. Stalin« oder »Für ihre Sekretäre: J. Stalin, Papi.« Sekretäre nannten sich alle jene Schranzen und Mitarbeiter, mit denen sich Stalin umgab.

Swetlana an ihren Vater, den »Sekretär der Hausfrau, J. Stalin«, im Mai 1941: »Mein teurer Privatsekretär, ich beeile mich, Sie davon zu verständigen, daß Ihre Hausfrau einen Aufsatz geschrieben hat, der mit ›sehr gut‹ klassifiziert worden ist. Auf diese Weise habe ich die erste Prüfung bestanden, morgen lege ich die zweite ab. Eßt und trinkt, und laßt es Euch schmecken. Ich küsse Papi tausendmal. Gruß den Sekretären. Hausfrau.«[19]

Die Sommerferien beim Vater waren für Swetlana eine Katastrophe. »Er frühstückte um zwei oder drei Uhr nachmittags, nahm die Hauptmahlzeit erst um acht Uhr abends ein und blieb dann bis in die Nacht hinein bei Tisch sitzen – das war für mich unerträglich, ich war es einfach nicht gewöhnt.«[20] Das späte Frühstück hatte Stalin mit Ludwig II. gemein; aber das war nicht das einzige. Stalin fraß die Zigaretten geradezu, und Swetlana beobachtete, daß er zudem noch ständig eine gestopfte Pfeife in der Tasche trug. Über seinen Alkoholkonsum ist viel gerätselt worden. Tatsache ist, und diese Beobachtung wird auch von Lord Moran bestätigt, daß Stalin bei den nächtelangen Gelagen, von denen die Gäste aufgrund ihres Alkoholpegels oft weggetragen werden mußten, einem hellem Getränk zusprach, das aus einer Flasche ohne Etikett nachgeschenkt wurde, jedenfalls zeigte Stalin nie Anzeichen von Trunkenheit. Er war jedoch gewiß kein Antialkoholiker. Und der Kinsmarauli, ein schwerer georgischer Rotwein, zählte zu seinen Lieblingsgetränken.

Stalins Fürsorge gegenüber seiner Tochter Swetlana ist *ein* Gesicht des Diktators, und es erinnert verblüffend an den treusorgenden Charmeur und guten Onkel Adolf Hitler gegenüber seinen Sekretärinnen Traudl Junge und Gerda Christian oder gegenüber seinem Schäferhund. Das andere Gesicht entdeckte Swetlana erst allmählich.

Sie hatte nie Fragen gestellt nach ihrer Mutter, weil ihr in jungen Jahren erklärt worden war, ihre Mutter Nadjeshda Sergejewna Allilujewa, Stalins zweite Frau, sei gestorben. In einer amerikanischen Illustrierten, die sie mit Vergnügen las, um ihre Englischkenntnisse zu vervollkommnen, stieß sie auch auf einen Stalin-Artikel, dem zu entnehmen war, daß ihre Mutter in der Nacht zum 9. November 1932 Selbstmord verübt hatte, weil ihr das Leben mit Stalin unerträglich schien – wie seiner ersten Frau.

Von jenem Tag an stand Swetlana ihrem Vater kritisch gegenüber, was – wie sie später zugab – damals eine Art Blasphemie gleichkam; doch auf einmal erstand vor ihren Augen ein ganz anderer Vater als der, den sie kannte: ein rücksichtsloser, eiskalter, teuflischer Despot – der wahre Josef Stalin, widersprüchlich wie alle Diktatoren.

Alle Diktatoren haben ihre Vorbilder – *er*kannte wie *ver*kannte: Hitler begeisterte sich für Napoleon, Napoleon verehrte Friedrich den Großen, Friedrich der Große betete Cäsar an, Cäsar kopierte Sulla. Jeder hätte eines jeden Vater sein können. Sulla der von Hitler, Napoleon der von Cäsar, Friedrich II. hätte gar Cäsar *und* Napoleon zeugen können. Und Stalin? Der Diktator versuchte sich mythologisch verbrämt am georgischen Ritter Turiel, einem kaukasischen Rambo, groß und schlank mit dunklen Augen und dunklem Haar und jedermanns Feind.

Stalin gebärdete sich nicht als jedermanns Feind, er war es: der Feind seines Volkes, seiner Partei, seiner nächsten Umgebung, seiner Familie. Von Lenin, seinem Wegbereiter, geht das Gerücht, er sei von Stalin nach seinem zweiten Schlaganfall im Jahre 1923 vergiftet worden. An der Schuld am Tod seiner Ehefrauen Katharina Semjonowna Swanidse und Nadjeshda Allilujewa herrscht kein Zweifel.

36

Auch nicht an der Liquidierung seiner Konkurrenten um die Vorherrschaft in der Partei Trotzki, Sinowjew, Kamenew und Bucharin. Mit unbegreiflicher Kälte nahm er den Tod seines Sohnes aus erster Ehe Jascha in Kauf. Jascha war gleich zu Beginn des Krieges in deutsche Gefangenschaft geraten. Stalin empfand das tragische Geschehen als persönliche Beleidigung, das Schicksal des Sohnes war ihm egal. Gegenüber ausländischen Zeitungsreportern leugnete er die Gefangennahme.

Swetlana erlebte die Tragödie so:

»Im Winter 1943/44, also nach dem Sieg bei Stalingrad, sagte mir Vater gelegentlich bei einer unserer schon so seltenen Begegnungen: ›Die Deutschen haben den Vorschlag gemacht, Jascha gegen irgendeinen der Ihrigen auszutauschen ... Soll ich mich auf einen solchen Handel mit ihnen einlassen? Nein – Krieg ist Krieg.‹

Dann sprach er nur noch ein einziges Mal von Jascha, im Sommer 1945, bereits nach dem Sieg. Wir hatten uns lange nicht mehr gesehen. ›Die Deutschen haben Jascha erschossen‹, sagte er.«[21] – Dem nicht genug, Stalin hegte Mißtrauen gegenüber Jaschas Frau Julia, er war von der fixen Idee besessen, sie hätte Jascha zum Desertieren veranlaßt, und auf Grund dieser völlig unbewiesenen Vermutung saß Julia, Stalins Schwiegertochter, zwei Jahre im Gefängnis.

Der Menschenfeind Josef Stalin, dessen politisches Credo die Gleichstellung aller zum Inhalt hatte, sah tatsächlich in jedem Menschen einen Feind. Blutrünstig wie Caligula und wahnsinnig wie Nero terrorisierte, quälte und exekutierte er die eigene Verwandtschaft, seine Schwägerinnen Anna und Jewgenija, den Vater seines Schwiegersohnes G. I. Morosow mitsamt all ihren Freunden, und sein Verfolgungswahn trieb noch andere seltsame Blüten.

Russische Überläufer hatten schon lange westlichen Geheimdiensten davon berichtet, daß Josef Stalin bei öffentlichen Auftritten oft gar nicht Josef Stalin war, mit anderen

Worten: Er bediente sich, aus Furcht vor einem Attentat, eines Doppelgängers. Im Januar 1991 bestätigte die russische Zeitschrift »Sowjetskaja Molodjosch« zum ersten Male diese abenteuerliche Behauptung mit einem sorgfältig recherchierten Bericht mit Namen und Fakten. Demnach hatte Stalin nach der Ermordung des Politbüromitglieds Sergej Kirow im Jahre 1934 seine Geheimpolizei beauftragt, einen Doppelgänger zu suchen.

Die Agenten wurden fündig. Sie brachten einen jüdischen Buchhalter namens Lubizki, dessen Herkunft unbekannt blieb, nach Moskau, unterzogen ihn in einer Datscha vor den Toren der Stadt einer intensiven Behandlung durch Kosmetiker, Friseure und Schneider und brachten ihm die dem Diktator eigenen Umgangsformen bei. Stalin zeigte sich von seiner jüdischen Marionette angetan, und Lubizki fand an der Rolle angeblich so viel Vergnügen, daß er es sogar wagte, Regierungsmitglieder zu empfangen. In der Hauptsache wurde die Stalin-Attrappe bei Empfängen ausländischer Delegationen, die Stalin noch nie gesehen hatten, oder bei öffentlichen Auftritten vor Volksmassen eingesetzt. Lubizki behauptete sogar, und Pressefotos scheinen das zu beweisen, daß an manchen nationalen Feiertagen nicht Stalin auf der Tribüne des Lenin-Mausoleums gestanden habe, um die Parade auf dem Roten Platz abzunehmen, sondern er, Lubizki. Aus irgendeinem Grund, der geheim blieb (vielleicht fühlte Stalin sich von seinem eigenen Doppelgänger verfolgt?), wurde Lubizki 1952 verhaftet und in ein sibirisches Gefangenenlager gebracht, nach Stalins Tod 1953 jedoch freigelassen mit der Auflage, seine Vergangenheit als Staatsgeheimnis zu wahren. Kurz vor seinem Tod habe Lubizki jedoch das Geheimnis verraten.

Auf Reisen, aber auch bei seinen Fahrten in Moskau, benutzte der Diktator in seinem paranoiden Mißtrauen fünf Limousinen, vier luxuriöse Sil und einen riesigen Packard.

Alle Fahrzeuge waren mit grauen Vorhängen versehen, und vermutlich wußten nicht einmal die Begleiter der Kolonne, in welchem Automobil Stalin gerade saß, weil er es sich zur Gewohnheit gemacht hatte, die Fahrzeuge ständig zu wechseln.

Wie bei Gaius Julius Cäsar stammte Stalins Größenwahn aus einer erniedrigenden Kindheit und jugendlichem Außenseitertum, dem Humus, auf dem Tyrannen gedeihen wie nirgendwo sonst. Beide verloren frühzeitig den Vater, der Römer starb eines Morgens früh beim Schuheanziehen, der Russe verschied nach zehnjähriger Ehe – Jossif war fünf; das erklärt, warum er im Laufe seiner 73 Lebensjahre oft von seiner Mutter, aber nur ein einziges Mal von seinem Vater spricht. Jossif hieß nach seinem georgischen Vater Dschugaschwili; den Namen »Stalin« gab er sich später selbst (Stalin = der Stählerne).

Der Name war eher Programm als Wirklichkeit. In jungen Jahren mußte er sich mit einer permanenten Lebensangst herumschlagen, die – wie so oft in diesen Fällen – unter der weihrauchschwangeren Dunstglocke eines Klosters endete. Doch Jossif Dschugaschwili wurde »wegen revolutionärer Umtriebe« vom orthodoxen Priesterseminar in Tiflis verwiesen. Die Erkenntnisse seines bisherigen Lebens genügten, sich einer kaukasischen Untergrundbewegung anzuschließen. Dort wählte er den Decknamen »Koba«, nach der Hauptfigur eines Abenteuerromans aus dem 19. Jahrhundert. 1903 schloß er sich den Bolschewiken an und traf wenig später zum ersten Male mit Lenin zusammen.

Die Oktoberrevolution hat zwar die äußere Form der Tyrannei verändert, nicht aber ihren Inhalt. Stalin war nur eine andere Art Zar, brutal und rücksichtslos wie Iwan der Schreckliche und wie dieser theologisch gebildet und mißtrauisch bis zum Verfolgungswahn. Anders als der schreckliche Zar, der aus seiner Machtbesessenheit keinen Hehl machte, handelte Zar Jossif aus seinem angeborenen Minderwertigkeitsgefühl heraus. Zum Unglück der Russen verknüpfte er jedoch sein eigenes Schicksal mit dem des russischen Proletariats. Er *war* das Proletariat, er glaubte es jedenfalls. Wer ihn knebelte, knebelte das Proletariat. Wer ihn schlug, schlug das Proletariat – und umgekehrt.

Das erklärt sein Traktat aus dem Jahre 1934: »Das Tempo schleifen lassen, hieße zurückfallen. Und wer zurückfällt, wird geschlagen. Aber wir wollen nicht geschlagen werden. Nein, wir denken gar nicht daran, uns schlagen zu lassen. So war es denn auch bezeichnend für die Geschichte des alten Rußland, daß es ständig Schläge und Niederlagen einstecken mußte – und zwar wegen seiner Rückständigkeit. Es wurde von mongolischen Khans geschlagen. Es wurde von den türkischen Beys geschlagen. Es wurde von den schwedischen Feudalherren geschlagen. Es wurde vom polnischen und litauischen Adel geschlagen. Es wurde von den französischen und englischen Kapitalisten geschlagen. Es wurde von den japanischen Baronen geschlagen. Und alle haben es wegen seiner Rückständigkeit geschlagen, seiner militärischen Rückständigkeit, seiner kulturellen Rückständigkeit, seiner politischen Rückständigkeit, seiner industriellen Rückständigkeit, seiner landwirtschaftlichen Rückständigkeit. Sie haben dieses Land geschlagen, weil es sich lohnte und weil sie es ungestraft tun konnten.«[22]

Der so geschlagene, geknechtete, unterdrückte, verkannte Stalin erhob sich, wehrte sich, schlug um sich und verlor schließlich Sinn und Ziel aus den Augen. In seinem Säuberungswahn ließ er verhaften, foltern und hinrichten. Zwischen 1933 und 1934 wurden über eine Million Genossen aus der Partei ausgeschlossen, 1108 der 1961 Delegierten des Parteitages von 1934 wurden verhaftet. Das Zentralkomitee verlor vier Jahre später 70 Prozent seiner Mitglieder, sie wurden wegen Hochverrats verurteilt und erschossen; ebenso 1938 drei der fünf Feldmarschälle, 57 von 85 Korpskommandeuren und 110 von 195 Divisionskommandeuren der Armee. Zu dieser Zeit fristeten bereits acht Millionen Menschen ihr Leben in Straflagern. Und je mehr Tote Stalin auf dem Gewissen hatte, desto mißtrauischer wurde er. Der Stählerne – ein Wahnsinniger?

Es wäre die einzige Erklärung, soweit seine Taten überhaupt zu erklären sind. Erstaunlich ist, daß sich – im Gegensatz zu Hitler – nur wenige Psychiater mit dem Geisteszustand des russischen Diktators auseinandergesetzt haben. Erich Fromm kommt zu dem Ergebnis: klinischer Fall von nichtsexuellem Sadismus. G. Bychowski bescheinigt Stalin schlicht Paranoia. Der Grund für diese wissenschaftliche Zurückhaltung ist keineswegs Desinteresse, vielmehr verbirgt sich dahinter chronischer Informations- und Dokumentationsmangel; denn anders als bei Hitler, von dem Blutdruck, Blutbild, Hämoglobinwerte und Röntgenaufnahmen in nahezu jedem Monat seiner fortschreitenden Krankheit bekannt sind, hat der Ärzte- und Medizinhasser Jossif Stalin jede Dokumentation seines Zustandes verboten. Ärzte und ärztliche Untersuchungen wurden von Stalin in manischer Weise abgelehnt und verachtet und nur im äußersten Notfall zugelassen. Und wenn ein Notfall eintrat – etwa der Herzanfall Stalins vor der Abreise zur Konferenz von Potsdam –, dann mied der Diktator sogar das Zentralkrankenhaus des Kreml, einen stalinistischen Gebäudekomplex mit Kuppeln und Säulen innerhalb der hohen Mauern; er bevorzugte sein eigenes Hospital bei Fili, das in einem dichten Kiefernwald an der Straße nach Minsk lag.

Die Ursache der Iatrophobie Stalins, warum der Tyrann Ärzte so haßte, hatte zwei Gründe, und die Tatsache, daß er bemüht war, beide Ursachen zu verheimlichen, mag als Beweis dafür gelten: Als offizielle Begründung für seine

41

linksseitige Lähmung hatte Stalin verbreitet, er habe als Kind einen Unfall erlitten. Auch Stalins Tochter Swetlana war zunächst in dem Glauben, später will sie jedoch erfahren haben, daß die Ursache der Lähmungserscheinungen in einem geburtshilflichen Kunstfehler lag. Was Swetlana verschweigt, aber in klinischen Untersuchungen auftaucht: Jossif Stalin hatte Syphilis. Er war peinlich bemüht, sich vor niemandem, auch nicht vor Dr. Wladimir Winogradow, halb entkleidet oder gar nackt zu zeigen, und er forderte diese Schamhaftigkeit auch von seiner Tochter. Sogar als Teenager war es dem Mädchen verboten, Kleider zu tragen, welche die Waden sehen ließen, und als das Kind sich einmal darüber hinwegsetzte, besorgte Stalin persönlich Stoff und ließ ein Sackkleid nach eigenem Entwurf anfertigen. Für Swetlana war es beinahe ein Schock, als sie ihren Vater zum ersten Male nackt sah – auf dem Totenbett, kurz vor der Obduktion.

Der Widerwille, mit dem Stalin allen Ärzten begegnete, wurde noch bei seinem Tod deutlich und manifestierte sich in einem grotesken Schauspiel, das von Swetlana Allilujewa bezeugt wird. Am 5. März 1953 wurde Swetlana in die Datscha des Vaters in Kunzewo gerufen; Stalin habe einen Schlaganfall erlitten, er sei ohne Bewußtsein. Die Tochter fand den Vater in der großen Wohnhalle umgeben von einem Dutzend Ärzten; einer setzte Blutegel an Hals und Genick an, ein anderer machte Elektrokardiogramme, ein weiterer verabreichte Injektionen, ein anderer machte schriftliche Aufzeichnungen, nur einer fehlte: Dr. Wladimir Winogradow.

Stalin hatte ihn drei Monate zuvor wegen Spionageverdachts verhaften lassen. Deshalb herrschte ziemliches Chaos. Keiner der Anwesenden sah sich in der Lage, die eilends herbeigeschaffte Herz-Lungen-Maschine zu bedienen. Stalins Atem wurde immer kürzer, die Lippen schwarz, das Gesicht bis zur Unkenntlichkeit verzerrt.

Noch einmal öffnete Stalin die Augen, er hob eine Hand und drohte unverhohlen den umstehenden Ärzten. Als Swetlana Allilujewa diese Szene zehn Jahre später, am 16. Juli 1963, zu Papier brachte, notierte sie: »Die Geste war unverständlich, aber drohend, und es blieb unbekannt, worauf oder auf wen sie sich bezog ...«[23]

Dr. Wladimir Nikititsch Winogradow wurde nach Stalins Tod rehabilitiert und 1957 als »Verdienter Wissenschaftler der Sowjetunion« ausgezeichnet.

Der Dritte der drei »mächtigen« Männer von Jalta, Sir Winston Churchill, hatte für Stalin eine gewisse Bewunderung, mit Franklin D. Roosevelt verband ihn eine persönliche Freundschaft; doch hier am Konferenztisch im Palais Liwadia war davon nicht viel zu merken. Es schien, als blickten sie aneinander vorbei, und manchmal redeten sie auch aneinander vorbei, obwohl sie Verbündete waren. Man spürte eine merkwürdige Spannung.

Was für Roosevelt McIntire bedeutete, war für Churchill Sir Charles Wilson, geadelter Lord Moran, Leibarzt des Premierministers seit Mai 1940, ein Herr von Scheitel bis zur Sohle und persönlicher Freund. Der Premier sei, schrieb Moran später, zunächst nicht gerade begeistert gewesen über seine Ernennung zum Leibarzt, aber das war für einen Mann vom Schlage Sir Winstons nicht ungewöhnlich. Churchill hatte an allem etwas herumzumäkeln. Es dauerte nicht lange, und die beiden Männer, die sich zunächst nur von Amts wegen gefunden hatten, wurden zu einem unzertrennlichen Gespann. Morans Einfluß wuchs weit über den eines »gewöhnlichen« Leibarztes hinaus, zum einen durch die zahllosen gemeinsamen Erlebnisse, zum anderen durch Lord Morans Auffassung von seiner Aufgabe. Er sah seine Aufgabe darin, den Premier keinen Augenblick aus den Augen zu lassen, und das führte bisweilen sogar zu Spannungen zwischen den beiden.

Auf der Rückreise von einem Treffen mit Präsident Roosevelt im Januar 1942 weigerte sich Moran, den Premier mit dem Flugzeug nach Hause reisen zu lassen, während er – aus Platzgründen – ein Schiff besteigen sollte. Er meinte, Churchill sei in jeder Beziehung auf seine Hilfe angewiesen, und er erinnerte an seinen ersten Herzanfall bei einem Besuch im Weißen Haus in Washington, als der Premier versucht hatte, das Fenster des Gästeschlafzimmers zu öffnen. Lord Moran wörtlich: »Ich hatte die Angelegenheit für mich behalten, und wenn ich ihn jetzt allein fliegen ließ und ihm irgend etwas passierte, wäre nur *ich* verantwortlich. Außerdem würde ich mich unmöglich machen. Ich war heftig kritisiert worden, weil ich als Präsident des königlichen Ärztekollegiums (The Royal College of Physicians) diese Reise angetreten hatte, war jedoch den Vorwürfen damit begegnet, daß es wichtiger sei, auf die Gesundheit des Premierministers aufzupassen, als mein Präsidentenamt auszuüben. Aber wenn er nun allein über den Atlantik flog, und ich eine Woche später mit dem Schiff folge – was wird dann aus meinem Argument!«[24]

Beinahe hätte Lord Moran seinen Entschluß bereut – das heißt, womöglich wäre ihm dazu nicht einmal Zeit geblieben; denn das Flugboot *Berwick*, mit dem der Premier und sein Leibarzt am 16. Januar 1942 nach England zurückreisten, kam vom Kurs ab und flog genau auf die deutschen Batterien bei Brest zu. »Fünf Minuten später«, notierte der Lord in sein Tagebuch, »wären wir dicht über ihnen gewesen.«[25] Die Maschine drehte im letzten Augenblick ab, so daß das Flugboot von der heimischen Abwehr für ein feindliches Flugobjekt gehalten wurde. Jagdflugzeuge stiegen auf, aber sie verfehlten die *Berwick*. Seither litt Churchill wie sein Kontrahent Stalin unter Flugangst, doch ging seine Phobie nicht so weit, daß er, wie der russische Diktator, lieber Tage und Nächte lang im Zug verbrachte, bevor er ein Flugzeug bestieg.

Lord Moran und Sir Winston Churchill lebten wie ein altes Ehepaar zusammen, sowohl zu Hause als auch auf Reisen bewohnten sie stets zwei Räume nebeneinander, sie benutzten sogar dasselbe Badezimmer und hatten keinerlei Hemmungen voreinander. Das bestätigt ein Tagebucheintrag ein paar Wochen nach der Einnahme von Singapur durch die Japaner: »... Als er eines Abends, in ein Handtuch gewickelt, im Badezimmer saß, hörte er plötzlich auf, sich abzutrocknen, und sagte, düster auf den Boden starrend, er komme über Singapur nicht hinweg.«[26]

Die geschilderte Szene ist in zweifacher Weise bemerkenswert. Zum einen beweist sie das vertraute Verhältnis zwischen Premier und Leibarzt, zum anderen wird hier bei Churchill zum ersten Male das – wie Moran sich auszudrücken pflegte – Symptom einer Krankheit, die während des Krieges von Zeit zu Zeit an verschiedenen Stellen ausbrach, deutlich, eine depressive Symptomatik, die sich später zum Krankheitsbild auswachsen sollte.

Depressionen waren bei Churchill keine Alterserscheinung, er schleppte sie schon seit jungen Jahren mit sich herum und nannte die immer wiederkehrenden Anfälle »Black Dog – Schwarzer Hund« – in Anklang an Hemingway, der seine Depressionen »Black Ass – Schwarzer Esel« nannte. Aus Furcht vor dem »Schwarzen Hund« mied er im Krieg Krankenhäuser und Lazarette, obwohl es für den Premierminister opportun gewesen wäre, Verwundete zu besuchen. Seinem Leibarzt gestand Churchill im August 1944, daß er durchaus suizidgefährdet sei und er fürchte, diese Entscheidung einmal von einer Sekunde auf die andere zu treffen. Deshalb meide er strikt jede Bahnsteigkante, ja sogar die Reling eines Schiffes, nannte aber gleichzeitig diese Art von Verdrängung eine Torheit.

Der Verlust der Kronkolonie ging Hand in Hand mit einem undurchsichtigen innenpolitischen Ereignis, das angetan war, Churchills Regierung zu gefährden, und ungeklärt ist bis heute die Rolle, die Leibarzt Lord Moran dabei spielte: Lord Beaverbrook, der Minister für Flugzeugherstellung und Materialbeschaffung, trat zurück – aus Gesundheitsgründen.

Beaverbrook gehörte zu Churchills Freunden, von denen es nur wenige gab. Er hatte mit ihm den Ersten Weltkrieg überstanden, von Statur klein und im Umgang mit Menschen pfiffig, ein Querdenker, jedenfalls kein einfacher Mensch, was ihm viele Feinde einbrachte. Beaverbrook, geborener William Maxwell (»Max«) Aitken, stammte aus Kanada. Als Sohn eines presbyterianischen Geistlichen hatte er es sich in den Kopf gesetzt, mit 30 Jahren Millionär zu sein. Das gelang, Beaverbrook gab die größten Zeitungen Englands heraus, den *Daily Express*, den *Evening Standard* und die Sonntagszeitung *Sunday Express*. 1918 war er der erste britische Propagandaminister. Er bekam Asthma – eine brauchbare Krankheit.

Churchill hatte seinen Freund »Max« zur Übernahme des Ministerpostens überreden müssen, und der war mit der ihm eigenen Eigensinnigkeit darangegangen. Im Kabinett galt er als jähzornig, und wenn er das Luftfahrtministerium kritisierte, bezeichnete ihn der Premier als Streithammel. Schon einmal, im April 1941, hatte er einen Rücktrittsversuch unternommen und ihn in einem Brief so begründet und verteidigt: »1. Grippe im März. 2. Eine Augenoperation. 3. Die Beseitigung von sechs Polypen, nach der ich noch immer blute. Und selbst wenn ich die Absicht hätte zu bleiben, wäre ich von keinem Nutzen für den Premierminister. Er fragt mich weder um Rat, noch benötigt er ihn.«[27]

Der Adressat mag erstaunen: Sir Charles Wilson – Lord Moran. Lord Moran war nicht nur der Leibarzt Churchills, er versorgte auch Beaverbrook als Leibarzt, eine Doppelfunktion, die ihn in diesem Fall in Konflikt mit sich selbst gebracht haben muß. In seinem jüngsten, diesmal endgültigen Rücktrittsgesuch, schob Beaverbrook sein Asthma als Begründung vor; doch Moran, der seinen Patienten seit vielen Jahren kannte, beteuerte, dies sei keine angemessene Begründung für seinen Rücktritt gewesen. In Angelegenheiten, die ihn interessierten, hätten diese Asthmaanfälle den Zeitungslord in keiner Weise gestört.

Schon damals war Lord Moran, der ja um Beaverbrooks tatsächlichen Gesundheitszustand Bescheid wußte, überzeugt, daß dieser sein Asthma nur vorschob, weil er ein ganz anderes Ziel im Auge hatte (eine Theorie, die später von verschiedenen Historikern aufgestellt wurde). »Möglicherweise«, schreibt Moran, »hat er nach dem Fall von Singapur ... plötzlich sich selbst als den nächsten Premierminister gesehen; es besteht dagegen kein Grund zu der Vermutung, daß er an dergleichen gedacht hatte, als er sich im Frühjahr und dann wieder im Herbst 1941 mit Demissionsabsichten trug. Rückblickend glaube ich eigentlich immer noch, es war sein tiefes Mißtrauen gegen sich selbst, das ihn bei der Arbeit verfolgte. Sobald er gemerkt hatte, daß er seinem Amt nicht gewachsen war, mußte er sein Amt niederlegen, bevor ihm ein verhängnisvoller Fehler unterlief.«[28]

Für Churchill häuften sich die Nackenschläge; auf das Desaster von Singapur folgten die deutsche Einnahme von Tobruk und die Versenkung der Schlachtschiffe *Prince of Wales* und *Repulse* vor Malaya durch die Japaner. Damals, so sein Leibarzt, sei Churchill ein wenig »groggy« gewesen, aber er habe sich nicht auszählen lassen. Immer wenn man glaubte, der Premier sei auf dem absoluten Tiefpunkt angelangt, änderte sich sein Zustand in kurzer Zeit ins absolute Gegenteil. Sein Generalstabschef Ironside, der mit Churchill in engem Kontakt stand, beurteilte den Premier auf seine Weise: »Er ist eine kuriose Kreatur von *ups* und *downs*. Und wenn er sein Tief hat, ist es sehr schwer, mit ihm klarzukommen.« Oder: »Er ist auf vielfache Weise wie ein Kind. Er verliert das Interesse an einer Sache und will dann nie wieder etwas davon hören.«[29] Und General Hastings (»Pug«) Ismay, Churchills Stabschef im Verteidigungsministerium, der, wie Lord Moran sich einmal ausdrückte, als eine Art Filter fungierte zwischen dem Premier und seinen Stabschefs, in dem er nur durchließ, was brauchbar war und niemanden provozierte, meinte in einem Brief: »Man kann den Premier nicht auf gewöhnliche Art und Weise beurteilen; denn letztlich ist er eben nicht wie irgend jemand. Er besteht aus einer Masse von Widersprüchen. Er ist entweder ganz oben oder ganz unten, entweder hochlobend oder bitter verdammend, entweder von engelhaftem Wesen oder von teuflischer Wut, wenn er nicht fest schläft, ist er ein Vulkan. Es gibt keine Zwischentöne in seinem Erscheinungsbild. Er ist ein Kind der Natur, und seine Stimmung ist wechselhaft wie das Wetter im April.«[30] Kein einfacher Patient für Lord Moran.

Daß wir heute über Churchills Anamnese und das ungewöhnliche Arzt-Patient-Verhältnis so genau Bescheid wissen, verdanken wir der Mitteilungsfreudigkeit Lord Morans, einer Mitteilungsfreudigkeit altägyptischen Ausmaßes und von ebenso literarischem Anspruch. Doch bedurfte es neben einem bewundernswerten schreiberischen Standvermögen (die deutsche Fassung von Morans *Churchill. Der Kampf ums Überleben* umfaßt 864 Buchseiten!) auch der frühzeitigen Erkenntnis, daß seine Tagebuchnotizen eines Tages für die Geschichtsforschung von großer Bedeutung sein würden. Es wurde viel herumgerätselt und in den Leserbriefspalten der Londoner *Times* diskutiert, ob Lord Moran seine Tagebücher ursprünglich nur für sich geschrieben und erst auf Drängen des Historikers G. M. Trevelyan von der Universität Cambridge veröffentlicht habe oder die Veröffentlichung für Churchills Leibarzt von Anfang an feststand, weil sie dem Wunsch des Premiers entsprach; im Hinblick auf unser Thema ist diese Diskussion müßig. Morans präzise Aufzeichnungen versetzen uns in die Lage, die Ereignisse jener Zeit mit dem physischen und psychischen Zustand Sir Winston Churchills in Beziehung zu setzen und gleichzeitig in Erfahrung zu bringen, ob und in welcher Weise Moran diesen Zustand beeinflußt hat.

Bei der Beurteilung der Konferenz von Jalta muß man wissen, daß der britische Premier im vorangegangenen Jahr drei Attacken einer Lungenentzündung überstanden hatte, ohne jedoch das Zigarrenrauchen zu reduzieren; seither war Churchill nicht mehr der alte. Er hatte panische Angst vor Malaria, aber ebenso vor dem synthetischen Malariamittel »Mepacrine«, einem Chininersatz im Zweiten Weltkrieg. Es mache bloß krank, ließ er verlauten, und damit stand er im Gegensatz zum Institut für Militärmedizin in Millbank (London), das »Mepacrine« zur Prophylaxe empfahl. In der ihm eigenen Eigensinnigkeit rief Churchill im Buckingham-Palast an und überraschte seinen Leibarzt dann mit der Feststellung: »Der König weiß nichts von ›Mecaprine‹.«[31]

Schließlich telegrafierte er General F. M. Alexander, genannt Alex, auf den Churchill große Stücke hielt, und fragte nach seiner Meinung über das Mittel. Die Antwort kam postwendend »streng geheim und persönlich an den Premierminister« von General Alexander: »Meine Ärzte sagen, daß diese gelben Pillen Malaria nicht verhindern, sondern nur vorübergehend unterdrücken. Manche Leute werden davon erheblich mitgenommen. Ich kann Ihnen zwar keine Malaria-Immunität garantieren, glaube jedoch, daß Sie das Risiko als gering betrachten dürfen. Weder ich noch mein Stab nehmen Tabletten, und wir haben keinen Malariafall im Hauptquartier. Ich empfehle, Ihren Ärzten zu sagen, sie sollen ihre Pillen behalten ...«[32]

Churchill beeilte sich, das Telegramm Lord Moran zur Kenntnis zu bringen. Moran wußte, es war ein Risiko, den

Premier von einer vorgefaßten Meinung abbringen zu wollen. Deshalb schrieb er zurück: »General Alexander rät den Ärzten, sie sollen ihre Pillen behalten. Die Vermutung liegt nahe, daß die Ansichten des Generals in medizinischen Angelegenheiten den gleichen Wert besitzen wie die meinen in militärischen Fragen.«

Telegrafische Antwort Sir Winston Churchills: »Äußerst dringend! Geheim! Angesichts Ihrer Salve bedingungslose Übergabe und Hissung der gelben Fahne.«[33] (Die gelbe Fahne war die Quarantäneflagge.)

Der Premier gebärdete sich höchst eigensinnig, wenn es um die Verabreichung von Medikamenten ging, und dabei geriet sein Verhalten nicht selten zur Farce. Aber dies war keineswegs eine Erscheinung des Alters. Bereits in jungen Jahren – und für einen Giganten seines Schlages, der erst in einem Alter, in dem andere in den Ruhestand treten, seine politische Karriere als Premierminister begann, waren 47 Jahre ziemlich jugendlich – betätigte sich Churchill als eigensinniger Therapeut. Er hielt sich zusammen mit seinem Freund Beaverbrook in einem Hotel in Deauville auf, als dieser in der Nacht schwer erkrankte. Beaverbrook hatte Fieber, und der eilends herbeigerufene Hotelarzt zeigte sich sehr besorgt, verordnete Pillen und Zäpfchen und zog sich zurück. Alleingelassen mit zwei französischen Medikamenten und den in derselben Sprache abgefaßten Indikationen, verabreichte Winston dem beklagenswerten Freund die Zäpfchen oral, die Pillen aber rektal – Beaverbrook wurde gesund.

Als Premier trug Churchill immer eine Pillendose mit sich herum, deren Inhalt er »in Notfällen« großzügig unter das Volk verteilte. Er selbst schwor auf »new pink pills«, die ihm Moran einmal verschrieben hatte, und als zu Beginn des Krieges der amerikanische Präsidentenberater Harry Hopkins leicht kränkelnd in London eintraf, verteilte Churchill auch seine rosafarbenen Pillen. Hopkins nahm – in der Annahme, es handele sich um ein geheimes Wundermittel der Engländer – ein paar »pink pills« mit nach Washington und ließ sie – in der Hoffnung, sie könnten dem kranken Präsidenten Roosevelt von Nutzen sein – im Labor analysieren. Das Ergebnis entbehrt nicht einer gewissen Komik und läßt Churchill in anderem Licht erscheinen: Das einzige, was über das Mittel gesagt werden kann, so die Analyse, sei, daß es keinen Schaden anrichten könne.

Aber es gab auch andere Drogen in Churchills Pillenbox. Auf der Bahnfahrt nach Schottland zur Flotteninspektion verabreichte der Premier seinem Ersten Seelord Sir Dudley Pound und Luftmarschall Sir Richard Peirse »wirkungsvolle« Schlaftabletten, mit denen er, der Premier, die besten Erfahrungen gemacht habe. Nachts klopfte Churchills Diener an die Schlafwagenkabinen der beiden Militärs und machte sie höflich darauf aufmerksam, daß Sir Winston die Tabletten verwechselt und ein neuartiges Laxativum gegen Verstopfung verabreicht habe.

Fehlte ihm selbst gerade nichts, so fühlte sich Churchill sogar für den Gesundheitszustand seines Arztes und Freundes Lord Moran verantwortlich, er war geradezu begeistert, wenn der Doktor krank war. »Wenn Charles krank ist«, schrieb Winston, »weigert er sich mit der traurigen Miene eines Menschen, der es besser weiß, seine eigene Medizin zu nehmen.« Dann hielt ihm Churchill medizinische Vorträge und stöhnte: »Mein Gott! Was ist das doch für ein hartes Stück Arbeit, diesem Knaben seinen eigenen Beruf beizubringen!«[34]

Histörchen dieser Art können nicht darüber hinwegtäuschen, daß Sir Winston Churchill in Jalta nicht mehr der alte war. Er wirkte kraftlos, verbraucht und zerfahren und mäkelte über die Unterbringung im Schloß des Fürsten Woronzow, eines russischen Gesandten in London, das die deutsche Besetzung nur deshalb heil überstanden hatte, weil Generalfeldmarschall Erich von Manstein, der mit seiner 11. Armee die Krim und Sewastopol erobert hatte, hier seine Sommerresidenz aufgeschlagen hatte. Die vergoldeten Repräsentationsräume verdienten durchaus Bewunderung, aber im ganzen Schloß gab es nur zwei Bäder und in den Zimmern nicht einmal Waschschüsseln, dafür Tausende von Wanzen, die offensichtlich McIntire entgangen waren, von denen eine gleich in der ersten Nacht die Gelegenheit wahrnahm, einem leibhaftigen britischen Premier in den Fuß zu beißen. Auch Moran zeigte sich ratlos, jedenfalls war er medizinisch-therapeutisch nicht auf diese Plage vorbereitet. Es gelang ihm jedoch, eine DDT-Spritze amerikanischer Herkunft aufzutreiben, mit der er das Schlafzimmer Churchills behandelte.

Hatte Churchill bei seinem Treffen mit Stalin im August 1942 den russischen Diktator noch ziemlich von oben herab behandelt, was zu einer frostigen Atmosphäre und gelegentlich zu Verstimmungen führte, so schien sich jetzt auf der Krim das Verhältnis der beiden eher in das Gegenteil verkehrt zu haben. Im kleinen Kreis seiner Berater machte er Andeutungen, daß er Stalin bewundere und fürchte. Er machte sich Gedanken über das Ende des Krieges: Was würde nach dem Rückzug der Amerikaner geschehen, wenn es den Engländern zukäme, der russischen Übermacht in Europa zu trotzen?

Gewiß, von den drei alten Herren, die sich in Jalta trafen, war Stalin der mit der besseren Konstitution, doch Churchill beging den entscheidenden Fehler, Stalin nicht als Feind und Rivalen zu betrachten, statt dessen beklagte er Roosevelts körperlichen Verfall und war enttäuscht, daß dieser ihn nicht unterstützte. Auf diese Weise stritt sich Churchill auch mit den Amerikanern über die Einsetzung von Treuhändern für die Kolonien. Er polterte, er würde nicht zulassen, daß das britische Empire von Stümpern regiert würde, und der amerikanische Vorschlag sei schlichtweg unsinnig. Lord Moran bezeichnete Churchills Erwiderung als Zornesausbruch.

Aus dem Tagebuch Lord Morans vom 11. Februar 1945: »Der Premierminister war verdrossen, als ich ihn nach dem Frühstück aufsuchte. Er sah mich mißmutig an. ›Der Präsident (Roosevelt) benimmt sich sehr schlecht‹, sagte er. ›Ihn interessiert absolut nicht, was wir wollen.‹ Ich warf ein, daß er meiner Ansicht nach die Dinge nicht mehr im Griff habe. Der Premierminister bestritt das. Ich wies darauf hin, daß der Präsident während der Konferenz eine ganz passive Rolle gespielt habe. Das ging, glaube ich, dem Premier zu weit. Er sprach in düsteren Worten über die Reparationen und war besorgt über Polen. ›Nachdem die Rote Armee so weit vorgerückt ist‹, gab ich zu bedenken, ›ist es da nicht zu spät zu feilschen? – Ist nicht der Schaden schon in Teheran angerichtet worden?‹ Winston schien mich nicht zu hören. Er nahm müde ein Schriftstück auf, und ich verließ das Zimmer.«[35]

Die polnische Frage war das zentrale Problem in Jalta. Worum ging es? Zuerst hatten die Deutschen Polen überrannt, dann die Russen in umgekehrter Richtung. Polen stand nun unter russischer Kontrolle, mit einer Regierung in Lublin von Stalins Gnaden. In London hatte sich jedoch nach dem Hitler-Überfall eine polnische Exilregierung gebildet, die von den Engländern als einzig rechtmäßige anerkannt wurde. Man einigte sich darauf, die beiden Regierungen zu einer Provisorischen Polnischen Regierung der Nationalen Einheit zu vereinigen. Für Deutschland wurden die Grundzüge einer Besatzungspolitik festgelegt, welche Entwaffnung, Entmilitarisierungszonen, Entnazifizierung und Einteilung in vier Besatzungszonen mit einem gemeinsamen Kontrollrat einschloß. In einer Geheimabsprache zwischen Russen und Amerikanern – die Formulierung »zwischen Roosevelt und Stalin« wäre den tatsächlichen Ereignissen nicht angemessen – erhielt die Sowjetunion eine Reihe fragwürdiger territorialer und politischer Zugeständnisse wie die Kurilen, Südsachalin, Besatzungsrecht in Korea, Vorrechte in der Mandschurei und Autonomie der Äußeren Mongolei – allesamt Zankäpfel für die spätere Geschichte und Ursachen für neue Kriege. Einzige »Gegenleistung«: Stalin sollte zwei bis drei Monate nach der deutschen Kapitulation in den Krieg gegen Japan eintreten und ein Bündnis mit China eingehen.

Räumt man ein, daß der amerikanische Präsident bei der Konferenz in Jalta dem Tod näher war als dem Leben – und diese Formulierung ist keineswegs übertrieben –, so mag man fragen, warum nicht Sir Winston Churchill, der große Staatsmann und schon zu Lebzeiten seine eigene Legende, den Konterpart für den Westen übernommen hat. Das schlimme ist, Churchill ahnte die Folgen von Jalta, und Lord Moran orakelte noch während der Konferenz, die Amerikaner bemerkten gar nicht, daß sie die Demokraten entzweiten und daß sie dem britischen Premier in seinem Bemühen, den Kommunismus einzudämmen, Fesseln anlegten. Roosevelt erwähnte sogar gegenüber Stalin, daß es mit Churchill Auseinandersetzungen wegen der Besatzungszonen in Deutschland und der Politik gegenüber Frankreich gegeben habe. Lord Moran am 11. Februar 1945, einen Tag vor Beendigung der Konferenz von Jalta: »Der Premierminister macht sich seit einiger Zeit über die Ereignisse des Krieges Gedanken, und er erkennt, daß die Landkarte Europas *mit roter Tinte* neu gezeichnet werden wird. Weit mehr noch als in Teheran ist er sich seiner Ohnmacht bewußt.«[36]

Der Chef des britischen Empire-Generalstabes Sir Alan Brooke, der nach eigenem Bekunden den Krieg satt und nur noch den einen Wunsch hatte, sich irgendwo auf dem Lande niederzulassen, gilt als profunder Beobachter des Premiers, und in seinen Tagebüchern finden wir bestätigt, daß Churchill bereits seit 1944 jene Ausfallerscheinungen zeigte, von denen auch Moran spricht. 28. März 1944: »Er erscheint unfähig, sich auch nur ein paar Minuten zu konzentrieren, und schweift dauernd vom Thema ab.« Am 7. Mai 1944, so Sir Alan Brooke, habe sich der Premierminister allen Ernstes geäußert, er wäre ganz zufrieden, wenn er den ganzen Tag im Bett verbringen dürfte.[37] Als Sir Alan nach dem Krieg daranging, seine Tagebücher zu veröffentlichen, lief Churchills Familie Sturm gegen die Enthüllungen, so daß der Generalstabschef sich mühte, die damalige Situation zu beschönigen, in Wirklichkeit aber bestätigte er nur seine Aufzeichnungen: »Winston war damals ein sehr kranker Mann mit wiederholten Attacken einer Lungenentzündung und häufigen Fieberanfällen; diese physische Konstitution und seine geistigen Ermüdungserscheinungen waren schuld an vielen Schwierigkeiten, die ich mit ihm hatte, eine Tatsache, der ich nicht genügend Rechnung getragen habe.«[38]

Zur gleichen Zeit äußerte sich der polnische Botschafter in London, Edward Graf Raczynski: »Dies war das erste Treffen, bei dem ich mich fragte, ob Churchill übermüdet war oder ob er wirklich begriff, was um ihn herum vorging ... Er wird schon seine Gründe haben, warum er bestimmte Dinge für uns immer und immer wiederholte.«[39]

Von den Leibärzten der großen Drei ist Lord Moran gewiß der bemerkenswerteste, nicht nur, weil er mitteilsamer war als alle anderen; er lebte mit Churchill in einem so engen Verhältnis, daß er mit ihm litt, seine Leiden mit ihm teilte, als wären es die eigenen – Folgeerscheinung eines 25jährigen Zusammenlebens. Moran berichtet: »Winston stand in seinem 66. Lebensjahr, als man mich im Frühling 1940 bat, mich um ihn zu kümmern. In jenen Tagen konnte ich keine geistigen oder körperlichen Abnutzungserscheinungen als Folge eines langen und anstrengenden Lebens an ihm feststellen, erst in den letzten Kriegsjahren bemerkte ich Anzeichen, daß auch er sterblich ist.«[40]

An seine Sterblichkeit wurde Churchill trotz des für ihn erfolgreichen Kriegsendes jäh erinnert. Schnöde Parteipolitik zog ihn, den vielumjubelten Nationalhelden, in die Niederungen eines Wahlkampfes. Das erinnerte treffend an die Triumphzüge römischer Cäsaren, bei denen der hinter dem Triumphator stehende, den Lorbeerkranz über sein Haupt haltende Sklave ständig die Worte wiederholte: »Memento mori – gedenke, daß du sterblich bist.«

Mit dem Krieg endet auch das Heldentum. Churchill muß das gespürt haben. Er gab der Labour Party mehr Chancen als alle Meinungsumfragen und meinte, er sei, bis das Wahlergebnis feststehe, nur ein halber Mensch. Hitlers Tod kommentierte der Premier mit Genugtuung, aber keineswegs hämisch. Sein Selbstmord, meinte er, sei wohl das einzig Richtige gewesen. Schwer traf ihn hingegen Roosevelts Tod im April 1945, obwohl das Verhältnis der beiden in letzter Zeit voll von Spannungen gewesen war; aber sein Nachruf im Parlament (Churchill war ein Meister des Nachrufs) hinterließ großen Eindruck.

Aufgrund der anstehenden Probleme und im Hinblick auf die Neuordnung in Europa hätte sich Churchill mit dem neuen US-Präsidenten Harry S. Truman, dem bis dahin weitgehend unbekannten Stellvertreter Roosevelts, treffen müssen, um eine gemeinsame Strategie zu planen. Dazu kam es jedoch nicht, und Sir Winston gestand später seinem Arzt und Freund Lord Moran, daß dies ein schwerwiegender Fehler gewesen sei.

Churchill machte lieber Urlaub, natürlich in Begleitung seines Leibarztes Lord Moran. Der Premier entschied sich für Südfrankreich, um in Hendaye, einem vielbesuchten Kurort an der Grenze zwischen Frankreich und Spanien, zu malen. Sein künstlerisches Können war beachtenswert, wenngleich er stets im Kampf mit den Brauntönen stand, die er nicht leiden mochte und die er immer wieder in heitere Pastelltöne aufzulösen versuchte. Eine Flußlandschaft bereitete ihm derartige Schwierigkeiten, daß sich Verdauungsstörungen bei ihm einstellten – jedenfalls behauptete er das – und er schließlich in Depressionen verfiel und völlige Apathie.

Von Historikern wurde herumgerätselt, ob sich hinter dem plötzlichen Verfall künstlerisches Unvermögen oder die Vorahnung des eigenen Schicksals verbarg, wie sie großen Männern bisweilen eigen ist. Sir Winston hatte bei Ende des Krieges seine Regierung aufgelöst und Neuwahlen angesetzt, aber aufgrund der Ausdehnung des Britischen Empires über beinahe die ganze Welt und der Anwesenheit der wahlberechtigten Soldaten in fernen Ländern gestaltete sich die Auszählung äußerst langwierig, so daß der Premier Mitte Juli 1945 ohne Mandat nach Potsdam aufbrach. Und obwohl vor allem er es gewesen war, der aus der Furcht, Stalin könnte sich noch mehr von der Siegesbeute aneignen, auf die Konferenz gedrängt hatte, kündigte er nun seinem Arzt an, er wolle sich im Hintergrund halten. Ein Traum, den er wenige Tage zuvor Lord Moran anvertraute, spricht mehr als viele Dokumente. Churchill träumte von einer Leiche unter einem großen, weißen Leinentuch. Er konnte ihre Umrisse genau erkennen, vor allem aber erkannte er die Füße, jene knochigen, blassen Schweppermannfüße – seine eigenen.

Lag das britische Empire tot unter dem Laken verborgen? Der Anfang vom Ende des Empire ist umstritten wie Händels Beisetzung in Westminster Abbey; aber nicht wenige Geschichtsschreiber verweisen auf Potsdam, hier habe man die Größe des Vereinigten Königreiches zu Grabe getragen. Der Satz Churchills zu Moran ist verbürgt: »Ich fühle mich sehr einsam ohne einen Krieg«, sagte Sir Winston im Alter von 71 Jahren und fügte hinzu: »Und Sie?«[41]

Irgendwann im Frühjahr 1945, als die Labour Party dem reaktionären Nationalhelden die Koalition verweigerte und Churchill ein konservatives Übergangskabinett einsetzte, begann der kränkliche Premier, sich in allerlei Merkwürdigkeiten, Frustrationen und Depressionen zu ergehen. Trotz oder wegen des fraglos zu erwartenden Sieges wuchs sein Mißtrauen gegenüber dem amerikanischen Präsidenten, doch beruhte der Vorgang auf Gegenseitigkeit. Stalins bewußte Schmeicheleien auf Jalta hatten bei dem Alten (»ein Mann, wie er alle hundert Jahre einmal geboren wird«, »der tapferste Staatsmann der Welt«) zweifellos Wirkung gezeigt, und Gegner seiner Politik wie Lord Winterton kritisierten ihn mit der Bemerkung, er riskiere, in Senilität zu verfallen, noch bevor er das Alter dazu erreicht habe.

Die letzten Kriegstage hatte Churchill zu sinnlosen Besuchen an der Front genutzt, wobei er Westwallruinen anpinkelte, eine Operation, die, wie er meinte, nicht zur Veröffentlichung tauge, während die Überquerung einer unter Beschuß liegenden Rheinbrücke diese durchaus rechtfertigte.

Man hat das Foto und die alten Wochenschauaufnahmen hundertmal gesehen: Am 25. Juli 1945, kurz vor elf, traten die Großen Drei der Konferenz von Potsdam, auf der über das Schicksal des geschlagenen Deutschland entschieden werden sollte, auf die unterste Stufe vor dem Eingang des Schlosses Cecilienhof, um für die aus aller Welt angereisten Reporter Einigkeit zu demonstrieren. Umgeben von bewaffneten Soldaten der drei Siegermächte stand links Winston Churchill, in der Mitte Harry S. Truman, rechts Josef Stalin. Stalin trug eine beige Uniformjacke mit breiten Schulterklappen über einer schwarzen Hose mit zwei seitlichen breiten Streifen, Truman war im eleganten schwarzgestreiften Zweireiher und – entgegen sonstiger Gewohnheit nicht mit Fliege, sondern dezenter Krawatte – wirkte eher wie auf seiner eigenen Silberhochzeit, während sich Churchill in seiner hellen Paradeuniform, über der linken Brusttasche eine dreireihige Ordensspange, ganz staatsmännisch zeigte. Um das Bild für die Fotografen aufzulockern, reichte Truman Stalin die rechte Hand, über Kreuz streckte er Churchill seine Linke entgegen. Churchill brauchte zwei Augenblicke, bis er die verbindende Geste des Amerikaners begriff, vielleicht tat er aber auch nur so, um anzudeuten, daß von Einigkeit unter den Siegern schon lange nicht mehr die Rede sein konnte; schließlich griff er zu, und alle drei lachten überschwenglich, lange und gekünstelt. Das Lachen sollte demonstrieren: Seht her, so übermütig benehmen sich die drei mächtigsten Männer der Welt.

Dies war das Bild, das die Welt zu sehen bekam; doch das vermeintliche Abbild war in mehrfacher Hinsicht ein Trugbild. Truman und Churchill kannten sich nicht, und der Amerikaner war nicht im geringsten auf die Konferenz vorbereitet. Das einzig Bemerkenswerte war seine strahlende Laune. Harry S. Truman hatte die achttägige Überfahrt von Newport, Virginia, nach Antwerpen an Bord des Kreuzers *S. S. Augusta* sichtlich genossen. In seinem Gepäck befanden sich Smoking, Frack, Zylinder und steifer Hut und, wie er seiner Mutter schrieb, »eine Aktenmappe voll mit Unterlagen über die früheren Konferenzen und Vorschlägen, was ich tun und sagen soll«. Harry S. war gerade drei Monate im Amt, und von Außenpolitik hatte er keine Ahnung.

Neben ihm Churchill, wankend wie ein angezählter Boxer in Erwartung des drohenden Knockouts, übernervös und uneffektiv, dabei »von theatralischer Zähigkeit«. Sir Alexander Cadogan, Unterstaatssekretär im Außenministerium und Konferenzteilnehmer, meinte später, der auf Abruf agierende Premier habe in Potsdam wenig Arbeit geschafft, sich in alles eingemischt, »haarsträubenden Unsinn« verbreitet und damit die westliche Position aufs Spiel gesetzt. Lord Moran bestätigt das in einem Tagebucheintrag vom 22. Juli 1945: »Winstons Gesundheitszustand hat sich so sehr verschlechtert, daß er nicht mehr die Energie hat, seine Chancen zu nutzen. Bridges (Kabinettssekretär und Chef des Civil Service) und Rowan (Churchills 2. Privatsekretär) sagten, daß hier sehr viel von Anthony (Außenminister Anthony Eden) abhänge, weil der Premierminister sein Pensum nicht beherrsche. Er ist zu müde, um sich vorzubereiten, er erledigt die Dinge so, wie sie gerade kommen. Und er hat natürlich eine ganz triftige Ausrede, Entscheidungen aus dem Weg zu gehen; er hat ja schon in Hendaye gesagt, er würde nur ein halber Mensch sein, bevor er das Wahlergebnis wüßte. Tatsächlich – und er macht kein Hehl daraus – will er die wirklich wichtigen Beschlüsse aufschieben, bis er weiß, wie die Wahl ausgefallen ist. Außerdem bezweifle ich, daß sein Herz bei der Sache ist ...«[42]

Dieser Churchill war in der Tat kein gleichgewichtiger Gegner für Stalin, er war nicht einmal einem Stalin gewachsen, der wenige Tage zuvor einen Herzanfall erlitten hatte – was von den Russen allerdings als Staatsgeheimnis gehütet wurde (die Russen hatten Stalins um einen Tag verspätetes Eintreffen in Potsdam der schlechten Schienenverbindung zugeschrieben). Resigniert meinte Lord Moran: »Stalins Zähigkeit und Hartnäckigkeit haben auf unserer Seite nichts ihresgleichen.«[43] Das Ergebnis waren die »Potsdamer Proklamation der Regierungschefs«, die Japan zur Kapitulation aufforderte und mit dem Satz endete: »Die Alternative für Japan ist sofortige und völlige Zerstörung«, und die »Potsdamer Deklaration« mit einer Nachkriegsordnung für Deutschland.

»Wären die Beschlüsse«, so Konrad Adenauer in seinen *Erinnerungen,* »wirklich durchgeführt worden, wären Unruhen und Aufstände die Folge gewesen. Schließlich wären auch die drei westlichen Zonen, also ganz Deutschland, kommunistisch geworden.«[44]

Die »Potsdamer Proklamation« vom 26. Juli 1945 trägt noch die Unterschrift Sir Winston Churchills, die »Potsdamer Deklaration« vom 2. August 1945 wurde bereits von C. R. Attlee unterzeichnet. Am 26. Juli 1945 stand Clemens Richard Attlee als Wahlsieger über Churchill fest. Die Labour Party hatte doppelt so viele Sitze wie die Tories gewonnen. Churchill mußte seinem Nachfolger Platz machen.

Für einen Mann von 71 Jahren wäre das durchaus ein ehrenvoller Abschied vom öffentlichen Leben gewesen, zumal es um seine Gesundheit nicht zum besten stand. Der Alte trotzte allen Mahnungen und rauchte und kaute noch immer acht dicke Zigarren pro Tag, aß Unmengen, schon zum Frühstück Rindfleisch, Koteletts und Hühnchen, nur keinen Fisch (»Nur Fleischfresser werden diesen Krieg gewinnen«), und mittags etwa wieder das gleiche, nur reichlicher und mit Champagner und Brandy hinuntergespült (Hitler nannte Churchill deshalb einen Alkoholiker). Essen mußte er alle vier Stunden, jedenfalls meldete sich pünktlich alle vier Stunden sein Magen. Sir Winston behauptete, sein Magen sei wie eine Uhr. Die Folge: Churchills Leibesumfang wuchs beängstigend, und seine Parteifreunde machten sich ernsthaft Sorgen. David Maxwell-Fyfe, der oft mit ihm speiste und später für Churchill noch von Bedeutung sein sollte, wunderte sich, wie der Alte einmal ein Dutzend Austern, zwei Portionen Roastbeef hintereinander, Gemüse, einen Teller Apple-Pie, Eiskrem, dazu Tomatensaft, Wein und Brandy zu sich nahm. Frustrationsreaktion eines vom Schicksal Enttäuschten?

Helden im Rentenalter sind unbezähmbar. Obwohl man ihm gewiß keine Deutschtümelei vorwerfen kann, eiferte Churchill einem Bismarck, einem Hindenburg nach, die erst jenseits der Pensionsgrenze ihr Geschichtsbild richtig rahmten. Sir Winston plante mit 71 Jahren ein Comeback, als wüßte er, daß seine große Zeit noch bevorstand; und hinter ihm stand ein Mann, den viele Historiker unterschätzt, ja verkannt haben in seinem Einfluß auf Sir Winston: Lord Moran.

Piers Brendon, *Times*-Kritiker und einer von Churchills zahlreichen Biographen, behauptet, Moran habe nicht einmal zum engeren Beraterkreis Sir Winston Churchills gehört. Bei gründlicherem Quellenstudium wäre Brendon zu einem gegenteiligen Ergebnis gekommen. Wie nahe sich Churchill und sein Leibarzt standen, belegen Dokumente der Konferenz von Potsdam, nach denen Lord Moran an den intimen Dinnerpartys der Großen Drei teilnahm – gewiß nicht in seiner Funktion als Leibarzt.

Morans Verhältnis zu Churchill ging sogar über das eines Beraters hinaus. Der Alte benutzte ihn als Beichtvater und Geheimnisträger, und wenn es überhaupt einen Menschen gab, dem sich Sir Winston anvertraute, dann war es Lord Moran. Vor ihm konnte er schwach sein, ihm beichtete er seine Ängste. Am 23. Juli 1945 vertraute Churchill Moran etwas an, »was Sie keinem Menschen weitersagen dürfen«, die Probezündung einer dreizehnpfündigen Atombombe in der Wüste von Neu-Mexiko. Churchill wörtlich: »Das Feuer war die erste große Entdeckung der Menschheit; dies ist die zweite.«[45] Moran wußte von dem Atomversuch eher als Stalin, und sein Einfluß auf den Expremier war nie von größerer Bedeutung als in den Tagen nach dessen Abwahl.

Obwohl er das Ergebnis kommen sah, hatte Churchill nach seinem Auszug aus Downing Street Nr. 10 nicht einmal eine standesgemäße Wohnung. Fürs erste zog er ins »Claridge« – er liebte Hotels über alles – und gab sich seinen Depressionen hin. In einem Dachgartenappartement im sechsten Stock empfing er Moran mit der Bemerkung, er schlafe nicht gerne neben einem solchen Abgrund, und dabei blickte er auf den Balkon. Eine Woche später fand

Moran den Alten in der Wohnung seines Schwiegersohnes in Westminster Gardens. Er saß im Unterhemd auf der Bettkante und starrte ausdruckslos vor sich hin. Er könne nicht mehr schlafen, sagte Churchill, und seine einzige Hilfe seien die »Roten«, von Moran verordnete Pillen, mit denen der Expremier nahezu jedes Wehwehchen kurierte.

Er haderte mit sich selbst: »Charles, es ist zwecklos zu behaupten, ich sei nicht schwer getroffen. Ich kann mich nicht damit abfinden, den Rest meines Lebens müßigzugehen. Es wäre besser, ich wäre wie Roosevelt gestorben oder mit einem Flugzeug abgestürzt. Nach meiner Abreise aus Potsdam hat Joe (Stalin) getan, was er wollte. Man hat zugelassen, daß die Russen ihre Grenzen nach Westen verschieben, und damit acht Millionen arme Teufel heimatlos gemacht. Ich hätte es nicht gestattet, und die Amerikaner hätten mich dabei unterstützt. Mich quälen Anfälle von Niedergeschlagenheit. Sie wissen, wie meine Tage angefüllt waren; nun ist das alles vorbei. Ich gehe um zwölf schlafen, nichts ist da, wofür es lohnt, länger aufzubleiben ...«[46]

Wenn es einen Menschen gab, der Churchill über dieses größte Tief seines Lebens hinwegbrachte, dann sein Leibarzt Lord Moran. Churchill selbst wollte sein Elend durch Malen am Comer See kompensieren. Seine Begleiter: Tochter Sarah und Lord Moran.

Auf dem fünfeinhalbstündigen Flug nach Mailand vertiefte sich der Alte in seine gesammelten Weisungen an das Kabinett und die Stabschefs, fünf Jahre Befehle, in Akten gebunden, und obwohl der Krieg längst zu Ende war, ging Churchill den ganzen langen Krieg noch einmal durch, erlebte noch einmal die entscheidenden Luftschlachten, und niemand hätte sich gewundert, wenn Sir Winston in der dröhnenden *Dakota*, die ihm General Alexander zur Verfügung gestellt hatte, auf einmal »Feuer!« oder »Bomben ausklinken!« gerufen hätte. Churchill arbeitete die eigene

Vergangenheit auf, und dies nahm bisweilen groteske Formen an, etwa wenn er, Sarah und Moran mit Servietten bewaffnet Fliegen erschlugen und sie wie die Opfer einer siegreichen Schlacht auf dem Eßtisch in Como aufreihten, dreißig an der Zahl.

Während in Nürnberg die Kriegsverbrecherprozesse stattfanden, regenerierte sich Churchill wieder. Seine Resignation machte der alten Aggressivität Platz, und Moran berichtet, der Gedanke an ein Comeback sei ihm zum ersten Male im Sommer 1946 durch den Kopf gegangen. Sir Winston zu seinem Leibarzt: »Vor kurzem war ich noch bereit, mich zurückzuziehen und in Armut zu sterben. Jetzt werde ich bleiben und sie zum Duell fordern.«[47]

Der Expremier ließ sich auch nicht von einer Bruchoperation zurückwerfen, für die Moran den Hofchirurgen Thomas Dunhill auswählte. Hinzu kam ein Schlaganfall im Sommer 1949; aber Churchill überstand auch den und ließ sich nicht abhalten, einen respektablen Wahlkampf gegen die Labour Party zu führen. Zwar siegte die Labour-Regierung noch einmal, aber ihre Mehrheit schmolz auf sechs Sitze zusammen, und Churchill gab augenzwinkernd die offizielle Erklärung ab, daß er noch nicht tot sei.

Er war 76, aber er war aggressiv, streitsüchtig und giftig wie nie zuvor in seinem Leben, und – was niemand für möglich gehalten hätte – Sir Winston Churchill hob die sozialistische Regierung aus den Angeln; am 26. Oktober 1951 war er wieder Premierminister.

Aber welch ein Premierminister! Von einem Tag auf den anderen hatte sich sein Gehör rapide verschlechtert, was den Eindruck verstärkte, als sei er oft geistesabwesend. Merkwürdig, kauzig, vor allem aber zynisch und rechthaberisch trat Churchill seiner nächsten Umgebung gegenüber. Seinen Außenminister Anthony Eden kanzelte er ab wie einen dummen Jungen, oder er ließ ihn überhaupt nicht zu Wort kommen. Auch Moran gegenüber verhielt sich der Premier zunehmend brüskierend und beleidigend.

Am 21. Februar 1952 ließ er abends den Leibarzt kommen, um ihm mitzuteilen, er habe den Telefonhörer abgehoben und vier Minuten überlegt, wen er überhaupt sprechen wollte. Churchill zu Moran: »Was soll das bedeuten, Charles? Bekomme ich einen Schlaganfall? Wenn ja, muß ich Schluß machen. Es könnte ja mitten in einer Rede passieren. Das wäre das Ende. Mein Puls ist ganz normal«, sagte er und legte den Finger auf die Schlagader, »zählen Sie selber, Charles.«

Moran versicherte, daß sein Puls regelmäßig war.

Aber Churchill blieb hartnäckig: »Ist der Blutdruck gestiegen? Bringen Sie morgen Ihren Apparat mit, und prüfen Sie, ob er gestiegen ist. Können Sie etwas machen?«

Moran versprach, »Trimitrin« zu besorgen.

»Wozu ist das gut?«

»Es erweitert die Gefäße und bringt mehr Blut an die kritische Stelle.«

»Wird es auch nicht schaden? Kann keine Arterie platzen? Sagen Sie, Charles, was war mit mir los? Warum habe ich nicht die richtigen Worten gefunden?«

Moran erklärte, daß die Blutzufuhr zum Gehirn beeinträchtigt worden sei und daß er entweder ganz aufhören oder seine Arbeit so einteilen müsse, daß er nicht mehr so angespannt sei.

Churchill: »Ich habe immer noch wichtige Entscheidungen zu treffen, schreckliche Entscheidungen. Das hat nie ein Ende, es ist ärger als im Krieg.«

Lord Moran hat diesen Dialog wortwörtlich aufgezeichnet.[48] Und an diesem 21. Februar wurde es Lord Moran bewußt, daß sich der Premier in einer gesundheitlichen Verfassung befand, die verlangt hätte, sein Amt niederzulegen. Aber Moran wußte auch, daß jener angesichts eines drohenden Mißtrauensvotums und eines Unterhauskrachs über den Haushaltsplan nie zustimmen würde. Im übrigen war zwei Wochen zuvor König Georg VI. gestorben, und Churchill wollte die Krönung der jungen Königin Elisabeth als Premier erleben.

Wochenlang trug Lord Moran sich mit dem Gedanken, ob er, der Leibarzt, dem greisen Premierminister des Vereinigten Königreichs zum Rücktritt raten sollte, raten durfte. Er beobachtete ihn aus der Distanz, hörte seine Reden an und schluckte seine Unverschämtheiten, mit denen der Alte auch ihn nicht verschonte. Dann, am 12. März 1952, schrieb Lord Moran Churchill einen Brief:

Mein lieber Premierminister,
ich habe sorgfältig über die Bedeutung des kleinen Mißgeschicks nachgedacht, das Ihnen am 21. Februar unterlaufen ist, als Sie zum Telefonhörer griffen. Es ist von der gleichen Art wie die plötzliche Gedächtnistrübung im Januar 1950 vor Ihrer Wahlrede in Leeds, nämlich die Folge einer verkrampften Gehirnarterie. Und diese beiden Störungen sind nahe Verwandte der kleinen Arterienverstopfung im August 1949 in Monte Carlo. Alle drei deuten auf eine gewisse Labilität der Blutzirkulation im Gehirn, die durch ungewöhnliche geistige Anstrengung vergrößert wird. Wenn es andererseits möglich wäre, die Arbeitslast zu vermindern, ohne das Amt des Premierministers niederzulegen, was augenblicklich aus medizinischen Gründen nicht ratsam sein würde, könnten Sie mehr oder weniger unbegrenzt weiter tätig sein. Sollten Sie den Wunsch haben, meine Diagnose bestätigt zu sehen, wäre es selbstverständlich jederzeit möglich, Russell Brian heranzuziehen, aber es dürfte wirklich keine andere Erklärung der Vorgänge geben.
Wenn ein Punkt meiner Ausführungen unklar geblie-

ben ist, will ich jederzeit zu Ihnen kommen, wann es Ihnen paßt. Ich bin davon überzeugt, recht getan zu haben, daß ich Ihnen die medizinischen Tatsachen zur eigenen Beurteilung darlegte. Als ich mit Clemmie über Ihre Schwerhörigkeit sprach, habe ich ihr ebenfalls meine Ansichten mitgeteilt.

Charles.[49]

Lady Clementine, geborene Hozier, genannt Clemmie, war Churchills Frau. Die beiden hatten 1908 geheiratet, als Winston Wirtschaftsminister war, und sie sparten im Alter nicht mit wechselseitigen Szenen, Gezeter und Geschrei, wobei sie oft unterlag, aber nicht ohne ihrer Wut in einem schriftlichen Memorandum Luft zu verschaffen. Moran hatte zu Clemmie ein gutes Verhältnis, und deshalb schickte er ihr einen zweiten Brief folgenden Inhalts:

Liebe Clemmie,
mit diesem Brief scheinen mir zwei Gefahren verbunden zu sein. Erstens, daß Winston zurücktritt, und nach unserer medizinischen Erfahrung hat es häufig – ich möchte beinahe sagen immer – tiefgreifende Veränderungen zur Folge, wenn man einen Menschen aus einem sehr aktiven geistigen Leben heraus in den Ruhestand versetzt. Solche Veränderungen würden hier drohen.
Zweitens, daß er überhaupt keine Notiz von dem Brief nimmt. In diesem Falle müssen wir in Betracht ziehen, daß es nicht damit getan ist, wenn er sagt, er will »in den Sielen sterben«. Was mehr zu fürchten ist, wäre ein Anfall, der ihn zum Krüppel macht.
Ich habe nicht den geringsten Zweifel – obwohl in jeder Entscheidung ein Risiko steckt –, daß es vom medizinischen Standpunkt aus das sicherste wäre, wenn

er Premierminister bliebe, aber für etwa ein Jahr ins Oberhaus ginge.

Ich weiß, es würde ein Opfer für ihn bedeuten; aber es wäre bestimmt das beste für die Königin, das Land und seinen Nachfolger, und ich glaube, die Nation würde es als eine hohe Geste ansehen, wenn er auf diese Weise den Weg für die Nachfolge freigäbe.

Charles.[50]

Churchills Reaktion auf Lord Morans Brief war so eigenartig wie sein Charakter. Er überging das Schreiben und erwähnte es mit keinem Wort; doch statt ins Unterhaus zu gehen, legte er sich ins Bett. Der Premier war jetzt an einem Punkt angelangt, an dem es schwer wurde, ihm seine Überzeugung von Unsterblichkeit auszureden. Schließlich war er 79. Nach Stalins Tod fühlte er, der einzige Überlebende der Großen Drei, es als seine Aufgabe, eine Ost-West-Entspannung einzuleiten. Er scheine, bemerkte Moran, an nichts anderes zu denken. Sein Außenminister Eden erkrankte und fiel für Monate aus, Churchill übernahm sein Amt zusätzlich, arbeitete bis drei Uhr nachts und las täglich in allen greifbaren Zeitungen, was über ihn geschrieben wurde.

Am 24. Juni 1953, drei Wochen nach der Krönung Elisabeths II., wurde Lord Moran nach Downing Street Nr. 10 gerufen. Churchill lag im Bett, sein linker Mundwinkel hing schlaff herunter, seine Sprache war unverständlich, er konnte sich kaum auf den Beinen halten, und es bereitete ihm größte Mühe, seine Zigarre zum Mund zu führen. Schlaganfall. Sein Kommentar: »Mir ist nicht mehr so, als könnte ich die Welt steuern, und doch hat es niemals mehr danach ausgesehen, als wolle man es mir anbieten. Ich fühle, Charles, ich könnte etwas tun, was sonst keiner fertigbringt.«[51]

Der Mann, der nichts im Leben mehr haßte als Schwäche, war auf einmal schwach. Grund genug, sich selbst zu hassen, an sich und seinem Lebenswerk zu zweifeln. Zum ersten Male sprach Sir Winston über den Tod, aber das stärkte nur sein messianisches Bewußtsein. Moran zog den Londoner Herzspezialisten Sir John Parkinson hinzu, weil er hoffte, der Premier würde *seinen* Mahnungen mehr Glauben schenken; aber Parkinson diagnostizierte bei Churchill ein Herz, das weitaus jünger sei, als es seinem Alter entspräche. Nach dreimonatiger Zurückgezogenheit tauchte der Premier wieder in der Öffentlichkeit auf, aber an seinem Erscheinungsbild stimmte etwas nicht. Es waren die körperlichen Spuren, die der Schlaganfall hinterlassen hatte und die von den britischen Zeitungen gnadenlos registriert wurden, und in Verbindung damit Zweifel, ob dieser Mann in der Lage sei, sein hohes Amt auszufüllen.

Aber Churchill lebte längst außerhalb des Dunstkreises so menschlicher, niedriger Diskussionen, und er ähnelte in diesem Verhalten Konrad Adenauer, der genau wie jener jeden in seiner Umgebung kritisch beobachtete, aber seine eigene Physis außer acht ließ. Und so kam der 5. April 1954, einer der schwärzesten Tage im Leben Sir Winston Leonard Spencer Churchills. Bei einer Unterhaus-Debatte über die Wasserstoffbombe wurde der Premier von der Labour-Opposition mit Zwischenrufen bombardiert.

»Abtreten!«, »Zurücktreten!«, »Das ist eine Schande!«, »Lassen Sie sich doch Ihre Papier geben!« schallte es von den Rängen.

Churchill verlor den Faden, verhaspelte sich, raffte sich wieder auf, nuschelte unverständlich und brachte seine Rede in beklagenswerter Weise zu Ende. Abgeordnete seiner Partei hatten, weil sie das Drama nicht mit ansehen konnten, während der Rede das Parlament verlassen. Die Opposition klatschte hämisch Beifall. Die Londoner *Times* bemerkte dezent, Churchills Gefühl für die Situation habe ihn auf traurige Weise im Stich gelassen und jenen recht gegeben, die betonen, der Premier sei nicht mehr fähig, das Amt des Ersten Ministers der Krone auszuüben.

Zu Churchills 80. Geburtstag, am 30. November 1954, zog Leibarzt Lord Moran medizinische Bilanz:

>»Ich kenne ihn jetzt 15 Jahre, und in dieser Zeit hatte er

1. einen Herzanfall in Washington kurz nach dem Angriff auf Pearl Harbor;
2. drei Lungenentzündungen, von denen wenigstens eine ›ziemlich happig‹ war;
3. zwei Schlaganfälle (1949 und 1953);
4. zwei Operationen, von denen eine zwei Stunden dauerte, weil der Unterleib voller Verwachsungen war;
5. Pruritus senilis (Alters-Hautjucken), vielleicht das am schwersten zu behandelnde Hautleiden;
6. eine Form der Bindehautentzündung, der nur mit einer kleinen Operation beizukommen wäre.

(Hierbei habe ich weder seine Verdauungsstörungen noch seine Divertikeln aufgeführt, da sie ihm niemals ernsthaftere Beschwerden verursacht haben.) Aber ich sollte diesem Krankheitskatalog vielleicht hinzufügen, daß Winston seit zehn Jahren ständig Beruhigungsmittel nimmt und keinen natürlichen Schlaf mehr kennt. Blickt man zurück, dann scheint er häufig arg mitgenommen gewesen zu sein; aber ich halte auch meine Verdienste in Ehren: Es war möglich, von zwei Lungenentzündungen und dem Gerede um seinen Schlaganfall im Juni 1953 abgesehen, alle seine Leiden der Öffentlichkeit und damit auch der politischen Welt zu verheimlichen.«[52]

Churchill mußte mühevoll überredet werden, seinem designierten Nachfolger Anthony Eden vor den Neuwahlen eine Chance zu geben und zurückzutreten. Das geschah am 5. April 1955; aber es schien, als würde sich Churchill in die eigene Tasche lügen, als würde er den bedeutsamen Schritt möglichst geheimhalten wollen, als wollte er sich aus dem Amt, in dem er gescheitert war, unbemerkt davonstehlen. Jedenfalls war es kein Zufall, daß Churchills Rücktritt genau in der Mitte eines vierwöchigen Zeitungsstreiks erfolgte.

Das Arzt-Patient-Verhältnis ging weiter wie das Leben. Churchill entwickelte sich zunehmend zum unerträglichen Hypochonder, der in täglich neuen Ängsten lebte, daß seine Adern platzten oder daß seine Schrift unleserlich und er selbst stumpfsinnig würde. Jedenfalls gab sich der Alte wenig Mühe, seine Abneigung gegenüber dem Leben und seiner Umwelt zu verbergen. Auch Moran litt darunter, aber der Leibarzt ertrug seinen Patienten mit Gleichmut. Zwar war er beinahe genauso alt, aber doch von weit besserer Konstitution. Es schien, als hätten sich Arzt und Patient auch physiognomisch angeglichen, so wie sich alternde Ehepaare im Aussehen angleichen.

Fünf Jahre vor Churchills Tod brach Lord Moran seine Tagebuchaufzeichnungen über den großen Alten ab, weil – wie er formulierte – es keinen Sinn habe, die Chronik über den Zeitpunkt hinaus fortzusetzen, an dem sie ihre historische Bedeutung verliere. Seiner eigenen Bedeutung im Leben Sir Winston Churchills war sich Lord Moran durchaus bewußt: »Ich war, glaube ich, der einzige, der ihm empfahl weiterzumachen, obwohl ich wußte, daß er zumindest in seinem letzten Regierungsjahr seiner Arbeit kaum noch gewachsen war. Seine Familie und seine Freunde drängten ihn abzudanken, sie fürchteten, er könne etwas tun, was seinem Ruf schaden würde. Ich fand, daß mich das nichts anginge, wußte aber, daß für ihn das Leben vorbei sein

71

würde, sobald er sein Amt niederlegte, und daß er unglücklich sein würde, wenn sein Dasein keinen Zweck mehr hätte. Es war meine Pflicht als sein Arzt, den verhängnisvollen Tag soweit wie möglich hinauszuschieben.«[53]

II.
DR. BERNHARD VON GUDDENS
LETZTER FALL:
LUDWIG II.

Sein Jugendfreund Philipp Graf Eulenburg meinte, Ludwig II. habe unter den deutschen Fürsten gelebt wie ein Goldfasan unter Hühnern. Die Lehrmeinung der Psychiatrie des Jahres 1886 war, um im Bild zu bleiben, eine Lehrmeinung für Hühner, und so verfaßte Dr. Bernhard von Gudden allein nach Vorlage von Zeugenaussagen ein Gutachten über den Geisteszustand des bayerischen Königs, das im Sinne der Lehrmeinung von 1886 korrekt, nach dem heutigen Stand der Wissenschaft jedoch eine Katastrophe war.

Obermedizinalrat Dr. Bernhard Aloys von Gudden, Psychiater und seit 1873 Direktor der Kreisirrenanstalt in München, hat in seinem Leben zahllose Gutachten erstellt, Gutachten von hohem wissenschaftlichem Wert, die ihm in medizinischen Fachzeitschriften große Reputation einbrachten; vor allem seine liberale, jeden Zwang vermeidende Behandlung von Geisteskranken machte ihn gegen Ende des vorigen Jahrhunderts zu einer Berühmtheit unter Deutschlands Psychiatern. Doch das folgenschwerste, umstrittenste, fragwürdigste und dubioseste Gutachten unterschrieb Bernhard von Gudden am 8. Juni 1886 zusammen mit seinem Schwiegersohn, dem Würzburger Psychiatrieprofessor Dr. Hubert Grashey, und den Anstaltsärzten Hofrat Dr. Hagen und Dr. Hubrich.

Sowohl Grashey als auch Hagen und Hubrich hatten noch am Tag zuvor keine Ahnung, was in dem Gutachten stand, sie hatten den Patienten, um den es ging, nie untersucht, aber das hatte auch Gudden nicht, der das Gutachten an seinem 62. Geburtstag, einem Montag, aufgrund vorliegenden Aktenmaterials in Angriff nahm.

Wie Schwiegersohn Hubert, zum Geburtstag aus Würzburg angereist, später bekräftigte, habe von Gudden den ganzen Montag und die darauffolgende Nacht über dem 24seitigen Entwurf gesessen und ihn am Dienstag morgen um 9 Uhr den Kollegen zur Begutachtung vorgelegt. Ob Psychiater im allgemeinen oder Dr. von Gudden im speziellen sich generell von Geburtstagsfeiern distanzieren, soll hier nicht näher erörtert werden, doch sind in diesem Zusammenhang zwei Dinge erwähnenswert. Sicher ist es kein Zufall, daß Schwiegersohn Hubert ausgerechnet zum 62. Geburtstag Guddens nach München kam; man kann durchaus davon ausgehen, daß eine angemessene Geburtstagsfeier stattfand, nach der der Psychiater in seinem Büro verschwand, um die Nacht durchzuarbeiten.

Für Dr. von Gudden war die Sachlage des Falles klar und das Dokument reine Formsache. Kabinettsdirektor Johannes Lutz hatte dem Psychiater genügend Aktenmaterial überstellt, Zeugenaussagen von unbedarften Zeitgenossen, welche Merkwürdigkeiten festgestellt haben wollten, und Erbgutachten aus der Verwandtschaft, in denen Geistesschwäche attestiert wurde, sowie ein angeblicher Lebenslauf, der sich eher wie eine Krankengeschichte las. Entlastendes Material fehlte völlig.

Grashey, Hagen und Hubrich lasen den Schriftsatz, dann setzten sie zusammen mit von Gudden ihre Unterschriften darunter. München, den 8. Juni 1886. Mit diesen Unterschriften war König Ludwig II. von Bayern, Sohn König Maximilians II., geboren am 25. August 1845 in Nymphenburg, für verrückt und unheilbar krank erklärt und damit unfähig, seine Regierungsgeschäfte auszuüben.

Das Gutachten des damals bekanntesten deutschen Psychiaters verknüpfte das Schicksal zweier Menschen, die sich bis dahin nur ein einziges Mal flüchtig begegnet waren, auf verhängnisvolle Weise. Am Ende stand ein Drama, das es in dieser Konstellation noch nie in der Geschichte gegeben hatte. Ärzte wurden bisweilen um ihres eigenen Vorteils willen zu Mördern an ihren Patienten; aber ein König, der mit eigenen Händen seinen Arzt umbringt, dieser Fall ereignete sich nur einmal, im Jahre 1886, wenige Tage nachdem sich Gudden als heimlicher Herrscher über den König erhoben hatte.

Von dem unglückseligen König wird noch die Rede sein, über ihn wurden mehr Bücher geschrieben, als es seiner historischen Bedeutung zukommt. Aber wer war dieser Dr. Bernhard von Gudden? Ein genialer Wissenschaftler? Ein korrupter Gutachter? Ein verhinderter Politiker? Ein überforderter Irrenarzt? Ein Held oder eine tragische Erscheinung?

Bernhard von Gudden gehörte zu jener heute weit mehr als damals verbreiteten Spezies omnipotenter Wissenschaftler, die Arthur Koestler als »die Herren Callgirls« bezeichnete, Stars des akademischen Jet-Sets. Überall bekannt und scheinbar gleichzeitig an verschiedenen Orten, rotieren sie, von der Kongressitis befallen, von einer Tagung zur anderen, kaum daß sie Zeit finden, die von ihren Assistenten unternommenen Experimente zu beaufsichtigen. Jeder will sich mit ihnen schmücken, und sogar drittklassige Kurorte mit fragwürdiger Sprudelquelle werden durch ihre Anwesenheit für ein Wochenende zum Nabel der medizinischen Welt. Universitäten reißen sich um sie, und man fragt, wie es ihnen immer wieder gelingt, einen 36-Stunden-Tag zu 24 Stunden zu komprimieren.

Die Meinungen über den prominenten Psychiater des

19. Jahrhunderts, Aushängeschild einer damals noch jungen Wissenschaft, gehen auseinander. »Gudden«, sagte sein Schüler Dr. Auguste Forel, »bildete ein sonderbares Gemisch von Genialität und andern, weniger guten Eigenschaften. Ich habe das später so formuliert: Stellt man einen Haufen der größten Widersprüche und Gegensätze zusammen, so kann sich ein Gudden daraus ergeben. Mit seinen Kranken zeigte er eine Geduld und eine Güte, die oft geradezu grenzenlos war und mich in Staunen und Bewunderung versetzte. Daneben konnte er häufig wieder die kalte Rücksichtslosigkeit selbst sein. Mit seinen Assistenten war er frei von jeder Pedanterie, zu jeder ehrlichen Diskussion bereit, und ließ ihnen die größte Freiheit. Daneben kümmerte er sich aber absolut nicht um ihre Zukunft, sondern nur um das, was ihn anging. Wiederum verachtete er alle kleinlichen Intrigen und Gemeinheiten, wie sie in ärztlichen Kreisen bekanntlich so häufig vorkamen. Wissenschaftlich hatte er treffliche, originelle Einfälle. Daneben war er aber oft geradezu blind für einfache Tatsachen, Überlegungen und wissenschaftliche Erkenntnisse, während er sonst objektiv zu urteilen pflegte. Zum Beispiel leugnete er den Somnambulismus, weil er selbst traumlos zu schlafen glaubte. Er behauptete, alle niedrigen Tiere seien vollständig blöd und besäßen keine Spur von Intelligenz. In vielen Beziehungen war er Fatalist, sein Mut ging bis zur Tollkühnheit, und doch war er in gewissen Dingen wieder ängstlich. Er meinte, wenn man lüge, solle es wenigstens konsequent geschehen, aber während er überhaupt theoretisch die Konsequenz vertrat, war er in der Praxis der allerinkonsequenteste Mensch. Er kannte die Erfordernisse der Leitung einer Irrenanstalt ganz genau, und man konnte darüber von ihm viel Richtiges und Beherzigenswertes vernehmen, aber in der Praxis war er von einer ungeheuren Unordnung und ließ alles gehen, wie es wollte, so daß ich später von ihm sagen konnte: Ich habe

bei ihm ungeheuer viel gelernt, vor allem aus seiner Praxis, wie man eine Irrenanstalt nicht leiten soll.«[1]

Und sein Schüler Dr. Emil Kraepelin: »Er war ein ganzer Mann im wahrsten Sinne des Wortes, eine fest in sich geschlossene Persönlichkeit, deren Tugenden und deren Fehler aus der gleichen Grundlage mit Notwendigkeit hervorwuchsen ... Mancher wird ihn bei kleinen Anlässen ärgerlich, selbst heftig gesehen haben, niemals aber, und sicher auch in seinen letzten Augenblicken nicht, hat ihn jene bewunderungswürdige Geistesgegenwart verlassen, die bei ihm aus einer unerbittlichen, durch das ganze Leben hindurch fortgeführten Selbstdisziplin hervorgewachsen war.«[2]

Das Tempo, mit dem er durchs Leben ging, verfolgte Gudden schon in jungen Jahren, und als er sich für die neu gegründete Kreisirrenanstalt Werneck als Direktor bewarb, war er gerade dreißig. »Ein junger Direktor!« mokierte sich der bayerische Innenminister Graf Reigersberg bei der Einstellung; Gudden antwortete schlagfertig: »Aber ein alter Assistenzarzt, Exzellenz!« Zum Kreisirrenanstaltsdirektor aufgestiegen, heiratete er und zeugte in schöner Regelmäßigkeit nacheinander neun Kinder.

In der von ihm geleiteten Anstalt praktizierte Bernhard von Gudden revolutionäre Methoden der Behandlung Geistesgestörter. Er reservierte die schönsten Räume des Schlosses Werneck, die einst von Fürstbischöfen und dem Großherzog Ferdinand von Toskana bewohnt wurden, für zahlungskräftige Patienten besserer Stände und sicherte so dem Unternehmen den nötigen finanziellen Rückhalt, um auch weniger Begüterte behandeln zu können. Die Freiheit, die Gudden seinen Patienten erlaubte, rief Mißtrauen und Erstaunen hervor. Hatten sich Psychiater und Patient erst einmal näher kennengelernt, so gewährte er seinem Schützling freien Ausgang in den Park, bisweilen sogar außerhalb der Anstalt. Einige verfügten über eigene Zimmerschlüssel, eigene Abteilungsschlüssel, und sogar Büros und Ärztewohnungen waren für sie frei zugänglich.

Daneben betätigte sich Gudden als Forscher, Spezialgebiet Wachstum des Schädels und des Gehirns. Der Psychiater hatte erkannt, daß Schädel und Gehirn eine gewisse Selbständigkeit besitzen, sich aber auch gegenseitig beeinflussen und daß die Schädelform eines Menschen das Produkt der Schädelanlage und Schädelentwicklung war. Zunächst suchte Gudden die Selbständigkeit des Knochenwachstums experimentell darzulegen, dann die gegenseitige Beeinflussung zweier oder mehrerer wachsender Knochen, dann die Selbständigkeit des Hirnwachstums und schließlich die gegenseitige Beeinflussung des wachsenden Schädels und des wachsenden Gehirns. Er experimentierte mit jungen Tieren, vorwiegend Kaninchen, und zeigte, wie die Knochen künstlich gelähmter Extremitäten bis zu einem gewissen Grad weiterwachsen und ihre charakteristische Form beibehalten auch ohne aktiven Muskelzug. Bei diesen Experimenten überzeugte sich Gudden, daß jedem Knochen ein selbständiges interstitielles und ein selbständiges peripheres Wachstum zukommt und daß dieses Wachstum trotz Durchschneidung aller Nervenbahnen ungestört bleibt.

Seine scheußlichen Experimente, bei denen er unter anderem neugeborenen Kaninchen die Augenlider zunähte, sollen hier nicht kritisch beurteilt werden – Gudden war besessen von seinen Forschungen und stellte sich immer neue Aufgaben. Nach seinen Experimenten über das Schädelwachstum wandte er sich der Hirnfaserlehre zu, und zu diesem Zweck entwickelte er ein Mikrotom, ein Gerät zur Herstellung feinster Schnitte für mikroskopische Untersuchungen in der Histologie. Es bedurfte jahrelanger Versuche und der Hilfe eines Münchner Instrumentenmachers, bis Gudden ein Gerät konstruiert hatte, mit dem er ungewöhnlich große Hirnschnitte von beliebiger Stärke ausführen konnte, und dieser Erfolg stürzte den Forscher, der nach dreijähriger Tätigkeit als Psychiatrieprofessor und Irrenanstaltsleiter in Zürich inzwischen nach München berufen worden war, in eine wahre Besessenheit. Guddens Arbeitstag dauerte oft bis nachts um zwei, und seine Assistenten wunderten sich, auf welche Weise er sein natürliches Schlafbedürfnis befriedigte, weil er am frühen Morgen schon wieder als einer der ersten in der Kreisirrenanstalt war. Daneben folgte er dem Ruf als ordentlicher Professor für Psychiatrie an der Ludwig-Maximilian-Universität.

In Klinik und Universität scharte Bernhard von Gudden hochqualifizierte Mitarbeiter und Assistenten um sich, die sich wie er der hirnanatomischen Forschung verschrieben hatten. Franz Nissl erfand eine Standardmethode der Nervenzellendarstellung, die sogenannte »Nisslfärbung«, und gilt als Begründer der modernen Histopathologie der Großhirnrinde; Siegfried Ganser – er wurde später Direktor der Dresdner Irrenanstalt – untersuchte das Rückenmark von Tieren, die Gudden nach der Geburt experimentell operiert hatte, und verfaßte eine Habilitationsschrift über das Gehirn des Maulwurfs; Emil Kraepelin war Psychiater, forschte aber auch am Reptiliengehirn; Auguste Forel verstand sich als Hirnforscher. Franz Carl Müller war Guddens Assistent in der Kreisirrenanstalt, und als solcher teilte er sich zusammen mit seinem Chef die Aufgabe der Überwachung des geistesgestörten Prinzen Otto. Der jüngere Bruder des Königs verbrachte, bevor er 1916 im Alter von 68 Jahren starb, über vierzig Jahre – wie Ludwig sich auszudrücken pflegte – »als lebender Leichnam« in den Schlössern Nymphenburg, Schleißheim und Fürstenried. Den regelmäßigen Beobachtungen der Psychiater folgten regelmäßige Krankenberichte.

Wie sehr Gudden von seiner Aufgabe besessen war,

zeigt eine Einrichtung, von der niemand wußte, deren Existenz Gudden-Schüler Franz Nissl aber bestätigte: Gudden hatte in Schloß Fürstenried, wo der geistig umnachtete Prinz Otto vor sich hindämmerte, in einem Raum ein Laboratorium eingerichtet, für jeden Außenstehenden ein Gruselkabinett, in dem Kaninchen seziert und Tiergehirne freigelegt wurden. Nissl erinnert sich an einen Auftrag im Schloß Fürstenried, ein Kaninchengehirn in Serien zu schneiden und die Schnitte nach der Weigertschen Chrom-Hämatoxylin-Methode auf Markscheiden zu färben. Nissl über das Laboratorium im Schloß Fürstenried: »Die schönsten Stunden habe ich an den Sonntagen erlebt, wenn Gudden nach Fürstenried zum Prinzen Otto kam. Im Laboratorium war Gudden der reine Gelehrte, dessen Anschauungen man widersprechen durfte. In stundenlangen Erläuterungen und Demonstrationen beschäftigte er sich auch mit dem jüngsten Assistenten... Er verlangte viel, gab aber noch viel mehr. Von ihm konnte man lernen, ein wissenschaftliches Problem anzufassen und durchzuführen. Es war eine Lust, unter ihm arbeiten zu dürfen.«[3]

Diese Schilderung läßt den Schluß zu, daß Gudden den Wittelsbacher Prinzen als wissenschaftliches Anschauungsobjekt für junge Assistenten gebrauchte, und da er gewohnt war, jede Stunde für seine Arbeit zu nutzen, hatte er das Laboratorium installiert, eine höchst merkwürdige Einrichtung, zweifellos; unvorstellbar in der Konsequenz, wenn der hypersensible Prinz Otto, bei dem der Anblick von Verwundeten während des Deutsch-Französischen Krieges einen psychischen Zusammenbruch ausgelöst hatte, die Forscher bei ihrer Arbeit überrascht hätte. Guddens Mitarbeiter Siegfried Ganser bezeichnete die Experimente als »gleichermaßen unterhaltend, anregend und belehrend, nie trocken noch langweilig. Es war eine Lehrmethode, die dem jungen Mediziner die Scheu vor dem unheimlichen Gebiet seelischer Phänomene nahm... Vorbildlich war die schonende Art, wie er mit den Kranken umging, wie er es verstand, ihr Vertrauen zu gewinnen, um aus ihren Äußerungen die Züge der Krankheit vor den Zuhörern sich entwickeln zu lassen.«

Prinz Otto war für Bernhard von Gudden vor allem ein Fall, eine Krankengeschichte. Der große Psychiater galt nicht nur als sorgfältiger, scharfsinniger Experimentator, ihm ging auch der Ruf des zuverlässigen, gründlichen und systematischen Sammlers von Tatsachen voraus, die ihn in die Lage versetzten, nie eine einmal gestellte Diagnose revidieren zu müssen.

Wie aber kam es dennoch zu dem verhängnisvollen Paranoia-Gutachten über Ludwig II.?

Es gibt keinen Beweis, daß die Freundschaft zwischen Gudden und dem Auftraggeber des Gutachtens, Minister Johannes Lutz, das Ergebnis beeinflußt hat; aber Lutz bedurfte, wollte seine Regierung überleben, der Entmündigung des Königs. Nach der Verfassung konnte Ludwig II. seine Regierung jederzeit absetzen, wenn er mit ihren Leistungen unzufrieden war; umgekehrt hatte die bayerische Regierung keine Möglichkeit, gegen ihren König vorzugehen – es sei denn, er wurde entmündigt.

Lebensweise und Verhalten Ludwig II. mögen für einen Psychiater des ausgehenden 19. Jahrhunderts durchaus krankhafte Züge gezeigt haben. Doch schon bei der Bezeichnung Paranoia (Wahnkrankheit) streiten sich die Gelehrten. Den Begriff Paranoia gibt es erst seit den sechziger Jahren des vergangenen Jahrhunderts. Das moderne Lehrbuch für »Psychiatrie und Psychotherapie« (Basel, 1984) übt Kritik an der Paranoia-Definition des Gudden-Assistenten Emil Kraepelin und schreibt, es gebe nur selten Fälle, bei denen diese Beschreibung zutrifft. Nach Kraepelin ist Paranoia die schleichende Entwicklung eines unerschütterlichen Wahnsystems durch krankhafte Verarbeitung der Lebensereignisse bei völliger Besonnenheit und sonstiger Ungestörtheit. Trifft das auf den Bayernkönig zu?

Ludwig lebte in einer Traumwelt – das tat auch Alexander der Große; er war oft depressiv – das war Luther auch; er träumte von einer Flugmaschine, mit der er über Berge und Seen gleiten wollte – das tat auch Leonardo da Vinci; er haßte Menschen – das tat sogar der Apostel Paulus; er betrank sich – das tat auch Churchill; Männer interessierten ihn mehr als Frauen – das traf auch für Friedrich den Großen und Oscar Wilde zu; er lebte nachts – so lebte auch Marcel Proust; und er zog sich wie dieser wegen eines körperlichen Gebrechens (Atembeschwerden bei Proust, Zahnlosigkeit bei Ludwig) vom gesellschaftlichen Leben zurück; aber deshalb hat niemand einen der Genannten für irrsinnig erklärt. Daß er sich kleidete wie der französische Sonnenkönig, daß er Bäume umarmte wie ein Grüner, daß er wütende Blicke um sich warf wie Klaus Kinski in seinen besten Tagen, daß er Schlösser baute wie in Disneyland, all das würde ihm heute die Sympathien breiter Massen einbringen (die im übrigen auch Ludwig zu seiner Zeit genoß), nur heute würde ihm vielleicht die surrealistische Genialität eines Dali oder die verrückte Generosität eines Malcolm Forbes bescheinigt werden, so daß man sich fragt, ob Ludwig II. nicht einfach nur hundert Jahre zu früh gelebt hat. Sein Jugendfreund Philipp Graf Eulenburg meinte, Ludwig II. habe unter den deutschen Fürsten gelebt wie ein Goldfasan unter Hühnern.

Die Lehrmeinung der Psychiatrie des Jahres 1886 war, um im Bild zu bleiben, eine Lehrmeinung für Hühner, und so verfaßte Dr. Bernhard von Gudden allein nach Vorlage von Zeugenaussagen ein Gutachten über den Geisteszustand des bayerischen Königs, das im Sinne der Lehrmeinung korrekt, nach dem heutigen Stand der Wissenschaft jedoch eine Katastrophe war. Das Original dieses Gutachtens ist verschollen. Angeblich hat es der Kabinettsdirektor Johannes Lutz mit nach Hause genommen. Eine Kopie wird im Bayerischen Hauptstaatsarchiv in der Münchner Schönfeldstraße 5, Kammer der Reichsräte, unter der Signatur 2095 aufbewahrt. Hier ihr Wortlaut:

»Ärztliches Gutachten über den Geisteszustand Seiner Majestät des Königs Ludwig II. von Bayern

So peinlich es für die unterzeichneten Ärzte ist, an die Beurteilung des geistigen Zustandes Seiner Majestät ihres Königs heranzutreten, sie müssen dem erhaltenen Befehle Folge leisten und erstatten hiermit unter ausdrücklicher Berufung auf den von ihnen geleisteten Eid, ihrer schweren Verantwortlichkeit vollkommen bewußt, nach Pflicht und Gewissen das verlangte Gutachten, wobei sie bemerken, daß eine persönliche Untersuchung Seiner Majestät, was weiter auseinanderzusetzen überflüssig sein wird, untauglich, bei dem vorliegenden Aktenmaterial aber auch nicht notwendig war.

Zunächst darf an die notorische Tatsache erinnert werden, daß eine Tante Seiner Majestät, Ihre Königliche Hoheit Prinzessin Alexandra, eine lange Reihe von Jahren (bis zum erfolgten Tode) an unheilbarer Geisteskrankheit litt. Ist hierauf auch nicht allzugroßes Gewicht zu legen, so muß um so mehr hervorgehoben werden, daß auch der jüngere Bruder Seiner Majestät, Seine Königliche Hoheit Prinz Otto von Bayern, unheilbar geisteskrank ist, daß Höchstdessen Erkrankung in ihren Anfängen sich bis in die Jugend verfolgen und Züge erkennen läßt, deren Verwandtschaft mit gewissen Erscheinungen bei Seiner Majestät sich unwillkürlich und unabweisbar aufdrängt.

Dem mitunterzeichneten Obermedizinalrat von Gudden klagte Seine Königliche Hoheit zu einer noch relativ freien Zeit, daß Höchstdessen qualvolle Zustände von Angst und innerer Unruhe sich vorübergehend schon in früher Jugend bemerkbar gemacht hätten, daß beispielsweise es Seiner Königlichen Hoheit als Leutnant mit siebzehn Jahren bei der ersten Residenzwache, als Münchner Einwohner voll freudiger Teilnahme sich sammelten und zuschauten, zumute gewesen sei, als ständen Höchstderselbe am ›Schandpfahle‹; dabei leiden Seine Königliche Hoheit an den widerwärtigsten Empfindungen in der Brust und im Unterleibe, an Halluzinationen sämtlicher Sinne, an motorischen Erregungen, die sich in den verschiedensten schleudernden und springenden Bewegungen der Arme und Beine äußern, sind nicht selten gemütlich in hohem Grade gereizt und zu Gewalttätigkeiten geneigt, dabei, im Gegensatze und gewissermaßen im Gegengewichte zu so manchen niederdrückenden Empfindungen und Vorstellungen, nicht selten von einem so außerordentlich gesteigerten Bewußtsein Höchst-Seiner Stellung durchdrungen, daß Äußerungen wie ›Niemand hat mir zu befehlen, selbst der König nicht‹ öfters vernommen und alle Bemühungen, auf Seine Königliche Hoheit durch ärztlichen Rat oder möglichst schonend getroffene äußere Veranstaltungen einzuwirken, von vornherein verloren waren.

Auch bei Seiner Majestät scheinen schon früher ähnliche Anwandlungen von innerer Angst und Aufregung sich eingestellt zu haben. Seine Königliche Hoheit Prinz Otto teilte dem mitunterzeichneten Obermedizinalrat von Gudden gelegentlich seiner eigenen bezüglichen Klagen mit, daß Seine Majestät an demselben Übel litten. Seine Majestät seien überhaupt sehr ängstlich und hätten bei den Spaziergängen im Englischen Garten Seiner Königl. Hoheit oft den Auftrag gegeben, ja darauf achtzugeben, daß keine Begegnung mit anderen stattfände. Auch der verstorbene Staatsrat von Neumayr teilte demselben Arzte mit, wie schwer mitunter schon relativ kurze Zeit nach der Thronbesteigung bei dem Besuche der fränkischen Kreise es gehalten habe, Seine Majestät zu bewegen, an die Öffentlichkeit zu treten. Im Jahre 1872 wurde Herr Ministerialrat von Ziegler in das Kabinettssekretariat berufen. Derselbe hörte von Staatsrat Eisenhart und von Personen des Hofes, wie schwer es Seine Majestät ankomme, Audienzen zu erteilen, insbesondere solche staatsgeschäftlicher Natur. Die Scheu vor Begegnungen mit Menschen trat mehr zutage, die Besuche der Kirche in Berg wurden immer seltener, endlich ließen Seine Majestät im abgeschlossenen Park zu Berg ein romantisches Kirchlein bauen und sich die Messe lesen, ohne daß derselben irgend jemand beiwohnen durfte. Um keinen Menschen im Theater sehen zu müssen, kam es zu den bekannten Separatvorstellungen. Der Verkehr mit Menschen wurde Seiner Majestät immer entsetzlicher. Nach Ablauf des Hohenschwangauer Winteraufenthaltes nach München zurückzukehren war für Seine Majestät fürchterlich. Der Aufenthalt in Hohenschwangau wurde deshalb immer weiter ausgedehnt, und von 1876 bis 1883 nach und nach um einen Monat verlängert. Die Befehle zur Abreise von Hohenschwangau wurden im letzten Augenblicke gegeben. Wochenlang schon vorher habe es Seine Majestät aufgeregt, wenn die Hofhaltung nach München verlegt werden sollte. In Seeshaupt oder Peißenberg seien Allerhöchstendieselben stundenlang unentschlossen und zögernd herumgegangen, bis der Zug bestiegen wurde, wären lieber wieder umgekehrt, München sei für Allerhöchstdieselben ›eine Qual, ein Gefängnis‹, so die eigenen Worte Seiner Majestät. Dieselbe Aufregung pflegte den Hoftafeln, die deshalb öfters auch aufgeschoben wurden, vorherzugehen. Es sei – wieder die eigenen Worte Seiner Majestät – Allerhöchstdenselben zumute, ›als gehe es zum Schafott‹. Acht bis zehn Glas Champagner seien jedesmal zur Erleichterung vorher getrunken worden. Mit der Annäherung des Eisenbahnzuges an die Stadt, sagt der k. Stallmeister Hornig, steigerten sich die Zorn- und Wutausbrüche Seiner Majestät, und Ministerialrat von Ziegler sprach sich über die Hoftafeln folgendermaßen aus: Wochenlang vor einer Tafel war von diesem Unglück die Rede, und jeder Gegenstand des Vortrages trat vor diesem Thema in den Hintergrund. Die Vorträge verlängerten sich bis zu drei bis vier Stunden, Seine Majestät konnten kein Ende finden, ergingen sich über die Tafelgäste in den aufgeregtesten, unglaublichsten Ausdrücken und sagten verschiedene Male die für den nächsten Tag bestimmte Tafel noch in der vorhergehenden Nacht ab, obwohl alle Vorbereitungen getroffen waren. War aber wirklich der Tag einer solchen Tafel gekommen, dann war die Stimmung bei dem Vortrag, welcher stets noch wenige Stunden vor der Tafel stattfand, die aufgeregteste, die man sich denken kann. Hastige Erkundigungen über den einen oder andern der Gäste, Hin- und Herlaufen im Zimmer, Verwünschungen aller Art – dies war das stets wiederkehrende Bild. Die Eingeweihten sahen diesen Tafeln immer mit Angst entgegen, weil sie befürchten mußten, die Kraft der Selbstbeherrschung Seiner Majestät werde unterliegen. Seine Majestät befahlen auch, daß der Allerhöchste Platz an der Tafel mit Aufsätzen, Blumen usw. so besetzt wurde, daß man Allerhöchstdieselben so wenig als möglich sehen könne, auch wurde die lärmendste Musik absichtlich befohlen. Bei der Tafel selbst ließen Seine Majestät oft wilde Blicke umherschweifen, stießen auch hier und da voll Wut mit dem Säbel auf den Boden.

Die nicht selten auftretende Aufgeregtheit Seiner Majestät vor Empfängen, vor und nach Besuchen, vor Hoftafeln bestätigt auch Oberregierungsrat von Müller. In ganz besonderem Grade haben sie sich gezeigt bei den ersten alleruntertänigsten Vorträgen über das Wittelsbacher-Jubiläum, welche Vorträge zumeist in den Monat Dezember 1879 fielen; die allerehrerbietigsten Vorstellungen, welche auf Teilnahme Seiner Majestät an dem Fest abzielten, bewirkten eine sich immer mehr steigernde Aufregung; es trat von Tag zu Tag klarer hervor, daß ein definitiv bejahender Entscheid nicht erfließen werde und daß das Offenhalten der Frage zu fortgesetzter, monatelanger Beunruhigung Seiner Majestät führen würde, ohne die Hoffnung auf eine schließlich allergnädigste Anwohnung auch nur mit einiger Wahrscheinlichkeit zu eröffnen.

Die Folgen dieser krankhaften Verstimmungen und innerlichen Hemmungen wurden immer trüber und verhängnisvoller. Der k. Stallmeister Hornig, welcher seit dem Jahre 1867 in der Umgebung Seiner Majestät sich befindet, berichtet in seinen Aufzeichnungen, daß anfangs Seine Majestät noch ein größeres Bedürfnis nach dem Verkehr mit Menschen fühlten. Es seien bei den nächtlichen Ritten, die meistens beim Mondscheine unternommen wurden, Feste im Walde veranstaltet worden, zu denen jüngere Bedienstete vom Marstallpersonal, auch Lakaien befohlen wurden. Unter Zelten wurde dann bis zum frühen Morgen gezecht und andere Unterhaltungen in kleinen Spielen, z. B. Ring verstecken, Schneider leihe mir deine Schere usw., gesucht. Später hörten diese Unterhaltungen auf, doch kam es noch in neuerer Zeit vor, daß gelegentlich des Aufenthaltes Seiner Majestät auf dem Schachen Stalleute im dortigen im türkischen Stile eingerichteten Zimmer, in orientalischer Weise sitzend, mit Seiner Majestät Sorbet trinken und aus türkischen Pfeifen rauchen mußten. Auch im sog. beim Linderhof gelegenen Hundlingshause kam Ähnliches vor, auf Fellen ruhend, zechte das Personal aus großen Trinkhörnern Met. Notorisch dagegen ist, daß Seine Majestät seit einer längeren Reihe von Jahren persönlich nicht mehr mit den Inhabern der höchsten Hofstellen, mit dem k. Staatsministerium verkehren, daß Allerhöchstdieselben in den letzten Jahren sogar den Kabinettssekretär nur vielleicht zweimal, den Hofsekretär aber gar nicht mehr sahen. Der ganze persönliche Verkehr Seiner Majestät beschränkt sich gegenwärtig auf wenige Personen von der untergeordneten Dienerschaft und bildet die fast kindlich hilflose Lage, in die Allerhöchstdieselben durch diese Isolierung geraten sind (Lakaien und Friseure auf der Suche nach neuen Ministern und einem neuen Kabinettssekretär), einen wahrhaft tragischen Kontrast zu dem vorhandenen, in geradezu unnatürlicher Weise hinaufgeschraubten Bewußtsein absoluter Machtfülle und Selbstherrlichkeit.

Ob Seine Majestät an eigentlichen Halluzinationen leiden, läßt sich mit voller Sicherheit nicht behaupten. Es sprechen dafür die Wahrnehmungen Hesselschwerdts, das geringste Geräusch erschrecke Seine Majestät. Bei den Spaziergängen (bei Tag und bei Nacht) äußerten Allerhöchstdieselben oft, sie hätten etwas gehört, Tritte, Worte und dann zu ihm, der nichts gehört habe, gesagt: ›Du hörst eben nicht gut, Hesselschwerdt.‹ Nie hätten sich freilich Seine Majestät darüber geäußert, welche Worte gehört worden seien. Auch in den Wohnräumen (dies wird auch vom Kammerdiener Welker bestätigt) hätten Seine Majestät nicht selten Geräusche wie von Tritten in den oberen Zimmern zu hören geglaubt, und es hätte dann nachgesehen werden müssen, ob nicht jemand da sei, was aber nie der Fall gewesen wäre. Wenn Seine Majestät allein im Zimmer sich befinden (Vernehmung Hesselschwerdts vom 3. Juni 1886 sowie Welkers), sprechen und lachen Allerhöchstdieselben oft laut, so daß man glauben könnte, es sei große muntere Gesellschaft in demselben versammelt.

Wenigstens als auf Illusionen beruhend, läßt sich das Verhalten Seiner Majestät deuten, von welchem Ministerialrat von Ziegler berichtet: ›Nicht einmal, sondern oft und oft argwöhnten Seine Majestät, ich hätte Allerhöchstdieselben beim Vortrage mit einem unziemlichen, besonderen Blick angesehen. Gleich nach dem Vortrag erhielt ich den Befehl, mich deshalb zu rechtfertigen, und ich habe auf diese Rechtfertigungen unsägliche Zeit verwenden müssen.‹ Herr von Ziegler glaubt diesen ›Argwohn‹ auf das Gefühl Seiner Majestät, einen absonderlichen Eindruck zu machen, und auf das Bewußtsein einer anomalen Eigentümlichkeit zurückführen zu müssen, was höchstwahrscheinlich zutreffend ist und mit dem Wesen der Illusion in Übereinstimmung sich befindet. Wohl nur als Ausschweifungen der Phantasie, allerdings höchst ungewöhnlichen, die Grenzen der Norm weit übersteigenden Grades, dürfte dagegen aufzufassen sein, was Stallmeister Hornig berichtet, Seine Majestät, bei einigen Graden Kälte und bei Schneegestöber im Freien essend, hätten sich ans Meergestade versetzt und von heißen Sonnenstrahlen beschienen geglaubt; auch das, was sich auf Blatt 15 (des Berichts von Hornig) vorfindet, allerdings auch einen Blick in die Tiefe eines Abgrundes werfen läßt, bei dem man schaudern müßte, wenn nicht das tiefste Mitleid mit dem Allerhöchsten Kranken wenigstens mildernd dazwischen träte: ›Jetzt habe ich in Gedanken – Worte Seiner Majestät – der Königin eine große Wasserflasche am Kopfe zerschlagen, habe sie an den Zöpfen auf der Erde herumgeschleift, ihr die Brüste mit den Absätzen zerstampft‹ (vergl. auch ähnliche Mitteilungen des Herrn Ministerialrats von Ziegler) oder: ›Jetzt war ich in Gedanken in der Gruft der Theatinerkirche, habe den König Max aus dem Sarge herausgerissen und seinen Kopf geohrfeigt.‹ – In das Gebiet überwuchernder und die Schranken der Wirklichkeit und Möglichkeit ganz außer acht lassender Phantasie würde denn auch, wie so vieles andere, was an anderen Orten zur Besprechung kommen wird, der geäußerte lebhafte Wunsch Seiner Majestät zu verweisen sein, in einem von Pfauen gezogenen Wagen durch die Luft zu fliegen, der dem Maschinenmeister Brand erteilte Allerhöchste Auftrag, eine Flugmaschine zu Fahrten über den Alpsee bei Hohenschwangau anzufertigen, die Imitation der blauen Grotte auf Capri, um deren Blau zu studieren, Stallmeister Hornig zweimal nach Capri geschickt wurde, der Mond im Schlafzimmer Seiner Majestät, und dann wird dieser Abschnitt nur noch mit dem kurzen Hinweis auf die gelegentlichen Liebes-, Freundschafts- und Dankbarkeitsversicherungen Seiner Majestät, die, schon der Form nach überschwenglich, ihren wesentlichen phantastischen Ursprung durch ihre kurze Dauer und ihren jähen unmotivierten Abbruch kennzeichnen, seinen Abschluß finden können.

Nachträglich übrigens kommt noch eine Mitteilung des Kammerlakaien Mayr zu den Akten, die kaum darüber einen Zweifel läßt, daß Seine Majestät wirklich an Halluzinationen leiden. ›Alles ertrage ich zwar, aber das ist zum Verzweifeln, wenn der König sich etwas einbildet und sich davon absolut nicht abbringen läßt, wenn er z. B. so anfängt, Tue das Messer (oder irgendeinen anderen Gegenstand) weg, und wenn ich sage, Majestät, es ist keines da, so examiniert er stundenlang ununterbrochen fort: ›Es soll aber eines da sein, wo wäre es denn hingekommen, du hast es weggetan, wo hast du es hingetan, warum hast du es weggetan, gleich legst du es wieder hin.‹ Das sei, fügt Mayr hinzu, zum Wahnsinnigwerden.

Unverständlich bleiben zunächst die Vorkommnisse wie folgende: Einen Baum zwischen Berg und Ammerland nennen Seine Majestät den ›heiligen Baum‹. Hesselschwerdt weiß nicht, weshalb – sooft Allerhöchstdieselben an diesem Baum vorübergehen, -fahren oder -reiten, verbeugen Sie sich tief davor. Ebenso wird ein Zaun bei Ammerland bei jedesmaligem Vorüberfahren, -gehen oder -reiten von Seiner Majestät gewissermaßen segnend begrüßt. Eine Säule am Eingange in Linderhof umarmen Seine Majestät der König, sooft Allerhöchstdieselben das Schloß auf längere Zeit verlassen; dasselbe geschieht bei der Rückkehr. Bei nur vorübergehendem Verlassen des Schlosses wird die Säule nur berührt. Aufschluß darüber könnten nur Seine Majestät Allerhöchst-Selbst geben.

Wahrscheinlich liegen auch ihnen krankhafte Störungen der Sinnes- oder Denktätigkeit zugrunde.

Über die motorischen Erregungen Seiner Majestät liegen folgende Äußerungen vor. Seine Majestät seien nicht selten aufgeregt, machten sonderbare tanzende und hüpfende Bewegungen, führen stoßend und ziehend mit den Händen in die Kopf- und Barthaare, stellten Allerhöchst-Sich nicht selten vor den Spiegel, mit verschränkten Armen und das Gesicht verziehend. Stundenlang dauernde Wutausbrüche, die sich in Herumtoben im Zimmer, in einer tanzenden, wiegenden Bewegung, Schütteln der Hände in den Handgelenken äußerten, traten ein, auch ruhig sinnend auf einen Fleck sehend, konnten Seine Majestät stundenlang mit einer Haarlocke spielen oder das Haar mit einem Kamme in Unordnung bringen. Nicht wiedergeben lassen sich die Imitationen dieser höchst ungewöhnlichen Bewegungen Seiner Majestät, die Marstallfourier Hesselschwerdt und Kammerdiener Welker, um sich verständlicher zu machen, vornahmen. Der Eindruck des Krankhaften derselben war für den mitunterzeichneten Obermedizinalrat v. Gudden ein sofort durchschlagender.

Von der Gereiztheit Seiner Majestät, Allerhöchstdessen Zornes- und Wutausbrüchen war vorübergehend bereits wiederholt die Rede. Auf die an der Dienerschaft ausgeübten Gewalttätigkeiten kommen die Unterzeichneten später zurück. – Auf normale Gemütszustände und deren Äußerungen trifft man nirgendwo in den Akten. Sie scheinen ganz und gar zugrunde gegangen zu sein und Haß und unnatürlicher Abscheu an ihre Stelle getreten zu sein. Es mag hier an die geradezu erschütternden Äußerungen über Ihre Majestät die Königin Mutter, über Seine Majestät den König Max II. erinnert werden. Hierher gehört auch eine Mitteilung des Herrn Ministerialrates von Ziegler über eine Äußerung Seiner Majestät, die die unterzeichneten Ärzte Anstand nehmen, wiederzugeben. Seiner Majestät des Kaisers Büste in Hohenschwangau wurde von Seiner Majestät im Vorbeigehen angespuckt. Der Marstallfourier Hesselschwerdt erhielt den Befehl, in Italien eine Bande zu werben, mit derselben den deutschen Kronprinzen gelegentlich seines Aufenthaltes in Mentone gefangenzunehmen und ihn in einer Höhle bei Wasser und Brot in Ketten verwahrt zu halten. Im Geiste malten Seine Majestät Allerhöchst-Sich die dem Kronprinzen zugedachten Martern weitgehendst aus, weshalb auch eigens der Befehl erging, ja dessen Leben zu schonen, damit seinem Leiden nicht ein zu schnelles Ziel gesetzt werde. Hunger und Durst sollte er leiden und sein Inneres von Sehnsucht nach den Seinen zerrissen werden. Die Siegesnachrichten im Feldzuge 1870–71 wurden von seiner Majestät mit Trauer begrüßt, das ›arme Frankreich‹ lebhaft bedauert – Versailles durch den Einzug der Deutschen für entehrt erklärt. Oft mußte Ministerialrat von Ziegler hören, wie schön es wäre, wenn man das verfluchte Nest (die eigene Haupt- und Residenzstadt!) an allen Ecken anzünden könnte, und Stallmeister Hornig führt als einen öfter von Seiner Majestät ausgesprochenen Wunsch an, daß das ganze bayerische Volk nur einen Kopf habe, um es auf einen Streich hinrichten lassen zu können. Den früheren Kriegsminister Exzellenz von Maillinger, der die Ernennung des Flügeladjutanten Seiner Majestät Grafen von Dürkheim zum Hauptmann zu vollziehen Anstand nahm, ins Burgverlies einzusperren, erhielt Marstallfourier Hesselschwerdt den Allerhöchsten Befehl. Auch Herr von Ziegler, der, früher hoch in Gnaden, wegen einer Meldung, die eine Kleinigkeit betraf, den Allerhöchsten Zorn auf sich geladen hatte, sollte eingesperrt werden. Noch eine große Anzahl anderer Persönlichkeiten, selbst Königliche Prinzen sollten eingesperrt werden. Um nicht selbst in Strafe zu verfallen, meldeten die Diener, die Allerhöchsten Befehle seien vollzogen. Die Beschreibung des auf

Befehl Seiner Majestät eingerichteten Burgverlieses in Hohenschwangau findet sich in der Vernehmung Hesselschwerdts vom 18. Mai. Im Jahre 1884 erhielt Hesselschwerdt von Seiner Majestät den Auftrag, Seine Exzellenz Herrn Finanzminister von Riedel aufzugreifen und nach Amerika zu transportieren, dann auf die Vorstellung hin, daß dieses nicht ausgeführt werden könne, ihn einzusperren, und als auch dieses für unmöglich erklärt werden mußte, ihm nächtlicherweile aufzulauern und ihn durchzuprügeln. Der frühere Flügeladjutant Baron Hertling, der es sich nicht gefallen ließ, Allerhöchste Befehle durch Dienstbriefe von Lakaien zu empfangen, und um seine Enthebung einkam, sollte sogar umgebracht werden, ebenso Herr Ministerialrat von Ziegler. Noch in neuester Zeit wurde von Seiner Majestät befohlen, zwei Diener, den Kammerdiener Welker und den Vorreiter Bieller, die sich die Allerhöchste Unzufriedenheit zugezogen hatten, der eine, weil er ein beabsichtigtes Anlehen von nur 25 Millionen Mark nicht zustande gebracht hatte, der andere, weil er einen aus der Voliere entkommenen Vogel nicht gleich einfangen konnte, nach Amerika zu transportieren und dort ständig überwachen zu lassen, damit sie nichts weitersagen könnten. Vorreiter Bieller wurde bei dieser Veranlassung von Seiner Majestät am Halse gedrosselt. Stundenlang besinne Sich öfters Seine Majestät, Strafen ausfindig zu machen, mit denen Allerhöchstdieselben diejenigen belegen sollten, die sich in irgendeiner Weise, ob wirklich oder auch nur vermeintlich, gegen Seine Majestät vergangen hätten. Kammerlakai Mayr wurde vor ungefähr vier Jahren damit gestraft, daß er ein Jahr lang nur mit einer schwarzen Maske das Gesicht verdeckt vor Seiner Majestät erscheinen durfte. Kammerlakai Sauer sollte in einem von Seiner Majestät besonders vorgeschriebenen auffallenden Kostüme auf einen Esel gesetzt und in der Umgebung von Hohenschwangau auf den Landstraßen herumgeführt werden. Kammerlakai Buchner, über dessen Dummheit sich Seine Majestät ärgerten, mußte ›ein Siegellacksiegel an der Stirn tragen‹ zum Zeichen, daß sein Gehirn versiegelt sei. Nach dem Bericht des k. Gesamtministeriums vom 4. Mai d. J. erhielt Hesselschwerdt den Auftrag, eine geeignete Strafe für die Herren Minister mit auszudenken. Marker erhielt von Seiner Majestät den Befehl, eventuell Leute zu nehmen und Herrenwörth in die Luft zu sprengen. Marstallfourier Hesselschwerdt sowohl wie Kammerdiener Welker und Stallmeister Hornig bezeichneten es als einen besonderen Charakterzug Seiner Majestät, plötzlich und unmotiviert für jemand Zuneigung zu fassen, um dieselbe oft nach kurzer Zeit in das gerade Gegenteil übergehen zu lassen. Diese Eigentümlichkeit dürfte jedem Sachverständigen als ein Krankheitssymptom imponieren. Die Abneigung artete dann nicht selten in glühenden Haß aus, so daß z. B. Seine Majestät in Wut gerieten, wenn nur der Name der in Ungnade gefallenen Person genannt wurde, und den Befehl erließen, daß, falls bei Meldungen an Allerhöchstdieselben diese erwähnt werden mußte, nur der Anfangsbuchstabe des Namens ausgesprochen oder geschrieben werden durfte. Stallmeister Hornig erinnert an den ehemaligen Flügeladjutanten Herrn von Sauer, Baron von Hertling, Hirschberg, Grafen von Dürkheim, Herrn Staatsrat von Eisenhart, Herrn Ministerialrat von Ziegler usw.

Bekannt ist die Vorliebe Seiner Majestät für die französischen Könige Ludwig XIV., XV. und XVI., ihr absolutes Regiment, ihre Bauten usw. Ein ehemaliger Secondelieutnant der bayerischen Armee wurde mit dem Befehle betraut, eine ›Koalition‹ zu gründen, d. h. eine Schar Männer zu werben, mit deren Beihilfe es gelingen sollte, in Bayern das absolute Regierungssystem wieder herzustellen; die Verfassung sollte aufgehoben, die Landesvertretung abgeschafft werden. Etwas anderes freilich stellt sich diese Koalitionsidee in den Berichten des Herrn Oberregierungsrates von Müller dar, der zum Chef der Koalition von Seiner Majestät ausersehen war, aber den Intentionen Seiner Majestät nicht entsprach. Seine Majestät dachten daran, gegen Vergütung einer hohen Summe das Land an Seine Königliche Hoheit den Prinzen Luitpold abzutreten oder an Preußen zu verkaufen. Geheimrat von Löher wurde mit dem Auftrag betraut, sich nach einem anderen Königreiche umzusehen, in dem ein absolutes Regierungssystem möglich wäre, machte auf Kosten der Kabinettskasse weitläufige Seereisen, berichtete aber, daß der Auftrag unmöglich auszuführen sei. Stallmeister Hornig berichtet, daß Seine Majestät Sich geheim in Kostüme der französischen Könige kleidete. Mit Krone und Zepter, welche kostbaren Gegenstände der Schatzkammer entnommen werden mußten, wurden nächtliche Spazierfahrten unternommen, auch der Gedanke, ein zweites Versailles im Graswangtal zu bauen, brach sich Bahn. Herr Ministerialrat von Ziegler erwähnt, daß Seine Majestät vor einer Büste der Königin Marie Antoinette, welche auf der Terrasse des Linderhofes steht, stets das Haupt entblößte und deren Wangen streichelte, und der Marstallfourier Hesselschwerdt gibt an, daß im Linderhof ein Bild sich befände (Welker meint, es behandle einen Stoff aus der Zeit Ludwigs XIV.), vor welchem Seine Majestät niederzuknien pflege, vor welchem auch Hesselschwerdt, die Hand wie zum Schwure gegen dasselbe erhebend, niederknien mußte, ohne dasselbe jedoch ansehen zu dürfen; auch Welker erzählte von dem Bilderkultus Seiner Majestät und beschreibt insbesondere, wie der König vor einem Bilde, das eine Epoche aus dem Leben der Königin Marie Antoinette darstellt, Zeichen der Verehrung mache, dann, mit erhobenem gläsernen Blicke zuerst langsam, dann rascher rückwärts schreitend, von dem Bilde sich entferne und schließlich wie im schmerzlichen Abschiede sich von demselben abwende. –

Seit der Entlassung des Herrn Ministerialrates von Ziegler, damaligen Kabinettssekretärs, des letzten Mannes von Bildung, mit welchem Seine Majestät einen fortlaufenden Verkehr pflegte und persönlich Dinge von ernstlicher Bedeutung behandelte, hörte der persönliche Vortrag in Staatssachen auf. Es ist unglaublich, wie diese behandelt wurden. Doch dürfte es angezeigt sein, vorher noch einen kurzen Bericht über den persönlichen Verkehr Seiner Majestät mit der Dienerschaft einzuschalten.

Die Meldungen erfolgen, und die Allerhöchsten Befehle werden in der Regel erteilt durch die verschlossene Türe hindurch. Durch Kratzen an derselben wird das Zeichen gegeben, daß Seine Majestät verstanden sei. Dienerschaft, die hineintreten darf oder muß, hat tiefgebückt zu erscheinen, darf Seine Majestät nicht ansehen, kein Wort sprechen, muß durch Zeichen sich verständlich machen und, gelingt dieses nicht, die Bewegungen des Schreibers nachahmen, worauf das Bezügliche im Vorzimmer geschrieben und dann Seiner Majestät überreicht werden darf. Beim Servieren der Speisen hat die Dienerschaft ebenso zu erscheinen, darf nicht bloß Seine Majestät, sondern auch die Speisen nicht ansehen und hat sich ebenso zurückzuziehen. Auch beim Anziehen der Kleider darf der Diener Seine Majestät nicht ansehen. Ist jemand vom Dienstpersonal (die Chevaulegers eingeschlossen) ›in Strafe‹, so muß er auch wohl niederknien oder der Länge nach auf den Bauch sich legen. Letzteres sei eingeführt worden seit dem vorigen Jahre, nachdem Seine Majestät das Zeremoniell am chinesischen Hofe gesehen habe. Bei einer unangenehmen Meldung oder bei dem geringsten Verstoße (z. B. beim falschen Aussprechen französischer Namen) werde von Seiner Majestät häufig die Einsperrung ins Burgverlies oder eine andere Strafe anbefohlen, welcher Befehl dann auch angeblich, in Wirklichkeit aber nie vollzogen wird. Sehr häufig gehe aber Seine Majestät auch zu

Gewalttätigkeiten über, schlage und stoße die Dienerschaft mitunter sogar blutig. Mindestens gegen dreißig Personen seien so mißhandelt worden. Nachdem die gewöhnlichen Lakaien und auch die Leute vom Hofstall sich durch Vorschützung von Krankheiten der verschiedensten Art dem persönlichen Dienste bei Seiner Majestät zum größten Teile entzogen hatten (seit einem Jahre), wurden Chevaulegers zu demselben befohlen. Großer Wechsel fände auch unter diesen statt. Die Mißhandlungen des Dienstpersonals bestätigt auch Herr Ministerialrat von Ziegler. Kammerdiener Welker berichtet sogar, daß der Vorreiter Rothenanger, ein junger, schmächtiger und kleiner Mensch, einmal wegen eines geringfügigen Vergehens von Seiner Majestät geschlagen, gestoßen und mit solcher Wucht an die Wand geworfen wurde, daß die im Vorzimmer befindlichen Leibjäger in der Besorgnis, der junge Mann werde totgeschlagen, nahe daran waren, in das Zimmer zu dringen, um Rothenanger zu Hilfe zu kommen. Es sei die Vermutung nicht ausgeschlossen, daß der nach Jahresfrist erfolgte Tod Rothenangers in ursächlichem Zusammenhang stehe mit den Mißhandlungen, welche derselbe zu erdulden hatte. Ein Chevauleger, von Beruf ein Metzger, dem Seine Majestät einen heftigen Schlag ins Gesicht versetzte, äußerte dem Dienstpersonal gegenüber: ›Einem andern hätte ich die Gedärme herausgelassen.‹ Der Grund, weshalb die Dienerschaft Seine Majestät nicht ansehen darf, ist wahrscheinlich derselbe, aus dem Allerhöchstdieselben den strengen Befehl erteilten, den Untertanen die k. Schlösser, die Galawagen und Schlitten nie zu zeigen, da durch deren Blicke eine Entweihung stattfinden würde.

Die Staatsangelegenheit bezeichneten Seine Majestät mit dem Ausdruck ›Staatsfadaisen‹ und äußerten Sich, wenn der Einlauf aus dem Kabinett vorgelegt wurde, wiederholt dahin: ›Allerhöchstdieselben möchten das Pack immer lieber wieder hinauswerfen.‹ Der Einlauf, welcher gesiegelt aus dem Kabinett zu Seiner Majestät kam, lag von Allerhöchstdenselben geöffnet, längere Zeit, oft tagelang, obwohl die wichtigsten Staatsangelegenheiten sich darunter befanden, offen vor den Augen der Dienerschaft und in neuerer Zeit auch vor den zur Dienstleistung befohlenen Chevaulegers. Alle Angelegenheiten, die eine Rückfrage erforderlich machten, ferner insbesondere auch die Anträge der Minister, die, weit prinzipiellerer oder wichtigerer Natur, nicht wie die gewöhnlichen Kurrentsachen schon mit den zu erlassenden der Allerhöchsten Unterschrift harrenden Signaten versehen waren, wurden mit mündlichen oder auf Zettel geschriebenen Weisungen Seiner Majestät durch die Kammerbediensteten an die jeweiligen Kabinettssekretäre zurückgeschickt, nachdem diese Bediensteten die Allerhöchsten Aufträge in Briefform gebracht hatten. Die wichtigsten Aufträge Seiner Majestät gingen durch die Dienerschaft. Einen wahrhaft erschrekkenden Beweis hierfür liefern die in dem Faszikel ›Briefe des Lakaien Mayr aus der jüngsten Zeit‹ sich vorfindenden Schriftstücke, zum Teil von der Hand Seiner Majestät selbst geschrieben oder korrigiert. Hesselschwerdt wurde auch der Bericht des königl. Gesamtministeriums vom 5. Mai 1886 zur Begutachtung zugeschickt, ihm auch die Verhandlungen zur Bildung eines neuen Ministeriums mit Herrn von Ziegler und dem Friseur Hoppe zur Gewinnung eines neuen Kabinettssekretärs übertragen!!

Schon Herr Ministerialrat von Ziegler berichtet: Von der Berücksichtigung der Autorität der höchsten Beamten, der obersten Hofchargen und der Minister war keine Rede mehr. Sie wurden beim Vortrage mit den verächtlichsten Worten erwähnt, leider nicht nur beim Vortrage – auch der Dienerschaft und dem Friseur Müller und dem Zahnarzt gegenüber; selbst Fürsten wurden nicht geschont. Die Dienerschaft wußte aus dem Munde Seiner Majestät, daß der Obersthofmarschall oder der Obersthofmeister ›sich nicht unterstehen dürfen‹, einmal den Hofhalt in Berg oder Hohenschwangau zu inspizieren. Für Seine Majestät sind die k. Staatsminister Pack, Gesindel, Geschmeiß, auch wird mit den Kammern nicht glimpflich verfahren, und das Volk verdient gar nicht, daß Sich Seine Majestät ihm zeige. –

Es widerstrebt den unterzeichneten Ärzten, größere Auszüge und Zusammenstellungen in dieser Richtung anzufertigen, und wird es wohl genügen, eine einzige Stelle aus einem auf Allerhöchsten Befehl geschriebenen Briefe des Lakaien Mayr anzuführen: ›Dem Hesselschwerdt schreiben: Er hat wieder etwas ganz Falsches und Verkehrtes geschrieben, indem er sich herausnahm zu schreiben, daß jenes Ministerpack in die Notwendigkeit versetzt war, jene Meldung (Bericht vom 5. Mai!) zu unterbreiten. Ich habe jene Meldung verworfen, denn jenem Pack kam es gar nicht zu, sich in Sachen zu mischen, die es nicht im geringsten angehen und für die es gar nicht da ist. Ihm dies also austreiben‹ – und dieser die Abschrift eines auch noch in anderer Beziehung wichtigen, Allerhöchsteigenhändig mit Bleistift offenbar in großer Hast geschriebenen Briefes Seiner Majestät an Hesselschwerdt folgen zu lassen:

›Passe recht auf und besorge es gut. Sprich eingehend mit Ziegler. Sage ihm, daß die jetzigen Minister weg müssen, sie haben sich bei mir unmöglich gemacht. Er wird es also, wenn er alles besorgt, wie Ich will. Die Kollegen soll er mir dann selbst vorschlagen. – Schneider gleich fort und durch einen tüchtigen ersetzen. Sind die Kammern verstockt, dann auflösen, andere her und das Volk sehr bearbeiten. Schnell aber. – Sage ihm, außer den Rückständen (ohne daß die Kammern wissen, wofür, können glauben, es gehöre zu den Rückständen) ein paar Millionen dazu, die anderen schaffe Du herbei. Sage ihm, daß die Bauten die Hauptlebensfreude sind, daß ich, seit alles schändlich stockt, ganz unglücklich bin, an Abdanken, Selbsttötung stets denke, daß der Zustand aufhören muß, daß die Bauten nicht mehr stocken dürfen, daß, wenn er alles richtet, er Mir buchstäblich das Leben wiedergibt. Führ ihm dies sehr und vor allem dies zu Gemüte. Es geht nach sofortiger Deckung (nicht Vorschieben, das ist unwürdig mir gegenüber), dann ist die Zivilliste wieder ganz in meinem Besitz (eigenem). Dazu sind leicht einzureihen rasch vorwärts mit dem Schlafzimmer im Linderhof, St.-Hubertus-Pavillon und mit dem Ausbau der Burg von Herrenwörth und Falkenstein. Mein Lebensglück hängt davon ab. Dieses (sieht) Herr von Ziegler bestimmt ein. Er soll es erschinden, durchreißen, alle Schwierigkeiten besiegen und Hindernisse niederreißen, und baldigst ist die Hauptsache. Daß Du noch nicht wohl bist, ist zu arg, nimm noch einen Arzt. Erhole Dich. Berg, den 11. Mai 1886, Ludwig.‹

Eines Kommentars bedarf die ganze gegenwärtige Stellung Seiner Majestät gegenüber dem Lande nicht. Die geistigen Kräfte Seiner Majestät sind bereits dermaßen zerrüttet, daß alle und jede Einsicht fehlt, das Denken mit der Wirklichkeit in vollem Widerspruch sich befindet, das Handeln ein unfreies ist und Allerhöchstdieselben im Wahne absoluter Machtfülle vereinsamt durch eigene Isolierung – wie ein Blinder ohne Führer am Rande des Abgrundes stehen.

Das Bauen sei die einzige Lebensfreude Seiner Majestät, aber die Bauten gerade waren der Ruin der Königlichen Finanzen und der Grund der Beschleunigung des Hereinbruches der Katastrophe. Alle Vorstellungen, alle Bemühungen, sie wieder zu ordnen, sind umsonst gewesen. Seine Majestät muß bauen, und in einer Weise, die ebenfalls wieder den Verfall der geistigen Kräfte nur zu deutlich zutage treten läßt, werden Versuche gemacht, das Geld dazu, gehe es, wie es gehe, herbeizuschaffen. Hesselschwerdt wurde von Seiner Majestät zu dem nunmehr verstorbenen Fürsten Maximilian von Thurn und Taxis nach Regensburg zur Aufnahme eines Anlehens von 20 Millionen geschickt, sollte durch die Vermittlung Seiner Königlichen Hoheit des Herzogs Ludwig die Hilfe des Kaisers von Österreich in Anspruch nehmen. Auch zu Seiner Majestät dem König von Schweden und Norwegen nach Stockholm sollte sich Hesselschwerdt begeben, und als dieser sich diesem Allerhöchsten Auftrag entzog, wurde ein Flügeladjutant Seiner Majestät, natürlich ohne Erfolg, dahin beordert. Ein Flügeladjutant erhielt durch Hesselschwerdt den Allerhöchsten Auftrag, in Brasilien ein Anlehen zustande zu bringen, andere Personen sollten nach Brüssel, nach Konstantinopel zum Sultan und nach Teheran zum Schah. Sei durch Anlehen kein Geld aufzutreiben (es handelte sich schon um 25 Millionen), so sollte auf Allerhöchsten Befehl bei den Banken in Stuttgart, Frankfurt, Berlin und Paris eingebrochen und zu diesem Zwecke Leute geworben werden. Durch gleichzeitige Aufträge an mehrere, die sich gegenseitig nichts sagen durften, hoffte Seine Majestät sogar in den Besitz von 80 Millionen zu gelangen. Als kein Anleihen aufzutreiben war, auch auf Raub und Einbruch verzichtet werden mußte, sollte das Volk und dessen Vertretung die Lücke schließen und damit nur eine Untertanenpflicht erfüllen, wodurch sie wieder die Allerhöchste Gunst sich zuwenden und Seine Majestät bewegen könnten, Allerhöchst ihnen nach und nach wieder näherzutreten. An ein Sichzeigen von Seite Seiner Majestät sei, wenn man sich nicht bessere, selbstverständlich gar nicht zu denken. Gute Untertanen müßten es anders anfangen, wenn sie ihren König und Herrn glauben machen wollten, daß sie ihn lieben usw. – Dabei gehen, als wenn die Mittel in ungemessener Fülle vorhanden wären, die Allerhöchsten Aufträge bis in die allerletzte Zeit unverändert fort.

Das vorliegende Material ist geradezu erdrückend.

Es erübrigt nur noch, auf den körperlichen Zustand Seiner Majestät einen kurzen Blick zu werfen. Seit langer Zeit klagen Seine Majestät über Druck und Schmerz im Hinterkopfe, wenden Eisumschläge dagegen, selbst mitunter während des Essens an; Seine Majestät leiden ferner nicht selten an Schlaflosigkeit, nahmen früher ungefähr sechs Jahre lang zwei- bis dreimal wöchentlich Chloral, gebrauchen seit vier Jahren andere Schlafmittel, deren Zusammensetzung die Berichterstatter nicht kennen. Über die unordentliche, unappetitliche, ekelerregende Art des Speisens Seiner Majestät, um das hier noch einzuschieben, wie Allerhöchstderselbe dabei die Saucen und Gemüse herumspritze, seine Kleider damit beschmiere, berichtet Kammerlakai Mayr. Erschwert dürfte nach Herrn von Ziegler auch die Verdauung sein, da Seine Majestät keinen Zahn mehr im Munde habe, der zum Kauen tauglich sei. Die geschlechtlichen Beziehungen berührt Ministerialrat von Ziegler in seinen Aufzeichnungen Bogen 16.

Hiermit schließen die unterzeichneten Ärzte ihre Schilderung, und, verweisend auf die im Texte schon an verschiedenen Stellen gezogenen Schlußfolgerungen, erklären sie nun, dieselben zusammenfassend und ergänzend, einstimmig:

1. Seine Majestät sind in sehr weit vorgeschrittenem Grade seelengestört, und zwar leiden Allerhöchstdieselben an jener Form von Geisteskrankheit, die den Irrenärzten aus Erfahrung wohl bekannt mit dem Namen Paranoia – (Verrücktheit) bezeichnet wird.
2. Bei dieser Form von Krankheit, ihrer allmählichen und fortschreitenden Entwicklung und schon sehr langen, über eine größere Reihe von Jahren sich erstreckenden Dauer ist Seine Majestät für unheilbar zu erklären und noch weiterer Verfall der geistigen Kräfte mit Sicherheit in Aussicht.
3. Durch die Krankheit ist die freie Willensbestimmung

Seiner Majestät vollständig ausgeschlossen, sind Allerhöchstdieselben als verhindert an der Ausübung der Regierung zu betrachten, und wird diese Verhinderung nicht nur länger als ein Jahr, sondern für die ganze Lebenszeit andauern.

München, den 8. Juni 1886.

von Gudden, k. Obermedizinalrat.
Dr. Hagen, k. Hofrat.
Dr. Grashey, k. Universitätsprofessor.
Dr. Hubrich, k. Direktor.«[5]

Dieses Gutachten ist eines der meistumstrittenen Gutachten der Psychiatrie; nicht erst heute, im Abstand von hundert Jahren, es führte schon damals, im Jahr 1886, zu heftigen Kontroversen und provoziert seither in steter Regelmäßigkeit Gutachten über das Gutachten mit unterschiedlichem Ergebnis. Tatsache ist: Alle Aussagen und Stellungnahmen, auf die von Gudden in seiner Beweisführung zurückgreift, stammten von Untergebenen oder Lohnabhängigen des Bayernkönigs, die Ludwig II. nicht gerade sympathisch waren. Das beginnt schon beim Auftraggeber des Gutachtens, dem Vorsitzenden des Ministerrates Dr. Johannes Lutz. Von »Ministerpack« sprach der König über Leute wie ihn, was in einem Beamtenstaat einem Sakrileg gleichkam.

König und Kabinett hatten sich über dem politischen Eigensinn, vor allem aber über den Kosten der königlichen Bauwut entzweit. Bauen war, wie der König sich auszudrücken pflegte, seine einzige Lebensfreude. Die Schlösser Neuschwanstein, Linderhof und Herrenchiemsee verschlangen Unsummen, weitere Burgen waren in Planung. Der Ministerrat stand kopf, forderte seit Jahren eine Aussprache mit dem Verschwender, aber Ludwig zog sich in die Berge zurück und war für niemanden zu sprechen. So staute sich die Ohnmacht der Politiker gegenüber dem König, der ihnen, laut Verfassung, weder Rechenschaft noch Sparsamkeit schuldete, zu tiefem Haß, und für sie schien es nur einen Ausweg zu geben: Der König muß weg!

Der Fall hatte durchaus seine Parallele mit Ludwig I., seinem Großvater, dessen klassizistische Bauwut ebenfalls Millionen verschlungen hatte, deren Ergebnis aber sichtbar und nutzbar für jeden Münchner war. Dem ersten Ludwig wurde eine »Dame« zum Verhängnis (nicht ohne jene despektierlichen Anführungszeichen), der, als sie 1846 in München eintraf, um sich am Hoftheater als Tänzerin zu bewerben, ein sogenannter Ruf vorausging, an dem auch Franz Liszt und Alexandre Dumas beteiligt gewesen sein sollen. Ihr Name: Maria de los Dolores Porris y Montez, von den Bayern kurz »d'Lolà« genannt. Daß er sie adelte, hätte die Minister ihrem König vielleicht noch verziehen, aber daß er sich total verausgabte wegen »dem Weibsstück«, brachte sie und die Bayern in Rage. Ludwig I. dankte ab und kassierte als königlicher Frührentner 500 000 Gulden pro Jahr.

Im Hinblick auf den Enkel dachten auch Lutz und sein Ministerrat zunächst an Abdankung, aber Ludwig II. zeigte sich, im Gegensatz zu seinem offenen Großvater nicht nur reserviert und unzugänglich, er lehnte es ab, überhaupt einen Minister zu empfangen. Auch der zweite Ludwig hatte seine Affäre, nicht minder mit Argwohn verfolgt von seinem Volk und nicht minder kostspielig für die Kabinettskasse, doch dessen Flittchen war Sachse und männlichen Geschlechts: Richard Wagner. Der Tondichter einundfünfzig, der König neunzehn, begegneten sich beide balzend bis zur Lächerlichkcit wie homoerotische Auerhähne. Wagner an Ludwig: »Du bist der holde Lenz, der neu mich schmückte, / der mir verjüngt der Zweig' und Äste Saft: / es war Dein Ruf, der mich der Nacht entrückte, / wie winterlich erstarrt hielt meine Kraft.« Ludwig an

Wagner: »Ich liebe kein Weib, keine Eltern, keinen Bruder, keine Verwandten, niemanden innig und von Herzen, aber Sie! Sie mein Angebeteter, Einziger!«[6]

Angeblich handelte es sich bei dem Verhältnis der beiden um ein platonisches, aber Zweifel seien erlaubt, wenn Wagner sich in Briefen an Freunde und Bekannte mit Worten ausläßt wie: »Ach, dieser liebliche Junge! Nun ist er mir doch wohl alles, Welt, Weib und Kind!« oder: »Unsere gestrige Zusammenkunft war eine große, nicht enden wollende Liebesszene.«[7]

Weit mehr als diese Details, von denen im übrigen damals nur Gerüchte im Umlauf waren, störte den Ministerrat der finanzielle Aufwand, den dieses merkwürdige Verhältnis forderte. Bayerische Toleranz endete schon immer im Portemonnaie. Ohne »eine Spur von Verpflichtung« zu übernehmen, erhielt Wagner vom Schwärmerkönig 4000 Gulden Jahresgehalt, ein fürstliches Auskommen, das der Tondichter durch einen Vertrag mit dem königlichen Hofrat von Hofmann über die Komposition seiner Dichtung »Der Ring des Nibelungen« um 30 000 Gulden aufbesserte. Doch bis zur Uraufführung beliefen sich allein die Kosten für »Rheingold« und »Walküre« auf über 70 000 Gulden; für »Tristan und Isolde« wurde die Hofkasse um 56 500 Gulden erleichtert; in einem einzigen Jahr forderte Richard Wagner 190 000 Gulden. Das waren Unsummen, bedenkt man, daß die ganze Insel Herrenchiemsee, einer der schönsten Landstriche Bayerns, den König 350 000 Gulden kostete.

Der Märchenkönig war kein armer Mann. Bis 1876 betrug seine Apanage 2 350 580 Gulden im Jahr, wobei ein Gulden etwa 1,60 Mark entsprach, von Juli 1876 an »verdiente« Ludwig II. laut Finanzgesetz sogar 4 231 044 Mark. Nach heutiger Kaufkraft würde diese Summe etwa dem Zwanzigfachen entsprechen. Aber der König kam damit nicht aus, obwohl seine ganz privaten Bedürfnisse sich eher bescheiden ausnahmen. Ludwig II. gönnte sich ein Taschengeld von tausend Mark im Monat, für Geschenke gab er jedoch das Zehnfache aus.

Er mußte seine Schlösser unterhalten, Hohenschwangau, Linderhof, Trausnitz, Nürnberg, Herrenwörth, dazu die Neue Pinakothek, die Glyptothek; aber das meiste Geld verschlangen die im Bau befindlichen Schlösser Neuschwanstein und Herrenchiemsee. Dabei war es die Regel, daß sich der Etatansatz am Ende verdoppelte bis verdreifachte. Neuschwanstein sollte 3,2 Millionen Mark kosten, kostete dann aber 6,2 Millionen, Linderhof war mit 3,5 Millionen geplant, erforderte jedoch 8,5 Millionen, für Herrenchiemsee waren 5,7 Millionen veranschlagt; trotz Investitionen von 16,6 Millionen Mark blieb das Inselschloß unvollendet.

Als Richard Wagner schließlich vom König ein eigenes Festspielhaus forderte und der Stararchitekt Gottfried Semper mit der Planung beauftragt wurde (Kostenvoranschlag: 5 Millionen Gulden), da war das Maß voll: Honorige Münchner Bürger organisierten eine Unterschriftenaktion. Der Ministerrat drohte mit Rücktritt, falls Wagner nicht aus München verschwinde, und die Zeitungen wetterten gegen den Sachsen mit unflätigen Beschimpfungen. Also blieb Ludwig nichts anderes übrig, als sich von Wagner zu trennen; doch der Kontakt riß nie ab. Vor allem Wagners Musik war dem König zum Lebensinhalt geworden. »Parsifal« und »Lohengrin« wirkten auf ihn wie eine Droge, und sie bewirkten die gleiche Abhängigkeit.

Zwischen dem 6. Mai 1872 und dem 12. Mai 1885 erging sich Ludwig II. in 209 Separatvorstellungen des National- und Residenztheaters, Aufführungen, bei denen nur ein einziger Zuschauer in der Loge saß: König Ludwig. Seine Rechtfertigung für die gespenstischen Schauspiele: »Ich will selbst schauen, aber kein Schauobjekt für die Menge sein!«[8]

Es gibt nur wenige Augenzeugen dieser Geisteropern und -schauspiele, aber alle, die ihnen je beiwohnten, zeigten sich tief berührt, ja verstört vom Verhalten des Monarchen, der wie gebannt in der Königsloge saß. Der Vorhang hob sich zu unterschiedlichen Zeiten, nachmittags, um 21 Uhr, aber auch um Mitternacht. Von so einer Mitternachtsvorstellung berichtet die Burgschauspielerin Charlotte Wolter, die in Ludwigs Lieblingsdrama »Narziß« auftrat. Das Stück stammte von Albert Emil Brachvogel, einem damals sehr erfolgreichen Berliner Schriftsteller, der einen Stoff von Diderot zum Vorbild genommen hatte.

Auf und hinter der Bühne herrschte absolute Stille. Die Bühnenarbeiter trugen Filzschuhe und waren angehalten, auch das kleinste Geräusch zu vermeiden. Beim Glockenschlag um Mitternacht erschien der König in seiner Loge, und im selben Augenblick hob sich der Vorhang. »Ich wußte«, schreibt Charlotte Wolter, »daß der König mich nicht aus den Augen ließ, daß er in seiner Loge saß, in vollständiger Sammlung und Aufmerksamkeit und so tief versunken, daß er selbst den Atem zurückhielt, um nicht seine Anwesenheit zu verraten und um sich nicht selbst zu stören. Dies alles war mir neu und fremd ... Man hat über die Neigung des Königs, ausschließlich für seine Person Schauspiele aufführen zu lassen, viel gespöttelt, aber ich muß gestehen, daß ich sie vollkommen begreife. Der König hält in dieser Weise alles fern, was den Künstler und Zuhörer stören kann ... nichts ist vorhanden als das dramatische Werk, die Darsteller desselben und der einzige Zuschauer, den wir so sehr in die Welt der Illusion versetzen, daß er die Dichtung für Wahrheit hält ... Als gegen 4 Uhr morgens der letzte Akt zu Ende und der Vorhang gefallen war, befahl man uns, bewegungslos auf der Bühne zu bleiben, damit der König nicht gestört werde. Er pflegt nämlich noch einige Zeitlang in der Loge zu bleiben und über das Geschehen nachzusinnen, wie jemand, den es Mühe kostet, wieder in die Wirklichkeit zurückzukehren ...«[9]

Merkwürdigkeiten gab es viele im Leben des Bayernkönigs Ludwig. Könige *bestehen* aus Merkwürdigkeiten. Die Frage ist, wann werden Merkwürdigkeiten zur Paranoia. Und weil zum einen der Übergang fließend, zum andern aber auch subjektiv ist, hat das Guddensche Gutachten keinen objektiven Bestand. Vielmehr scheint es, als habe sich der Psychiater an der Modediagnose Paranoia aufgegeilt. Natürlich war Ludwig menschenscheu, doch anders als andere Herrscher mit ähnlichen Eigenheiten stand der Monarch dazu, jedenfalls quälte er niemanden mit seiner Neigung außer sich selbst. Er entließ seine Diener, wenn sie sich seiner exzessiven Lebensführung nicht unterordneten, und niemand konnte erwarten, daß die so Behandelten in ihren schriftlichen Stellungnahmen, auf denen Guddens Gutachten beruhte, verständnisvoll über ihren König redeten.

Aus einem Brief des österreichischen Gesandten Karl Ludwig Freiherr von Bruck geht hervor, daß es damals, im Jahre 1886, auch Ärzte gab, die sich entschieden dagegen wandten, den König für paranoid zu erklären. Sie beurteilten die Merkwürdigkeiten als »Gewohnheitsphantasien«, in die sich Ludwig seit zwanzig Jahren hineingewöhnt habe. Was aber nur wenige wußten: Hinter dem Guddenschen Gutachten verbarg sich ein handfester Ärzteskandal.

Mit seinem Gutachten konnte Obermedizinalrat Bernhard von Gudden eine alte Rechnung begleichen. Den wenigsten mag aufgefallen sein, daß in dem 24-Seiten-Gutachten die Leibärzte des Königs, Dr. Max von Gietl und Dr. Schleiß von Löwenfeld, mit keinem Wort erwähnt sind. Gietl kannte Ludwig schon seit jungen Jahren, er stand auf der Gehaltsliste der königlichen Kabinettskasse mit 1500 Mark (im Jahr!) und war dem König Freund und Berater.

Leibarzt Max von Gietl hatte maßgeblich Anteil an dem schweren Entschluß des Königs, Richard Wagner aus München zu verbannen, und er wollte Ludwig auch, auf dessen ausdrücklichen Wunsch, auf eine Reise ins Heilige Land begleiten, die jedoch nie zustande kam, weil der Ministerrat während der frommen Pilgerreise des Königs Vollmachten beanspruchte, die befürchten ließen, Ludwig würde nach seiner Rückkehr entmachtet sein.

Die Freundschaft, die Gietl mit Ludwig verband – und daß es eine wahre Freundschaft war, wird schon dadurch bezeugt, daß Gietl als einziger Zeitzeuge aus der Umgebung des Königs *keine* einträglichen »Erinnerungen« verfaßt hat –, diese Freundschaft wurde zur Zielscheibe des Dr. von Gudden; denn der einflußreiche Leibarzt Dr. von Gietl hatte, als es um die Berufung des Psychiaters nach München ging, heftig gegen Gudden opponiert. Er stand dabei nicht allein, auch die zuständige Fakultät der Universität hatte sich gegen Gudden ausgesprochen. Daß der Psychiater dennoch vom zuständigen Minister in die Direktion der Kreisirrenanstalt von Oberbayern berufen wurde, erscheint in dieser Perspektive rätselhaft; weniger rätselhaft erscheint jedoch das Paranoia-Gutachten ohne eine Stellungnahme der Leibärzte.

Während Dr. Max von Gietl sich mit Dr. Bernhard von Gudden nicht öffentlich auseinandersetzte, ging der Geheime Rat und Obermedizinalrat Dr. Schleiß von Löwenfeld mit dem Psychiater hart ins Gericht. Schleiß hatte den König bis vor zehn Jahren als Chirurg behandelt, seine Aufgabe 1876 aus unbekannten Gründen niedergelegt und Ludwig vor zwei Jahren zuletzt gesehen. Als er von dem Gutachten Kenntnis erhielt, wandte er sich umgehend an Bismarck, er solle »wie einst Bayern so jetzt seinen König« retten.

Dr. Schleiß versuchte die Merkwürdigkeiten Ludwigs II. zu erklären, Gründe und Motive aufzuzeigen und so den

König zu entlasten. Seinen Hang zur Einsamkeit sah Schleiß als ererbt an, sein bevorzugtes Nachtleben habe seine Ursachen in kindlichem Verhalten, als er heimlich verbotene Bücher las, auch jene Richard Wagners, und seine Generosität habe ihm nur gewissenlose Schmeicheleien oder haßerfüllten Neid eingebracht. Jedenfalls seien Seine Majestät keinesfalls an der Ausübung der Regierung verhindert.

Bismarck schien ratlos. Was hätte er auch unternehmen sollen? So kam ihm die Stellungnahme seines Gesandten in München Georg Freiherr von Werthern sehr gelegen, der Dr. Schleiß' Gegendarstellung als Meinung eines früheren Leibwundarztes von geringer Bedeutung abtat, worauf Bismarck sich äußerte, er sei nicht kompetent für irgendeine Entscheidung.

Erstaunlich sind die vorfreudianischen Deutungsversuche der Persönlichkeit Ludwigs II., ohne auf sein wahres Krankheitsbild einzugehen. Es mag schockieren: Der Märchenkönig war eine Art Phantom der Oper, ein fetter, aufgeschwemmter, unter chronischen Kopfschmerzen leidender, zahnloser, aus dem Mund stinkender, sich meist von Brei und Püriertem ernährender, nervös-unruhiger Vielfraß, der unter nichts mehr litt als unter sich selbst und der nur mit Hilfe von Chloralhydrat Schlaf fand. Dabei war Ludwig in jungen Jahren ein äußerst attraktiver, schlanker, hochgewachsener und stets modisch gekleideter Mann, der noch nicht einmal 19jährig König wurde und sich Frauen gegenüber äußerst galant zeigte. Sissi, seine acht Jahre ältere Cousine, erinnert sich in einem Brief an den zwanzigjährigen Ludwig: »Gestern hat mir der König eine lange Visite gemacht, und wäre nicht endlich Großmama dazugekommen, so wäre er noch da. Er ist ganz versöhnt, ich war sehr artig, er hat mir die Hand so viel geküßt, daß Tante Sophie, die durch die Türe schaute, mich nachher fragte, ob ich sie noch habe. Er war wieder in österreichischer Uniform und ganz mit Chypre parfümiert.«[10]

Ludwig schwärmte für die seit über zehn Jahren mit Franz Joseph verheiratete Kaiserin, bezeichnete sich als ihren Sklaven, wie er überhaupt alles, was er tat, schwärmerisch tat. Seine Verlobung mit Sissis Schwester Sophie nannte er ein Unglück, in das er blindlings hineinrenne, den bereits angesetzten Hochzeitstermin ließ er dreimal verschieben, um ihn dann endgültig abzusagen – eine ungeheuere Brüskierung der Familie, mit der er sich nur noch mehr ins Abseits stellte. Aber, so Ludwig, damit sei ein Alptraum von ihm abgefallen.

Bei der Beurteilung Ludwigs II. haben Historiker viel zu sehr der Psyche des Königs Beachtung geschenkt und seine Physis vernachlässigt. Dabei ist gerade in diesem Fall die eine das Ergebnis der anderen. Ludwigs Merkwürdigkeiten begannen im Alter von zwanzig Jahren, gerade in dem Alter, als seine Vorderzähne anfingen auszufallen. Die genaue Ursache dieses Leidens wurde nie erkannt; aber es muß ein furchtbarer Schock für den allem Ästhetischen und Schönen zugewandten König gewesen sein. Wie muß er sich geniert, wie muß er gelitten haben! Der preußische Kronprinz Friedrich Wilhelm nach einem Besuch beim Bayernkönig: »Ich finde ihn auffallend verändert; seine Schönheit hat sehr abgenommen, er hat die Vorderzähne verloren, sieht bleich aus und hat etwas Nervös-Unruhiges in seiner Art zu sprechen, so daß er die Antwort auf seine Frage nicht abwartet, sondern während des Sprechens des Antwortenden bereits neue, andere Dinge betreffende Fragen stellt.«[11] Und der Schriftsteller Felix Dahn, populärer Historiker und seit 1863 Professor der Rechte in Würzburg, notierte nach einer Begegnung mit dem Märchenkönig: »Ich hatte den König seit 1864 nicht mehr aus der Nähe gesehen: In diesen neun Jahren war recht viel verschwunden von jener Jünglingsschönheit, die damals von ihm ausgestrahlt hatte. Er war zu dick geworden, die fahle Gesichtsfarbe war nicht hübsch, das Fehlen mehrerer Zähne entstellte ihn beim Sprechen und machte das Verstehen der hastig hervorgesprudelten Worte noch schwieriger: Dieses stoßweise Sprechen gemahnte lebhaft an seinen Großvater Ludwig I.«[12]

Die deformierte Sprechweise des Königs gab seiner Umgebung oft Rätsel auf, sie galt jedoch als absolutes Tabu. Das heißt: Weder König Ludwig selbst redete je darüber noch war es seinen Gesprächspartnern erlaubt, sich nach Unverstandenem zu erkundigen, so daß der preußische Gesandte Georg Freiherr von Werthern mehr als einmal Berichte nach Berlin sandte, unter dem Vorbehalt, den Bayernkönig akustisch richtig verstanden zu haben.

Zurückgezogen und komplexbehaftet, war der beklagenswerte Monarch ein Frustfresser, der – zahnlos – ungeheure Mengen vertilgte, obwohl sein Magen nur wenig vertrug. Dazu trank er mit Vorliebe Champagner »Moet et Chandon oeil de perdix«, Pfälzer oder Rheingauer Weißwein, leichten Bordeaux, Veilchen- und Waldmeisterbowle und »Cognac mousseux«. Obwohl er selbst ziemlich unzivilisiert dinierte, was sogar den Lakaien unangenehm auffiel, legte Ludwig dennoch wert auf Tischkultur. Sogar in den elf Jagdhütten mußte auf Porzellan und Silber serviert und aus Kristall und Lapislazuli getrunken werden, französische Speisekarten waren eine Selbstverständlichkeit.

Der Prunk bei Tische rührte von seiner Verehrung des französischen Sonnenkönigs her, dessen Lebensstil ihm zur Manie wurde. Nicht nur bei Tisch kopierte der Bayernkönig sein Vorbild Ludwig XIV. Schloß Herrenchiemsee ist ein Abklatsch von Versailles, und in seinen Tagebüchern begegnen wir mehrfach dem beklagenswerten Versuch, die Unterschrift des Sonnenkönigs nachzuahmen. Ludwig II. war eine anachronistische Erscheinung, und darin liegt seine eigentliche Tragik. Der französische Sonnenkönig hatte nicht weniger Eigenheiten als der bayerische Märchenkönig, aber jener lebte in absolutistischer Zeit.

Kein Mensch hätte gewagt, die Eßgewohnheiten des Franzosen zu kritisieren, die des bayerischen Königs wurden öffentlich diskutiert. Zum einen war der mit dem königlichen Essen betriebene Aufwand unvorstellbar hoch, zum anderen mußte bei allen Zubereitungen, es sei denn, es handelte sich um reine Schauobjekte, auf die Zahnlosigkeit Ludwigs II. Rücksicht genommen werden. Wir wissen über die königliche Nahrungsaufnahme deshalb so genau Bescheid, weil Theodor Hierneis seine Erinnerungen in dem Buch »Aus meiner Lehrzeit in der Hofküche König Ludwigs II. von Bayern« 1940 veröffentlicht hat.

»Des Königs Zahnleiden«, schreibt Hierneis, »waren uns von der Küche wohl am besten bekannt. Wir hatten uns mit der Garzeit danach zu richten; alle Speisen, das Fleisch notwendigerweise vor allem, waren sehr weich gekocht, es gab viel Haschiertes, Omelettes, Püree etc.; Krustaden oder engl. gebratenes Fleisch, wie Roastbeef, Steaks etc. durften nie auf den Tisch kommen. Oft ist mir späterhin die Frage gestellt worden, ob der König ein besonderer Feinschmecker gewesen sei. Kein Zweifel, daß er gern gut und reichlich aß, daß er ärgerlich wurde, wenn unvermeidbare Verzögerungen beim Servieren eintraten, und daß er auch Qualitäten sehr wohl zu unterscheiden wußte. Aber der äußere Rahmen eines Diners spielte fast eine größere Rolle als die eigentliche Speisenzurichtung, und diesem Rahmen entsprechend mußte auch die Mahlzeit oft in pausenloser Arbeit durch manche Nächte hindurch zusammengestellt und angerichtet werden. Neben den ausgesuchten Gerichten mußten ja dann die großen, künstlerisch entworfenen kalten Schauplatten aufgebaut werden, auf Terra-alba-Sockeln wurden da die Langusten und Hummer dressiert, um allegorische Figuren aus Tra-

gant gruppierten sich pikante Aspiks mit Wildschweinpa-
stetchen oder Gänseleberparfaits, und an marmorierten
Füllhörnern aus gebrannten Mandeln rankten sich Petits
fours und grünschillernde Pistaziendesserts empor.«[13]

Weniger der (durchaus bezahlbare) Lebensaufwand
Ludwigs II. ließ den Ministerrat die Entmündigung des
Königs betreiben als seine (nicht mehr zu finanzierenden)
Projekte. Die Eigenheiten dienten nur als Vorwand,
schließlich hatte der König noch ein halbes Dutzend neuer
Ideen, und es stand zu erwarten, daß er sie unter hoher
Schuldenaufnahme in die Tat umsetzen würde. Ludwig II.
an seine ehemalige Erzieherin Sibylle Freifrau von Leon-
rod: »Oh, es ist notwendig, sich solche Paradiese zu schaf-
fen, solche poetischen Zufluchtsorte, wo man auf einige
Zeit die schauderhafte Zeit, in der wir leben, vergessen
kann.«[14]

So traf das Paranoia-Gutachten von Guddens und die
anschließende Internierung zwar den König unerwartet,
nicht aber seine Umgebung. Bismarck war durch den bayerischen Gesandten über das Vorhaben der Regierung informiert, ebenso Kaiser Franz Joseph durch Karl Ludwig
Freiherr von Bruck.

Guddens Assistent Dr. Franz Carl Müller, dem bis dahin
turnusmäßig für jeweils vier Wochen die ärztliche Betreu-
ung des geisteskranken Prinzen Otto oblag, hat über die
entscheidenden Tage, vom 8. bis 26. Juni, minuziöse Tagebuchnotizen hinterlassen, die sein Sohn Erich später veröffentlichte.

»Am Dienstag, den 8. Juni«, schreibt Müller, »wurden
die zwei ältesten im Dienste des Prinzen Otto befindlichen
Pfleger Braun und Mauder plötzlich abgelöst und durch
zwei Anstaltspfleger ersetzt. Die Prinzenpfleger meldeten
sich mittags in der Anstalt und erhielten geheime Anweisungen vom Chef. An demselben Tage, vielleicht 11 Uhr
früh, kam der Chef ins Büro, grüßte sehr liebenswürdig

Rehm und mich und nahm mich mit den Worten: ›Herr Doktor, haben Sie ein Augenblickchen Zeit?‹ (eine Phrase, die er immer gebrauchte, wenn er einem etwas Wichtiges mitteilen wollte) mit ins Nebenzimmer. Draußen sagte er einfach: ›Sie müssen morgen nachmittag mit mir zum König, wir fahren nach dem Linderhof ... Frack, Zylinder usw. Nehmen Sie Wäsche mit für 14 Tage.‹

Damit grüßte er nochmals und ging rasch fort. Ich muß offen gestehen, ich hatte oftmals im geheimen daran gedacht, daß Gudden mich mit zu dieser Expedition nehmen würde, mein Ehrgeiz war aufs äußerste angestachelt; und jetzt, da ich mit den Händen fast die Zukunft greifen konnte, da traf es mich doch wie ein Blitzschlag. So rasch und so brüsk. Ich war in einer eigentümlichen Stimmung. Als ich Rehm sagte, ich gehe morgen mit zum König, da mußte ich mich halten, um nicht aufzuschreien vor Freude, daß man mich dazu gewählt, und auf der anderen Seite schnürte es mir doch das Herz zusammen, wenn ich mir vorstellte, welche Verantwortung in der nächsten Zeit auf meinen Schultern lasten würde.«[15]

Tags darauf machte sich eine Regierungskommission in einem extra bereitgestellten Sonderzug auf den Weg nach Hohenschwangau, an der Spitze der Minister des königlichen Hauses Friedrich Krafft Freiherr von Crailsheim. In seiner Begleitung zwei Kuratoren, die die Vormundschaft über den entmündigten König übernommen hatten, Graf Törring-Jettenbach und Max Graf Holnstein, außerdem der Geheime Rat Rumpler als Protokollführer und Karl Theodor Freiherr von Washington als Aufpasser. Dr. Bernhard von Gudden hatte vier Irrenwärter in seiner Begleitung.

Was sich in dieser Nacht abspielte, müßte man als Posse bezeichnen, ginge es nicht um das Schicksal des Bayernkönigs. Der König hielt sich auf Schloß Neuschwanstein auf. Die Kommission nahm im nahen Schloß Hohenschwangau

Quartier und ließ sich fürstlich bewirten. Das mitternächtliche Souper artete zu einem regelrechten Saufgelage aus, bei dem 40 Maß Bier und zehn Flaschen Champagner getrunken wurden. Und Guddens Assistent Dr. Müller will erst während diese Gelages vom eigentlichen Zweck seiner Reise erfahren haben.

Eigentlich sollte Ludwig am nächsten Morgen festgesetzt und nach Linderhof gebracht werden; als jedoch der Leibkutscher gegen ein Uhr nachts die Pferde einspannte, um wie gewohnt mit dem König auszufahren, erhob Graf Holnstein Einspruch, der König werde in dieser Nacht einen anderen Wagen benutzen. Der Kutscher ahnte, was bevorstand, und benachrichtigte den König, der daraufhin seine Wachen, die Polizei in Füssen und die umliegenden Feuerwehren alarmierte. Aufgeschreckt von dem allgemeinen Aufruhr, warfen sich die hohen Herren, um ihrem Erscheinen Nachdruck zu verleihen, in ihre Hof-, Staats- und Flügeladjutantenuniformen und schritten zur Tat.

Die Irrenwärter des angeblich so friedfertigen Dr. von Gudden waren mit Zwangsjacke und Chloroform ausgerüstet. Beides kam jedoch nicht zum Einsatz, weil die Kommission von den Wachen am Betreten des Schlosses Neuschwanstein gehindert wurde. König Ludwig reagierte in dieser Situation ungewöhnlich gelassen, er schlug den Rat seiner Dienerschaft zu fliehen in den Wind. Nach Aussage des Wachtmeisters Ferdinand Poppeler meinte der König, er wahre sein gutes Recht und fliehe nicht, er wolle sehen, wie und wer ihn für irrsinnig erklären kann, wenn er es nicht sei. Statt dessen unterschrieb er einen Haftbefehl für die gesamte Kommission, nur der Name des Protokollführers Rumpler stand nicht auf der Liste. So wurden alle, außer Rumpler, in einem kleinen Raum im Torbau eingesperrt, was für sie in der augenblicklichen Situation von ungeahntem Nutzen war, denn draußen vor der Burg scharte sich mit Äxten und Keulen bewaffnetes

Landvolk zusammen, und Baronin Spera von Truchseß, die, wenn sie nicht gerade in psychiatrischer Behandlung war, die Sommer in Hohenschwangau verbrachte, forderte aufgeregt, die Hochverräter aus München totzuschlagen.

Am 10. Juni, gegen Mittag, kamen die Gendarmen aus Füssen zu der Einsicht, daß die vorgewiesenen Papiere rechtsgültig, König Ludwig abgesetzt und Prinz Luitpold der neue Regent sei. Darauf ließen sie, um jedes Aufsehen zu vermeiden, einen nach dem anderen frei. Dennoch bestieg die hohe Kommission unverrichteterdinge den Zug in die Hauptstadt, um sich mit dem Ministerrat zu beraten. Die gescheiterten Beamten lehnten es ab, sich ein zweites Mal nach Hohenschwangau zu begeben, obwohl der Innenminister alle Gendarmen abgezogen und durch andere, ihm ergebene, ersetzt hatte.

Da erkannte Dr. Bernhard von Gudden seine große Stunde. Er erbot sich, die Sache selbst in die Hand zu nehmen, und in dieser zugespitzten Situation konnte er der bayerischen Regierung keinen größeren Gefallen tun. Einen Tag später reiste Gudden mit seinem Assistenten Müller, fünf Pflegern und einem Gendarmeriehauptmann erneut nach Hohenschwangau. Der entmündigte König hatte inzwischen mit dem befreundeten Bismarck Telegramme ausgetauscht, aber außer dem Rat, er solle nach München fahren und sich dem Volk zeigen, keinen Beistand erhalten. Eine von seinen Getreuen arrangierte Flucht über die nahe Grenze nach Tirol hatte Ludwig ebenso abgelehnt wie bewaffneten Widerstand gegen seine Festnahme. Er wußte freilich nicht, daß der Ministerrat, aufgeschreckt durch das gescheiterte Unternehmen, neue Pläne gefaßt und Dr. Grashey beauftragt hatte, Schloß Berg, wohin der Entmündigte nun gebracht werden sollte, zum Aufenthaltsort für den König umzurüsten. Grashey ging sofort ans Werk, ließ die inneren Türklinken abschrauben, Gucklöcher in die Türen schneiden und gab Fenstergitter in Auftrag.

Ludwigs Festnahme ging ohne Komplikationen vonstatten. Dr. Müller, der von seinem Chef Dr. Bernhard von Gudden als ärztlicher Pfleger für Ludwig vorgesehen war, schilderte die Begegnung so: Ein Kammerdiener habe an die Türe des Königs geklopft, als Ludwig öffnete, packten ihn zwei Wärter an den Armen, und Gudden sagte: »Majestät, es ist die traurigste Aufgabe meines Lebens, die ich übernommen habe; Majestät sind von vier Irrenärzten begutachtet worden, und nach deren Ausspruch hat Prinz Luitpold die Regentschaft übernommen. Ich habe den Befehl, Majestät nach Schloß Berg zu begleiten, und zwar noch in dieser Nacht. Wenn Majestät befehlen, wird der Wagen um vier Uhr (morgens) vorfahren.«[16]

Der König soll darauf geantwortet haben: »Ah, ja, was wollen Sie denn? Ja, was soll denn das? Lassen Sie mich doch los!«

Während Ludwig sich reisefertig machte, ließen Gudden und Müller den König nicht aus den Augen; dabei entwickelte sich eine gelassene Unterhaltung. Gudden erinnerte an eine Audienz im Jahre 1874, bei der er dem König zum ersten und einzigen Male begegnet sei, auch Ludwig konnte sich erinnern. Weit besser kannte er jedoch Dr. Müller, der den geistig umnachteten Prinzen Otto in Schloß Fürstenried betreute und Ludwig regelmäßig seinen ärztlichen Bericht sandte, den letzten am 15. Mai.

In dieser Unterhaltung gab Ludwig zu bedenken: »Wie können Sie mich für geisteskrank erklären, Sie haben mich ja vorher gar nicht angesehen und untersucht?«

Guddens Antwort: »Majestät, das war nicht notwendig, das Aktenmaterial ist sehr reichhaltig und vollkommen beweisend, es ist geradezu erdrückend.«

»So?« erwiderte der König. »So? Also Prinz Luitpold hat es jetzt glücklich soweit gebracht, dazu hätte er nicht so einen Aufwand an Schlauheit gebraucht, hätte er nur ein Wort gesagt, dann hätte ich die Regierung niedergelegt und wäre ins Ausland gezogen ...«[17]

Das Verhältnis Ludwigs zu seinem Onkel Luitpold – er war der dritte Sohn König Ludwigs I. und bereits 65 Jahre alt – stand nie zum besten; aber Spekulationen, er selbst habe nach der Königskrone gestrebt, entbehren jeder Grundlage. Prinz Luitpold wird als gutmütig, eher phlegmatisch und politisch unbedarft geschildert. Aus seinen Briefen geht hervor, daß er sich gegen jede Gewaltanwendung gegenüber König Ludwig ausgesprochen hatte. Dennoch hielt er seinen Neffen für geistesgestört und nicht mehr fähig, die Regierungsgewalt auszuüben. In einem Brief an Kaiser Franz Joseph, datiert vom 8. Juni 1886, dem Tag, an dem Gudden das Gutachten unterschrieb, rechtfertigte sich Prinz Luitpold: »S. M. König Ludwig II. hat im Laufe der letzten Jahre die Abschließung von dem in treuer Hingebung an seinem Herrscherhaus hängenden bayerischen Volk zu einer nahezu vollständigen gesteigert. Unzugänglich für die Angehörigen der königlichen Familie wie für die berufenen Ratgeber der Krone, unnahbar sogar für die im unmittelbaren Dienste befindlichen Sekretäre und Adjutanten, unsichtbar für sein Volk, verkehrt der Monarch nur mit Angehörigen der untersten Klasse, mit Soldaten und niederen Bediensteten, in deren Vermittlung die wichtigsten Angelegenheiten des Hofes und des Staates gelegt sind. Seit mehr als Jahresfrist hat der König seine Residenzstadt nicht mehr betreten. Jede Repräsentation der Krone hat längst und gänzlich aufgehört ...«[18]

Ludwig tat seinem Onkel also Unrecht, wenn er ihm Ambitionen auf den Bayernthron unterstellte; der hing viel zu sehr an seiner Jagd und dem einfachen Landleben, als daß er regieren wollte. Allerdings war bekannt, wie leicht zu beeinflussen der Kronprinz war. Ludwigs Hinweis, er hätte die Regierung niedergelegt und wäre ins Ausland gegangen, ist keineswegs aus der Luft gegriffen. Schon in jungen Jahren hatte der König mit dem Gedanken gespielt, wie Kaiserin Sissi, die ihre Sommer auf Korfu verbrachte, sich auf einer südlichen Insel niederzulassen; Reichsarchivdirektor Franz von Löher wurde deshalb auf eine zweijährige Weltreise geschickt, um ein käufliches Terrain zu erkunden. Der Geschichtsforscher besuchte Venezuela, Chile, Kolumbien, Costa Rica, Java, die Philippinen, konnte jedoch guten Gewissens nichts empfehlen. Im Mittelmeer standen Samos und Mallorca ernsthaft zur Diskussion, im Atlantik die Kanaren, aber irgendwie zerschlugen sich alle Pläne.

Es entsprach allerdings nicht dem Wunsch des Hauses Wittelsbach, den entmündigten König in Schloß Berg zu internieren. Man hätte es viel lieber gesehen, wenn Ludwig seinen Lebensabend auf einer Insel verbracht hätte, aber das Vorgehen des Vorsitzenden des Ministerrates Johannes Lutz hatte nun plötzlich diese Lage geschaffen. Nach achtstündiger Fahrt in drei Kutschen, von denen die mittlere ohne Klinken für den entmündigten König reserviert war, gelangte die Reisegesellschaft nach Schloß Berg, wo sich Ludwig seiner Gewohnheit entsprechend am helllichten Tag zu Bett begab, gegen Mitternacht aufwachte, Brot und eine Orange aß und weiterschlief bis Sonntagmorgen.

An diesem Tag kam es zu einer seltsam anmutenden Begegnung zwischen dem entmachteten König und Dr. Müller. Sie fand auf Wunsch Ludwigs II. statt und dauerte 45 Minuten. Die Gesprächsprotokolle zeigen einen gefestigten, beinahe nüchternen König, während der Assistenzarzt bestrebt ist, dieses Verhalten in das Gutachten seines Chefs einzupassen. Müller wörtlich: »Wäre ich nicht schon durch das mir von Gudden Mitgeteilte sowie durch das Gebaren des Kranken bei unserer ersten und zweiten Anwesenheit in Schwanstein von seiner Krankheit überzeugt gewesen, so hätte ich hier Gelegenheit gehabt, meine Diagnose zu stellen. Der Kranke stand bei meinem Eintritt am Tische und musterte mich mit großen Blicken, aber er konnte es nicht ertragen, daß man ihn längere Zeit fest ansah. Während des Gespräches wurde er merklich unruhig und ging nervös auf und ab. Das Gespräch selbst war ein eigentümliches Versteckenspielen des Kranken mit dem Arzt. Man sah klar, daß es dem König nur darum zu tun war, sich zu vergewissern, ob er dem, der vor ihm stand, zutrauen könnte, daß er ihm Gift geben oder ihn sonstwie beseitigen würde. Das war ihm Hauptsache, und doch äußerte er diese Verfolgungsideen, man kann sagen sehr vorsichtig und umkleidete sie mit einer Menge von Fragen nach alltäglichen Dingen.«

Aus der Unterhaltung des Königs mit seinem Irrenarzt, so wie dieser sie festgehalten hat:

»Wo haben Sie studiert?«

»In Würzburg, Majestät.«

»Sie sind Irrenarzt?«

»Jawohl, Majestät.«

»Sind Sie es gerne?«

»Mit Leib und Seele, Majestät.«

»Sie sind bei meinem Bruder? Wie geht es ihm denn?«

»In den letzten Jahren ist keine bemerkenswerte Änderung eingetreten, Majestät.«

»Nicht wahr, ebenso, wie Sie Berichte an mich gemacht haben, so schreiben Sie jetzt an den Prinzen Luitpold über mich?«

»Es ist mir noch kein diesbezüglicher Auftrag zuteil geworden, Majestät.«

»Nun und dann schreiben Sie, es ginge mir recht schlecht? Man freut sich doch, wenn man hört, es ginge schlechter mit mir?«

»Majestät, ich bin fest überzeugt, daß sowohl der Prinz

Luitpold wie auch das bayerische Volk nur *Freude* empfinden wird, wenn sie hören, daß es dem König wieder bessergeht.«

»Ja, es ist doch sehr leicht, einem Menschen ein Mittel in die Suppe zu schütten, daß er nimmer erwacht.«

Ich gab darauf keine Antwort.

»Was gibt es denn für Schlafmittel?«

»Es gibt deren eine Reihe, Majestät: Opium, Morphium, Chloralhydrat, Bäder, Waschungen, gymnastische Übungen usw.«

»Sie tragen eine Brille? Sind Sie kurzsichtig?«

»Auf dem linken Auge bin ich kurzsichtig, auf dem rechten astigmatisch, Majestät.«

»Was ist das?«

»Ein Zustand, in dem die Hornhaut des Auges nur in einer bestimmten Ebene ins Auge fallende Strahlen deutlich perzipiert.«

»So! So! Sie haben wohl zu viel studiert?«

»Majestät, ich mußte viel studieren, aber meine Augen waren schon auf dem Gymnasium sehr schlecht.«

»Gudden sagte mir, Sie wollten meine Bibliothek ordnen?«

»Ich bin mit Vergnügen bereit, Majestät, und werde mich rasch zurechtfinden.«

»Können Sie Französisch sprechen?«

»Soviel man auf dem Gymnasium lernt, Majestät, kann ich schon. Aber das ist nicht viel. Ich kann nicht sprechen, aber ich verstehe die Sprache, wenn ich langsam lese.«

»Womit haben Sie sich auf dem Gymnasium meistenteils beschäftigt?«

»Ich war stets ein großer Freund der deutschen Poesie, insbesondere der lyrischen, und habe mich darin auch noch in den letzten Jahren weitergebildet, Majestät. Ich war auch schon verschiedentlich literarisch tätig.«

»Ja, ja ... das ist hübsch ... Sie bleiben immer hier?«

»Ich werde mit einem noch zu bestimmenden Kollegen monatlich wechseln, Majestät.«

»Wer ist das?«

»Es ist noch niemand ernannt, Majestät.«

»Na, der wird schon ein Mittelchen wissen, mich unbemerkt aus der Welt zu schaffen.«

»Majestät, ich kann für meinen zu ernennenden Kollegen wie für mich bürgen, die Pflicht des Arztes ist es, zu heilen und zu bessern, nicht aber zu vernichten.«

»Ja, ja, Ihnen traue ich, aber die anderen ...«

Was angesichts der Situation, in der sich der König befand, als völlig normal erscheint, stellte sich Dr. Müller ganz anders dar: »Nun wiederholten sich die Verfolgungsideen immer und immer wieder. Der König schaute mich oftmals groß an, aber wenn ich ihn fixierte, schlug er den Blick zu Boden. Dabei war er von einer großen nervösen Unruhe, er ging im Zimmer auf und ab, stellte sich wieder vor mich hin, schaute dann zum Fenster hinaus. Auf einmal neigte er gnädig und freundlich zugleich den Kopf, ich war entlassen ...

Ich hatte ihn mir anders vorgestellt, ebenso wie ich mir die Szene, in der er von der Erklärung, er sei krank, erfuhr, ganz anders gedacht hatte. Es ist wahr, nach den Bildern, die man in München sah, hätte man den König sofort erkannt. Er war ja noch der große, stattliche Mann mit dem mächtigen Körper, er blickte noch mit so großen Augen seine Umgebung an, aber aus diesen Augen war das Selbstbewußte geschwunden und an dessen Stelle eine deutliche Unsicherheit getreten. Er konnte gewiß bei einer Audienz noch jemand so anschauen, daß dieser verwirrt zu Boden sah, aber hier hielt er den fixierenden Blick nicht mehr aus. Seine Züge waren verschwommen, das bleiche Gesicht etwas aufgedunsen, die Sprache hastig, durch häufige Wiederholungen unterbrochen, die Bewegungen unsicher.

Ich hatte mir gedacht, daß dieser König mit seinen Ansichten von Herrscherwürde und Herrschermacht durch die Mitteilung, daß er nun nicht mehr Herrscher sei, entweder gebrochen zusammensinken würde oder sich in wilder Explosion Luft verschafft. Aber keines von beiden trat ein. Er war zwar anfänglich erschüttert, aber bald begann er mit denen, die er naturgemäß hassen mußte, zu verhandeln, sie auszufragen, seine Zurückgezogenheit gewissermaßen zu entschuldigen, und immer und immer wieder kamen seine Verfolgungsideen zum Vorschein, die sich in solch kleinem Kreise bewegten. Mit kurzen Worten: Ich hätte mir den König noch nicht so schwer krank vorgestellt, als er es in Wirklichkeit war; darum reagierte er auch anders, als ich vorher gedacht.

Wer natürlich nur den für geisteskrank hält, der entweder in tiefer Melancholie am Boden kauert oder in wilder Tobsucht seine Umgebung bedroht oder endlich so blödsinnig geworden ist, daß er kein verständiges Wort mehr reden kann, dem können meine Feststellungen, wie und was der kranke König sprach, am Ende gar noch Zweifel verursachen; aber dann möge er daran denken, daß es auch Geisteskranke gibt, die zwar noch denken, aber falsch denken; die noch Strebungen haben, aber nur solche, die auf verkehrtem Boden wachsen und zu verkehrten Zielen führen; die endlich in einer Welt voll Argwohn und Verfolgungsangst leben, und ein solcher war der König.«[19]

Das Wetter am Pfingstsonntag, dem 13. Juni 1886, war regnerisch und kühl. Im Schloß Berg drängten sich fremde Menschen, sechs bis acht Gendarmen, zwei Pfleger, Gudden, Grashey, Müller, Baron Washington. Um 11.15 Uhr ging Ludwig mit Gudden eine Stunde im Park spazieren, gefolgt von einem Pfleger. Danach ein kleines Essen. Gegen drei Uhr unterhielt sich der entmachtete König mit Dr. Müller. Um 16.30 Uhr eine reichliche Hauptmahlzeit, zu der Ludwig ein Bier, fünf Glas Wein und zwei Gläschen Arrak trank.

Gegen 18.30 Uhr unternahmen König Ludwig und Dr. Bernhard von Gudden einen weiteren, bereits am Vormittag vereinbarten Spaziergang im Schloßpark. Den bereitstehenden Pfleger schickte Gudden zurück, weil er wußte, daß drei Gendarmen den Park bewachten.

An diesem Abend des 13. Juni beging Obermedizinalrat Dr. von Gudden den folgenschwersten Fehler seines Lebens. Dieser Fehler bestand darin, daß er sich, seine Wissenschaft überschätzte, daß er seiner Theorie mehr glaubte als dem Augenschein, daß er glaubte, den seiner Ansicht nach paranoiden König zu beherrschen.

Was in den folgenden eineinhalb Stunden geschah, vermag niemand exakt zu sagen. Es gibt keinen Augenzeugen. Gehen wir von den Tatsachen aus: Gegen 20 Uhr wollte Dr. von Gudden zum Abendessen zurück sein; als die beiden Spaziergänger nicht erschienen, schickte Dr. Müller die Gendarmen, Wächter und das gesamte Hauspersonal mit Laternen und Fackeln in den Park, die beiden zu suchen; aber von einer frischen Wagenspur am mittleren Tor des Parks abgesehen, fanden sie zunächst nichts. Die Suche wurde verstärkt, und in der Folge entdeckte ein Hofoffiziant am Ufer des Sees Ludwigs unbeschädigten Überrock, nicht weit entfernt seinen Regenschirm und den Hut und zwanzig Schritte entfernt den Hut Dr. Guddens. Von einem Ruderboot aus sah der Schloßverwalter nahe dem Ufer zwei im brusttiefen Wasser treibende Leichen, den König in Hemdsärmeln und Dr. von Gudden in voller Kleidung. Es war gegen 23 Uhr.

Dr. Müllers Wiederbelebungsversuche blieben erfolglos. Die Wasserleichen wurden ins Schloß getragen, Boten nach Starnberg geschickt. Nachts um zwei Uhr erschienen Oberamtsrichter Jehle, der stellvertretende Bezirksarzt Dr. Heiß, Landarzt Dr. Magg und ein Gerichtsschreiber.

Im Gegensatz zum König, dessen Körper außer einer Hautabschürfung am linken Knie keine Verletzungen aufwies, war Dr. Gudden arg zugerichtet: Kratzwunden auf Stirn und Nase, über dem rechten Auge ein blauer Fleck, den ein schwerer Schlag verursacht haben mochte, Druck- und Würgespuren am Hals, ein rechter Fingernagel abgerissen. Dies bestätigte die Obduktion am 15. Juni. Des Königs goldene Uhr war, mit Wasser gefüllt, um 18.54 Uhr stehengeblieben, die Zeiger von Dr. Guddens Uhr standen auf 20 Uhr, was darauf schließen läßt, daß dessen Uhr widerstandsfähiger war als die des Königs.

Durch Zufall wurde der Gesandtschaftssekretär an der preußischen Gesandtschaft in München zu einem wichtigen Spurenzeugen. Graf Philipp Eulenburg-Hertefeld pflegte die Sommer in Starnberg zu verbringen, und er erhielt noch in der Nacht Kunde von dem Unglück am jenseitigen Ufer des Starnberger Sees. Graf Eulenburg ließ sich über den See zur Unglücksstelle rudern und fand im Morgengrauen niedergetretenes Ufergras und geknicktes Schilf vor, das deutlich den Weg markierte, den der König und Dr. von Gudden genommen hatten. Vom Boot aus erkannte Graf Eulenburg »die durch das klare Wasser im hellen Sande noch genau sichtbaren Fußspuren des Königs und Guddens«.[20] Zwei Spuren liefen sechs Schritte nebeneinander, dann erkannte Eulenburg im lehmigen Boden eine Mulde, und von dieser Mulde ging eine einzelne Fußspur auf den See hinaus. Soweit die Augenzeugenberichte.

Alles Folgende ist Hypothese, Theorie, die der Wahrheit jedoch vermutlich sehr nahekommt. Ausgehend von den häufigen Suizidgedanken Ludwigs II., glaubte man zunächst, der König habe sich gewaltsam seines Arztes entledigt und dann im See Selbstmord begangen. Dagegen spricht zweierlei: Bei der Obduktion wurde in der Lunge des Königs kaum Wasser gefunden. Und ein Selbstmörder entledigt sich nicht seiner Kleider, die dazu geeignet sind, ihn in die Tiefe zu ziehen. Vielmehr handelt es sich bei dem Vorfall um einen sorgfältig geplanten, aber durch unglückliche Umstände mißlungenen Fluchtversuch.

Offenbar hatte der entmündigte König Dr. Gudden das Versprechen abgerungen, den abendlichen Spaziergang ohne die demütigende Begleitung eines oder mehrerer Wärter zu unternehmen, und da das Verhalten Ludwigs in den vergangenen beiden Tagen ausgesprochen kooperativ gewesen war, stimmte der Obermedizinalrat zu. Nun galt es nur noch, Dr. Gudden auszuschalten. Ludwig war groß und kräftig und dem untersetzten Psychiater körperlich überlegen. Der Tatsache, daß der König sich trotz des Regens seiner Oberkleider entledigte, ist zu entnehmen, daß er gegenüber seinem Gegner – und als solcher mußte Dr. Gudden ihm erscheinen – beweglicher und wendiger sein wollte. Möglicherweise war die physische Ausschaltung des Psychiaters gar nicht geplant, möglicherweise wollte Ludwig nur fliehen (dafür sprechen die zurückgelassenen Kleider und Zeugenaussagen, daß an jenem verhängnisvollen Abend mehrere Ruderboote im See vor dem Schloßpark kreuzten); aber Dr. Gudden verfolgte den König ins Wasser, es kam zum Handgemenge, bei dem Ludwig die Oberhand behielt; dann suchte er schwimmend eines der wartenden Ruderboote zu erreichen. Ludwig war bekanntermaßen ein guter Schwimmer. Guddens Assistent Dr. Franz Carl Müller: »Infolge der körperlichen Anstrengung und des plötzlichen Übergangs von höchster Erregung in das eiskalte Wasser – es war ein regnerischer Tag gewesen – hat der König einen Herzschlag erlitten.«[21] Diese Ansicht vertrat Dr. Müller am 17. Juni 1886 gegenüber dem österreichischen Gesandten Karl Ludwig Freiherr von Bruck.

Der offenbar sorgfältig geplante Tatablauf widerspricht der Tat eines Irren. Nach seiner ersten Inaugenscheinnahme des Patienten hatte Dr. Müller auch gegenüber Dr. Gudden sein Erstaunen über Ludwigs ausgeglichenes Verhalten geäußert; eine Bemerkung, die dem Assistenzarzt eine Rüge des Obermedizinalrates einbrachte. Geradezu grotesk erscheint tags darauf die parteiische Schilderung der königlichen Wasserleiche im Vergleich mit der des Psychiaters. Nach Dr. Müller habe der König einen finsteren, herrschsüchtigen, tyrannischen Gesichtsausdruck gehabt, während Gudden mit einem freundlichen Lächeln gestorben sei. Graf Eulenburg hingegen, der die beiden Leichen zur selben Zeit in Augenschein nahm, sah Guddens Züge schmerzlich verzerrt, während die bleichen Lippen des Königs ein merkwürdiges, unheimliches Lächeln umspielt und seinem Gesicht die ganze Schönheit seiner edlen Züge wiedergegeben habe.

Nur eine von vielen Fragen, die bis heute Rätsel aufgeben. Bis heute gibt es nur Spekulationen, wer die Flucht des Königs vorbereitet haben könnte, wer zu später Stunde in den Ruderbooten vor dem Schloßpark kreuzte, wer in dem Wagen saß, der vor dem mittleren Tor Spuren hinterließ, und warum niemand, auch die im Park wachhabenden Gendarmen nicht, auch nur einen Laut von dem Kampf um Leben und Tod zwischen Dr. Gudden und dem entmündigten König gehört hatte.

Der Historiker Richard Sexau, der sich in den fünfziger Jahren intensiv mit diesen Problemen beschäftigt und darüber mehrere Arbeiten geschrieben hat, glaubt zumindest zwei der wichtigsten Fragen beantworten zu können.[22]

Frage 1: Wer hat die Flucht vorbereitet?

Nach Sexaus Recherchen lebte Ludwigs Stallmeister und Privatsekretär Richard Hornig zusammen mit seinem Bruder in einem Landhaus in Seeleiten nicht allzuweit von Schloß Berg entfernt. Hornig galt lange Jahre als enger Vertrauter des Königs; er hatte zum Beispiel unter Umgehung aller potentieller Mitwisser den Thurn und Taxisschen Oberbaurat Max Schultze mit der Planung von Burg Falkenstein beauftragt, einem Projekt, das nicht mehr zur Ausführung kam, und Ludwig hatte Hornig das erwähnte Landhaus geschenkt.

Für gewöhnlich standen im Stall dieses Anwesens zwei Pferde, doch Hornigs Schwägerin erinnerte sich, daß wenige Tage vor dem verhängnisvollen 13. Juni 1886 in den Stallungen des Hauses *zehn* Gäule untergebracht wurden, über deren Verwendung ihr Mann keine Auskünfte erteilte, und daß am Unglückstag selbst die Brüder Hornig von vormittags bis zum Abend mit einem Kahn zwischen Leoni und Berg gekreuzt seien, unterbrochen nur von einer Mittagspause, was sie um so seltsamer angemutet habe, weil es den ganzen Tag regnete. Als sie schließlich spät abends heimgekehrt seien, hätten die Männer einen verstörten Eindruck gemacht und gesagt: »Die Sache ist aus!« Sie hätten jedoch auch auf eindringliche Fragen keine Erklärung abgegeben.

Stallmeister Richard Hornig hat vor seinem Tod alle Aufzeichnungen König Ludwig betreffend vernichtet.

Frage 2: Wer stand hinter dem Unternehmen?

Zu den Vertrauten Ludwigs II. zählte Flügeladjutant Alfred Graf Eckbrecht von Dürckheim-Montmartin, der auch nach dessen Tod eine Geisteskrankheit des Königs verneinte. Er hatte, als die Kunde von der Entmündigung nach Neuschwanstein gedrungen war, sich erboten, Ludwig über die Grenze nach Tirol zu bringen, und als dieser dies ablehnte, Telegramme an Bismarck aufgegeben. Sexau will von einem Gewährsmann erfahren haben, daß Kaiserin Sissi mit Graf Dürckheim Verbindung aufgenommen und die Flucht geplant habe. Der Vater dieses Gewährsmannes soll eindeutig die Kutsche vor das mittlere Tor von Schloß Berg gelenkt haben.

Die Kaiserin von Österreich-Ungarn als Organisatorin der Flucht des bayerischen Märchenkönigs?

129

Ludwig II. war der acht Jahre jüngere Cousin von Elisabeth, die beiden schickten sich über Jahre hinweg schwärmerische Gedichte. Sie waren auf gewisse Weise seelenverwandt, jedenfalls was ihre Eigenheiten betraf (Ludwig aß übermäßig, Sissi litt an Magersucht). Zusammen mit Graf Dürckheim gehörte Kaiserin Elisabeth zu den wenigen Menschen von Rang und Stand, die Ludwig nicht für paranoid hielten. Sie verbrachte die kritischen Tage im Juni 1886 in Sichtweite von Berg auf Schloß Possenhofen, am gegenüberliegenden Ufer des Starnberger Sees, in der Sommerfrische. Ein Zufall?

Ihre Enttäuschung muß maßlos gewesen sein, als sie von der gescheiterten Befreiungsaktion erfuhr. Sie glaubte zunächst der verbreiteten Version, König Ludwig habe Selbstmord begangen. Noch im Monat seines Todes schrieb Kaiserin Elisabeth das folgende Gedicht:

13. Juni 1886

Den Adler vom Felsenhorste,
Dort oben in schwindelnder Höh',
Den jagenden Wolken so nahe,
Dem sonnenschimmernden Schnee.

Sie haben ihn eingefangen,
Die stolzen Schwingen gelähmt,
In ewige Fesseln geschlagen,
Bis daß er zu Tod sich einst grämt.

Geheimnisvoll rauschen die Wellen,
Und flüstern es schauernd der Nacht:
»In unserm Schloß hat sich eben
Der Königsaar umgebracht.«

Klagend umkreiset die Möwe
Den Spiegel des lieblichsten Sees
Zur Zeit der blühenden Rosen,
Zur Zeit des bittersten Weh's!

Du sandtest mir blühende Rosen
Einst über den lieblichsten See
Mit Zweigen des weißen Jasmines,
Gleich duftendem Nachwinterschnee.

Doch jüngst erst band ich dir ein Sträußchen
Aus duftendem weißen Jasmin;
Sie brachten's wohl über das Wasser,
Sie legten aufs Herz es dir hin.

Drauf wand ich aus blühenden Rosen
Den Kranz von berauschendem Duft,
Den trug ich voll Sorgfalt und Liebe
Hinab in die dunkelnde Gruft.

Dort habe ich Abschied genommen
Und drückte noch leise zum Schluß,
Mein unvergeßlicher König,
Auf deinen Sarg einen Kuß.

Zwei Monate später war Elisabeth von Österreich zu der
Überzeugung gelangt, daß ihr geliebter Cousin das Opfer
eines Mordkomplotts geworden sei. Und sie schrieb wieder ein Gedicht. Sie nennt Dr. Bernhard von Gudden nicht
beim Namen, aber wen anders sollte sie meinen, wenn sie
von bösen Menschen schreibt, die ihren König bis in den
See hinein drängten?

Nemesis

Es kommt ein Schwan gezogen,
Der stieg wohl aus dem See,
Den Lilienhals gebogen,
Im Auge tiefes Weh.

Am Haupt trägt er ein Krönlein,
Das flimmert schon von fern,
Aus Demant und Rubinstein,
Wie nachts der Abendstern.

Ein Lied pflegt er zu singen
Voll tiefer Melodie,
Das tut so traurig klingen,
Wie Klagensymphonie.

»Es saß einmal ein König
Auf hohem Schwanenstein,
Dess' blaue Augen blickten
Ins Himmelblau hinein.

Mit seinen schwarzen Locken,
Da spielten West und Föhn;
Er merkt vor Sinnen, Dichten
Nicht, daß die Zeiten geh'n.

Weil er stets aufwärts schaute,
Sah er nicht, wie im Tal
Viel böse Menschen sannen
Auf seinen Sturz zumal.

Sie stürzten ihren König
Vom hohen Schwanenstein,
Sie drängten ihren König
Bis in den See hinein.«

Das Lied, das Lied wird klingen,
Bis alle Mörder tot,
Es dringt das leise Singen
In ihre Sterbenot.

Sie flieh'n dann, schwarze Krähen,
Krächzend von Ort zu Ort,
Umsonst ihr rastlos Spähen,
Sie müssen wieder fort.

Zur Nachtzeit im Vereine
Stoßt jeder aus der Luft;
Im Friedhof sucht der eine,
Der andre in der Gruft.

Vom eignen Körper äsen
Die Würmer jeder muß,
Bis er einst ganz verwesen,
Zu seiner Straf' und Buß.[23]

Kaiserin Elisabeth fehlte bei der Beerdigung des Bayernkönigs am 19. Juni 1886. Über von Gudden – am 16. Juni beigesetzt – meint sein Schüler Kraepelin, er sei ein Märtyrer seiner Überzeugung geworden – was immer das heißen mag.

III.
Sir Morell Mackenzie: Der 99-Tage-Leibarzt Kaiser Friedrichs III.

Diese honorigen Ärzte und Männer der Wissenschaft, die, beim Äskulap, über jeden Zweifel fachlicher Qualifikation erhaben sind wie Hippokrates oder Galenos, schrieben ein unrühmliches Kapitel der deutschen Medizingeschichte; sie wurden im Jahr 1888, nach dem Tod Kaiser Wilhelms I., für 99 Tage zu heimlichen Herrschern, jene 99 Tage, die der Thronfolger als Kaiser Friedrich III. regierte – stumm und nur in der Lage, sich mit Gesten oder Notizen verständlich zu machen, und doch mächtig genug, die Welt zu verändern, hätte ihm das Schicksal soviel Zeit gegeben wie seinem Vater Wilhelm.

Am Morgen des 26. Januar 1888 betrat Generalarzt Dr. Wegner, Leibarzt Sr. K. K. Hoheit des Kronprinzen Friedrich Wilhelm, das Pathologische Institut der Berliner Charité und wünschte den Direktor zu sprechen. Wegner trug ein geheimnisvolles, versiegeltes Holzkästchen, nicht viel größer als eine Zigarrenkiste, unter dem Arm; er war kein Unbekannter hier, und so führte ihn »Leichenfischer«, wie der alte Hausinspektor Fischer von allen genannt wurde, in das Arbeitszimmer des Chefs und bat den Besucher um etwas Geduld. Wie gesagt: Es war dies nicht der erste Besuch Wegners in der Klinik, sonst hätte er, obwohl von Berufs wegen an die Anatomie des Menschen gewöhnt, vermutlich die Flucht ergriffen. Jedenfalls bedurfte es auch für einen Generalarzt in Uniform wie Dr. Wegner einer gewissen Überwindung, sich in einem der Ledersessel niederzulassen, umgeben von einem guten Dutzend an Drähten aufgehängten menschlichen Skeletten und mindestens ebenso vielen über den Boden verstreuten Totenschädeln.

Bald darauf erschien der Professor, auffallend klein, weißbärtig, mit listigen Äuglein hinter einer ovalen Brille: Rudolf Virchow. Während einer knappen, beinahe geschäftsmäßigen Unterhaltung übergab Wegner Virchow das Kästchen, verabschiedete sich mit militärischer Ehrenbezeugung und verschwand. Virchow löste das Siegel und entnahm dem Kästchen ein versiegeltes Glas und zwei Briefe. In dem mit reinem Alkohol gefüllten Glas schwammen sechs winzige und zwei etwa erbsgroße fleischige Partikel.

Was wie Fischfutter für ein Aquarium aussah, waren in Wirklichkeit Gewebeproben aus dem Kehlkopf des preußischen Kronprinzen Friedrich Wilhelm, die der Laryngologe Dr. Hermann Krause seiner K. K. Hoheit vor neun Tagen in San Remo, wo sich der Thronfolger wegen des milden Klimas aufhielt, entnommen hatte. Die beiden Briefe, der eine von Oberstabsarzt Dr. Max Schrader, der andere von dem erwähnten Dr. Hermann Krause, nahmen Bezug auf die Umstände der Entnahme der Gewebeproben und lieferten eine detaillierte Beschreibung der inneren Kehlkopfwand, der Stimmbänder und Schleimhautoberfläche Friedrich Wilhelms, der vor genau einem Jahr, im Januar 1887, von nicht enden wollender Heiserkeit befallen worden war, in deren Folge Leib- und Generalarzt Dr. Wegner Wucherungen im Kehlkopf diagnostiziert und den Versuch unternommen hatte, diese einer galvanokautischen Behandlung zu unterziehen – im Klartext: sie mit Hilfe eines glühenden Platindrahtes zu veröden.

Inzwischen war ein Jahr vergangen, der klinische Fall hatte internationales Aufsehen erregt und stand im Widerstreit von gut einem Dutzend anerkannter Ärzte, die sich im Kampf um eine eindeutige Diagnose und die daraus resultierende Therapie bekriegten. Als Teilnehmer standen sich gegenüber: Generalarzt Dr. Wegner, Leibarzt des Kronprinzen, Dr. Max Schrader, ebenfalls Leibarzt des Kronprinzen, Professor Dr. Ernst von Bergmann, Begründer des deutschen Lazarettwesens, Krebschirurg und bahnbrechend auf dem Gebiet der aseptischen Behandlung, Professor Dr. Karl Gerhardt, Internist mit besonderen Kenntnissen der Kehlkopfchirurgie, Dr. Hermann Krause, Privatdozent für Laryngologie und einer der ersten seines Fachgebietes in Deutschland, Generalarzt Professor Heinrich Adolf von Bardeleben, Leiter der Chirurgie an der Charité und Nachfolger Bergmanns als Leibarzt, Professor Ernst Victor Leyden, Internist und Spezialist für Krebs und Rückenmarkserkrankungen, Dr. Gustav Adolf von Lauer, Leibarzt Kaiser Wilhelms I., Dr. Adalbert von Tobold, ebenfalls Leibarzt Kaiser Wilhelms I. und Verfasser wegweisender Bücher über Laryngoskopie und Kehlkopfkrankheiten, Professor Dr. Morell Mackenzie, Leiter einer Klinik für Halskrankheiten in London und *der* europäische Modearzt für Laryngologie, Professor Fritz Gustav Bramann, Chirurg und Assistent Bergmanns, Dr. Mark Hovell, Chirurg und Halsspezialist, Professor Heinrich Wilhelm Waldeyer, Pathologe und Assistent Virchows, und Professor Dr. Rudolf Virchow, Pathologe, Ethnologe und der populärste Arzt Deutschlands.

Diese honorigen Ärzte und Männer der Wissenschaft, die, beim Äskulap, über jeden Zweifel fachlicher Qualifikation erhaben sind wie Hippokrates oder Galenos, schrieben ein unrühmliches Kapitel der deutschen Medizingeschichte; sie wurden im Jahr 1888, nach dem Tod Kaiser Wilhelms I., für 99 Tage zu heimlichen Herrschern, jene 99 Tage, die der Thronfolger als Kaiser Friedrich III. regierte – stumm und nur in der Lage, sich mit Gesten oder Notizen verständlich zu machen, und doch mächtig genug, die Welt zu verändern, hätte ihm das Schicksal soviel Zeit gegeben wie seinem Vater Wilhelm.

Die Geschichtsschreibung, die lange Zeit Friedrichs Krankheit kaum, den Skandal um die Diagnose überhaupt nicht erwähnte, neigt heute, im Abstand von über hundert Jahren, eher dazu, den Fall Friedrich III. unter diesem Aspekt zu werten, und dabei kommt sie zu erstaunlichen Ergebnissen. Dem deutschen Kaiser wurde die folgenschwerste Fehldiagnose in der Geschichte der Medizin gestellt. Der britische Historiker Ned J. Chalat lastete diese seinem Landsmann Morell Mackenzie an und sagt: »Wäre Friedrich als Kaiser an der Macht geblieben und hätte er Bismarck zur Fortführung einer liberaleren und konstitutionellen Monarchie gezwungen, hätte er den Nichtangriffspakt zwischen Rußland und Deutschland fortgeführt, hätte er sein Versprechen an Queen Victoria einer ›engen und dauerhaften Freundschaft zwischen unseren zwei Nationen‹ einzulösen vermocht, wie anders wäre unsere Geschichte geschrieben worden.«[1]

Chalat steht keineswegs allein mit seiner Auffassung. Der amerikanische Arzt und Historiker Philip Marshall Dale, der im Medical Corps der US Army diente, drückte sich ähnlich aus: »Natürlich ist es einfach, Mackenzies Fehldiagnose in einer spekulativen Laune mit den furchtbaren Konsequenzen zu vergleichen, aber wäre die Kehlkopfoperation nach der ersten Empfehlung der deutschen Chirurgen ausgeführt worden, so ist es gut möglich, daß Friedrich die Jahre seines Erbes erlebt hätte. Hätte er so lange gelebt wie sein Vater Wilhelm I. oder sein Sohn Wilhelm II., dann hätte er während der schicksalhaften ersten vierzehn Jahre des 20. Jahrhunderts regiert, und die Weltgeschichte wäre eine glücklichere gewesen.«[2]

Eine Geschichte ohne den Ersten Weltkrieg, ohne zehn Millionen Tote, ohne 956 Milliarden Goldmark Kriegskosten, ohne deutsche Kriegsschuld, ohne den Versailler Vertrag und damit ohne den Nährboden, der Hitler wachsen ließ? Gewiß, Spekulation ist der Feind jeder Geschichtsschreibung, aber das Was-wäre-gewesen-wenn-Gedankenspiel sei erlaubt: Haben Standes- und Spezialistendünkel einiger von sich und ihrer Kompetenz eingenommener Mediziner oder gar ein politisches Komplott eine historische Katastrophe eingeleitet, die ohne ihr Zutun verhindert worden wäre, wenn ...?

»Dies wenn«, schreibt Theodor Heuss in einem Vorwort zu einem Buch über Victoria, die Frau des 99-Tage-Kaisers, »*muß* nicht unfruchtbar sein, falls es über Zufälligkeiten und Unzulänglichkeiten hinweg, die durch alle Geschichten geistern, den Weg zur Überprüfung einer Politik der Grundsätze in ihrer freien Konfrontierung mit den Möglichkeiten des Staaten- und Völkerdaseins öffnet.«[3]

An Friedrichs III. Lauterkeit besteht kein Zweifel, ebensowenig an seiner Absicht, das innenpolitische Leben zu liberalisieren, an seiner Abkehr vom persönlichen Regiment in Preußen und seinem Gegensatz zur Politik Bismarcks. Vor allem aber hatte Kaiser Friedrich III. eine Engländerin zur Frau, Victoria, Tochter der gleichnamigen legendären britischen Königin, ein Dorn im Auge Bismarcks, und mit ihr beginnt das Drama, ein Drama politischer und medizinischer Machtkämpfe.

Seit Victoria einen Sohn mit gelähmten linken Arm zur Welt gebracht hatte, haßte sie alle deutschen Mediziner, denn sie sah in dem Gebrechen Wilhelms einen ärztlichen Kunstfehler bei der Geburt. Daß ausgerechnet der Thronfolger behindert sein mußte, wurde für die Princess Royal, die in Preußen ohnehin keinen leichten Stand hatte, zu einem Trauma, dem sie dadurch begegnete, daß sie Wilhelm unter dem strengen Pädagogen Georg Hinzpeter, einer kafkaesken Erscheinung, jene spartanisch-puritanische Erziehung angedeihen ließ, die ihn sein körperliches Gebrechen vergessen machen sollte. Was durchaus gut gemeint war, erwies sich in der Entwicklung des Kronprinzen als nicht wiedergutzumachender Fehler, denn der freudlose Junker entwickelte sich zu einem weltverachtenden Oppositionellen und Neinsager, der in Friedrich dem Großen den preußischen Großmachtpolitiker verehrte, aber den Schöngeist außer acht ließ, der schließlich in Gegensatz zu seinen liberal eingestellten Eltern geriet, insbesondere zu seiner Mutter, indem er Bismarck den Eisernen Kanzler, glühend verehrte. Vor allem zwischen Mutter und Sohn erwuchs ein unüberwindlicher Haß, der der Öffentlichkeit nicht verborgen blieb und der darin gipfelte, daß Victoria Wilhelm am Besuch seines todkranken Vaters hinderte, weil er sich für eine Operation Friedrichs ausgesprochen hatte, von der sie glaubte, sie würde ihren Gatten nur zu Tode und ihren Sohn schneller an die Regierung bringen.

Dennoch, Victoria, von Kronprinz Friedrich Wilhelm ursprünglich aus Gründen der Staatsräson geehelicht, aus denen – selten genug – ein wahres Liebesverhältnis wurde, hätte im preußischen Potsdam durchaus glücklich werden können, wäre nicht Kaiser Wilhelm I., der deutsche Monarch schlechthin, scheinbar unsterblich gewesen, eine Erwartung, die durch zwei gescheiterte Attentate nur noch gefestigt wurde. Kronprinz zu sein in einem Alter, da sich Gleichaltrige, wie Kaiser Franz Joseph von Österreich, längst auf der Höhe der Macht befanden, ist eher eine Bürde als Würde und gab – zumal in dieser Ehe die zehn Jahre jüngere Kronprinzessin die Hosen anhatte – zu mancherlei Spott Anlaß.

Das Schicksal erhob Kronprinz Friedrich Wilhelm jedoch zum Siegertyp, ungewollt ganz gewiß – kennt man doch sein gespanntes Verhältnis zu Militär und Generalität; aber es fügte sich nun einmal, daß er, ursprünglich ein erbitterter Gegner des Krieges von 1866, in der Schlacht beim ostböhmischen Königgrätz gegen Österreicher und Sachsen mit seinem Generalstabschef Leonhard von Blumenthal und der II. Armee zwischen Elbe und Bistritz die Entscheidung herbeiführte, was ihn, den Pazifisten, der kurz zuvor seinem Tagebuch anvertraut hatte: »Ein Krieg ist doch etwas Furchtbares, und derjenige, der mit einem Federstrich am grünen Tisch denselben herbeiführt, ahnt nicht, was er heraufbeschwört«[4], zu Tränen rührte vor Verwirrung über den Sieg. Er war bei Gott kein Feldherr und eher Blumenthal zu Dank verpflichtet als der eigenen strategischen Begabung, deren Fragwürdigkeit unter anderem auch darin Ausdruck fand, daß ganze Kompanien in seinem siegreichen Heer nicht wußten, von wem ihre Armee eigentlich geführt wurde.

Komödiantisch wirkt manches in Friedrich Wilhelms militärischer Laufbahn, die nur Siege kennt, so die Rekrutierung der III. Armee, mit der er in den Deutsch-Französischen Krieg 1870/71 ziehen mußte, weil sie sich in der Hauptsache aus Soldaten süddeutscher Provenienz zusammensetzte, die erst vor vier Jahren den Preußen unterlegen und weit davon entfernt waren, als tapfere Krieger zu gelten, oder als er nach der ersten erfolgreichen Schlacht gegen Marschall MacMahon einfache Soldaten vom Pferd herab umarmte und küßte und sagte: »Kinder, ich weiß ja gar nicht mehr, mit was man euch belohnen soll!«[5], dann steckte er wieder die Porzellanpfeife in den Mund, die er auch zu Pferd nie ausgehen ließ.

Nach der siegreichen Schlacht bei Sedan notierte der Kronprinz unter dem 1./2. September 1870 in sein Tagebuch: »Nichts bezeichnet die Stimmung der Anwesenden vielleicht besser, als daß, nachdem Oberstleutnant von Bronsart seine Meldung erstattet hatte, jemand hinter ihm laut sagte: ›Nun muß alles Hurra rufen‹, dieser Aufforderung aber so schwach Folge gegeben wurde, daß der Ruf mißlang. Die Ursache dieses mißglückten ›Hurras‹ suche ich darin, daß jeder unwillkürlich fühlte, die Größe des Ereignisses fände in einem solchen Ausrufe nicht den entsprechenden Ausdruck, und daß es eben deutsche Art ist, sich bei großen Begebenheiten nicht zu lauten Kundgebungen hinreißen zu lassen. Vielleicht aber wirkte auch der Umstand mit, daß eigentlich niemand sich klar darüber war, ob des Kaisers Napoleon Gefangennehmung ein Glück oder ein Nachteil für sie sei. Jedenfalls war uns allen zumute, als träumten wir.«[6]

Napoleon III. mußte bei Sedan kapitulieren, und damit war der Weg frei für die Kaiserproklamation Wilhelms I. und die Ausrufung des Deutschen Reiches im Spiegelsaal von Versailles. Friedrich Wilhelm hatte an dieser Proklamation maßgeblich mitgearbeitet, wohlwissend, daß *er* es sein würde, der die nüchternen Worte mit Leben zu erfüllen habe; schließlich war sein Vater 74 Jahre alt. Kein Wunder, wenn Bismarck, der die Proklamation zu verlesen hatte, viel grimmiger dreinblickte, als es seiner angeschlagenen Gesundheit zukam.

Keiner in dem kalten Spiegelsaal von Versailles konnte ahnen, daß Friedrich Wilhelm, der inzwischen im 40. Lebensjahr stand, noch 17 Kronprinzenjahre vor sich haben würde, in denen er sich mangels Kriegen mit der Anfertigung neuer Kronen, Wappen und Fahnen beschäftigen sollte, wenn er nicht gerade auf Reisen ging oder bei Weltausstellungen, Kanaleröffnungen, Grundsteinlegungen, Vereidigungen und Begräbnissen erschien, die Vater Wilhelm physisch nicht mehr wahrnehmen konnte. Politisch war der Kronprinz weitgehend kaltgestellt, die größte Verantwortung oblag ihm noch als oberster preußischer Museumshüter, als der er zwar nachhaltige Spuren hinterlassen hatte, die jedoch eher einem preußischen Beamten als dem künftigen Kaiser zugekommen wären.

Längst hatte sein Sohn Wilhelm sich mit Auguste Victoria verehelicht und ihn zum Großvater gemacht, da war Friedrich Wilhelm noch immer Kronprinz; noch immer reiste er zur Sommerfrische nach Heringsdorf oder Scheweningen oder Bad Ems, und Langeweile begann sich auszubreiten, das Gefühl des Nichtgebrauchtwerdens, das jeden befällt, der mit 55 noch immer auf seine Chance wartet. Urgreis Wilhelm I. hatte, von greisen Leibärzten aus müden Augen beäugt, Berlin zur Hauptstadt des Deutschen Reiches gemacht, ihr sein eigenes Gepräge gegeben, gut genug für ein halbes Jahrhundert, und Friedrich Wilhelm mußte sich damit abfinden, daß seine Generation einfach übersprungen wurde, wie das nicht selten in der Geschichte anzutreffen ist, wenn Enkel den Großvätern folgen, als hätten die Mendelschen Gesetze auch in der Politik Gültigkeit. Auf ganz merkwürdige Weise ist das ausgehende 19. Jahrhundert in Europa das Jahrhundert der Greise, ja der Greisinnen, die nicht abtreten wollten, weil sie an den Fähigkeiten ihrer Söhne zweifelten.

Im Falle des Kronprinzen Friedrich Wilhelm schien es sogar für kurze Zeit, als würde er, der 55jährige, eher das Zeitliche segnen als Kaiser Wilhelm, der 90jährige; aber dann nahm seine Krankengeschichte einen ganz anderen Verlauf, und diese dramatische Krankheit machte Geschichte.

Die Krankheit begann harmlos, beinahe unbemerkt wie ein schleichendes Gift mit einer Erkältung, die sich der Thronfolger bei einem verregneten Italienaufenthalt zugezogen hatte. Seine Heiserkeit wollte nicht enden, und im Januar 1887 diagnostizierte Leibarzt Dr. von Wegner erstmals eine Entzündung des Kehlkopfes, der jedoch mit Medikamenten nicht beizukommen war, so daß Wegner den Internisten Professor Dr. Gerhardt hinzuzog, dem der Ruf eines Kehlkopfspezialisten voranging. Der diagnostizierte Wucherungen am Kehlkopf und nahm eine galvanokautische Behandlung in Angriff. Dabei handelte es sich um eine äußerst unangenehme Prozedur durch den Rachen, bei dem dieser mit Kokain fragwürdig betäubt (es war gerade erst entdeckt und mußte für alles herhalten) und die Wucherungen mit einer glühenden Platindrahtschlinge abgebrannt wurden. Friedrich Wilhelm konnte sich fortan nur noch im Flüsterton verständlich machen, zumal Gerhardt seine Behandlung in den Monaten März und April beinahe täglich wiederholte, ohne die Wucherungen stoppen zu können.

In seiner Ratlosigkeit rief Gerhardt den Krebschirurgen Geheimrat Ernst von Bergmann zu Hilfe, der nach einer Untersuchung am 16. Mai zu der Ansicht gelangte, bei dem Leiden des Kronprinzen handle es sich um Krebs und Friedrich Wilhelm müsse sofort operiert werden. Ein Konsilium mit den Leibärzten des Kaisers, Gustav Adolf von Lauer und Adalbert von Tobold, brachte unter den beteiligten Ärzten nicht die erwartete Einigkeit darüber, ob der Kronprinz sich der Operation unterziehen sollte oder nicht. Ob und wann Friedrich Wilhelm von der verhängnisvollen Diagnose erfuhr, ist unklar; vor allem die Rolle der Kronprinzessin kann bei dem weiteren Vorgehen nicht eindeutig geklärt werden. Jedenfalls wäre es ein merkwürdiger Zufall, daß sich die deutschen Mediziner ausgerechnet auf einen Engländer geeinigt hätten, der die Entscheidung Operation ja oder nein treffen sollte.

Bei Victorias Mißtrauen gegenüber der deutschen Medizin scheint es nur wahrscheinlich, daß *sie* die Hinzuziehung eines englischen Spezialisten forderte. Bestätigt wird diese Annahme von Mackenzies Biographen Rev. H. R. Haweis, der sich fünf Jahre nach dem Geschehen und ein Jahr nach dem Tod des berühmten Arztes mit dessen Leben auseinandersetzte. Ohne es zu ahnen, legte Haweis damit eine Spur, die noch bedeutsam werden wird, jedenfalls bestätigte er, daß Queen Victoria – offenbar auf Veranlassung ihrer Tochter – Mackenzie nach Berlin gesandt hat. Haweis wörtlich: »Am Mittwochabend, den 18. Mai 1887, Mackenzie wollte sich gerade nach einem arbeitsreichen Tag zurückziehen, da erschien Dr. Reid. Er kam direkt von Schloß Windsor mit einer Nachricht der Queen. Sie bat ihn, umgehend nach Berlin zu reisen und den Hals des Kronprinzen zu untersuchen ...«[7]

Der Arzt selbst, sonst äußerst mitteilungsfreudig, wobei er sich sogar an scheinbar unwesentliche Details wie die Höhe seiner Honorare erinnert, nimmt dazu nicht Stellung und beschränkt sich auf die Aussage, er habe am Mittwoch, dem 18. Mai 1887, eine Mitteilung erhalten mit der Bitte, nach Berlin zu kommen, um sich um den Kronprinzen Friedrich Wilhelm zu kümmern.

Dieser Mann war Morell Mackenzie, eine jener schillernden Ärztepersönlichkeiten wie Axel Munthe, Theo Morell, Charles Wilson oder Galenos, deren Eitelkeit, Geltungsbedürfnis und Geldgierigkeit ihren Ruf als Mediziner nicht zu schmälern vermochten. Mackenzie stammte aus Leytonstone in Essex und unterhielt seit 1863 eine Klinik für Halskrankheiten in London, in der er vor allem prominente Patienten aus ganz Europa behandelte. Er galt als genialer Arzt, aber auch als klatschsüchtiger Lebemann und wurde in höheren Kreisen herumgereicht wie eine exotische Erscheinung.

Sein Jahresverdienst lag bei zwölf- bis fünfzehntausend Pfund, was nach heutiger Kaufkraft etwa fünf Millionen Mark entspricht, und seine Geldgier war grenzenlos. Die Rechnung von 60 000 Mark, die er 1888 dem preußischen Kronprinzen für einen Krankenbesuch in San Remo stellte, mag für diese Behauptung Zeugnis ablegen.

Mackenzie-Biograph Haweis schildert eine Szene, bei der er selbst Augenzeuge war: Dr. Morell Mackenzie erschien bei einem Patienten in der Londoner Beaumont Street, trat an sein Bett und fragte: »Medizin genommen?«
»Ja.«

»Sehr gut. Auf Wiedersehen!«

Darauf drückte ihm der Patient zwei Guineas in die Hand, und der Doktor verschwand zusammen mit Haweis. Der konnte seine Verblüffung nicht verbergen und fragte: »War das nicht eine recht flotte Behandlung?«

»Wie man's nimmt. Wissen Sie, ich habe diesem Mann vor zwei Wochen gesagt, daß er nur drei Wochen zu leben hat, daß ihm nichts mehr helfen kann, daß ich für ihn nichts mehr tun kann, daß die einzige Linderung ein Medikament bringen würde, das ich ihm verschrieben habe. ›Nun gut‹, sagte der Patient, ›dann will ich, daß Sie mich jeden Tag besuchen, solange ich noch lebe.‹ Einverstanden sagte ich, aber Sie wissen, mein Preis ist zwei Guineas. ›Ich weiß‹, sagte der Gentleman, ›und ich bin willens zu zahlen.‹ Mag sein, daß sich manche Leute über diese Geschichte mokieren, weil ich täglich einen Sterbenden besuche und ihm zwei Guineas abnehme, ohne ihm helfen zu können.«[8] Er hob die Schultern.

So zeigte sich der eine Mackenzie, und er schaffte sich damit viele Feinde; der andere Mackenzie behandelte arme Schullehrer, Pfarrer und Tagelöhner, ohne einen Pfennig dafür zu verlangen. Dazu fuhr er sogar aufs Land, um einen sterbenskranken Patienten, der um seinen Besuch gebeten hatte, ohne ihn je bezahlen zu können, in Augenschein zu nehmen und seinem Hausarzt die beste Therapie anzuraten.

Sänger und Schauspieler, eine Klientel, der Dr. Mackenzie besonders zugetan war, wurden von ihm prinzipiell kostenlos behandelt. Alles, was auf Londons dramatischen und Musical-Bühnen einen Namen hatte, gab sich einmal pro Woche zwischen zwölf und vierzehn Uhr bei Mackenzie, 19, Harley Street, bei elektrischer Beleuchtung ein Stelldichein; freilich mußte Lady Mackenzie oft den vielbeschäftigten Modearzt vertreten, dessen Arbeit Tag und Nacht in Anspruch nahm.

Mackenzie brauchte nicht viel Schlaf, er schlief fünf Stunden sitzend im Bett, begann, kaum hatte er die Augen geöffnet, noch im Bett zu arbeiten, Briefe zu lesen und zu diktieren. Er trank Unmengen Tee, lange Zeit à la Russe – mit Zitrone –, rauchte Zigarren, später auch Zigaretten, war wie jeder vornehme Engländer seiner Zeit ein passionierter Reiter und ein eifriger Tennisspieler und konnte, so ihm ein ebenbürtiger Partner zur Verfügung stand, stundenlang Schach spielen. Lunch und Dinner dienten ihm weniger zur genußvollen Nahrungsaufnahme (er aß betont einfach, trank nur Wasser und höchstens einen leichten Sherry) als der genüßlichen Unterhaltung mit seiner Frau und den vier Kindern.

Einem Mann seines Standes hätte man eher eine konservative Haltung zugetraut, aber nichts dergleichen, Morell Mackenzie war ungewöhnlich liberal gesinnt und engagierte sich in der damals gerade aufkommenden Diskussion, ob Frauen einem Beruf nachgehen sollten. Aus einem Brief seiner ältesten Tochter Ethel: »Er hegte gegenüber allen berufstätigen Frauen tiefe Sympathie und dachte sehr unbefangen über ihr Berufsleben. Er glaubte, es gebe ein großes Betätigungsfeld für Frauen als Ärztinnen, und mit seiner Neigung zur Spezialisierung sah er für sie auf dem Gebiet der Hals-, Augen- und Ohrenheilkunde eine besondere Aufgabe.«[9]

In seinem Arbeitszimmer, verrät Tochter Ethel, sei eine Fotografie Friedrich Wilhelms mit persönlicher Widmung gestanden, verwunderlich, wo er doch auch mit Queen Victoria bekannt war; aber, so seine Tochter, von allen Menschen, denen ihr Vater im Leben begegnet sei, empfand er für den Deutschen die größte Bewunderung, er habe seinen Heldenmut und seinen edlen Charakter verehrt.

Noch kannte Mackenzie den Kronprinzen nicht, aber dem Wunsch seiner Königin nachkommend, hatte er die nächste Eisenbahn genommen und kam tags darauf in Berlin an, um Friedrich Wilhelm zu untersuchen. Er hatte sich wohl vorgestellt, die deutschen Mediziner würden auf seine Meinung großen Wert legen, in Wirklichkeit war die Operation beschlossene Sache, und man erwartete nur die sichere Zustimmung, um für den Fall des Scheiterns des Eingriffs die Rechtfertigung zu haben, daß dieser die einzige Möglichkeit gewesen sei.

»Ich bekenne«, meinte Mackenzie dazu, »ich war überrascht, zu einem Fall von solcher Bedeutung hinzugezogen zu werden, denn unter den anwesenden Ärzten war keiner der führenden Kehlkopfspezialisten Deutschlands. Jeder Laryngologe konnte ohne Schwierigkeiten verschiedene Deutsche nennen, deren Reputation nicht auf das eigene Land beschränkt ist. Ihr Fehlen schien mir so bezeichnend, daß ich ziemlich voreilig den Schluß zog, der Kronprinz mußte von irgendeinem obskuren Leiden befallen sein, dessen laryngologische Auswirkung lediglich eine zufällige Komplikation war.«[10]

In der Tat gab es um die Diagnose so viel Geheimnistuerei und so viel Merkwürdigkeiten, daß der Verdacht schwer aus der Welt zu schaffen ist. Im kronprinzlichen Palais wurden Räume für die zahlreichen Ärzte hergerichtet, ein eigener Operationsraum installiert, denn der Eingriff sollte in keiner der berühmten Berliner Kliniken vorgenommen werden.

Beinahe grotesk, ja makaber wirkt die Vorbereitung auf die Kehlkopfoperation, die von Professor Ernst von Bergmann vorgenommen wurde. Er ließ sich am 20. Mai aus dem pathologischen Institut von Rudolf Virchow eine »unzerschnittene Leiche« kommen und übte in der Anatomie mit seinem Assistenten Dr. H. Rochs Luftröhrenschnitt und linksseitige Kehlkopfexstirpation, also die Entfernung des linken Stimmbandes. Rochs hat dies vierzig Jahre nach dem Ereignis bestätigt und erklärt, er habe zunächst überhaupt nicht gewußt, worum es bei dem Versuch ging, und erst auf Befragen von Bergmann erfahren, daß er dieselbe Operation am folgenden Tag an Kronprinz Friedrich Wilhelm vornehmen wolle. Der Kronprinz war zu dieser Zeit noch nicht in das Geschehen eingeweiht, und die Diagnose Mackenzies schien nur reine Formsache.[11]

Für die Untersuchung, bei der sich Friedrich Wilhelm und der Londoner Laryngologe in bestem Englisch verständigten, war ein Raum im Palais abgedunkelt, so daß Mackenzie seine Untersuchung mit dem laryngoskopischen Spiegel vornehmen konnte. Aus seinem späteren veröffentlichten Rechenschaftsbericht: »Ich sah eine Wucherung von der Größe einer geplatzten Erbse am hinteren Teil des linken Stimmbandes; sie war blaßrosa, von welliger Oberfläche, aber nicht zerfetzt. Der kleine Tumor lag über dem *Processus vocalis*, aber er erstreckte sich auch ein wenig hinter und unterhalb dieses Punktes. Beim tiefen Einatmen verschwand der spitze Winkel, der durch die Verbindung des häutigen mit dem knorpeligen Teil des Stimmbandes gebildet wird, und an seine Stelle trat eine runde Erhebung. Bei der Lautbildung verschwand ein Teil der Wucherung, ein Zeichen, daß sie zum Teil mit der Unterseite und mit der Seite des Stimmbandes verwachsen war; mit anderen Worten, die Geschwulst lag zum Teil unterhalb der Glottis. Die Schleimhaut, die das Stimmband umgibt, war in der Nachbarschaft der Geschwulst gerötet, aber im vorderen Teil war das Stimmband auf einem Viertel seiner Länge von ganz natürlichem Aussehen. Dort sah ich mit bloßem Auge kein Anzeichen einer Geschwürbildung. Das in Mitleidenschaft gezogene Stimmband bewegte sich nicht mit derselben Leichtigkeit wie das rechte, es wurde durch jenen Auswuchs am Schwingen gehindert, der auch bewirkte, daß beide Stimmbänder nicht zusammenkamen, was bekanntlich eine klare Stimme macht. An anderen Stellen des Kehlkopfes trug die Schleimhaut Spuren von Blut. Vom Verlust der Stimme einmal abgesehen, hatte seiner Kaiserliche Hoheit mit dem Hals keine Probleme; er klagte weder über Schmerzen noch Schluck- oder Atemprobleme. Der Kronprinz war in jeder anderen Beziehung ein Beispiel guter Gesundheit, ja, seine Konstitution war überdurchschnittlich. Schließlich kam er aus einer gesunden Familie, und er hatte seine gute gesundheitliche Verfassung durch keinerlei Exzesse beeinträchtigt. Nur mit den Stimmbändern hatte er bisweilen Probleme, was aber nicht verwunderlich ist beim häufigen Gebrauch seiner Stimme im Freien wie in Innenräumen. Das war der Patient, wie er sich mir darstellte.«[12]

Für Mackenzie kam eine Operation unter den gegebenen Umständen überhaupt nicht in Frage; für Kehlkopfkrebs fehle jeder Beweis. Damit stieß der Engländer die deutschen Ärzte vor den Kopf; er, der ihnen als Rückversicherung dienen sollte, verhinderte die für den folgenden Tag angesetzte Operation; denn sich seinem Spruch zu widersetzen, wagte keiner der Ärzte, schließlich galt er als Koryphäe auf seinem Fachgebiet.

Um so mehr verwundert Mackenzies »Fehldiagnose« – falls es sich um eine solche handelte. Scheint es nicht höchst unwahrscheinlich, daß einer der führenden Laryngologen Europas, der Fachbücher über die Krankheiten des Kehlkopfes geschrieben und Tausende Patienten untersucht hat, diese eindeutige Form von Kehlkopfkrebs nicht erkannt haben soll? Die Merkwürdigkeiten gehen noch weiter: Mackenzie entnahm Friedrich Wilhelm eine Gewebeprobe und legte sie Professor Rudolf Virchow zur Untersuchung vor, jenem Virchow, der die Pathologie zur ersten unter den medizinischen Wissenschaften hochstilisiert hatte, der mit Abstand berühmteste Arzt in Deutschland, dessen Abbild samt nackter Jungfrau sogar in Castans Wachsfigurenkabinett zwischen Friedrichstraße und Unter den Linden bewundert werden konnte.

Zwei Tage nach Mackenzies Gewebeentnahme lieferte Virchow das Untersuchungsergebnis. Virchow stimmte insofern mit Mackenzie überein, als auch er kein bösartiges Geschwür erkannte. Er sah in der Erkrankung des Kronprinzen eine warzige Epithelwucherung auf den Stimmbändern und gab ihr den bis heute gebräuchlichen Namen *Pachydermia laryngis*. Zur Sicherheit forderte er jedoch eine weitere Gewebeprobe.

Die nach Friedrich Wilhelms Tod vorgenommene Autopsie ergab eindeutig: Kehlkopfkrebs. Von besonderem Interesse ist in diesem Zusammenhang, daß Victoria die Autopsie mit allen Mitteln zu verhindern trachtete, Sohn Wilhelm II. sie jedoch gegen den Willen der Mutter durchsetzte.

Friedrich Wilhelm hatte also Kehlkopfkrebs, und der führende Spezialist auf diesem Gebiet will die furchtbare Krankheit nicht erkannt haben? Sogar Mackenzies Assistent Sir Felix Semon bezweifelt das: »Von der Diagnose muß ein Mann seiner Erfahrung und Begabung von Anfang an gewußt haben, daß alle klinischen Symptome auf eine bösartige Geschwulst hindeuteten. Das Alter des Patienten, seine zunehmende Heiserkeit, die erkennbare Wucherung an einer ziemlich charakteristischen Stelle am Stimmband, das behinderte freie Schwingen des Stimmbandes, Schmerzen beim Schlucken, sein verfallenes Aussehen und die späteren Erstickungsanfälle zeigten deutlich auf den wahren Charakter dieser Krankheit.«[13] Noch deutlicher wird Virchows Assistent und Nachfolger Professor Heinrich Wilhelm Waldeyer: »Es sei ausdrücklich hervorgehoben, daß Mackenzies Ansehen als Laryngologe zur Zeit der Übernahme der Behandlung des deutschen Kronprinzen unbestritten feststand. Daß er den krebsigen Charakter des Kehlkopfleidens seines Patienten nicht von Anfang an schon richtig erkannt haben sollte, ist bei der Erfahrung, die er in seinem Fach besaß, wohl auszuschließen. Er hat meiner Meinung nach von Anfang an wider besseres Wissen gehandelt.«[14]

Auch wenn Waldeyer es nicht ausspricht, so beinhaltet dieser Vorwurf natürlich auch eine Anklage gegen Rudolf Virchow, und in der Tat ist es schwer vorstellbar, daß sich zwei Kapazitäten auf ihrem Gebiet so fundamental geirrt haben sollen. Von Virchow stammte ein Standardwerk über die krankhaften Geschwülste des Menschen, er gilt als Begründer der Zellularpathologie; Mackenzie hatte seinen Weltruhm mit einem zweibändigen Standardwerk über Krankheiten der Luftwege[15] erlangt. Virchow und Mackenzie *konnten* sich eigentlich gar nicht irren.

Welche Folgen hatte die negative Krebsdiagnose im Fall des Kronprinzen Friedrich Wilhelm?

Zuallererst wurde die bereits terminierte Kehlkopfoperation abgesetzt. Wie aus einer von Mackenzie verfaßten wissenschaftlichen Arbeit hervorgeht, lag die Erfolgsquote bei der von Professor Bergmann angestrebten Laryngofissur (Thyrotomy) bei 9,09 Prozent, das heißt, die Überlebenschance betrug 1:10, oder anders ausgedrückt: Von zehn Patienten überlebte einer, und niemand hätte gewagt, Bergmann einen Vorwurf zu machen, wäre Friedrich Wilhelm während oder nach der Operation gestorben. Kräfte, die Friedrich Wilhelm lieber heute als morgen im Grab sahen, gab es nicht wenige in Deutschland, allen voran Bismarck und der eigene Sohn Wilhelm, von dem, nach Aussage seiner Mutter, der Satz stammt: »Wäre Papa doch bei Wörth (im Deutsch-Französischen Krieg von 1870/71) gefallen, das wäre glücklich gewesen.«[16]

Es war immer das Schicksal der Hohenzollern, daß sich der älteste Sohn radikal vom Vater unterschied. Der erste Wilhelm war ein rechter Konservativer, Friedrich Wilhelm, sein Sohn, hingegen ein edelmütiger Liberaler, während der nachfolgende zweite Wilhelm, damals immerhin schon 28 Jahre alt, ein naiver Reaktionär zu werden versprach, ein Säbelraßler mit despotischen Neigungen. Zweifellos hätte sich der Übergang von Wilhelm I. auf Wilhelm II. mit weniger Komplikationen vollzogen als der Regierungswechsel von Wilhelm I. auf Kronprinz Friedrich Wilhelm, der sich als Kaiser Friedrich III. nannte. Seit der junge Wilhelm volljährig geworden war und in dem mächtigen Reichskanzler Bismarck einen Ersatzvater suchte, der ihm politisch und charakterlich näherstand als der leibliche, glaubten nur noch wenige an eine Thronbesteigung des Kronprinzen Friedrich Wilhelm, dessen Zuneigung mehr den Künstlern und Wissenschaftlern gehörte als den Politikern und Offizieren.

Kronprinz Friedrich Wilhelm zählte – und hier beginnt die Geschichte spannend zu werden – einen einflußreichen Mann zu seinen größten Bewunderern: Rudolf Virchow. Virchow sah in ihm die »Hoffnung des Jahrhunderts«, und die Diagnose »Krebs« muß den Pathologen beunruhigt, den Politiker aber erschüttert haben. Bei seiner Anerkennung als Wissenschaftler wird oft vergessen, daß Rudolf Virchow ein bedeutender preußischer Politiker war, ein entschiedener Liberaler und als solcher Mitglied des preußischen Abgeordnetenhauses und des Deutschen Reichstages. 1861 gründete er mit Mommsen und anderen die »Deutsche Fortschrittspartei«, er war deren Vorsitzender und wurde zu Bismarcks heftigstem Gegner im Verfassungskonflikt von 1862–66, der darin gipfelte, daß Bismarck ihn 1865 zum Duell forderte. Virchow kam der Aufforderung nicht nach.

Victoria, die Frau des Kronprinzen, hatte von Anfang an einen mächtigen Verbündeten, als sie den ebenfalls liberal gesinnten Laryngologen Morell Mackenzie aus London zu Hilfe rief. Die Geschichtsschreibung hat lange Zeit die Bedeutung der Kronprinzessin ignoriert und sie erst nach ihrem Tod 1901 zur Kenntnis genommen; dabei war sie es, die zuerst erkannte, was hinter den Kulissen der großen

Politik vor sich ging. Spätestens als die deutschen Ärzte ankündigten, sie müßten von Kaiser Wilhelm die Erlaubnis für die riskante Operation einholen, durchschaute Victoria die Lage.

In der folgenden Zeit kam es zu einer unwürdigen Schlammschlacht zwischen den deutschen Ärzten, die sich in ihrer Standesehre gekränkt sahen, und dem mit einer gewissen Arroganz auftretenden Mackenzie, wobei das Wohl des Patienten zweitrangig zu sein schien. Es ging um fachliches Gezänk, der Engländer habe den Kehlkopfspiegel nicht richtig zum Einsatz gebracht, seine Instrumente seien nicht sterilisiert gewesen, und er habe sogar das gesunde Stimmband Friedrich Wilhelms verletzt. Jedenfalls behauptete das Professor Karl Gerhardt, und man könnte dies als Hinweis werten, daß Gerhardt das Spiel durchschaute und Mackenzie vielleicht sogar gesunde Gewebeproben entnahm und zur Untersuchung schickte.

Eine Exzision Mackenzies war nicht von Erfolg gekrönt, das heißt, dem Engländer gelang es nicht, den erkrankten Teil des einen Stimmbandes herauszuschneiden, er kündigte jedoch an, in seiner Klinik in London einen zweiten Versuch zu unternehmen. Da traf es sich gut, daß Queen Victoria in London ihr 50. Regierungsjubiläum beging, bei dem die älteste Tochter Victoria und ihr Gemahl Friedrich Wilhelm nicht fehlen durften. In London würde der Kronprinz unter ständiger Kontrolle Mackenzies stehen. Wie zu erwarten rief das Vorhaben heftigen Protest der deutschen Ärzte hervor, und erst als das Kronprinzenpaar einem Aufpasser zustimmte (Professor Bergmanns Assistent Landgraf), erklärten sie sich mit der Reise einverstanden.

Das Kronprinzenpaar verbrachte den Sommer in London, auf der Insel Wight und in Schottland, und es hatte den Anschein, als würde sich Friedrich Wilhelms Leiden sogar bessern; aber dann kam der naßkalte Herbst, und die beiden zogen sich ans Mittelmeer zurück, nach Venedig, später nach San Remo, wo sie sich außerhalb der Stadt in der Villa Zirio, einem einsamen, in einem großen Garten gelegenen weißen Haus einmieteten. Trotz des milden Novemberklimas hatte sich der Zustand Friedrich Wilhelms wieder verschlechtert, und drei Tage nach ihrer Ankunft in San Remo traf Mackenzie ein.

Am 6. November 1887 untersuchte er seinen Patienten und stellte neue Wucherungen fest.

»Ist es Krebs?« fragte der Kronprinz.

Mackenzie antwortete: »Sir, es tut mir leid, Ihnen mitteilen zu müssen, daß es so aussieht; aber es ist unmöglich, eine sichere Aussage zu treffen.«

Der Arzt beschrieb die Situation in seinem Buch über die Krankheit Friedrich Wilhelms mit großem Einfühlungsvermögen. Demnach nahm der Patient die Diagnose sehr gefaßt auf. Nach einer Minute des Schweigens faßte Friedrich Wilhelm die Hand seines Arztes und sagte mit einem Lächeln: »Ich habe in letzter Zeit so etwas befürchtet. Ich danke Ihnen, Sir Morell, daß Sie so offen zu mir sind.«[17]

Er sei, schreibt Mackenzie, in seinem ganzen beruflichen Leben keinem Mann begegnet, der sich unter ähnlichen Umständen so heldenhaft verhalten habe. Der Kronprinz habe nicht das geringste Anzeichen von Depression gezeigt, er sei an diesem Tag vielmehr seiner normalen Beschäftigung nachgegangen, seine Fröhlichkeit beim abendlichen Dinner schien nicht gekünstelt zu sein, und er plauderte frei wie gewöhnlich. Zwei Tage später habe der Kronprinz auf die Frage, wie es ihm gehe, geantwortet, er habe sich nie im Leben besser gefühlt, und mit einem Lächeln hinzugefügt: »Unter den gegebenen Umständen muß ich mich wirklich entschuldigen, daß ich mich so wohl fühle.«[18]

Wie heroisch diese Haltung war, wurde erst Jahrzehnte später deutlich, als die Tagebücher Friedrich Wilhelms und der Briefwechsel Victorias mit ihrer Mutter veröffentlicht wurden. Der nach außen so starke Kronprinz weinte in den Armen seiner Frau wie ein Kind und sorgte sich um deren Zukunft. Es bedurfte großer Anstrengungen, ihn zu beruhigen. Nach außen jedoch war Friedrich Wilhelm ein Preuße, tapfer und hart, wie man es von einem Hohenzollern erwartete.

Unter dem Druck der öffentlichen Meinung in Deutschland – viele Zeitungen kritisierten, daß der Thronfolger von einem Engländer behandelt werde – sah sich Morell Mackenzie veranlaßt, ein Konsilium mit deutschen Spezialisten einzuberufen. Mackenzie vermied es bewußt, jene Mediziner einzuladen, mit denen er bereits Auseinandersetzungen gehabt hatte, er bat vielmehr die Laryngologen Leopold Ritter von Schrötter aus Wien und Dr. Hermann Krause aus Berlin, den er von einem Kongreß in Kopenhagen kannte, nach San Remo.

Am 9. November trafen sich im Hotel »Mediterranée« Mackenzie, Hovell, von Schrötter, Schrader und Krause zu einer Bestandsaufnahme; anschließend fuhren die fünf Mediziner zu einer neuerlichen Untersuchung des Kronprinzen in die Villa Zirio, danach kehrten sie ins Hotel zurück und einigten sich, jeder solle für sich seinen Report schriftlich ablegen. Ergebnis: Schrötter hielt Krebs für erwiesen und empfahl eine Kehlkopfoperation. Krause diagnostizierte eine »bösartige Geschwulst«, verhielt sich im Hinblick auf eine Operation aber eher zurückhaltend. Mackenzies Protokoll erkannte Krebs, schränkte aber ein, bis zu einer neuerlichen histologischen Untersuchung herrsche keine endgültige Klarheit, und so lange könne auch nicht über ein weiteres Vorgehen entschieden werden.

»Aus reiner Klugheit und Gewissenhaftigkeit« meldeten Victoria und Friedrich Wilhelm die vernichtende Diagnose nach Berlin, an Kaiser Wilhelm, ihre ältesten drei Kinder und an Bismarck. Der alte Kaiser schickte umgehend seinen Enkel Wilhelm nach San Remo und einen weiteren Mediziner dazu, den Frankfurter Geheimrat und Ordinarius der Hals-Nasen-Ohren-Klinik Professor Moritz Schmidt. Beide sollten Wilhelm I. Bericht erstatten.

Sowohl dem Kaiser als auch dem Erbprinzen konnte es nicht gleichgültig sein, daß der Thronfolger von einem unter sich zerstrittenen und damit unberechenbaren Ärzteteam behandelt wurde; darüber hinaus schürte die unkonventionelle politische Haltung des Thronfolgers ihr gemeinsames Interesse, den Kronprinzen abzusetzen. Damit wäre der direkte Weg für Wilhelm II. frei gewesen.

Beim Eintreffen Wilhelms in San Remo kam es zum Eklat zwischen Mutter und Sohn. Victoria verbot ihm den Zutritt zur Villa Zirio; und beinahe wäre es im Treppenhaus zu einem Handgemenge gekommen, hätte Friedrich Wilhelm nicht versöhnliche Worte gefunden und seinen Ältesten in die Arme geschlossen. Ebenso wie der junge Erbprinz hatte auch Professor Schmidt Schwierigkeiten, in San Remo akzeptiert zu werden. Erst die ausdrückliche Erlaubnis Friedrich Wilhelms gab ihm die Möglichkeit, an einer weiteren Untersuchung teilzunehmen. Die Langmut des Kronprinzen ist zu bewundern, denn in den ersten beiden Novemberwochen des Jahres 1887 verging kein Tag, ohne daß nicht zwei, drei, manchmal sogar sechs Ärzte seinen Schlund mit schmerzhaften Untersuchungsinstrumenten malträtierten.

Professor Schmidts Anwesenheit provozierte einen neuen Konflikt zwischen den Medizinern. Als Schmidt nach einer ersten Konsultation die Ansicht vertrat, die Krankheit könnte die Folge einer Infektion sein, die der Kronprinz seit vielen Jahren mit sich herumschleppe, unterbrach ihn Professor von Schrötter und nannte seine Vermutung »altes Weibergeschwätz«. Schrötter war es auch, der, auf Wunsch Mackenzies, die Aufgabe übernahm, dem Kronprinzen das Ergebnis der Untersuchungen des Ärzteteams vorzutragen. Die Gespräche in der Villa Zirio, bei denen alle Ärzte und die Kronprinzessin anwesend waren, gerieten zu einer dramatischen Inszenierung. Schrötter sparte bei seiner Erklärung, die Friedrich Wilhelm stehend entgegennahm, nicht mit medizinischen Fachausdrücken und war peinlich darauf bedacht, das Wort Krebs kein einziges Mal zu erwähnen. Der Patient, über dessen Leben oder Sterben hier geurteilt wurde, schien – behauptet Mackenzie – nach außen der ruhigste Mensch im Raum, und in der Tat scheint der Urteilsspruch alle Anwesenden sehr bewegt zu haben, denn mitten in Schrötters Vortrag begann Friedrich Wilhelms junger Leibarzt Dr. Schrader laut zu schluchzen. Der Kronprinz überging den Gefühlsausbruch keineswegs, sondern richtete an Professor von Schrötter die direkte Frage: »Ist es Krebs?«

Schrötter wich einer konkreten Antwort aus und sprach von einer »bösartigen Neubildung«; aber Friedrich Wilhelm verstand, was gemeint war. Heilung, so hatten sich die Ärzte geeinigt, sei nur durch eine äußerst riskante Kehlkopf-Totaloperation möglich, und Schrötter stellte dem Patienten die Frage, ob er mit einer solchen Operation einverstanden sei.

Nach Schrötters Vortrag zogen sich die Anwesenden in einen Nebenraum zurück. Friedrich Wilhelm hatte eine umgehende Antwort in Aussicht gestellt. Nach wenigen Minuten trat er vor die Versammlung und überreichte, da ihm das Sprechen merklich schwerfiel, eine schriftliche Stellungnahme. In knappen Worten ließ der Kronprinz wissen, ein Kaiser ohne Kehlkopf sei nicht fähig, seine Aufgabe wahrzunehmen, deshalb spreche er sich gegen eine Exstirpation aus, stimme jedoch, sollte sie notwendig werden, einer Tracheotomie zu.

Mackenzie war es gelungen, die anwesenden Ärzte zu

überzeugen, daß es für den Kronprinzen das beste sei, wenn ihr Befund vor der Öffentlichkeit geheim bliebe, und er hatte mit seiner Absicht bei Leibarzt Dr. Schrader und Hofmarschall Graf Hugo Radolinski vorbehaltlose Unterstützung gefunden. Mackenzie versprach, die deutsche Öffentlichkeit sukzessive durch mehrere aufeinanderfolgende ärztliche Bulletins, die die Gefühle des Thronfolgers nicht verletzen, zu informieren.

So mußte die Veröffentlichung des ärztlichen Kommuniqués im deutschen *Reichsanzeiger* vom 15. November 1887 – das Ärzteteam hielt sich noch in San Remo auf – wie eine Bombe einschlagen:

»Nach wiederholten, eingehenden Untersuchungen sind die versammelten Ärzte vollkommen klar, daß es sich bei Seiner Kaiserlichen Hoheit um Krebs des Kehlkopfes handelt. In bezug auf die Behandlung wurden ebenfalls die verschiedenen Möglichkeiten durchgesprochen, Seine Kaiserliche Hoheit wurde in dieselben eingeweiht, und wurde der seinerzeit notwendig gewordene tiefe Luftröhrenschnitt empfohlen.

Gez. Morell Mackenzie, Schrötter, Schrader, Krause, Moritz Schmidt, Mark Hovell.«[19]

Obwohl es keinen Beweis gibt, ist unschwer zu erraten, wer hinter dieser Indiskretion steckte: Erbprinz Wilhelm. Dies war die erste Trumpfkarte gegen seinen Vater, für sich als direkten Nachfolger. Es war ein abgekartetes Spiel mit gezinkten Karten, ein menschenverachtendes Spiel, das sich noch über sieben Monate erstrecken sollte und zum Schmutzigsten gehört, was Politik je zustande gebracht hat. Der Mensch Friedrich Wilhelm wurde zum Objekt unterschiedlicher Interessen, sein Schicksal zum Gegenstand diplomatischer Schach- und Winkelzüge, vergleichbar nur der hypertrophen Willkür römischer Cäsaren. Dabei stand hinter dem brutalen Szenario das einfache Schicksal eines Mannes und einer Frau.

Aus einem Brief der Kronprinzessin Victoria an ihre 68jährige Mutter, die britische Queen: »Sir Morell Makkenzie teilte mir mit, daß er an Dich geschrieben hat. Ich will also nur einige Zeilen anfügen. Du kannst Dir nicht vorstellen, was wir durchgemacht haben!!! Die Angst um Fritz in Berlin war so groß, daß man aufs neue die furchtbare Operation beschloß; wir verdanken es Sir Morell Mackenzie und seiner ruhigen, geschickten und klugen Behandlungsweise allein, daß wir nicht mit Gewalt nach Berlin geschleift worden sind, um uns die Operation aufzwingen zu lassen. Bitte sprich darüber mit niemand als mit der Familie! Ich hoffe, Du wirst Sir Morell sehen, wenn Du zurück in Windsor bist, und Dir alles von ihm erzählen lassen! Fritz ist ganz glücklich und hoffnungsvoll; die Depression und Angst hat ihn verlassen, aber oh! was es für mich bedeutet, kann ich nicht sagen. Trotzdem kann und will ich die Hoffnung nicht aufgeben. Die merkwürdigsten Fehler werden gemacht, und das Übel mag aufgehalten werden oder zu wachsen aufhören, wenigstens für eine Zeit, oder auch ganz gut werden, obgleich ich dies nicht für wahrscheinlich halte. Ich muß Prof. Schrötter die Gerechtigkeit widerfahren lassen, daß er die sehr schwierige und delikate Aufgabe, meinem armen Liebling das Resultat der Konsultation mitzuteilen, außerordentlich gut gelöst hat. Um die Wahrheit zu sagen: Ich glaube nicht, daß Fritz die volle Bedeutung seiner Worte verstand. Er sprach von den Operationen, die ausgeführt und vorgeschlagen werden können, machte sie aber weder dringlich, noch empfahl er sie! Die anderen waren alle damit einverstanden und sind abgereist, nur Krause ist hiergeblieben. Ich war heute morgen in einer furchtbaren Angst, daß die Herren ihre Meinung zu offen ausdrücken und Fritz einen entsetzlichen Schock geben könnten; ich blieb also im Zimmer, aber es ging alles gut vorüber. Ich hoffe, daß wir nur eine kurze Zeitlang Ruhe haben und in Frieden gelassen werden, damit wir unseren lieben Patienten in Ruhe pflegen können, wie es das beste für ihn ist. Ich hoffe, die Erregung wird abebben und wir dann weniger mit Briefen und Telegrammen belästigt werden, die unaufhörlich einlaufen. Aber die Bürde von Schrecken und Angst, die auf mir liegt, wird bleiben – sie ist fast unerträglich.«[20]

Aus der Schlacht auf höchster politischer Ebene schien der junge Erbprinz Wilhelm als Sieger hervorzugehen, denn am 17. November 1887 unterzeichneten der neunzigjährige Kaiser Wilhelm I. und Reichskanzler von Bismarck folgende Order an den Enkel:

»In Betracht der Wechselfälle Meiner Gesundheit, welche Mich vorübergehend zur Enthaltung von Geschäften nötigen, und in Betracht der Krankheit und verlängerten Abwesenheit Meines Sohnes, des Kronprinzen Kaiserliche und Königliche Hoheit, beauftrage ich Ew. Königliche Hoheit in allen Fällen, wo Ich einer Vertretung in den laufenden Regierungsgeschäften und namentlich in der Unterzeichnung von Ordres zu bedürfen glauben werde, mit dieser Vertretung, ohne daß es für die einzelnen Fälle einer jedesmaligen besonderen Ordre bedarf.

Abschrift dieser Ordre habe Ich dem Staatsministerium, dem Militärkabinett, dem Zivilkabinett und dem Ministerium Meines Hauses mitgeteilt.

Berlin, den 17. November 1887

Wilhelm, von Bismarck«[21]

Der greise Kaiser vergaß zu erwähnen, daß auch der andere Betroffene, Kronprinz Friedrich Wilhelm, in San Remo eine Abschrift erhielt, doch Victoria, in Sorge um den Zustand ihres Mannes, verstand es, diese Ordre ihrem Gatten zu verheimlichen. Praktisch bedeutete sie eine Entmündigung. Die Chancen für ein anderes Deutschland waren gesunken. Als der Kronprinz dann doch von der Order seines Vaters erfuhr, war er zunächst deprimiert, ließ sich aber von den Hoffnungen Victorias überzeugen und machte in Zweckoptimismus. Friedrich Wilhelm und die Kronprinzessin schrieben Briefe, mehr als je zuvor, und berichteten von deutlicher Besserung im Befinden des Patienten; er kehre zu einer geregelten Lebensweise zurück, und es gehe ihm »wunderbar gut«. Mackenzie fuhr nach London zurück.

In Wirklichkeit verschlechterte sich der Zustand des Kronprinzen zusehends; aber auch der alte Kaiser war nicht mehr regierungsfähig, und Erbprinz Wilhelm bereitete sich ernsthaft auf die Übernahme der Kaiserkrone vor. Morell Mackenzie war der Überzeugung, daß, sollte ein Luftröhrenschnitt erforderlich werden, Professor Bergmann den Eingriff vornehmen sollte. Zum einen galt Bergmann als Experte für Tracheotomie, andererseits trug diese Ankündigung zur Beruhigung der öffentlichen Meinung bei. Da Bergmann in Berlin unabkömmlich war und nur zu einem festen Operationstermin nach San Remo kommen wollte, schickte er seinen Assistenten Fritz Gustav Bramann als seinen Vertreter an die Riviera. Damit wachte neben Dr. Krause und Dr. Hovell ein dritter Mediziner ständig über den Zustand des Patienten. Friedrich Wilhelm konnte keinen Schritt ohne ihre Begleitung tun.

Dann, Mitte Januar, setzte eine rapide Verschlechterung ein. Aus den täglichen Reports von Krause und Hovell an Mackenzie:

»13. Januar 1888: Die Schwellung auf dem linken Ventrikelband (ventricular band), die die Stelle des letzten Auswuchses markiert, ist fast verschwunden. Die Schwellung beider Bänder ist deutlich rückläufig, und jene unterhalb des rechten Stimmbandes ist verschwunden, mit Ausnahme am vorderen Teil, wo sie noch leicht erkennbar ist.

Blutandrang in Kehlkopf und Luftröhre gering. Keine Drüsenvergrößerung.

14. Januar, 8.30 Uhr: Heute morgen wurde eine weißliche graue Erhebung unterhalb des linken Stimmbandes beobachtet, welche die Luftwege verengt und ein schwach pfeifendes Geräusch verursacht. Temperatur 99,8° Fahrenheit, Puls 94.

14. Januar, 21 Uhr: Während des Tages Husten und Heiserkeit, aber ohne bedeutsamen Auswurf. Stinkender Atem. Temperatur 101,8° Fahrenheit, Puls 96.

15. Januar, 10 Uhr: Heute morgen sieht es so aus, als habe sich die weißliche Erhebung seit der vergangenen Nacht vergrößert, sie dehnt sich jetzt über zwei Drittel der Luftwege aus. Die rechtsseitigen Drüsen unterhalb des Kiefers sind vergrößert. Temperatur 100,8° Fahrenheit. Puls 78.

15. Januar, 21 Uhr: Heute abend: Die beschriebene weißlich graue Substanz setzt sich aus einer weichen Substanz zusammen, die sich beim heftigen Ein- und Ausatmen hin und her bewegt. Atmung weniger behindert als heute morgen. Drüsenvergrößerung weiter zugenommen. Husten weniger, aber mehr Auswurf. Temperatur 102° Fahrenheit.

16. Januar, 8.30 Uhr: Ruhige Nacht verbracht. Atmung frei. Membrane klebt noch an der linken Seite, ragt aber weniger in die Luftwege. Weniger Mundgeruch. Temperatur 99,8° Fahrenheit.

16. Januar, 21 Uhr: Zustand gleich. Temperatur 100° Fahrenheit.

17. Januar, 9 Uhr: Heute morgen um fünf kam nach einem heftigen Hustenanfall ein Häutchen zum Vorschein, etwa dreieinhalb Zentimeter lang, einen Zentimeter breit. Temperatur 99° Fahrenheit.

18. Januar, 9 Uhr: Auswurf mit Blut vermischt. Temperatur 99,4° Fahrenheit.

Teile des ausgehusteten Gewebes wurden auf Wunsch Mackenzies an Professor Virchow nach Berlin geschickt, wo es zu der eingangs geschilderten Szene mit Generalarzt Dr. Wegner kam.

»22. Januar: Während der letzten Tage ist die Schwellung unterhalb des rechten Stimmbandes wieder aufgetaucht, die Atmung ist jedoch nicht beeinträchtigt. Auswurf ohne Blut innerhalb der letzten 24 Stunden. Drüsen immer noch vergrößert; Temperatur seit der letzten Aufzeichnung normal.

25. Januar: Seit dem letzten Fieberanfall neue Schwellungen unterhalb der Stimmbänder, sie sind für die zunehmend schlechte Verständlichkeit der Stimme verantwortlich. Etwas Blut im oberen Teil des Kehlkopfes. Die Stelle der letzten Wucherung wird nur noch durch eine sehr leichte Schwellung markiert.«[22]

Am 29. Januar traf Mackenzie erneut in San Remo ein, und dabei kam es sofort zum Eklat mit Bergmanns Statthalter Bramann, der, wie der Engländer wissen ließ, »wenig oder gar keine Erfahrung im Umgang mit dem Laryngoskop« hatte, so daß Mackenzie ihm weitere Untersuchungen verbot, »um zu verhindern, daß der künftige Kaiser von Deutschland für Experimente von Anfängern herhalten müsse«.[23]

In Berlin veröffentlichte Virchow am selben Tag »unter höchster Genehmigung Seiner Kaiserlichen und Königlichen Hoheit des Kronprinzen« das Ergebnis seiner letzten Untersuchung. Das mehrseitige Gutachten führt viele fachliche Begriffe auf, aber ein Wort sucht man vergebens: Krebs. Dies verwundert um so mehr, als sogar Morell Mackenzie diese Diagnose nicht mehr ausschloß.

Virchows Assistent Heinrich Wilhelm Waldeyer versuchte später in seinen *Lebenserinnerungen* die Zurückhaltung des großen Pathologen wissenschaftlich zu erklären: »Ich bekenne, daß ich nach dem von Virchow beschriebenen Befund an der Diagnose ›Krebs‹, und zwar in der Form des sogenannten Cancroids, nicht mehr gezweifelt und diese anatomische Diagnose auch bestimmt ausgesprochen hätte. Daß Virchow nicht soweit ging, kann ich mir nur daraus erklären, daß er damals über die anatomische Charakteristik derjenigen Neubildungen, die man klinisch als Krebs (Carcinoma) bezeichnet, noch nicht mit sich einig geworden war. Ihm schien das Vorhandensein von rundlich geformten, mit Zellen gefüllten Räumen, ›Alveolen‹, das wesentliche. Bezeichnend für meine Annahme ist, daß Virchow in seinem meisterhaften großen Werke über die krankhaften Geschwülste gerade die wichtigsten, die Krebsgeschwülste, nicht behandelt hat; er hat den dritten Teil dieses bereits in den Jahren 1863 und 1867 erschienenen Werkes, der die krebsigen Neoplasmen hätte enthalten müssen und der von allen beteiligten Seiten mit dem größten Interesse erwartet wurde, nicht mehr herausgebracht.«[24]

Der Versuch einer politischen Erklärung von Virchows Diagnose wäre gewiß weniger umständlich gewesen.

In einem Telegramm verständigte Bramann seinen Chef am 6. Februar, er möge sich zur Abreise nach San Remo bereithalten, der Kronprinz leide zunehmend unter Atemnot, ein Luftröhrenschnitt sei unumgänglich. Am 9. Februar wurde der Zustand Friedrich Wilhelms kritisch; aber Professor Bergmann war noch nicht da, weil Mackenzie und die Kronprinzessin seine Anwesenheit noch nicht für erforderlich hielten. Als der Patient am Nachmittag begann, mühevoll nach Luft zu ringen, und man das Schlimmste befürchten mußte, beschwor Mackenzie, der kein Chirurg war, den Chirurgen Dr. Bramann, umgehend und an Ort und Stelle den Luftröhrenschnitt vorzunehmen.

Da Victoria es aus Gründen der Würde ablehnte, den Kronprinzen auf einem Küchentisch operieren zu lassen, wurde sein Bett in den Salon vor die Fenster geschoben. Zur Narkose diente Chloroform. Bramann selbst mußte die Narkose vornehmen, Hovell assistierte, Krause hielt die Narkosemaske. Nachdem er Friedrich Wilhelms Bart gestutzt hatte, führte Bramann einen sechs Zentimeter langen Schnitt in der Mitte des Halses, dann öffnete er die Luftröhre, und der Patient atmete sofort frei. Bramann hatte eine silberne Kanüle mitgebracht, die setzte er jetzt ein. Nach zwanzig Minuten war die Operation beendet.

Mackenzie, der der Operation äußerst nervös und tatenlos zugesehen hatte, atmete auf und schüttelte, kaum war Friedrich Wilhelm aus seiner Narkose erwacht, Bramann die Hand. Sein Kommentar: »In einem Fall wie diesem ist Tracheotomie in der Regel keine große Geschichte, bedenkt man aber, daß der junge Chirurg seinen künftigen Kaiser operierte und daß er, was nur natürlich ist, durch die Chloroform-Narkose noch zusätzlich entnervt wurde, so muß man sagen, daß er seine Sache gut gemacht hat.«[25] Um 18.45 Uhr, drei Stunden nach der Operation, unterzeichneten Mackenzie, Schrader, Bramann, Krause und Hovell ein ärztliches Bulletin, die Operation sei ohne Komplikationen verlaufen, der Zustand des Patienten lasse nichts zu wünschen übrig.

Kronprinz Friedrich Wilhelm war nun ein Mann ohne Stimme; deshalb lag ständig ein Schreibblock in seiner Nähe. Seine erste Nachricht war ein Dank an den Operateur Dr. Fritz Gustav Bramann. Dessen Chef, Professor von Bergmann, traf zwei Tage später in San Remo ein, zu spät für die Operation, aber zeitig genug, um mit Sir Morell (Mackenzie war inzwischen von Queen Victoria geadelt worden) neue Grabenkämpfe auszufechten. Streitobjekt war diesmal die eingesetzte Kanüle, die beim Patienten zu gewissen Reizungen führte; aber eine von Mackenzie eingesetzte Kanüle »made in England« erwies sich als noch qualvoller, so daß Friedrich Wilhelm Prof. Bergmann schriftlich aufforderte, ihm wieder die alte einzusetzen. Bei einer weiteren Untersuchung Bergmanns, bei der auch Mackenzie anwesend war, argwöhnte der Deutsche, ob nicht die Lunge des Patienten in Mitleidenschaft gezogen worden sei. Mackenzie konterte, dort, wo er untersucht habe, befinde sich die Leber. Als Schiedsrichter wurde Geheimrat Professor Adolf Kussmaul aus Straßburg angerufen, ein Lungenspezialist, der, das hatte sich Sir Morell ausbedungen, ausschließlich die Lunge des Kronprinzen untersuchen sollte, so wie Bergmann ausschließlich für die Operationswunde verantwortlich zeichnete. Kussmaul fand an der Lunge nichts Besorgniserregendes, meinte aber, der Patient leide unter Kehlkopfkrebs, der sich bereits im Zerfallstadium befinde, und reiste ab.

Der Kampf der Ärzte, der eigentlich das Leben des deutschen Kronprinzen zum Inhalt haben sollte, aber nichts war als ein Wettbewerb um die eigene Reputation, fand in der deutschen Presse ein vernichtendes Echo. Dabei richtete sich der größte Zorn gegen Morell Mackenzie, den eine Zeitung warnte, sich je Unter den Linden zu zeigen, die Leute würden ihn steinigen; aber auch Professor von Bergmann kam nicht ungeschoren davon. Als wollte er seine eigene Haut retten, entwarf er eine Presseveröffentlichung, die nach einigen Korrekturen von allen anwesenden Ärzten unterzeichnet wurde.

»San Remo, 6. März 1888
Im Hinblick auf die in der Presse zirkulierenden Unruhen über Meinungsverschiedenheiten unter den Ärzten Seiner Kaiserlichen und Königlichen Hoheit des Kronprinzen des Deutschen Reiches und Preußens, bestätigen die Unterzeichneten, daß es keine Meinungsverschiedenheiten in bezug auf die Krankheit gibt. Ebensowenig wurde von ihnen eine gefährliche Wendung der Krankheit diagnostiziert. Sir Morell Mackenzie hat, wie schon zuvor, die

alleinige Verantwortung für die Behandlung. Im Interesse des berühmten Patienten und der Nationen, die ihm mit Liebe begegnen und ihn verehren, wird an die Zeitungen in Deutschland und in anderen Ländern die Bitte gerichtet, sich von allen Diskussionen um die Krankheit, Behandlung oder die angewendeten Instrumente herauszuhalten.

Die lokalen Krankheitsherde im und um den Kehlkopf Seiner Kaiserlichen und Königlichen Hoheit haben sich nicht wesentlich verändert. Die Wunde ist verheilt, die Kanüle gut plaziert, die Lungen sind gesund, Husten und Auswurf haben abgenommen. Der Zustand des Patienten ist befriedigend; sein Appetit nimmt zu; keine Beschwerden in bezug auf Verdauung, Schlucken oder Kopfschmerz. Auch keinerlei Schlafbeschwerden. Da Geheimrat von Bergmanns Mission beendet ist, wird er in Kürze San Remo verlassen.

Gezeichnet Morell Mackenzie. Mark Hovell. Schrader. von Bergmann. Krause. Bramann.«[26]

Noch bevor die Meldung veröffentlicht werden konnte, überlagerte eine andere alle Zeitungsberichte: Kaiser Wilhelm I. lag im Sterben. Als Friedrich Wilhelm die Nachricht erhielt, ließ er Sir Morell kommen. »Ist es gefährlich, wenn ich sofort nach Berlin zurückkehre?«

Darauf Mackenzie: »Ja, Sir, sogar ziemlich gefährlich.«

Der Kronprinz: »Es gibt Situationen, da ist es die Pflicht eines Mannes, Risiken einzugehen. In einer solchen Situation befinde ich mich. Ich soll übermorgen abreisen. Ich muß Sie bitten, alle medizinischen Vorkehrungen zu treffen, die notwendig sind, und sich mit Hofmarschall Graf Radolinski zu arrangieren. Ich vertraue darauf, daß Sie alle nur möglichen Schritte unternehmen, welche die Gefahr für meine Reise in den Norden herabsetzen.«[27]

Am 9. März traf in San Remo ein Telegramm ein: »An

167

Seine Majestät den Kaiser von Deutschland Friedrich.« Jeder wußte, was das bedeutete. Tags darauf, preußisch pünktlich um neun, reisten Kaiser und Kaiserin samt Gefolge ab. Es regnete; aber die Straßen von San Remo waren dicht gesäumt von Menschen, die dem Paar zuwinkten. Vor allem die *Gentilezza* der Kaiserin hatte es den Italienern angetan. Viele weinten.

Das kaiserliche Ehepaar reiste natürlich in einem Sonderzug. Kaiser Friedrich, der sich schon früher entschlossen hatte, eine III hinter seinen Namen zu setzen, nicht etwa eine IV nach den Friedrichs im Heiligen Römischen Reich Deutscher Nation, verbrachte die meiste Zeit in seinem Salonwagen zusammen mit Graf Radolinski und Sir Morell Mackenzie. Kaiser Friedrich legte Wert darauf, daß sich Dr. Mackenzie immer in seiner Umgebung aufhielt. Um ihn auch nachts möglichst nahe bei sich zu haben, mußte Sir Morell sein Nachtlager im Salonwagen aufschlagen, während Friedrich im nachfolgenden kaiserlichen Schlafwagen ruhte. Seine Abhängigkeit von dem Mediziner ging so weit, daß Friedrich als eines der ersten kaiserlichen Dekrete noch während der Fahrt eine Urkunde ausfertigen ließ, die Sir Morell zu seinem offiziellen Leibarzt machte.

Bis München, wo die Lokomotive gewechselt werden mußte, dauerte die Reise 24 Stunden. Am nächsten Morgen gegen 8.30 Uhr lief der Sonderzug des Kaisers in der bayerischen Hauptstadt ein. Unter den Wartenden, die dem neuen Kaiser bei seinem kurzen Aufenthalt ihre Aufwartung machen wollten, befanden sich die bayerische Königinmutter Marie, eine geborene Prinzessin von Preußen, Mutter des vor zwei Jahren umgekommenen Königs Ludwig II., und der preußische Gesandtschaftssekretär Philipp Graf zu Eulenburg-Hertefeld, ein außerordentlicher Zeitzeuge des ausgehenden 19. Jahrhunderts.

Seine Tagebücher sind bisweilen von dichterischer Qualität und zählen mit ihren präzisen Beobachtungen zum Besten aus jener Zeit. (Eulenburg wurde übrigens später Freund, Berater und Vertrauter Wilhelms II.). Unter dem 11. März 1888 schreibt Eulenburg in sein Tagebuch:

»Früh um ½ 8 Uhr holte mich der Wagen des Grafen Werthern zur Bahn. Kaiser Friedrich sollte um 8 Uhr 20 Min. auf dem Bahnhof eintreffen und nach 10 Minuten die Reise wieder fortsetzen.

Graf Werthern, Major von Rantzau, Leutnant von Döring und ich waren im Wartesaal versammelt, trotz des strengen Befehls, jeden Empfang zu unterlassen. Es fand sich zu uns General von Winterfeld und Rittmeister von Bietinghoff, die auf ihrer Reise zum Kaiser nach San Remo hier aufgehalten worden waren.

General von Winterfeld brache Aufträge des Fürsten Bismarck. Einerseits durch das mit dem Tode Kaiser Wilhelms erfolgte Erlöschen der kaiserlichen Vollmacht, wonach Prinz Wilhelm den Kaiser zu vertreten hatte, andererseits durch die Ungültigkeit telegraphischer kaiserlicher Urkunden befand sich das Deutsche Reich tatsächlich bis zur Ankunft des Kaisers oder der Existenz einer von ihm unterschriebenen Urkunde ohne Regierung.

Nach kurzem Warten in dem königlichen Wartesalon trat die Königin-Mutter von Bayern mit ihrer dicken Oberhofmeisterin, Gräfin von der Mühle, ein.

Die Königin sprach eine halbe Stunde mit uns, denn der kaiserliche Extrazug hatte Verspätung. Sie zeigte uns, jedem, das Telegramm des Kaisers an sie, des Inhalts: ›Bin sehr einverstanden, Dich allein heute zu sehen. Friedrich.‹ Es war, als wollte sie sich wegen ihrer Anwesenheit damit legitimieren, die arme, kleine, bescheidene Frau.

Endlich kam uns der Inspektor melden, daß der Zug in die Station einlaufe. Wie zahllos oft hatte ich so den Zug mit dem Kronprinzen einfahren sehen! Wie stand er da immer in strahlender Schönheit, mit gütigem Lächeln, wie reichte er mir immer freundlich die Hand und schritt neben mir hinaus, voller Interesse hörend und fragend, voller Leben und Lebensfreudigkeit. Und heute fuhr er, ein todkranker Kaiser, in die Station hinein. Seine Familie in tiefster Sorge, Ärzte in jedem Wagen. In höchster Erregung traten wir an den Salonwagen. Da wurde er in der Tür sichtbar, als der Zug hielt. Er trug Generaluniform, das Eiserne Kreuz am Hals, den schwarzen Adlerorden auf der Brust. Seine Haltung war fest und sicher, von der Kanüle in der Luftröhre nichts zu bemerken. Aber er war mager und seine Farbe nicht wie früher.

Die Königin schritt die Treppe in den Wagen hinauf. Dann, nach kurzer Zeit, trat er wieder in die Tür und winkte uns zu sich, einen nach dem anderen. Er reichte mir seine liebe Hand, die ich ihm in tiefster Bewegung huldigend küßte. Aber kein Wort kam über seine Lippen. Die Fähigkeit zu sprechen hat er verloren!

Als Graf Werthern ihm sagte: ›Wie bin ich glücklich, Ew. Majestät so frisch aussehend zu finden‹, zeigte er nur hinauf zum Himmel. Dann trat er wieder zurück, und die Kaiserin erschien, mich zu sich winkend. Sie reichte mir in großer Bewegung die Hand, die ich küßte. ›Wie sehen wir uns wieder!‹ sagte sie, und dann erkundigte sie sich in ihrer freundlichen Weise nach Augusta und den Kindern.

Vetter Gustav von Ressel, den jetzigen Flügeladjutanten, konnte ich nur einen Augenblick sprechen. Er sagte mir, daß der Kaiser eine englische Kanüle trüge und seitdem die Sprache ganz verloren habe. Verstimmung gegen die Engländer ging aus seinen Worten hervor, aber wir hatten keine Zeit weiter zu reden. ›Prinz Wilhelm wird noch in diesem Jahr Kaiser‹, war sein letztes Wort.

Der Zug war wieder fertig zur Abfahrt gemacht. Die Königin von Bayern rief einen Augenblick noch Dr. Makkenzie an das Fenster seines Wagens und erfuhr aus seinem Munde, daß es dem Kaiser gutginge!!

Jetzt setzte sich der Zug langsam in Bewegung. Noch einmal grüßte der Kaiser hinaus, dann stand er hinter den rauchgeschwärzten Fenstern wie ein Schattenbild – so entschwand er meinen Blicken, und so habe ich wohl zum letzten Mal in diesem Leben diesen gütigen, edlen Herrn gesehen! Überwältigt von Schmerz schritt ich langsam neben der unglücklichen Königin zu der Bahnhofshalle hinaus.«[28]

In Leipzig erwartete Reichskanzler Bismarck den Sonderzug aus San Remo in Begleitung des Ministerrates, um Kaiser Friedrich bis nach Berlin zu begleiten. Er hatte seine Einstellung gegenüber Friedrich, vor allem aber gegenüber Victoria auf erstaunliche Weise geändert, versuchte sich, soweit das bei ihm möglich war, in auffälliger Liebenswürdigkeit und wandte nach Übermittlung der ersten dringendsten Amtsgeschäfte sich Dr. Mackenzie zu, in dem der Eiserne Kanzler als einer der ersten nun den heimlichen Herrscher erkannte. Bismarck äußerte sich besorgt, die anstehenden Termine könnten Kaiser Friedrich zuviel werden, und er bat den Leibarzt, jede Aufregung vom Kaiser fernzuhalten. Wie kam es zu diesem Sinneswandel?

Bismarck hatte sich kurz zuvor bei Professor von Bergmann nach Friedrichs Gesundheitszustand erkundigt und die konkrete Frage gestellt, wie lange der Kaiser seiner Ansicht nach noch zu leben habe. Die Antwort war ernüchternd: Den Sommer, meinte der Geheimrat, würde seine Kaiserliche Hoheit nicht überleben. Für den Reichskanzler, der auf Kronprinz Wilhelm setzte und in Friedrich eher einen Gegner sah, würde sich »das Problem« also ohne sein Zutun in kürzester Zeit von selbst lösen, vor allem würde mit dem Ableben des Kaisers der Einfluß Morell Mackenzies von einem Tag auf den anderen erlöschen. In der gegenwärtigen Situation fürchtete Bismarck den Arzt mehr als den Kaiser.

Diese Furcht war nicht unbegründet, denn von nun an bis zu Friedrichs Tod ließ Mackenzie seinen Patienten keinen Augenblick aus den Augen. Nicht nur, daß er den Kaiser mehrmals täglich untersuchte und alle Ergebnisse akribisch notierte (Temperatur bei der Ankunft in Schloß Charlottenburg 99,2° Fahrenheit, Puls 76 bei einem Normalwert von 64), Sir Morells Zuständigkeit erstreckte sich auf alle, auch die nebensächlichsten Bereiche im täglichen Leben des Kaisers. Er diente dem stummen Kaiser sogar als Sprachrohr, denn Friedrich III. gab nur ein als unangenehm und erschreckend empfundenes gurgelndes, pfeifendes Geräusch aus der Luftkanüle von sich und mußte jeden Satz schriftlich zu Papier bringen, so daß Mackenzie ihm oft die Antwort abnahm und Friedrich nur durch Nikken seine Zustimmung bekundete. Die letzte Entscheidung lag immer bei seinem Leibarzt, und Sir Morell blieb sogar Sieger, als es um die Teilnahme an der Beerdigung Kaiser Wilhelms I. zu einer Auseinandersetzung kam. Kaiser Friedrich mußte dem Begräbnis fernbleiben.

Schloß Charlottenburg befand sich zu jener Zeit in beklagenswertem Zustand. Der Putz bröckelte, und viele Zimmer waren überhaupt nicht oder nur unzureichend heizbar. Im Krankenzimmer des Kaisers im 1. Stock – Friedrich III. regierte von einem eigens eingerichteten Krankenzimmer aus – wurden Eisenöfen aufgestellt, ebenso im darunterliegenden Zimmer Mackenzies, der, weil er asthmaanfällig war, hohe Zimmertemperaturen schätzte.

Die präziseste Beschreibung, wie der Kaiser und sein Leibarzt damals lebten, finden wir in einem Brief des Mackenzie-Freundes F. C. Parkinson, der Sir Morell im Charlottenburger Schloß einen Besuch abstattete. »Ich fand ihn«, schreibt Parkinson über seinen Freund Makkenzie, »in einer Kammer, wie man sie von Kasernen kennt, wohin ich über eine private Treppe geleitet wurde.

Die Kammer stand in direkter Verbindung mit dem Krankenzimmer des Kaisers. Der leidende Kaiser brauchte nur eine Schnur zu berühren, und eine Glocke bimmelte und rief Mackenzie zu sich; und soweit ich das beobachten konnte, gab der kaiserliche Patient diese Schnur selten aus der Hand. Im ganzen Schloß herrschte eine unbeschreibliche Atmosphäre hinter den Kulissen. Alles Interesse konzentrierte sich auf das Krankenzimmer, während die tägliche Routine des höfischen Lebens, die Wachposten, die Minister mit ihren Portfolios, die ständig ein- und abgehenden reitenden Boten, die hohen Beamten, die Presseleute aus aller Welt, die Professoren und Wissenschaftler und ihre Konsultationen und Kontroversen, die würdigen Leibgardisten und die niedrige Dienerschaft, ja sogar die kaiserliche Familie selbst nur eine untergeordnete Rolle in diesem furchtbaren Drama zu spielen schienen, das in dem inneren Zimmer ablief, ein Drama, in dem Mackenzie die Hauptrolle spielte – abgesehen vom kranken Kaiser selbst.«[29]

Am 12. März 1888 wandte sich Kaiser Friedrich III. »wohlgeneigt« und handschriftlich an Fürst Bismarck, um ihm die Haltung seiner Regierung kundzutun, und noch am selben Tag erließ der Kaiser den ebenfalls handschriftlichen Aufruf »An mein Volk«, eine Proklamation, die das deutsche Volk in Begeisterung versetzte wie selten zuvor. Es gibt keine Quellen, die die Mitwirkung Dritter an dieser Proklamation bestätigen. Fürst Bismarck kommt jedenfalls nicht in Frage, sonst hätte ihm der Kaiser nicht am selben Tag einen eigenen Erlaß überstellt. Auch wenn Friedrich, trotz seines Leidens, in bester geistiger Verfassung war, darf man davon ausgehen, daß sowohl Kaiserin Victoria als auch Sir Morell Mackenzie ihre Hand im Spiel gehabt hatten.

»Unser Fritz« jubelten die Massen, und nicht nur die Liberalen, sie setzten ihre Hoffnung in eine neue Zeit und verdrängten Friedrichs tödliche Krankheit. Natürlich fehlte es nicht an Kritikern, an großen Namen wie Theodor Fontane von der »Vossischen Zeitung« oder Gustav Freytag, der als Parteigänger des liberalen Bürgertums eigentlich ein Anhänger Friedrichs hätte sein müssen, aber Freytag, ehemals Journalist und auf seine alten Tage als Schriftsteller ungewöhnlich populär, äußerte die Befürchtung, die neue, verklärte Kaiserwürde könnte das an Zucht, Strenge und spartanische Einfachheit gewöhnte Volk, das Beamtentum und Heer zu höfischem, aber auch servilem Treiben veranlassen, in jedem Fall zu einem Übelstand werden.

Friedrichs III. Proklamation hatte folgenden Wortlaut:

»An Mein Volk!
Aus seinem glorreichen Leben schied der Kaiser. In dem vielgeliebten Vater, den Ich beweine und um den mit Mir Mein Königliches Haus in tiefstem Schmerz trauert, verlor Preußens Volk seinen ruhmgekrönten König, die deutsche Nation den Gründer ihrer Einigung, das wiedererstandene Reich den ersten deutschen Kaiser! Unzertrennlich wird sein hehrer Name verbunden bleiben mit aller Größe des deutschen Vaterlandes, in dessen Neubegründung die ausdauernde Arbeit von Preußens Volk und Fürsten ihren schönsten Lohn gefunden hat. Indem König Wilhelm mit nie ermüdender landesväterlicher Fürsorge das preußische Heer auf die Höhe seines ernsten Berufes erhob, legte er den sicheren Grund zu den unter seiner Führung errungenen Siegen der deutschen Waffen, aus denen die nationale Einigung hervorging; er sicherte dadurch dem Reiche eine Machtstellung, wie sie bis dahin jedes deutsche Herz ersehnt, aber kaum zu erhoffen gewagt hatte.

Und was er in heißem, opferungsvollen Kampfe seinem Volke errungen, das war ihm beschieden, durch lange Friedensarbeit mühevoller Regierungsjahre zu befestigen und segensreich zu fördern. Sicher in seiner eigenen Kraft ruhend, steht Deutschland geachtet im Rate der Völker und begehrt nur, des Gewonnenen in friedlicher Entwicklung froh zu werden. Daß dem so ist, verdanken wir Kaiser Wilhelm, seiner nie wankenden Pflichttreue, seiner unablässigen, nur dem Wohle des Vaterlandes gewidmeten Tätigkeit, gestützt auf die von dem preußischen Volk unwandelbar bewiesene und von allen deutschen Stämmen geteilte opferfreudige Hingabe. Auf Mich sind nunmehr alle Rechte und Pflichten übergegangen, die mit der Krone Meines Hauses verbunden sind und welche Ich in der Zeit, die nach Gottes Willen Meiner Regierung beschieden sein mag, getreulich wahrzunehmen entschlossen bin.

Durchdrungen von der Größe Meiner Aufgabe, wird es Mein ganzes Bestreben sein, das Werk in dem Sinne fortzuführen, in dem es gegründet wurde, Deutschland zu einem Horte des Friedens zu machen und in Übereinstimmung mit den verbündeten Regierungen sowie mit den verfassungsmäßigen Organen des Reiches wie Preußens die Wohlfahrt des deutschen Landes zu pflegen.

Meinem getreuen Volke, das durch eine jahrhundertelange Geschichte in guten wie schweren Tagen zu Meinem Hause gestanden, bringe Ich Mein rückhaltloses Vertrauen entgegen, denn Ich bin überzeugt, daß auf dem Grunde der untrennbaren Verbindung von Fürst und Volk, welche, unabhängig von jeglicher Veränderung im Staatenleben, das unvergängliche Erbe des Hohenzollernstammes bildet, Meine Krone allezeit ebenso sicher ruht wie das Gedeihen des Landes, zu dessen Regierung Ich nunmehr berufen bin und dem Ich gelobe, ein gerechter und in Freud wie Leid ein treuer König zu sein.

Gott wolle Mir seinen Segen und Kraft zu diesem Werke geben, dem fortan Mein Leben geweiht ist.

Berlin, den 12. März 1888.

Friedrich III.«[30]

Dessenungeachtet ging der Ärztekrieg zwischen Mackenzie und Professor von Bergmann weiter. Jeder für sich scharte Journalisten um sich, versorgte sie mit fragwürdigen Informationen und versuchte so, den ärztlichen Gegner zu desavouieren. Längst ging es nicht mehr um den Patienten, der »Fall« war das Thema ihrer Auseinandersetzungen, denn weder Mackenzie noch Bergmann gaben Kaiser Friedrich mehr als drei Monate. »Fritz« hatte Professor von Bergmann, wohl in der Hauptsache, um Mackenzies Gegner zu besänftigen, gestattet, ihn einmal pro Woche zu untersuchen, und der Chirurg nützte diese Gelegenheit reichlich für seine Zwecke, indem er Bulletins veröffentlichte, die seine frühen Diagnosen zu bestätigen schienen. In diesen Veröffentlichungen wurde nicht nur Bergmanns Abneigung gegenüber dem Kaiser deutlich, er verstieg sich in der Wortwahl auch zu abfälligen, in der Medizin durchaus unüblichen Formulierungen, etwa wenn er bemerkte, der Kaiser habe »etwa 5 ccm bräunlicher Jauche« ausgeworfen.

Kein Wunder also, wenn der Kaiser und Sir Morell nur noch enger zusammenfanden. »Fritz« klammerte sich an Mackenzie, schließlich war der Engländer seine letzte Hoffnung, denn die anderen Ärzte hatten ihn bereits aufgegeben. Obwohl er wußte, daß er nicht mehr lange leben würde, war Mackenzie in seinen Augen der einzige, der das Unausweichliche hinausschieben konnte. Sir Morell hätte dringend in seiner Londoner Klinik nach dem Rechten sehen müssen, und der Kaiser und sein Leibarzt hatten sich schon auf einen Abreisetermin geeinigt, da wurde Friedrich III. von der Angst befallen, er könnte ohne Mackenzie nicht überleben.

»Ich hoffe«, sagte er eines abends, »Sie können Ihre Reise nach London verschieben. Ich könnte mir vorstellen, daß Ihre Patienten in London mich hassen, weil ich Sie einfach hierbehalte.«

»O nein, Sir«, erwiderte Mackenzie, »alle Engländer nehmen tiefen Anteil an Ihrer Genesung. Es gibt niemanden, der nicht ein Opfer bringen würde, damit ich Ihnen zur Verfügung stehen kann.«

Friedrich schüttelte den Kopf: »Mir ist rätselhaft, warum die Menschen so gut zu mir sind.«[31]

Am Abend läutete der Kaiser nach seinem Leibarzt. Als Mackenzie eintrat, überreichte ihm Friedrich Kreuz und Stern des Hohenzollern-Ordens zusammen mit einem Brief:

> »Charlottenburg, den 10. April 1888
> Mein lieber Sir Morell,
> Ich habe Sie auf den einstimmigen Wunsch meiner deutschen medizinischen Berater zu mir gerufen.
> Aufgrund dieser Empfehlung setzte ich, obwohl ich Sie nicht kannte, mein Vertrauen in Sie. Aber bald lernte ich Sie im persönlichen Umgang zu schätzen. Sie haben mir sehr wertvolle Dienste geleistet, in deren Anerkennung und in Erinnerung an meine Thronbesteigung habe ich die Freude, Ihnen Komtur-Kreuz und Stern meines Königlichen Hohenzollern-Ordens zu verleihen.
>
> Ihr ergebener
> Friedrich, I. R.«[32]

Bei einem Hustenanfall, zwei Tage später, verschob sich die Kanüle, so daß der Kaiser zu ersticken drohte, und

177

Mackenzie rief nachts um zwei den Chirurgen Bergmann zu Hilfe. Dem Chirurgen mißlang der Wechsel der Kanüle, erst der Versuch seines Assistenten Bramann hatte Erfolg – Anlaß genug zu einer neuerlichen Privatfehde der beiden Ärzte, für die sie wiederum die ihnen gewogenen Zeitungen einsetzten.

Der Kaiser fühlte sich an diesem Tag dem Tode nahe wie nie zuvor: Er machte sein Testament und bedachte, da die Söhne ohnehin ihren Pflichtanteil bekamen, vor allem seine Frau Victoria und die Töchter Charlotte, Vicky, Sophie und Margarethe mit Schenkungen von insgesamt neun Millionen Mark.

Schloß Charlottenburg, gedacht als Krankenstation für den Kaiser, glich einem Tollhaus, in dem sich eifernde Ärzte die Klinke in die Hand gaben. Mackenzie und Bergmann hatten beide dem Kaiser erklärt, solange der jeweils andere seine Hand im Spiel habe, stehe er als Arzt nicht mehr zur Verfügung. Ohne seine Entscheidung schriftlich kundzutun, entschied Friedrich sich für Mackenzie; schließlich war er sein offizieller Leibarzt, und er akzeptierte den fragwürdigen Vorschlag Sir Morells, zwei weitere Kapazitäten hinzuzuziehen, den Leiter des Berliner Krebsforschungsinstitutes Ernst Victor von Leyden und Geheimrat Professor Senator, dem der Ruf eines erfahrenen Therapeuten vorausging.

Seit Professor Bergmanns fehlgeschlagenem Versuch, die Kanüle in der kaiserlichen Luftröhre zu plazieren (Mackenzie äußerte den Verdacht, Bergmann sei bei dem Eingriff betrunken gewesen, und Kaiserin Victoria schloß sich später dieser Ansicht an), eiterte die Wunde, und der Patient hatte selten unter 38,3° Celsius Temperatur, manchmal bis zu 40° Celsius. Bergmanns Einwand, es handle sich um den »brandig-ulcerativen Zerfall der Geschwulst« kam wohl der Wahrheit näher, jedenfalls verschlechterte sich der Zustand des Kaisers um den 18. April so rapide, daß selbst Mackenzie seinem Patienten nur noch zwei Tage gab.

Aber Friedrichs III. Widerstandskraft erwies sich größer als erwartet. Der für den 24. April angekündigte Besuch der Schwiegermutter, Queen Victoria, setzte bei dem vom Tode gezeichneten Kaiser unerwartete Kräfte frei; zwar konnte er nicht mehr aufstehen, weil er von Schwindel- und Ohnmachtsanfällen heimgesucht wurde, aber die britische Queen hatte den Eindruck, daß es dem »geliebten Fritz« gar nicht so schlecht gehe.

Länger als mit dem Schwiegersohn unterhielt sich Queen Victoria in Charlottenburg mit Reichskanzler Bismarck, und wenn auch beide Gefallen aneinander fanden – beide konnten ja wirklich charmant sein –, so kam es doch zu dem befürchteten Säbelrasseln von seiten Bismarcks, der dem Gast aus England frei heraus erklärte, zwar sei es sein Ziel, einen Krieg zu verhindern, doch im Bedarfsfall sei er in der Lage, eine »ungeheure Zahl von Menschen« unter Waffen zu bringen – Worte, wie sie der Kaiser gehaßt hätte. Doch der konnte, angewiesen auf seinen Schreibblock, seine Schwiegermutter nur wenig unterstützen. Mackenzie übernahm seinen Part und klagte der Queen, daß ihre Tochter von Verrätern umgeben sei, nicht einmal der britische Botschafter in Berlin stehe zu ihr.

Zu den entschiedenen Gegnern Mackenzies im Troß von Queen Victoria gehörte ihr Leibarzt Dr. Reid. Zwar hatte er auf Bitten der Queen Sir Morell zur Behandlung des Kronprinzen überredet, aber angewidert von der Auseinandersetzung der Ärzte, die inzwischen zu einer Auseinandersetzung zwischen zwei Nationen geworden war, hatte er sich von Mackenzie abgewandt und gemeint, der Grund aller Argumente Mackenzies sei nur er selbst. Auf Fragen Queen Victorias, wie lange Kaiser Friedrich noch zu leben habe, äußerte Sir Morell, zwei Monate höchstens.

Überraschend gab Professor von Bergmann nach Queen

Victorias Staatsbesuch auf. Morell Mackenzie hatte gewonnen, er hatte zwar nicht die Krankheit besiegt, aber seinen ärztlichen Konkurrenten. Für Bergmann trat Generalarzt Professor Heinrich Adolf Bardeleben dem Ärzteteam bei, 69 Jahre alt und ehemals Direktor der Chirurgischen Klinik an der Berliner Charité. Seine Bestellung war wohl mehr von symbolischem Charakter, denn an der Diagnose Krebs zweifelte keiner der behandelnden Ärzte, und so konnte Bardeleben seine Tätigkeit auf regelmäßige, nichtssagende Bulletins und die Verabreichung schmerzlindernder Medikamente beschränken. Demonstrativ belobigten Kronprinz Wilhelm und Fürst Bismarck den scheidenden Professor von Bergmann.

Zwar konnte Kaiser Friedrich den Eindruck gewinnen, daß sein Sohn Kronprinz Wilhelm mit ihm Frieden geschlossen habe, jedenfalls kam es zu rührenden Begegnungen und Briefwechseln; in Wirklichkeit hatte sich der junge Wilhelm jedoch nicht im geringsten verändert. Er wußte, daß dem Vater nur noch Tage vergönnt waren, und gab sich den Anschein versöhnlichen Verhaltens. Bei einer dieser Begegnungen fiel der bemerkenswerte Satz des Kaisers an seinen Sohn: »Lerne zu leiden, ohne zu klagen.«

Obwohl sich der Zustand Friedrich III. tagtäglich verschlechterte, hielt der Kaiser an dem lange geplanten Umzugstermin ins Potsdamer Schloß fest. Dort hatten nach dem Tode Wilhelms I. eilige Renovierungsmaßnahmen stattgefunden. Es muß ein armseliger, mitleiderregender Umzug gewesen sein, jedenfalls wird des Kaisers letzte Reise von Mackenzie, der keinen Schritt von seinem Patienten wich, so geschildert. Der Park von Schloß Charlottenburg grenzt an die Spree, dort dümpelte die Jacht *Alexandra*, und Friedrich fuhr in einem kleinen Ponywägelchen durch den Park zum Flußufer, wo sich Tausende Menschen eingefunden hatten. Sie liefen winkend am Ufer entlang, als die *Alexandra* ablegte, und beim Unterqueren der Spandauer Brücke regnete es Blumen vom Himmel, daß – wie Mackenzie sich erinnert – zwei Matrosen eine halbe Stunde zum Einsammeln brauchten. Gegen 13 Uhr erreichte das Schiff mit dem Kaiser die Anlegestelle Glienicker Brücke. Dort wartete eine Parade der schönsten kaiserlichen Kutschen, die Friedrich, Victoria und Mackenzie nach Schloß Friedrichskron brachten, wie das *Neue Palais* (1763–1769) damals genannt wurde.

Hier, meinte Friedrich, sei er geboren, hier wolle er auch sterben. Mackenzie ließ seinen Patienten nun nicht mehr im unklaren über seinen Zustand. Aus einer (zum Teil schriftlichen) Unterhaltung der beiden vom 10. Juni 1888:

Mackenzie: »Es tut mir leid, Sir, ich muß Ihnen sagen, daß Sie keine Fortschritte machen.«

Kaiser Friedrich schreibend: »Aber ich fühle mich prächtig heute!«

Dann ein langes Schweigen. Schließlich reichte der Kaiser seinem Leibarzt einen Zettel: »Es tut mir leid, daß ich keinen Fortschritt gemacht habe.«[33]

Friedrich hatte noch fünf Tage zu leben. Der Kaiser und sein Leibarzt residierten nun fürstlich nebeneinander zu ebener Erde in riesigen Räumen mit allerfeinster Ausstattung; aber all das war zur Nebensache geworden. Noch ein letztes Mal bäumte sich der deutsche Kaiser gegen sein Schicksal auf (inzwischen war die Speiseröhre durchgebrochen, und Friedrich nahm keine Nahrung mehr auf), als er den schwedischen König Oskar in Uniform empfangen wollte. Schon beim Anlegen der Uniform brach er zusammen, seine Kräfte reichten gerade noch, dem Schwedenkönig gegenüberzutreten, dann wurde er ohnmächtig und mußte hinausgetragen werden.

König Oskar bat Sir Morell, ihn über den wahren Zustand Friedrichs III. aufzuklären. Seine Antwort: »Es ist kaum notwendig, Ihnen zu sagen, Sir, daß der Kaiser sich in höchst kritischem Zustand befindet, von dem er sich, wie ich glaube, unmöglich erholen kann; sollte er jedoch seine Attacke überstehen, so könnte sein Leben auch nur noch ein paar Wochen dauern.«[34]

In Wirklichkeit hatte der Kaiser nur noch vier Tage zu leben. Noch immer führte er mühsam Tagebuch. 11. Juni 1888 (kaum leserlich): »Was wird aus mir? Was wird denn eigentlich mit mir? Scheint es besser zu gehen? Wann werde ich wieder wohl, was glaubst du, bleibe ich lange siech? Ich muß gesund werden, ich habe soviel zu tun.«[35]

12. Juni 1888. Die Kaiserin an ihre Mutter Queen Victoria: ». . . es kann nicht mehr lange dauern. Ich bin zu elend und unglücklich, um mehr zu schreiben.«[36]

13. Juni 1888: Obwohl Friedrichs und Mackenzies Zimmer nebeneinanderlagen, mußte der Leibarzt, um zum Kaiser zu gelangen, erst drei Vorräume durchqueren. Deshalb nahm er für gewöhnlich den direkten Weg über die Terrasse: »Nachts um drei registrierte ich eine Veränderung seines Befindens, die mir das Ende anzeigte. Es gab Anzeichen für eine Lungenentzündung, und ich wußte, das Leiden seiner Majestät würde bald zu Ende sein. Ich hatte versprochen, die Kaiserin zu informieren, sobald irgendeine Veränderung einträte, und so klopfte ich gegen 4 an die Türe ihres Schlafzimmers. Sie war wach und antwortete sofort. So schnell wie möglich eilte die Kaiserin an das Bett ihres sterbenden Mannes, und sie verließ ihn von dieser Stunde an höchstens noch für ein paar Minuten.«[37]

14. Juni 1888. Zustand unverändert. Friedrichs Willensäußerungen auf Papier waren kaum noch zu entschlüsseln. Er wollte seine Kinder sehen. Bismarck küßte am Krankenbett Friedrichs Hand.

15. Juni 1888. In der Nacht mußte Mackenzie zweimal die Kanüle im Hals Friedrichs III. wechseln. Die Kaiserin wich nicht von seiner Seite. Nachts hatte sich Nebel über den Schloßpark gesenkt, und bei seinem Weg über die Terrasse bekam Sir Morell einen Asthmaanfall. Der sterbende

Kaiser bemerkte es und legte, als der Arzt sich über ihn beugte, seine Hand auf dessen Brust, als wollte er sagen: Sie müssen sich mehr schonen.

Total übermüdet rief Mackenzie gegen vier Uhr morgens Dr. Hovell ans Krankenbett, er selbst versuchte, in einem Lehnstuhl ein wenig zu schlafen. Friedrichs Töchter knieten um das Bett herum. »Gegen elf Uhr«, schreibt Sir Morell Mackenzie, »wurden die Augen des armen Patienten, der ermattet jede Bewegung der Kaiserin verfolgt hatte, auf einmal starr, seine Atemzüge wurden immer langsamer, und kurz nach elf hatte ich die sorgenvolle Pflicht, der Kaiserin mitzuteilen, daß er sein Leben ausgehaucht hatte.«[38]

Der Kaiser war tot; damit endete auch Mackenzies Ruf als Leibarzt, und Sir Morell wollte keinen Augenblick länger in Berlin bleiben. Doch das Ärztedrama forderte noch seinen Schluß, kein gewöhnliches Ende, sondern ein perfides wie in einem Schurkenfilm.

Kaiser Friedrich III. hatte eine Verfügung hinterlassen, die eine Obduktion seines Leichnams untersagte; doch diese Verfügung, die der Kaiser seinem Hausmarschall Moritz von Lyncker übergeben hatte, war verschwunden (sie tauchte erst Jahre später – unvermutet – in Lynckers Privatwohnung auf!), und Bergmann rang dem jungen Kaiser Wilhelm II. die Zustimmung zur Obduktion ab. Bergmann hatte mit Mackenzie noch eine Rechnung zu begleichen.

Nach sechzig schlaflosen Stunden hatte sich Sir Morell zum Schlafen niedergelegt, aber er ruhte keine zwei Stunden, als ihn ein Adjutant des Kaisers weckte und zu einer Unterredung mit Wilhelm II. und Fürst Bismarck bat. Letzterer forderte von Sir Morell, gleichsam als letzten Dienst, ein Attest über die Todesursache Friedrichs III.

Der Hintergedanke war klar: Mackenzie, der bis zum Schluß nie öffentlich von Krebs gesprochen hatte, sollte durch das Obduktionsergebnis desavouiert und Bergmann rehabilitiert werden. Aber Sir Morell durchschaute die Falle. Er hatte sein Ziel erreicht, nun bereitete es ihm keine Schwierigkeiten, frei zu bekennen, woran er längst nicht mehr gezweifelt hatte. Mackenzie zögerte nicht und verfaßte ein Meisterstück für seine persönliche Rehabilitierung:

»Schloß Friedrichskron, 16. Juni 1888. Nach meiner Auffassung starb Kaiser Friedrich III. an Krebs. Möglicherweise nahm die Krankheit in den tieferen Gewebeteilen ihren Anfang, und in einem sehr frühen Stadium wurde die knorpelige Struktur des Kehlkopfes infiziert. Ein kleiner Auswuchs, der bei meiner ersten Untersuchung des Kaisers gefunden werden konnte, wurde von mir bei mehreren intralaryngealen Eingriffen entfernt, und obwohl alle Gewebe von Professor Virchow untersucht wurden, konnte er keine Anzeichen von Krebs erkennen. Untersuchungen des Sputums Anfang März durch Professor Waldeyer brachten den Pathologen zu der Auffassung, es handle sich um Krebs. Es ist unmöglich zu sagen, ob die Krankheit von Anfang an krebsartig war oder ob sie erst Monate nach ihrem Auftreten bösartigen Charakter annahm. Die Tatsache, daß Perichondritis und der Zerfall der Knorpel eine wesentliche Rolle bei der fortschreitenden Krankheit spielten, hat ohne Zweifel weitgehend dazu beitragen, daß man unmöglich eine dezidierte Aussage über ihre wahre Natur treffen kann.

Morell Mackenzie«[39]

In einem Nebenzimmer des Schlosses Friedrichskron führte tags darauf Professor Rudolf Virchow, assistiert von Professor Wilhelm Waldeyer, die Obduktion des Kaisers durch. Anwesend waren Mackenzie, Hovell, Wegner, Bardeleben, Leuthold, Bergmann und Bramann. Die Professoren Leyden, Senator und Krause, die in die Krankengeschichte Friedrichs III. ebenso involviert waren, wurden aus unbekannten Gründen nicht geladen.

Die Sektion am frühen Nachmittag des 16. Juni wurde mehrmals durch das Erscheinen des Hausministers Otto Graf Stolberg unterbrochen, der vor dem geöffneten Leichnam zu größerer Eile mahnte, weil der tote Kaiser für die Aufbahrung in der Jaspisgalerie gewaschen und eingekleidet werden müsse. Nach erfolgter Obduktion lieferten Virchow und Waldeyer folgenden Bericht:

»Bericht der Professoren Virchow und Waldeyer über die mikroskopische Untersuchung einzelner, der Leiche weiland Kaiser Friedrich entnommen Präparate.

1. Der größere Knoten am Ansatze des Kehldeckels zeigte äußerlich noch unveränderte Schleimhaut und Zylinderepithel, in der Tiefe dagegen alveoläre Anordnung mit epidermoidalem Inhalt. Die Zellen des letzteren sind groß und kräftig entwickelt; konzentrisch angeordnete Zellhaufen wurden nicht beobachtet.

2. Der Hautknoten von der rechten Seite der Halswunde ist mit stark verdünnter, im übrigen unveränderter Epidermis bekleidet, die krebsige Wucherung reicht bis ganz nahe an die Oberfläche. Ihre stärkste Entwicklung hat in der Tiefe stattgefunden, wo stellenweise auch ausgeprägte Nester mit konzentrischer Anordnung der Zellen vorkommen. Einzelne normale Bestandteile, wie Schweißdrüsen, sind zwischen den krebsigen Massen noch erhalten.

185

3. Die Lymphdrüse von der linken Seite des Halses ist im höchsten Grade verändert. Die normale Struktur ist verschwunden und ersetzt durch ein loses alveolares Gewebe, dessen Räume dicht erfüllt sind mit großkernigen epidermoidalen Zellen, von denen viele schmale Bürstensäume besitzen.
4. Der Inhalt der Bronchien entspricht genau der Zusammensetzung, wie sie in dem Gutachten des mitunterzeichneten Professors Virchow vom 19. Mai d. J. von den im Auswurfe befindlichen Klümpchen beschrieben ist. Außerdem wurden an einzelnen Stellen reichlichere Ansammlungen von kleinen glänzenden Fettkügelchen, ähnlich den Kügelchen der Milch, angetroffen.
5. In den Lungenherden zeigten sich dichte Anhäufungen von Eiterkörperchen, keine Krebszellen. Die natürliche Alveolarstruktur noch ganz deutlich.

gez. Rudolf Virchow
Wilhelm Waldeyer«[40]

Friedrich III. hat 99 Tage regiert. 99 Tage war der Brite Sir Morell Mackenzie der Leibarzt des deutschen Kaisers – ein heimlicher Herrscher. Dem 99-Tage-Kaiser blieb nicht viel Zeit für politische Veränderungen. Seine wichtigste Entscheidung war die Entlassung des preußischen Innenministers Robert Victor von Puttkamer, eines Erzreaktionärs, der die Wahlen parteiisch beeinflußt hatte. Die Erwartung, mit Friedrichs Thronbesteigung würde das Ende der Regierung Bismarck kommen, bewahrheitete sich nicht. Friedrich III. war zu schwach, seine Zeit zu kurz, und sein Tod mit 56 Jahren ist gewiß eine der größten Tragödien der deutschen Geschichte, eine Tragödie, die auch Sir Morell Mackenzie nicht aufzuhalten vermochte, auch wenn er lange Zeit daran geglaubt haben mag.

Noch im Todesjahr des Kaisers trat Mackenzie mit einer Buchveröffentlichung hervor (*The Fatal Illness of Friedrich the Noble*, London 1888). Mit ihr erlangte er noch größere Popularität. Zur Verklärung seiner Person trug die Tatsache bei, daß er selbst nicht einmal 55 Jahre alt wurde, also nicht einmal so alt wie sein prominenter Patient. Als Sir Morell Mackenzie am 3. Februar 1892 starb, meldete die *Philadelphia Medical Times and Register*: »Sir Morell Mackenzie, der große englische Laryngologe, starb am 3. Februar an Lungentuberkulose. Er war ein bedeutender Mann, von vollendetem Können auf seinem Fachgebiet, mit genug Energie für sieben Männer.« Lady Mackenzie erreichte ein Kondolenzbrief von Kaiserin Friedrich, wie Victoria sich seit dem Tod ihres Gatten nannte. Die Kaiserin schrieb, Sir Morells Tod erfülle sie mit Schmerz und sie erinnere sich stets dankbar seiner kundigen und devoten Dienste.

IV.
ZWEI PHILOSOPHEN:
KAISER MARC AUREL UND SEIN
LEIBARZT GALENOS

Es war ein Unglück, daß in Marc Aurel und Galenos sich zwei Philosophen begegneten; denn bringt schon ein Philosoph allein keinen Fuß auf den Boden, so verflüchtigen sich deren zwei in den Wolken. Hing der eine der Theorie der Staatskunst nach, so lag dem anderen die Theorie der Heilkunst am Herzen ... Dabei zeigt sich seit zweieinhalbtausend Jahren auf beinahe zynische Weise, daß jene großen Denker, die der Menschheit in vielstöckigen Gedankengebäuden das Heil versprechen, selbst auf elende Weise zugrunde gehen.

Vieles an Galenos, dem Leibarzt des römischen Kaisers Marc Aurel, erinnert an Axel Munthe, den schwedischen Modearzt und Schriftsteller, der 1949 starb, zwanzig Jahre nach Erscheinen seiner weltberühmten Autobiographie »Das Buch von San Michele«. Beide waren blitzgescheit, dabei schillernde Persönlichkeiten, eitel und publicitysüchtig wie Hollywoodstars, dann wieder uneigennützig im Dienste der Heilkunst. Munthe wurde bekannt, reich und ein Mitglied von »Paris qui s'amuse«, wie sich die Lebewelt damals bezeichnete, indem er bei frustrierten Damen von Stand »Colitis« diagnostizierte, eine den meisten unbekannte Krankheit im Dickdarmbereich, über die man tagelang reden konnte. Galenos predigte: »Populus remedia cupit! – Das Volk will Tränklein und Tabletten!« – und war damit nicht weniger erfolgreich. Noch heute spricht der Apotheker vom Galenikum, einem speziell zubereiteten Arzneimittel nach eigenen Rezepten, im Gegensatz zu den fertigen Drogen der Pharmazie.

Geboren wurde Galenos 129 n. Chr. in Pergamon, einst Hauptstadt der römischen Provinz Asia, Zentrum der Wissenschaften, wo seit 180 v. Chr. der große Altar stand, ein dem Zeus und der Athene geweihtes Weltwunder, das sich nach Berlin verirrt hat. Wäre es nach seinem Vater gegangen, einem Architekten, so hätte sich Galenos der Mathematik gewidmet, die er einige Jahre studierte; aber dann sattelte er um zur Medizin, weil Vater Nikon träumte, er, Galenos, werde einst ein großer Helfer der Menschheit werden. »Schon als Kind«, schreibt Galenos am Anfang des 7. Buches seiner Schrift über die medizinische Therapie, »kam ich erstaunlicherweise dazu – ich weiß nicht wie, aus Begeisterung oder in einer Art Wahnsinn oder wie man es nennen mag –, daß ich die Ansicht der gewöhnlichen Menschen verachtete und allein nach Wahrheit und Wissen verlangte, überzeugt, daß es kein schöneres und göttlicheres Besitztum für die Menschen gäbe.«

Es wäre falsch, den Jungen deshalb für einen Traumtänzer zu halten; der Traum des Vaters blieb tatsächlich nur das auslösende Moment, in Wirklichkeit plante Galenos seine Karriere mit nüchterner Kaltschnäuzigkeit, so daß es nur eine Frage der Zeit sein konnte, bis Kaiser Marc Aurel auf ihn aufmerksam wurde. Marc Aurel, acht Jahre älter als der Pergamoner, war einer jener Zufallskaiser des ersten und zweiten Jahrhunderts, die durch Adoption zu Amt und Würden gelangten. Er habe, meinte er später, eine gute Kindheit und Jugend gehabt, durchaus eine Seltenheit im Rom jener Tage, und das, obwohl sein Vater, Marcus Annius Verus, kurz nach seiner Geburt gestorben war.

Der Urgroßvater, ein reicher Römer und im Geburtsjahr des Urenkels sogar Konsul, übernahm die Erziehung des Jungen, vom Feinsten in jeder Beziehung. Vier griechische und römische Grammatiker unterrichteten ihn in Sprachen, acht Lehrer lehrten ihn Philosophie, daneben widmete sich Marc Aurel noch der Malerei und Rhetorik. Im Gegensatz zu den meisten anderen Cäsaren erfuhr Marc Aurel also eine ungewöhnlich hohe Bildung; aber er unterschied sich auch in anderer Hinsicht von seinen Vorgängern: Obwohl er aus einer der reichsten Familien des Reiches stammte, verfiel er nicht dem Luxus, im Gegenteil. Er war kaum zwölf, als er dem warmen Bett entsagte und fortan auf einer Strohmatte auf dem Fußboden zu schlafen pflegte. Vermutlich hatte die Philosophie der griechischen Stoiker und Kyniker, allen voran der weise Diogenes, der in einer Tonne lebte, bei Marc Aurel diese Einstellung bewirkt. Er suchte ein Leben lang nach Harmonie mit der Natur, und alles Überzogene war ihm ein Greuel.

So gesehen paßte Marc Aurel überhaupt nicht in seine Zeit, und es muß ihm höchst unmoralisch und anstößig erschienen sein, als er von seiner Familie im Alter von 18 Jahren mit einer neunjährigen Cousine verlobt wurde. Das Kind hieß Faustina und wurde in späteren Jahren ein rechtes Flittchen, das zwar, um der Konvention Genüge zu tun, dem Gatten vier Kinder gebar, im übrigen aber eigene Wege ging. Jedenfalls waren ihre jeweils neuesten Liebhaber in den Theaterpausen Tagesgespräch.

Marc Aurel trieb Raubbau mit seiner Gesundheit – aus philosophischer Erkenntnis sozusagen, und damit ähnelte er Stalin, der, wenngleich aus militärischen Motiven, es ablehnte, in einem richtigen Bett zu schlafen. Marc Aurels Körperfeindlichkeit war extrem: »Was ich auch sein mag«, schreibt er in seinem Buch »An mich selbst« (II, 2), »dies Gebilde hier: es ist ein wenig Fleisch, ein wenig Odem und die herrschende Vernunft ... Verachte das elende Fleisch! Es ist doch Kot und Knochen und ein Gewebe aus Sehnen,

Venen und Arterien. Bedenke auch, was für ein Ding dein Odem ist. Ein Lufthauch, aber nicht immer derselbe, sondern jeden Augenblick wird er ausgestoßen und wieder eingesogen. Das dritte in dir aber ist die herrschende Vernunft. Darauf achte!«

Je älter er wurde, desto mehr nahm sein Leben masochistische Züge an. Er studierte bis tief in die Nacht und war, wie er später eingestand, manchmal so müde, daß er kaum noch atmen konnte. Seine Nahrung – von Essen konnte keine Rede sein – bestand nur aus Brot, Feigen und Wasser. Diese Diät hielt Marc Aurel für gesund, vor allem aber dem Seelenfrieden zuträglich, und er glaubte auch noch daran, als sich bei ihm deutliche Symptome eines Magengeschwürs einstellten.

Marc Aurel ist ein signifikantes Beispiel dafür, daß Krankheiten im Kopf entstehen. Selbst ehrenwerte, aber mißverstandene philosophische Gedanken sind in der Lage, einen Menschen zugrunde zu richten, wenn Idealismus zum Sektierertum wird. Gewiß, Marc Aurel war ein Philosoph, der Klügste auf dem Cäsarenthron, aber irgendwann gerinnt Heldentum, auch geistiges, zur Torheit. Der einsame Grübler, der nachts, wenn alle schliefen, Selbstgespräche führte und für die Nachwelt aufzeichnete, eine Angewohnheit, die er auf seinen Kriegszügen angenommen hatte, fror, weil er sich nicht anständig kleidete und nur im Untergewand herumlief; so »underdressed« konferierte er mit den angesehensten Männern des Staates, nicht in den Audienzräumen des Palastes, sondern in seinem kargen, kalten Schlafgemach. Kein Herrscher, Ludwig II. vielleicht ausgenommen, litt so unter sich selbst wie Marc Aurel.

In seinem Bemühen um Ausgeglichenheit der Seele war er ein zutiefst unglücklicher, von Zweifeln geplagter, die Welt ignorierender, sich mißverstanden fühlender, allen und jedem vertrauender Mann, mehr Don Quichotte als

Platon, der in seiner *Politeia* dem Sokrates in den Mund legt, es gebe keine Erlösung vom Übel aller Staaten, wenn nicht die Philosophen Könige und die Könige Philosophen würden. Verfolgt man das Leben des Kaisers Marc Aurel aufmerksam, so wird deutlich, wie sehr dieser von Platon vereinnahmt, verzerrt, verbogen wurde – ein Readers's-Digest-Platon.

Platon fordert für den Staatenlenker ein besonderes Studium, das Musik und Gymnastik, mathematische Wissenschaften, Harmonik und Astronomie, vor allem aber Dialektik einschloß. Diese Ausbildung, meinte der große Denker, müsse sich mindestens bis zum 35. Lebensjahr erstrecken, dem eine fünfzehnjährige Tätigkeit in verschiedenen Staatsämtern folge, in der ein Herrscherphilosoph heranreife.

Seinem Vorgänger und Adoptivvater, dem Kaiser Antoninus Pius, gelang es auch, diesen Zeitplan einzuhalten, obwohl der fromme feine Herr, wie die Römer ihn in Erinnerung an Numa Pompilius, dem zweiten König Roms, nannten, es mit den Philosophen weit weniger hatte als Marc Aurel, wenn man davon absieht, daß er ein Leben in stoischer Gelassenheit verbrachte. Die brauchte er aber auch, denn in seine Regierungszeit fielen so elementare Ereignisse wie ein Brand Roms, der Einsturz des Circus Maximus, eine Hungersnot, eine Überschwemmung der Hauptstadt durch den Tiber, ein Erdbeben, ein Komet am Himmel und ein Römerkind mit zwei Köpfen; beides letztere sollte Unheil verkünden.

Antoninus Pius war gerade 52 Jahre, als er den Kaiserthron bestieg, ein philosophisches Alter also. Marc Aurel hingegen mußte seine Nachfolge mit vierzig antreten (Antoninus starb 75jährig), und er fühlte sich rein philosophisch überfordert.

In gutem Glauben entschloß sich Marc Aurel zu einem Schritt, den noch kein Kaiser vor ihm gewagt hatte: Er holte sich einen Kompagnon auf den Kaiserthron, seinen Stiefbruder Lucius Verus, ein unfähiges, arbeitsscheues Kaiserlein, dem er zur festeren Bindung an die durch beidseitige Adoption zustande gekommene Familie seine 15jährige Tochter Lucilla zur Frau gab. Verus, meinte Marcus, solle sich um die Osthälfte des Reiches kümmern, er wolle den Westen unter seiner Obhut behalten – ein kapitaler Fehler, wie sich bald herausstellen sollte. Nicht so sehr weil Verus im fernen sündigen Antiochia das Leben eines Playboys führte und nicht die geringsten Ambitionen zum Regieren zeigte, zum ersten Male wurde im römischen Weltreich der Gedanke an eine Reichsteilung, eine Teilung, die später der Anfang vom Ende wurde, publik.

Verus traf eines Tages der Schlag, ohne daß er seinen Namen durch irgendeine Tat verewigt hatte, und Marc Aurel sah sich gezwungen, in der Provinz Asia einen Statthalter einzusetzen. Er entschied sich für General Avidius Cassius, einen Syrer aus Cyrrhus, der sich im Krieg gegen die Parther im Osten hervorgetan hatte – auch das der Fehlgriff eines gutgläubigen Philosophen auf dem Kaiserthron.

Es war ein Unglück, daß in Marc Aurel und Galenos sich zwei Philosophen begegneten; denn bringt schon *ein* Philosoph allein keinen Fuß auf den Boden, so verflüchtigen sich deren zwei in den Wolken. Hing der eine der Theorie der Staatskunst nach, so lag dem anderen die Theorie der Heilkunst am Herzen.

Den Arzt und Naturforscher Theophrast von Hohenheim (»Paracelsus«) veranlaßte Galenos zu der Bemerkung, er sei ein »Plackscheißer« gewesen, und der Philologe Ulrich von Wilamowitz-Moellendorff sah in Galenos einen »unerträglichen Seichbeutel«. Dabei zeigt sich seit zweieinhalbtausend Jahren auf beinahe zynische Weise, daß jene großen Denker, die der Menschheit in vielstöckigen Gedankengebäuden das Heil versprechen, selbst auf elende Weise zugrunde gehen.

Heraklit, der so viel über den Weltenbrand philosophiert hat, starb an Wassersucht, den Körper mit Kuhdünger beschmiert. Demokrit töteten Läuse, Sokrates trank Schierlingsgift. Hippokrates, der viele Krankheiten geheilt hatte, wurde selber elend und krank und starb einen bejammernswerten Tod.

Galenos' Ausbildung und Lehrjahre konnten nicht besser sein. Sie waren Voraussetzung für die Veröffentlichung von 400 Schriften über Philosophie, Rhetorik und Heilkunde, und dabei stand er wohl unter dem Bann der großen hellenistischen Mediziner wie Erasistratos von Keos und Herophilos aus Chalkedon, zweier Medizintheoretiker, die in bewußtem Gegensatz zu den Hippokratikern standen, aber auch bedeutsame medizinische Fortschritte machten. Herophilos wurde berühmt als Anatom, Erasistratos als Physiologe und Anatom, der als erster die Funktion der Herzklappen und Organveränderungen wie Leberverhärtung beschrieb. Galenos hörte in Smyrna Philosophie bei dem Platoniker Albinos, den er verehrte, und in Alexandria bei dem Methodiker Julianus, über den er in einer eigenen Schmähschrift herzog, und man hätte erwarten dürfen, daß so viel Bildung Voraussetzung für eine Hochschullaufbahn gewesen wäre. So gesehen warf Galenos wohl Perlen vor die Säue, als er, gerade achtundzwanzigjährig, den Posten eines Sportarztes bei den Gladiatorenspielen in Pergamon übernahm.

Den wahren Grund, warum Galenos im Jahre 162 n. Chr. nach Rom kam, kennen wir nicht. Vielleicht wollte er seine philosophischen Studien vervollkommnen. Daß er von dem großen Philosophen Eudemos zu Hilfe gerufen wurde, ist bei seiner Tätigkeit als Sportarzt eher unwahrscheinlich. Erwiesen ist, daß Galenos den mit 63 Jahren an Quartanfieber erkrankten Peripatetiker Eudemos kurierte und dadurch in vornehmen Kreisen zu hohem Ansehen gelangte; seither wurde er nicht nur zur Therapie unterschiedlichster Krankheiten herangezogen, vor allem sein theoretisches Wissen um Anatomie und Physiologie faszinierte die Römer. Galenos hielt Vorträge vor geladenen Gästen und demonstrierte seine Ausführungen mit Vivisektionen. An Gemetzel unter Menschen und Tieren gewöhnt, begeisterten sich die Römer für diese neue Art von Gladiatorenspielen auf dem Küchentisch.

Zu seinen Patienten zählte der Modearzt Prominente wie den Stadtpräfekten Sergius Paullus oder den Staatsbeamten Flavius Boethus und den Schwiegersohn und Generalstabschef des Kaisers Claudius Severus. Der war es wohl auch, der die beiden Philosophen unterschiedlicher Herkunft und Profession zusammenbrachte, so daß Galenos schließlich zum Leibarzt des Kaisers avancierte. Eine ideale Verbindung, könnte man meinen, ein verständnisvoller Therapeut für einen exaltierten Patienten, schließlich verkündete er seit langem: »Man muß auf die Natur des Kranken achten, denn für jeden Menschen gibt es eine besondere Therapie!«

Indes, der fromme Spruch blieb graue Theorie. In der Hauptsache interessierte sich Galenos mehr für das einträgliche Krankengeschäft und den gesellschaftlichen Aufstieg. Er verstand es außerordentlich, Eigenwerbung zu betreiben, indem er sowohl die Namen seiner Patienten als auch seine Honorare publizierte. Flavius Boethus zahlte für die Heilung seiner Frau 400 Goldstater, ein Honorar, das dem Gegenwert eines respektablen Landgutes entsprach. Überhaupt widersprach sein Verhalten den hehren Gedanken, die er in regelmäßigen Abständen neben seiner Praxistätigkeit in schriftlicher Form absonderte. An seinen Kollegen ließ er kein gutes Haar, bezeichnete sie als Blinde, die in der Sänfte reisen, meinte aber gleichzeitig, der beste Arzt sei die Natur, weil sie drei Viertel aller

Krankheiten heile und über Kollegen nie ein böses Wort verbreite.

Einem Arzt wie Galenos würde heute die Approbation entzogen; denn der eingebildete Pergamoner zog nicht nur öffentlich über die Ärzteschaft her, er prahlte schamlos mit Patienten und Heilerfolgen und betrieb ganz unverfroren Eigenwerbung wie amerikanische Chirurgen auf den Reklamewänden der Highways.

Aus einer dieser Werbebroschüren *(De praenotione ad Epigenem,* cc4; 11): »Wirklich wunderbar war die Heilung, die der Kaiser erlebte. Er selber vermutete mit all seinen Leibärzten, die mit ihm die Reise gemacht hatten, es handle sich um den Beginn einer Fieberattacke; sie täuschten sich aber alle auch noch am zweiten Tage und am dritten Tage früh und noch um die achte Stunde. Er hatte am Tage vorher zur ersten Stunde die bittere Arznei aus Aloe getrunken, später Theriak, wie er sie täglich einzunehmen gewohnt war. An jenem Tage nahm er es um die sechste Stunde, badete bei Sonnenuntergang und nahm dann ein wenig Nahrung zu sich. Die ganze Nacht durch hatte er Leibschmerzen, verbunden mit Entleerung des Darms; darum fieberte er. Als ihn seine Ärzte untersucht hatten, empfahlen sie ihm Ruhe und verabreichten ihm um die neunte Stunde Krankenbrühe. Nachdem darauf auch ich geholt worden war, damit ich im Palaste schlafe, kam einer – eben waren die Lichter angezündet worden –, vom Kaiser selbst gesandt, und rief uns hinein. Drei Ärzte hatten ihn vom frühen Morgen an und bei Tagesanbruch untersucht, zwei davon hatten den Puls gefühlt: Alle hielten es für den Anfang einer Fieberattacke. Ich stand schweigend daneben.

Da blickte er auf mich und fragte zuerst, warum ich allein nicht, wie die andern, den Puls fühle. Ich antwortete: ›Zwei von diesen haben es ja schon getan, und sie haben vielleicht schon auf ihrer Reise mit dir die besondere Art deines Pulses durch Beobachtung kennengelernt; so, hoffe ich, werden sie um so leichter den gegenwärtigen Zustand des Pulses beurteilen.‹

Als er mich auf diese Worte hin aufforderte, selber den Puls zu fühlen, hatte ich den Eindruck, der Puls, verglichen mit der für jedes Alter und jede Konstitution geltenden Norm, sei ganz anders als ein Puls, der einen Fieberausbruch ankünde. Darum erklärte ich, es sei keine Fieberattacke, hingegen werde der Magen von der eingenommenen Nahrung gequält, die vor der Entleerung sich in Phlegma verwandelt habe.

Daß diese Diagnose ein gewisses Lob verdiente, zeigte sich in seinen eigenen Worten; dreimal hintereinander sagte er: ›Das ist es; genau das ist es, was du da gesagt hast! Denn ich spüre, wie mich allzu kalte Nahrung beschwert.‹ Dann fragte er, was zu tun sei.

Ich antwortete nach meiner Einsicht und sagte ihm: ›Wäre ein anderer in diesem Zustande, so gäbe ich ihm, nach meiner Gewohnheit, Wein zu trinken, der mit Pfeffer versetzt ist. Da bei Euresgleichen, bei Kaisern, die Ärzte nur die sichersten Mittel anzuwenden pflegen, genügt es, einen Wollebausch mit warmem Nardenöl zu durchtränke und über dem Magenmund aufzulegen.‹

Er bemerkte dazu, er habe auch sonst, wenn er je über den Magen zu klagen hatte, die Gewohnheit gehabt, warmes Nardenöl, in Purpurwolle eingesogen, aufzulegen, und er befahl Peitholaos, so zu tun und uns zu entlassen. Als er es aufgelegt hatte und seine Füße von den warmen Händen der Masseure erwärmt worden waren, verlangte er Sabinerwein und trank ihn, nachdem er Pfeffer dazugegeben hatte.

Nach dem Trunk sagte er zu Peitholaos, er habe einen einzigen Arzt, und zwar einen freimütigen, und er sprach es, wie auch du weißt, immer wieder aus, ich sei unter den Ärzten der erste, unter den philosophischen Ärzten einzig.

Er hatte nämlich schon mit vielen seine Erfahrungen gemacht, nicht nur mit geldgierigen, sondern auch mit streit-
und ruhmsüchtigen, mit neidischen und bösartigen.

Wie schon zuvor erwähnt, habe ich wohl bei keiner anderen Konsultation so wunderbaren Erfolg gehabt wie bei
dieser. Da alle, die in der Kunst der Pulsbeurteilung vorzüglich beschlagen sind – einer davon war Archigenes –,
darnach forschen, welches Symptom für einen Fieberanfall
charakteristisch sei, und da sie lehren, es finde sich in einigen Fällen zu Beginn der Systole der Arterie, in anderen
Fällen sei die Systole nicht einmal wahrzunehmen, so war
ich ein Günstling des Glücks – wie könnte man sich denn
anders ausdrücken, wenn man das feinste Gefühl für die
kleinsten Unterschiede im Pulse besitzt?!

Ich habe Ärzte angetroffen, die so sehr irrten, daß die
Patienten, bei denen Fieber eben einsetzte, ins Bad schickten oder ihnen zu essen befahlen; ich konnte es verhindern. Weil ich nun an mir erfahren hatte, daß ich immer
den Beginn eines Fieberanfalls zuverlässig vorauser-
kannte, so habe ich, vielleicht etwas vorschnell, jedenfalls
es gewagt, sobald ich den Puls gefühlt hatte, dem Kaiser
entschieden eine andere Auffassung darzulegen, als er sie
von seinem Zustand selbst hatte und von seinen Ärzten
hörte.«[1]

Da wird es kaum noch verwundern, daß der Wunderdoktor aus Pergamon auch dem Leben auf der Spur war, das
angeblich aus dem Pneuma hervorging, der menschlichen
Seele, die wiederum aus einem feurigen Hauch besteht
und sich nach dem Tode verflüchtigt. Und wie es sich für
einen Philosophen gehört, brachte Galenos alle Erschei-
nungsformen des Daseins in ein »Galenisches System«.
Nur gegen die Magenschmerzen des Kaisers fand er kein
Mittel.

Es gibt keinen Hinweis, daß Marc Aurel seinen Leibarzt

je zur Rechenschaft gezogen oder durch einen anderen ersetzt hätte. Man muß befürchten, daß Galenos nicht einmal auf Veranlassung des Kaisers konsultiert wurde; denn Marc Aurel lebte seinem Schicksal ergeben, und er sah seine menschliche Vollendung darin, »jeden Tag als den letzten zu leben, ohne Überstürzung, ohne Stumpfheit und ohne Verstellung«. So wäre es auch denkbar, daß Galenos, von Höflingen engagiert, zu Marc Aurel nie ein rechtes Verhältnis fand oder daß der Kaiser, über Nutzen und Sinn galenischer Therapien im Zweifel, sich einer seiner Grundtugenden besann, gut und nachsichtig zu sein. »Tut dir jemand unrecht«, schrieb er einmal, »so mache es dir zur Pflicht herauszufinden, aus welcher guten oder bösen Überzeugung heraus er unrecht handelte. Hast du das einmal erkannt, so wirst du ihn bedauern und nicht mehr erstaunt oder ärgerlich sein.«[2]

Diese Haltung mußte zwangsläufig zu Spannungen zwischen Arzt und Patient führen. Der Kaiser, gewohnt jeden Gedanken zu Papier zu bringen, äußerte sich häufig über seine Magenkrankheit, seine Leiden und Gefühle, über seinen Leibarzt verschwendete er kaum eine Zeile. Vieles, was über Galenos verbreitet wird, ist daher Gerücht wie seine überstürzte Flucht aus Rom im Jahre 166 n. Chr., angeblich als die Pest ausbrach und Zehntausende Opfer forderte. Ein Arzt auf der Flucht vor der Krankheit?

In Syrien und Phönizien fühlte Galenos sich sicher vor der Seuche, der, wie auch Marc Aurel bald erkennen mußte, weder Götter noch Ärzte gewachsen waren. Der Kaiser opferte Hekatomben von Rindern – vergeblich: Erfolgreicher waren seine Hygienevorschriften, allen voran das Verbot, die Toten auf dem eigenen Grundstück zu bestatten. Nach außen war Marc Aurel bemüht, Optimismus zu verbreiten, doch des Nachts, wenn er mit sich selbst ins Gericht ging, konnte er Anfälle von Depression nicht verbergen: »Mit jedem Tag verrinnt das Leben, und der Teil, der von ihm bleibt, wird immer kleiner. Die Chaldäer haben den Tod von so vielen Menschen vorausgesagt – und dann hat auch sie das Verhängnis ereilt. Alexander und Pompeius und Gaius Cäsar, die ganze Staaten niederwarfen, haben auch selbst einmal aus dem Leben scheiden müssen. Nur noch ein Weilchen, und auch du bist Asche – nur noch ein Name oder nicht einmal das. Dinge sind nichtig und belanglos, Menschen streitsüchtige Kinder, unsere Sinne trüb und leicht zu täuschen. Was könnte dich hier festhalten? Du bist an Bord gegangen, über See gefahren und hast den Hafen erreicht. Nun steige aus.«[3]

Obwohl Marc Aurel den Krieg haßte, mußte er unaufhörlich Kriege führen, damit das römische Weltreich nicht zerfiel. Eine Offensive der Parther (162 166) wurde trotz der Unfähigkeit des Verus von römischen Offizieren abgewehrt, ja es gelang sogar, Westmesopotamien zu gewinnen. Kaum hatte er den Osten befriedet, durchbrachen Markomannen und Quaden im Norden den Limes und stießen nach Pannonien vor bis zu den Alpen. Marc Aurel schlug sie zurück bis nach Böhmen und plante, die Grenzen des Reiches bis zu den Karpaten auszudehnen, als ihn die Nachricht erreichte, Avidius Cassius, der Oberbefehlshaber im Orient, der die Parther bezwungen hatte, der asiatische Statthalter, habe alle Macht an sich gerissen und sich von den in Ägypten stationierten Legionen zum Gegenkaiser ausrufen lassen. Die Saat, die Marc Aurel mit seiner ersten Mitregentschaft gelegt hatte, war aufgegangen.

Damals brach Marc Aurel seinen Barbarenfeldzug ab; er schloß einen schnellen, nicht gerade ehrenhaften Frieden, in dem er sich mit einem 50 Kilometer breiten Streifen nördlich der Donau zufriedengab, und bot seinen Legionen an, den Kaiserthron für Avidius Cassius freizumachen. Diese Geste als Großmut auszulegen, wäre sicher falsch. Der von schwerer Krankheit gezeichnete Kaiser resignierte. Er beobachtete mehr und mehr seinen eigenen körperlichen Verfall, dem Galenos mit allerlei Tränklein und Mixturen begegnete, jedoch ohne Wirkung.

Für den Kaiser muß es eine furchtbare Belastung gewesen sein, als die eigenen Soldaten gegen seinen Rücktritt protestierten und Marc Aurel aufforderten, an ihrer Spitze gegen Ägypten zu ziehen. Man kann darüber spekulieren, wie der Feldzug des kränkelnden 54jährigen ausgegangen wäre, jedenfalls ersparten ihm die Moiren ein grausames Schicksal, weil Avidius Cassius nach einer Herrschaft von drei Monaten und sechs Tagen von seinem eigenen Centurio getötet wurde. Er bedauere, kommentierte Marc Aurel das Geschehen, die verlorene Gelegenheit, einem Beleidiger verzeihen zu können, einem, der die Freundschaft gebrochen hat. – Worte eines Philosophen oder Senilitas praecox?

Marc Aurel in seinen »Selbstbetrachtungen«: »Ich bin ein alter, kränkelnder Mann. Ich kann nichts mehr ohne Schmerzen essen.« In dieser Zeit (174 n. Chr.) kann der Kaiser nicht mehr schlafen, er ist ohne Kraft und muß in der Sänfte herumgetragen werden. Dabei zerfließt er in Selbstmitleid und versäumt nicht, immer wieder zu betonen, welch ungeheuere Mühen und Gefahren er zu ertragen hat. Nur widerwillig zieht er mit seinen Legionen gen Osten, lamentiert, er wisse schon gar nicht mehr, wie es zu Hause aussieht, da kommt ihm auf halbem Wege ein Legionär entgegen und legt ihm einen Sack zu Füßen. Auf seine Frage nach dem Inhalt antwortet der Legionär, dies sei der Kopf des Avidius Cassius, seines Rivalen.

Angeblich hat der Kaiserphilosoph auf den Cassius-Kopf keinen Blick geworfen und befohlen, ihn umgehend ohne den fehlenden Körper zu bestatten; aber das scheint mir nur eine der vielen Beschönigungen von Marc Aurels Charakter. Niemand vermag die Christenverfolgungen zu leugnen, die gerade unter seiner Regierung perverse Ausmaße annahmen. Die Schergen, die Menschen anderen

Glaubens verfolgten, verbrannten oder bei lebendigem Leibe rösteten und weder vor kleinen Mädchen noch vor gebrechlichen Greisen haltmachten, handelten im Auftrag des Kaisers; allein ihre Duldung läßt den »guten Menschen« auf dem Kaiserthron in einem anderen Licht erscheinen.

Man mag es ihm abnehmen, daß er bei keiner dieser Foltern zugegen war, aber griechischer Geist und griechisches Ethos, die er zu jeder Gelegenheit predigte, hätten ihn diese Greuel verbieten lassen müssen. Er tat es nicht. Mit seiner seltsamen Philosophie des Gleichmuts holte er Gladiatoren aus dem Circus Maximus, um sie an vorderster Front kämpfen zu lassen. Sklaven wurden bewaffnet zum Kampf, mit dem Versprechen, im Falle des Sieges die Freiheit zu erlangen. War das der Philosoph auf dem Herrscherthron, den Platon propagierte?

Ein Mann wie Marc Aurel, der nicht müde wurde, sich selbst zu bemitleiden (»Denke daran, wie viele Menschen nicht einmal deinen Namen kennen, wie viele ihn bald wieder vergessen werden, wie viele, die dich heute in den Himmel heben, schon morgen bereit sind, dich zu verraten«), hätte eine resolute Frau gebraucht; aber Faustina, flatterhaft und sittenlos wie Augustus' exaltierte Tochter Julia, hatte andere Interessen. Sie sah in ihrem Kaisergemahl einen griesgrämigen Waschlappen, der Gott sei Dank meist nicht zu Hause war.

Zuerst war es nur ein Gerücht, aber im kaiserlichen Rom hatte noch jedes Gerücht einen wahren Kern, und auf den Foren und Märkten tuschelten die Leute, daß der Mord an dem ägyptischen Rebellen Avidius Cassius den Kaiser vor einer höchst peinlichen Situation bewahrt habe. Während Marc Aurel mit seinen Legionen bei den kriegerischen Barbaren weilte und in Rom wochenlang weder von Sieg noch von Niederlage zu hören war, ging das Gerücht um, der Kaiser sei tot. Welche Rolle in diesem Zusammenhang Leibarzt Galenos spielte, ist unbekannt; aber wenn wir dem wirklichen Ende Marc Aurels vorgreifen, so dürfen wir annehmen, daß es die des Bösewichts war.

Cassius habe sich erst auf die Nachricht vom Tode des Kaisers zum Kaiser wählen lassen, hieß es da. Mehr noch, Faustina, die vermeintliche Witwe, habe den ägyptischen Haudegen, der das ganze Gegenteil von Marc Aurel war, zur Übernahme des Kaiseramtes gedrängt und sich als Dreingabe angeboten.

All das kam dem stoischen Kaiser in Rom zu Gehör, aber entweder glaubte er den Gerüchten nicht, oder er verzieh Faustina auch in diesem Fall großmütig. Marc Aurel blieb gerade Zeit, die Wäsche zu wechseln, dann machte er sich auf den Weg in den Orient, begleitet von Faustina, seiner Frau, und dem Sohn Commodus. Faustina starb in Kappadokien. Es hieß, sie habe Selbstmord begangen, aus Scham über die von ihr angezettelte Intrige.

Natürlich fand sich auch Galenos im Troß des Kaisers. Dessen gesundheitlicher Zustand war inzwischen so bedenklich, daß Marc Aurel kaum einen Schritt ohne seinen Arzt tun konnte. Auch dies trug ihm den Haß seiner Kollegen ein. Darüber hinaus waren seine Schriften und Medikamente höchst umstritten. Er wußte das und reagierte mit der Bemerkung: »Der beste Arzt wäre, wer eine Methode schaffen könnte, wie man wohl die Naturen erkenne und zu jeder das entsprechende Heilmittel träfe. Ich glaube, wenn ich die Natur eines jeden genau zu ergründen wüßte, wie es meiner Ansicht nach Asklepios konnte, so wäre ich wohl das Ideal eines Arztes. Da dies jedoch unmöglich ist, so habe ich mir vorgenommen, mich darin zu üben, diesem Ideal so weit nahezukommen, wie es menschenmöglich ist, und ich rate dies auch den anderen an!«[4]

Da ihm in der Kunst der Rhetorik kein Arzt in Rom, kein Arzt im ganzen Weltreich das Wasser reichen konnte und da er zudem *seine* Ansichten und Erkenntnisse, sei es über diätetische, pharmakologische oder philosophische Spezialprobleme, in Schriftform zu verbreiten verstand – zu damaliger Zeit ein kostspieliges Unternehmen –, verstummten seine Kritiker bald, und der Zulauf zu seiner Praxis, die er neben seiner Tätigkeit als Leibarzt des Kaisers führte, schwoll weiter an. Unbemerkt von der Öffentlichkeit, möglicherweise sogar unbemerkt von dem in seine Leiden, Depressionen und Kriegszüge verstrickten Marc Aurel bahnte sich eine Beziehung an, die schließlich dem Kaiser zum Verhängnis werden sollte.

Marc Aurels Sohn Commodus, von dem es auch hieß, er habe Antoninus Pius oder einen Gladiator zum Vater gehabt, sollte nach dem Wunsch des Kaisers seine Nachfolge antreten und wurde von den besten Lehrern betreut, die es in Rom gab. Unter ihnen war auch Galenos. Galenos sah in dem designierten Kaiser die Chance, zu noch mehr Macht und Einfluß zu kommen. Anders ist das vertraute Verhältnis der beiden nicht zu erklären; denn sie waren nicht nur vom Alter sehr verschieden (Galenos hätte Commodus' Vater sein können), auch ihre Interessen waren kaum in Einklang zu bringen. Philosophie war dem Jungen ein Greuel, statt Platon verehrte er Herkules, und Gladiatorenspiele gehörten zu seinem liebsten Zeitvertreib – zum Leidwesen des Vaters.

Der verschloß vor den Eigenheiten des Sohnes, zu denen sich Trunksucht und Homosexualität gesellten, die Augen. Überhaupt liegt vieles, insbesondere das Verhältnis von Galenos zu Commodus, im dunkeln. Nur Cassius Dio, ein griechischer Historiker aus Nicäa, der unter mehreren Kaisern der Severer-Dynastie Ämter bekleidete und es 229 n. Chr. sogar zum Konsul brachte, weiß mehr als andere zu berichten. Das alte Klatschmaul schrieb eine römische Geschichte, 80 Bücher von der Gründung Roms bis zu Alexander Severus, und erging sich dabei, im Gegensatz zu Tacitus oder Livius, mit Vorliebe in Skandal- und Bettgeschichten wie ein Reporter der Yellow-Press. Cassius Dio wußte immer ganz genau, wer mit wem ein Verhältnis und welches Kind wen zum Vater hatte – im Gegensatz zur offiziellen Angabe.

Was Cassius Dio in unserem Fall glaubhafter als andere Historiker erscheinen läßt, ist die Tatsache, daß er Zeitgenosse von Galenos, Marc Aurel und Commodus war, daß er, wenngleich nicht allgegenwärtig, die Möglichkeit hatte, Zeitzeugen zu befragen.

Als Marc Aurel im November 176 mit seinem damals 15jährigen Sohn Commodus vom Orientfeldzug nach Rom zurückkehrte, jubelten ihm die Römer zu wie einst dem göttlichen Augustus. Mit Lorbeer bekränzt wurde Marc Aurel im Triumph durch die Stadt gefahren, und der holte Jung-Commodus zu sich auf den Wagen und ließ ihm dieselben Ehren zuteil werden. Wenige Tage später ernannte der Kaiser seinen Sohn zum Imperator und Mitregenten.

All diese Vorgänge um die Jahreswende 176/177 sind schwer nachzuvollziehen und nur aus der panischen Angst des Kaisers vor seinem Ableben zu erklären. Schließlich beendete Marc Aurel mit diesem Schritt die 200 Jahre alte Tradition des Adoptivkaisertums, die es dem Cäsar freistellte, den nach seiner Ansicht Fähigsten zu adoptieren und so zu seinem Nachfolger zu bestimmen. Von Fähigkeit konnte bei Commodus keine Rede sein, wenn man davon absieht, daß er noch vor dem Frühstück ein Nilpferd, einen Elefanten und einen Tiger nacheinander tötete.

Wo also liegen die Ursachen für diesen unerwarteten Schritt? Bei nüchterner Betrachtung laufen die Fäden im Ablauf der Geschichte bei *einem* Namen zusammen: Galenos. Galenos genoß das Vertrauen Marc Aurels und die Zuneigung des Commodus, der beiden Hauptbeteiligten in diesem Unternehmen. Marc Aurel hatte sich physisch und psychisch verausgabt, Commodus war eher Getriebener als Macher. So blieb dem geltungsbedürftigen Galenos die Rolle des heimlichen Herrschers.

Natürlich mußte Galenos sich Commodus' Zuneigung erkaufen, teuer erkaufen – wenn man Marc Aurels Ende betrachtet. Ein Mann von der Intelligenz des Galenos mußte das Unvermögen zum Herrscher, das beim jungen Commodus offenbar war, zuallererst erkannt haben. Daß er ihn dennoch förderte, ist nur ein Beweis dafür, daß es ihm nur um den eigenen Einfluß ging. Denn Commodus entwickelte sich zielstrebig zum gefährlichsten Narren seit Nero, und nur ein Weltfremder wie Marc Aurel konnte davor die Augen verschließen. Während ihn Tag und Nacht Selbstzweifel drückten, blieb er Commodus gegenüber völlig unkritisch. Marc Aurel über Marc Aurel: »Es ist eine Schande, wenn in einem Leben, worin der Körper noch kräftig ist, die Seele schon versagt. Das Licht der Lampe erlischt nur, wenn es stirbt. In mir aber sollen Wahrheit und gerechter Sinn erlöschen, während ich noch lebe?«

Galenos hielt nun seine Hand über Vater und Sohn, und es scheint, als hätten sich der Arzt und der junge Mitregent stillschweigend geeinigt, den Tod des Kaisers abzuwarten. Mehrmals totgesagt und in beklagenswertem gesundheitlichem Zustand schien das nur eine Frage kurzer Zeit. Aber Totgesagte leben lange. Als der Markomannenkrieg von neuem ausbrach, rief der Kaiser seine besten Feldherren und seine schlagkräftigsten Legionen zusammen und zog nach Vindobona (Wien). Widerwillig begleitete ihn Commodus.

Es ist schwer vorstellbar, wie die beiden so verschiedenen Menschen auch nur einen Tag miteinander auskamen, und es bleibt ein Rätsel, warum kein Geschichtsschreiber auf das Verhältnis der beiden eingegangen ist. Marc Aurel und Commodus – das war Wasser und Feuer, Kopf und Bauch, Geist und Materie. Ein Beispiel:

Wie hätte Marc Aurel reagiert, wenn ihm der Leibsklave ein zu kühles Bad eingelassen hätte?

Vermutlich hätte der Kaiser kein Wort darüber verloren, vermutlich hätte er kalt gebadet.

Und Commodus?

Sein Verhalten ist verbürgt: Er war zwölf Jahre alt, als ihm der Bademeister zu kaltes Wasser eingelassen hatte, worauf Commodus darauf bestand, den Bademeister in den Ofen zu werfen. Der überlebte nur, weil ein schlauer Sklave die Idee hatte, ein Schaffell in den Ofen zu werfen, das offenbar den gleichen Gestank verbreitete wie ein brennender Bademeister.

Commodus verbrachte ohnehin mehr Zeit in der Badewanne als auf dem Schlachtfeld. Nicht nur, daß er planschend fraß und soff und Besuche empfing, im dampfend heißen Wasser trieb er es mit 300 ausgesucht schönen Konkubinen und ebenso vielen einnehmenden Knaben. Und so ist es kaum verwunderlich, daß er später auch in der Badewanne den Tod fand.

Noch weniger Verständnis als für die geistigen Höhenflüge konnte Commodus für die Kriegszüge und Schlachtenpläne seines Vaters aufbringen; denn Marc Aurel bestand darauf, daß Commodus ihn begleitete. Er hoffte vergeblich, aus dem mißratenen Sohn einen Feldherrn zu machen. Der Konflikt schien programmiert.

Während in Rom die Heldentaten Marc Aurels auf einer haushohen Säule, ähnlich der, die Trajan sechzig Jahre zuvor im Andenken an seine Beutezüge geschaffen hatte, eingemeißelt wurden, entschied sich sein Schicksal in Vindobona auf unerwartete Weise. Die einen sagen, im Feldlager sei erneut die Pest ausgebrochen und habe den Kaiser dahingerafft. Aber diese Annahme ist aus zwei Gründen unwahrscheinlich: Erstens war die Pest seit der Epidemie vor zwei Jahren nicht wieder aufgetreten, zweitens ist es schlichtweg unmöglich, daß die Seuche nur den Kaiser traf und das übrige Heer verschonte.

Glaubhafter erscheint die Version des Zeitzeugen Cassius Dio (71, 33, 4). Er berichtet, der kränkelnde Philosoph auf dem Kaiserthron sei am 17. März 180 auf sonderbare Weise ums Leben gekommen, nicht an der vielzitierten Seuche, sondern durch einen ärztlichen Eingriff. Cassius Dio vermeidet es, Galenos' Namen zu nennen, schreibt aber, »die Ärzte« hätten dem Sohn Commodus gefällig sein wollen. Daß der klatschsüchtige Historiker den Leibarzt des Kaisers Galenos nicht beim Namen nannte, bestätigt nur den Einfluß, den dieser in der römischen Gesellschaft und beim neuen Kaiser hatte.

Um welche Art von Eingriff es sich handelte, sagt Cassius Dio nicht. Naheliegend wäre die Vermutung, Galenos habe eine Magenoperation vorgenommen und den Kaiser dabei sterben lassen. Der Chronist bemerkt, Marc Aurel habe das Vorhaben seines Leibarztes gekannt und dem Tod ohne Widerstand entgegengesehen, ja seinen Soldaten sogar noch aufgetragen, dem neuen Kaiser zu huldigen.

Tatsache ist, Galenos, der eitle, zänkische und geltungsbedürftige Leibarzt, überlebte nicht nur Marc Aurel, er blickte auch dem Alkoholiker Commodus ins Grab, der in zwölfjähriger Regierung deutliche Wahnsinnssymptome gezeigt hatte (wie Nero wollte er Rom anzünden und die neuerbaute Stadt Colonia Commodiana nennen), ja er überlebte sogar zwei weitere Kaiser, den 67jährigen Soldatenkaiser Publius Helvius Pertinax, einen von Marc Aurels Generälen (er regierte nur zwei Monate und 25 Tage), und den reichen Senator Marcus Didius Julianus, der sich den Thron von den Soldaten erkaufte für 6000 Denare pro Mann (ihm blieben nur zwei Monate und fünf Tage Kaiserehren). Beide wurden von den eigenen Soldaten ermordet – aus Geldgier.

Als Galenos 70jährig starb, war es auf unerfindliche

Weise ruhig um ihn geworden. Wir wissen nicht warum. Zu dieser Zeit regierte in Rom ein tatendurstiger Kaiser, der Latein mit deutlich phönizischem Akzent sprach, Septimius Severus. Er wurde im Krieg so oft verwundet, daß er sich nur noch in einer Sänfte fortbewegen konnte, was ihn nicht sonderlich störte; denn, so wußte er zu vermelden, man regiere mit dem Kopf, nicht mit den Beinen.

V.
PROFESSOR THEO MORELL UND SEIN GEHEIMNISVOLLER PATIENT A (WIE ADOLF HITLER)

Der Grund für die Geheimtuerei um Leibarzt Theo Morell lag nicht bei ihm selbst, sondern in der Tatsache, daß Hitler ein Diktator war. Diktatoren ziehen einen tiefen Graben um ihre Körperlichkeit; denn Diktatoren leiden nicht, sie herrschen. Jedes Kind kannte Hitlers Leibarzt beim Namen, aber über seine wahre Tätigkeit wußten nur die engsten Vertrauten des Führers. Untersuchungsergebnisse und Therapien wurden als Staatsgeheimnis betrachtet. Es gab keinen Patienten Adolf Hitler, es gab nur einen Patienten A. Das Wort »krank« existierte nicht im Zusammenhang mit diesem Mann; dabei war er von Ärzten und Medikamenten abhängig wie kein zweiter Diktator.

21 Jahre nach seinem Tod machte Theo Morell, Leibarzt des Führers Adolf Hitler, noch einmal Schlagzeilen: Vor dem Landgericht München I klagte Morells Witwe Johanna gegen den ehemaligen stellvertretenden NS-Reichsgesundheitsführer Hans-Dietrich Röhrs auf Widerruf unwahrer Tatsachenbehauptungen und 5000 Mark Schmerzensgeld. Röhrs hatte in einem Buch »Hitlers Krankheit« die Ansicht vertreten, Professor Dr. Theo Morell habe Hitler »quasi langsam vergiftet«.

Das Nachrichtenmagazin »Der Spiegel« am 18. April 1969: »Schon 1939 war Röhrs von dem furchtbaren Gedanken geradezu geblendet ... welches Schicksal auf das ganze deutsche Volk zukam, wenn es nicht gelänge, dem gefährlichen Scharlatan das Handwerk zu legen.« Und auch anderen war Morell, der am Berliner Kurfürstendamm eine Prominentenpraxis für Haut- und Geschlechtskrankheiten betrieb, suspekt: Professor Ernst Günther Schenck, damals Beauftragter des Reichsgesundheitsführers Leonardo Conti, verglich ihn »mit dem Koch Friedrichs des Großen«, der dem König, so die Legende, »vergiftete Schokolade brachte«.

Hitlers Chirurg Karl Brandt beschuldigte Morell in einer bisher unveröffentlichten Niederschrift, »Morphinisten gefördert« zu haben und – nach Unterlagen des Gerichtsärztlichen Instituts Berlin – »in Abtreibungsverfahren verwickelt« gewesen zu sein. NS-Propagandist Joseph Goebbels nannte ihn gar einen Verbrecher.[1]

Sogar Eva Braun, um den Führer hingebungsvoll besorgt, warnte Hitler vor Morells Injektionen und Tabletten; doch der war seinem Leibarzt hörig, neun Jahre lang, von 1936 bis zum 21. April 1945, als Hitler im Führerbunker Theo Morell wissen ließ, er brauche ihn nicht mehr.

Das dramatische Geschehen in der Nacht vom 21. zum 22. April 1945 war für Theo Morell die größte Niederlage seines Lebens; aber diese Niederlage hat ihm auch das Leben gerettet – für drei beklagenswerte Jahre; denn eigentlich hatte Theo Morell schon in dieser Nacht mit dem Leben abgeschlossen, für ihn brach eine Welt zusammen.

Auf Geheiß Hitlers hatte sich Dr. Theo Morell mit dem Führer und anderen NS-Größen im Führerbunker verschanzt. Er lebte auf der anderen Seite des großen, jetzt als Konferenzraum benutzten Korridors, von Hitler durch drei Türen getrennt – nur Eva Brauns Wohn- und Schlafzimmer lag näher.

Übereinstimmend erklären alle Zeugen, die Hitler in den Apriltagen des Jahres 1945 sahen, der Führer sei phy-

211

sisch wie psychisch am Ende gewesen, er habe den Eindruck eines Mannes vermittelt, der ahnte, daß ihm nur noch wenige Tage verblieben. Hitler wußte, daß die Panzer der Roten Armee in Baruth und Bernau standen, kurz vor Berlin; den Standort seiner eigenen Truppen kannte er jedoch nicht, weshalb er Funksprüche an den Chef des Wehrmachtsführungsstabes Generaloberst Alfred Jodl absetzen ließ und in herrischem Ton, der seiner Lage durchaus nicht angemessen war, Auskunft über den Verbleib seiner 9. und 12. Armee forderte.

Zwar trug Hitler in diesen Tagen im Führerbunker wie stets grauen Rock und schwarze Hose, aber die Kleidung wirkte schmuddelig, sein Gesicht fahl und zerfurcht, die Augen blutunterlaufen. Manchmal schien es, als erkannte er die Menschen in seiner nächsten Umgebung nicht mehr, als blickte er durch sie hindurch, doch im nächsten Augenblick wies er dieselben mit drohender, hoher Stimme zurecht. Im Stehen hing sein Kopf zwischen den Schultern, die Schultern vollführten zuckende Bewegungen, bisweilen begannen sie zu zittern, wie seine Hände, die er auch am Tisch sitzend nicht mehr ruhig halten konnte. Die Schlaflosigkeit, die ihn jetzt mehr als je zuvor quälte, hinterließ ihre Spuren. Seine Augen schmerzten aufgrund einer Bindehautentzündung, und er trug jetzt eine Brille.

Hitler und sein Leibarzt Theo Morell, seit 1936 unzertrennlich, befanden sich beide in beklagenswertem Zustand. Nicht nur Hitler zitterte am ganzen Körper, auch Morell. An Führers Geburtstag, dem 20. April, war er nicht mehr in der Lage, dem Patienten die Strophanthin- und Harmininjektionen zu verabreichen, so daß er seinen Assistenten Dr. Ludwig Stumpfegger damit beauftragte. Bei seinem letzten Frontbesuch am 10. März hatte Hitler seinen Leibarzt gar nicht mehr mitgenommen, angeblich weil er fürchtete, Morell könne etwas zustoßen und dann habe er keinen Leibarzt mehr. Obwohl selbst kaum in der

Lage, seinen Tremor zu unterdrücken, empfahl Morell eine galvanische Behandlung mit Gleichstrom, und eine Anwendung am 25. März brachte sichtbare Besserung, aber keine Beseitigung des Leidens. Der Patellarsehnenreflex des Patienten war normal (bei Gesunden tritt auf Beklopfen unterhalb der Kniescheibe ein Zucken auf; dadurch können eine Schädigung der Pyramidenbahn und Herderkrankungen des Gehirns und Rückenmarks ausgeschlossen werden), ebenso die Pupillenreflexe.

»Abart einer Schüttellähmung«, notierte Morell am 15. April, nicht etwa *sein* Leiden betreffend, sondern das des Führers, und er injizierte zweimal täglich neben Harmin auch noch Homburg 680, beides Präparate gegen Schüttellähmung. Daneben bediente Hitler sich weiterhin seines Standardmittels Dr. Kösters Antigastabletten, das wie Homburg 680 den Wirkstoff Hyoscyamin enthält, der das Zittern hemmt, Morells »Wundermittel« Vitamultin F, eine in der eigenen Pharma-Firma des Leibarztes hergestellte Droge, die nach eigenen Angaben Vitamin C aus Hagebuttenschalen, Vitamin B_1, Calcium-bi-phosphat, Milchpulver und Zucker enthielt, nach Untersuchungen des Internisten Professor Ernst-Günther Schenck jedoch »erschreckend viel« Koffein und Pervitin, sowie das Anregungsmittel Ultraseptyl, ein Sulfonamidpräparat, dem Leipziger Pharmakologen schon damals nervenschädigende Wirkung zuschrieben.[2]

Nach den Aufzeichnungen Theo Morells im April des Jahres 1945 unterblieben in diesen Tagen die Traubenzuckerinjektionen, von denen Morell insgesamt etwa 3000 verabreicht hatte.

Botschafter Walter Hewel, der ständige Beauftragte von Reichsaußenminister Ribbentrop im Führerhauptquartier, erinnerte sich später: »Im Laufe der Jahre hat Hitler von Morell in immer kürzeren Abständen Tausende von Injektionen bekommen. Wir in der engsten Umgebung des Füh-

213

rers wußten davon; Göring hatte Morell einmal spöttisch als ›Reichsspritzenmeister‹ tituliert. Doch Hitlers Vertrauen zu diesem Mann war wirklich grenzenlos; offen geäußerte Kritik an seinem Leibarzt duldete er nicht. Wenn er sich erschöpft fühlte oder wenn von den Fronten schlechte Nachrichten einliefen, die ihn in depressive Stimmungen trieben, rief er Morell zu sich, verlangte eine stimulierende Spritze und erhielt sie auch. Die Wirkung war für uns alle augenfällig. Hitler schien neue Energien gewonnen zu haben, war wieder aktiv, arbeitete und redete bis in die Nacht hinein. In den letzten Monaten und Wochen im Bunker wurden Morells Injektionen fast zur täglichen Routinesache. Wir wußten zwar von den Spritzen, aber wir hatten keine Ahnung, was Hitler erhielt. Er verlor nie ein Wort über diese Dinge, und auch Morell schwieg beharrlich. Natürlich machten wir uns unsere Gedanken und tauschten Vermutungen aus, aber nur hinter vorgehaltener Hand. Es war eines jener Themen, über die man nicht offen sprach – ebensowenig wie über das Vergrößerungsglas, das Hitler in den letzten Jahren brauchte, die Führerschreibmaschine mit den übergroßen Lettern oder die Tatsache, daß er nur noch selten eine reelle, handfeste Mahlzeit vertrug.«[3]

Nun plante Morell, dem Führer Koffein zu spritzen, um seiner Erschöpfung zu begegnen. Darüber kam es jedoch mit Hitler zum Streit. Offensichtlich war sogar dem injektions- und tablettensüchtigen »Patienten A« diese Therapie zuviel. Ob ihm selbst dieser Zustand klar wurde oder ob Eva Braun hinter diesem Sinneswandel des Führers steckte (»Morell vergiftet dich. Nimm seine Medikamente nicht mehr!«), kann nicht mehr geklärt werden und ist wohl auch unerheblich. Tatsache ist, daß Hitler, als Morell mit der Koffeinspritze nahte, einen Schreikrampf bekam und seinen Leibarzt anbrüllte: »Sie wollen mir wahrscheinlich Morphium geben!« Hitler forderte Morell auf, auf der

Stelle seine Uniform als Leibarzt des Führers abzulegen, er brauche ihn nicht mehr. »Und verhalten Sie sich so, als hätten Sie mich nie gesehen!«[4]

Der Vorwurf des Führers traf Theo Morell so schwer, daß er einen Schwächeanfall erlitt, zusammenbrach und hinausgeführt werden mußte. Er weinte wie ein Kind.

Aus Morells Aufzeichnungen, die insgesamt mehrere tausend Blätter umfassen, wissen wir genau, was der Leibarzt seinem Patienten täglich verabreichte, mehr noch, die Notizen enthalten auch persönliche Bemerkungen, die Auskunft geben über die politische und strategische Lage und über das Arzt-Patient-Verhältnis. Entdeckt wurden wesentliche Teile erst relativ spät, im September 1981 im Nationalarchiv in Washington in einer großen Pappschachtel von dem englischen Hitler-Biographen David Irving. Inzwischen sind die wichtigsten Aufzeichnungen auf Mikrofilm dokumentiert (NA Micro T 253, Rolle 62). Wie sie nach Washington gekommen sind, ist noch immer nicht geklärt, doch gilt als sicher, daß sie vom militärischen Nachrichtendienst der USA im Berchtesgadener Land aufgespürt wurden, wo verschiedene Behörden und Institutionen sich an ihrer Entzifferung (Morell hatte eine fürchterliche Handschrift) versuchten.

Inzwischen sind die Dokumente entziffert, und sie gelten als das wichtigste Beweismittel für Hitlers Krankheiten und die Therapie seines Leibarztes. Morell führte exakt Buch über jede Injektion, jede Tablettenverordnung und jedes Liquidum, und im Vergleich mit dem ebenfalls vorhandenen Kalender der letzten Tage, in dem Hitler seinerseits über die eingenommenen Medikamente Buch führte, ergibt sich ein exaktes Bild. Die Morell-Papiere der letzten zwei Wochen zeigen einen schwerkranken Führer, der wohl mehr Medikamente als Nahrung zu sich nahm; sie zeigen aber auch einen physisch und psychisch schwer angeschlagenen Leibarzt, der um sein eigenes Leben zitterte:

7. 4.   (Sonnabend)

Abends Untersuchung der Augen durch Prof. Löhlein: beiderseits leichte Konjunktivitis, links Chalazion. Rechts leichte Glaskörpertrübung ähnlich wie früher. Pupillenreflex beiderseits prompt und gut. Pupillen ohne Befund. R. Macula: Reflex fehlend. Sehschärfe wie früher. – Warme Aufschläge aufs linke Auge angeordnet, zweimal täglich Zinksulfat Suprarenin zum Einträufeln und abends Pagenstechersche Augensalbe unter Lid. Beim Spazierengehen wegen des Staubes (Kalk!) im Garten Schutzbrille angeraten. Prof. Löhlein kam später mit uns (mir und Dr. Stumpfegger) auf den Tremor zu sprechen, der am linken Bein weg sei. Frug, ob der Führer eine Sprachstörung gehabt habe, was aber nie der Fall war, sondern nur eine Behinderung, als der Polyp entfernt werden mußte. – Die Blutgefäße im Auge waren eher eng als weit; auch z. Z. keine Anhaltspunkte für eine Blutung. Ich wies darauf hin, daß der Blutdruck immer 153 mm Hg sei und für längere Zeit auch niedriger, daß ich vor etwa einem Monat wieder einmal einen Aderlaß gemacht habe. – Während der Augenhintergrunduntersuchung wurde die linke Hand völlig ruhig gehalten (worauf ich auch Dr. Stumpfegger aufmerksam machte).

8. 4.   (Sonntag)

3 Uhr nachmittags. Strophantose I und Benerva forte und Omnadin i. v. plus Galvanis. mit großem Apparat; der Kleinfinger ist dabei besonders empfindlich. Am 7. April nach Prof. Löhleins Untersuchung sind dem Führer die Schwierigkeiten mit Reichenhall und ebenso die der Fertigung der Vitamultintäfelchen mitgeteilt worden, welche letztere ich einstellen möchte.

9. 4. (Montag)

Führer ist seit ungefähr 10 Tagen nicht mehr nach außen gekommen, nur zum Essen einmal pro Tag nach einem oberen Stockwerk (Arndt), sonst stets im Bunker verblieben. Auch die große Lage wird seit längerer Zeit im Bunker abgehalten (aus Sicherheitsgründen! Gespräch mit Führer!). Heute morgen um 5.30 Uhr erst Lage zu Ende gewesen; anschließend Tee! Hoffentlich kommt kein Fliegerfrühalarm, damit noch genügend Zeit für Schlaf übrigbleibt. Nachmittags brachte Dr. Stumpfegger den Befundbrief mit Del. (?) und dem Thermopor fürs Auge von Prof. Löhlein mit.

10. 4. (Dienstag)

3.15 Uhr mittags: Strophantose I und Benerva forte plus Omnadin i. v. und Galvanis. des linken Unterarms und der Hand. Weniger Tremor. Führer von morgens 7.30 Uhr bis 2 Uhr mittags geschlafen. Die militärischen Besprechungen hatten bis gegen 6 Uhr morgens gedauert, dann war Tee bis 7 Uhr morgens. – Morgens 6 Uhr hatte ich das Rezept von Prof. Löhlein umgeschrieben, da er daruntergesetzt hatte: »Für den Führer«, und gab Weisung, es in irgendeiner Apotheke außer der Engelapotheke zu holen. Erst in der 6. Apotheke (am Zoo) konnte es ausgefertigt werden mit Abholung morgen (anscheinend fehlte überall die Möglichkeit, sich Suprarenin zu beschaffen) – Medikamente sind jetzt, selbst für das Hauptsanitätslager des SS-Hauptamtes, sehr schwer zu beschaffen. Die meisten können wegen Ausbombung der Fabriken nicht mehr beschafft werden. Beim Galvanis. schmerzten nach fünf Minuten Prozedur der Klein- und Zeigefinger.

Ich selbst in den letzten Tagen wieder sehr großen

217

Lufthunger und Atemnot (bes. beim Treppensteigen).

12. 4. (Donnerstag)
Mittags: Strophantose I und Benerva forte und Omnadin i. v. plus Galvan.

14. 4. (Sonnabend)
Mittags: Strophantose I und Benerva forte plus Omnadin i. v. plus Galvan.

15. 4. (Sonntag)
Tremor, da Abart einer Schüttellähmung.
Versuch vorübergehender Beeinflussung durch Harmin s. c. und Homburg 680.

16. 4. (Montag)
Mittags: Strophantose I und Benerva forte i. v. plus Harmin s. c.
Abends: 1 Tropfen Homburg 680.

17. 4. (Dienstag)
Mittags: Harmin s. c. Tremor gering gebessert.
Mittags 1 Tropfen Homburg 680, abends 1 Tropfen Homburg 680.

18. 4. (Mittwoch)
Mittags: Strophantose I und Benerva forte i. v. plus Harmin s. c.

Zittern der linken Hand etwas gebessert, aber schläfrig. Nachtschlaf aber nur zur Zeit mit Tempidorm möglich. (Seit Sonntag großer Russenangriff bei Küstrin–Frankfurt a. d. Oder.)
Morgens 1 Tropfen Homburg 680.

Mittags 1 Tropfen Homburg 680.
Abends 1 Tropfen Homburg 680.

19. 4. (Donnerstag)
Harmin s. c.

20. 4. (Freitag)
Strophantose I. Betabion forte i. v. plus Harmin s. c. –
durch Dr. Stumpfegger machen lassen, da ich zu zitt-
rig war.

21. 4. (Sonnabend)
Entlassung![5]

Hitler hatte seinen Leibarzt Theo Morell entlassen! Den
Mann, von dem selbst die NS-Größen glaubten, daß Hitler
ihm hörig sei. Den wahren Grund für diese Entscheidung
werden wir nie erfahren. Angst vor Überdosierung seiner
Injektionen war es jedenfalls nicht; denn aus den Aufzeichnungen Dr. Stumpfeggers, der Morells Aufgabe übernahm,
geht eindeutig hervor, daß dieser unwidersprochen die
Dosis des gefährlichen Paralysis-agitans-Mittels Homburg
680 bis zu Hitlers Tod *vervierfachte*. Vermutlich war es
wirklich der Einfluß Eva Brauns, die den Gerüchten
glaubte, Morell sei angestiftet und bereit, den Patienten A
zu vergiften, um ein schnelleres Ende des Krieges herbei-
zuführen.

Martin Bormann, seit 1938 im persönlichen Stab Hitlers,
plante für einen der folgenden Tage die Verlegung des
Hauptquartiers von Berlin zum Obersalzberg bei Berchtesgaden. Zu diesem Zweck hatte Erich Kempka, Leiter
des Wagenparks der Reichskanzlei, zwanzig geländegän-
gige Kraftwagen, zehn Lkws und mehrere Omnibusse be-
reitgestellt. Der Führer sollte in einem gepanzerten Fahrzeug reisen. Kleidung, Diätnahrung und 50 Kisten Doku-

mente wurden bereits verpackt, als die Nachricht eintraf, der Landweg nach Süden sei von alliierten Truppen versperrt. Hitler gab vor, er hätte es ohnehin abgelehnt, aus Berlin zu fliehen, er wolle hier in Berlin eine Entscheidung erzwingen oder untergehen. Nachts gegen zwei Uhr werde jedoch ein letztes Flugzeug Berlin-Gatow verlassen in Richtung Süden, und mit ihm sollten Johanna Wolf und Christa Schröder, seine ältesten Sekretärinnen, versuchen, nach München durchzukommen.

Als die Condor in den Morgenstunden des 22. April in Neubiberg bei München landete, kletterte ein zittriger, dicker Mann aus dem Flugzeug: Theo Morell. Die Umstände, wie der in Ungnade gefallene Leibarzt in das Flugzeug gekommen ist, sind unklar. Angeblich hat Eva Braun Morell ihren gesamten Schmuck übergeben, den der Doktor ihrer Familie in München für schlechte Zeiten aushändigen sollte. Das wäre verwunderlich, denn Eva Braun konnte Morell nie leiden, und der Auftrag hätte ebenso von den beiden Sekretärinnen ausgeführt werden können. Wahrscheinlicher ist jedoch die Annahme, daß sich Morells Entlassung in den Wirren der letzten Tage noch nicht herumgesprochen hatte und Hitlers Pilot Hans Baur, mit dem Morell befreundet war, die Sache in die Hand nahm. In München wußte man jedenfalls nichts, und die Partei stellte Morell Auto und Chauffeur, das ihn zur österreichischen Grenze ins Berchtesgadener Land brachte. Dort hatte Morell ein Forschungsinstitut samt Luftschutzkeller eingerichtet, dort fühlte er sich fürs erste sicher.

In seinem Gepäck befand sich eine Kiste mit allen Aufzeichnungen und Krankenberichten über den »Patienten A«. Diese Dokumente sollten nie in falsche Hände fallen, und deshalb mauerte Morell die Kiste im Keller des Hauses in Bad Reichenhall ein. Der Professor machte nicht nur einen körperlich verfallenen Eindruck, er schien geistig verwirrt und sah, nachdem er vom Selbstmord des Führers und dem Ende des Krieges erfahren hatte, seine letzte Rettung im Krankenhaus von Bayerisch Gmain. Dort besuchte ihn auch seine Frau Johanna. Morell lag im Bett und weinte.

Eine Korrespondentin der *New York Times*, die eine Reportage von Hitlers Berghof machen wollte, stöberte Theo Morell am 21. Mai 1945 in dem kleinen Krankenhaus nahe der Grenze auf, und ihrem Bericht verdanken wir zahlreiche Einzelheiten jener verwirrenden Tage.[6]

Am 17. Juli 1945 wurde Theo Morell von Angehörigen der III. US-Armee gefangengenommen mit dem Ziel, ihn als Kriegsverbrecher vor Gericht zu stellen. Damit begann für Morell, der körperlich wie psychisch ein schwerkranker Mann zu sein schien oder auch nur sein wollte, eine gnadenlose Odyssee durch Lager, Lazarette und Prüfstellen. Im *Military Intelligence Service Centre* Oberursel wurde Morell vom amerikanischen Geheimdienst verhört und zusammen mit seinem Todfeind, dem Reichskommissar und Begleitarzt Dr. Karl Brandt, in eine mit geheimen Mikrophonen ausgestattete Zelle gesperrt, eine Prozedur, die Brandt später als »schlimmer als alles, was ich bisher mitgemacht habe« bezeichnete. Bei Morell traten Sprachstörungen und Gedächtnislücken auf, und er behauptete – wohl eher zu seiner Verteidigung –, das Gedächtnis verloren zu haben. Doch dies, so bescheinigten Gutachter, sei ebenso wie seine Lähmungserscheinungen psychogen überlagert und rechtfertige nur zeitweise den Lazarettaufenthalt.

Nicht von seinem Gedächtnis verlassen wurde Morell bei der Behauptung, er habe von all den furchtbaren Nazi-Verbrechen nichts gewußt; auf jeden Fall konnte ihm von den Amerikanern kein Kriegsverbrechen nachgewiesen werden. Doch von seinem Freispruch erfuhr Theo Morell erst Anfang 1947 im Lager Dachau, wohin er aus dem Lazarett des Internierungslagers Ludwigsburg mit 200 bis

230 mm Hg Blutdruck gebracht worden war. »Cleared by War Crimes«, ausgestattet mit Entlassungsschein Nr. 52160, setzten ihn die Amerikaner, die ihn wenig zuvorkommend behandelt hatten – sogar von Folter war die Rede –, im Wartesaal des Dachauer Bahnhofs aus, wo ihn eine Ärztin hilflos auffand und ins örtliche Krankenhaus einlieferte. Das Untersuchungsergebnis der Klinik lautete: Arteriosklerose mit Myokardschädigung und dekompensierte essentielle Hypertonie – eine Diagnose, ähnlich der Diagnose seines schicksalhaften »Patienten A«.

Wo sollte er hin? Gewiß, er hatte Millionen-Reichsmark-Konten; aber Geld hatte in jenen Tagen den geringsten Wert. Seine Besitztümer in Bayerisch Gmain, Heringsdorf, auf Schwanenwerder und am Kurfürstendamm waren zerbombt oder requiriert, und er war auf fremde Hilfe angewiesen. Seine nächste, die letzte Station, wurde das Kreiskrankenhaus »Alpenhof« am Tegernsee. Theo Morell, ein Wrack, zeigte Lähmungserscheinungen, Sprach- und Gedächtnisstörungen und litt an Verfolgungswahn.

Er starb 61jährig am 26. Mai 1948 an Herz- und Kreislaufversagen, drei Jahre nach dem Selbstmord seines Patienten Adolf Hitler.

Ein elender Tod für einen Mann, von dem es hieß, er habe mehr Macht gehabt als alle anderen NS-Größen, von dem es hieß, er habe Hitler von sich und seinen geheimnisvollen Injektionen abhängig gemacht, der Hitler mit Strychnin vergiftet haben sollte, von dem es hieß, er sei mit seinen geheimnisvollen Mittelchen zum Multimillionär geworden, der in Wirklichkeit ein Agent der Alliierten gewesen sein sollte, und von dem es hieß, er habe Geschichte gemacht.

Der Grund für die Geheimtuerei um den Leibarzt Theo Morell lag nicht bei ihm selbst, sondern in der Tatsache, daß Hitler ein Diktator war. Diktatoren ziehen einen tiefen Graben um ihre Körperlichkeit; denn Diktatoren leben nicht, sie herrschen. Jedes Kind kannte Hitlers Leibarzt beim Namen, aber über seine wahre Tätigkeit wußten nur die engsten Vertrauten des Führers. Untersuchungsergebnisse und Therapien wurden als Staatsgeheimnis betrachtet. Es gab keinen Patienten Adolf Hitler, es gab nur einen Patienten A. Das Wort »krank« existierte nicht im Zusammenhang mit Hitler; dabei war er von Ärzten und Medikamenten abhängig wie kein zweiter Diktator.

Gesandter Walther Hewel umschrieb das Wort in seinem Tagebuch mit »sakit« (Hewel war Gummipflanzer auf Java gewesen, und »sakit« bedeutet in einem indonesischen Dialekt »krank«), Röntgenaufnahmen und Elektrokardiogramme, die Spezialisten zur Auswertung vorgelegt wurden, stammten nach Morells Angaben »von einem hohen Diplomaten«. Doch bisweilen geriet der geheime Dienst zur Posse, wenn Stuhlproben, EKGs und Röntgenaufnahmen mit dem Absender Morells von Militärkurieren quer durch Deutschland transportiert und Untersuchungsergebnisse der »unwissenden« Ärzte exakt der Anamnese des Führers angepaßt wurden.

Verkannt, verehrt, verspottet? Wie kam es dazu, daß Theo Morell ein so umstrittener Mediziner wurde?

Morell war nicht der erste und nicht der einzige Arzt Adolf Hitlers, er verstand es nur ausgezeichnet, seine Position mit omnipotentem Gehabe auszubauen, zum Beispiel, indem er sich das einzigartige Exemplar einer Phantasieuniform auf den 161-Zentimeter-Umfang-Leib schneidern ließ oder bei offiziellen Anlässen und Fototerminen stets hinter dem Führer stand (der eigentlich Kinder und Hunde bevorzugte) oder indem er »Wundermittel« propagierte, die im eigenen Pharmazieunternehmen HAMMA produziert wurden. Hitler konnte Morell keine größere Freude bereiten als den Professorentitel, den er seinem Leibarzt zu Weihnachten 1938 verlieh. Stolz ließ er in seinem am

28. Juni 1939 in Berlin-Charlottenburg abgestempelten Reisepaß unter »Beruf« eintragen: Professor Dr. med.

Morells Vorgänger, wenn auch ohne Professoren- und Leibarzttitel, war der Chirurg Dr. Karl Brandt, ein kleiner Parteigenosse (Mitgliedsnummer 1 009 617), der seinen Titel als »Begleitarzt« Hitlers eher dem Zufall oder besser seiner Freundin Anni Rehborn verdankte, die auf den Obersalzberg geladen war und ihren Lebensgefährten Karl mitbringen durfte. Bei einer Autoausfahrt mit mehreren Fahrzeugen kam es im Juli 1933 bei Reit im Winkl zu einem Unfall, bei dem Brandt tatkräftig Hilfe leistete, indem er den verletzten Adjutanten Wilhelm Brückner ins Traunsteiner Krankenhaus brachte und operativ versorgte. Dieser Vorfall brachte Hitler, der bis dahin jeden ärztlichen Beistand verschmäht hatte, auf den Gedanken, seinen ständigen Troß um einen Begleitarzt zu erweitern. Der junge Brandt, eher an seiner ärztlichen Fortbildung interessiert, ernannte zwei Kollegen als Stellvertreter, Werner Haase und Hanscarl von Hasselbach.

Seine erste Bewährungsprobe sollte Dr. Brandt zu Weihnachten 1934 abgeben, als Hitler den Begleitarzt kommen ließ, er leide unter furchtbaren Magenkrämpfen; aber diese Bewährungsprobe scheint nicht zu Hitlers Zufriedenheit ausgegangen zu sein. Denn der Chirurg Brandt zog besorgt einen Internisten zu Rate, einen Freund von der SS, der Brandt inzwischen angehörte, Dr. Ernst-Robert Grawitz, der – niemand durfte davon wissen – den Führer heimlich aufsuchte und eine akute Intoxikation (gefährliche Ernährungsstörung) diagnostizierte. Grawitz verordnete Neo-Ballistol, durch das aber das Leiden des Patienten nur vergrößert wurde. Schwindel, Kopfweh, Ohrensausen und Doppeltsehen (Diplopie) stellten sich ein, die Magenkrämpfe sollten noch Jahre dauern.

Grawitz und Brandt waren sich jedoch einig, die Ursache des Magenleidens ihres Patienten müsse in dessen ungesunder Ernährung zu suchen sein. Der sensible Nichtraucher und Nichttrinker Adolf Hitler huldigte dem Vegetarismus aus, wie er sagte und wohl auch glaubte, ideologischen Gründen, und Dr. Grawitz wußte nur einen Rat, der Patient möge alles essen, was ihm schmeckt.

Doch Hitler schmeckte nahezu nichts. Selbst das Gemüse, das für ihn, vor allem in Gesellschaft, bei denen es Fleisch und »normales« Essen gab, in Schnitzel- oder Hühnchenform gebracht wurde, damit seine Manie nicht auffiel, fand bei ihm wenig Begeisterung. Für russische Eier mit echtem Kaviar schwärmte er einmal für kurze Zeit; er stellte den Verzehr jedoch umgehend ein, als er erfuhr, wie teuer Kaviar schon damals war. Sogar Brot rief bei ihm Abneigung hervor (zum Frühstück gab es nur Milch und zehn Leibniz-Kekse), und wenn er Brot aß, mußte das Brot ohne Sauerteig gebacken und von der Rinde befreit sein. Außerdem aß er viel weniger, als es seiner Größe (170 cm) und seinem Gewicht (70 kg) zukam.

Daß Hitler Vegetarier war, ist von weit geringerer Bedeutung als der Umstand, der ihn dazu führte. Bis 1931 ernährte sich Hitler schlicht und deftig, wie es seiner Lebensart entsprach, mit Vorliebe für Schweinebraten und Leberknödelsuppe. Doch dann, im September 1931, änderte er seine Eßgewohnheiten von einem Tag auf den anderen; er wurde Vegetarier, weil ihm Fleischgenuß, wie er sich gegenüber Hermann Göring ausdrückte, so vorkomme, als esse man eine Leiche, und eine Suppe war für ihn auf einmal Leichenbrühe.

Vermutlich wäre zu dieser Zeit ein Psychotherapeut von größerem Nutzen gewesen als alle Ärzte, mit denen Hitler sich umgab; aber er hatte keinen. Er hätte auch nie einen Therapeuten geduldet, weil Seelentherapie Selbstentblößung voraussetzt, und so wie er es ablehnte, sich je mit entblößtem Oberkörper oder gar in Badehose zu zeigen (ein Badefoto von Reichspräsident Friedrich Ebert auf dem Titelbild einer Illustrierten war ihm ein Greuel), so sperrte er sich gegen jede Art von Preisgabe seines Innersten. Hitler war das Paradebeispiel einer entseelten, geschlechtslosen Persönlichkeit, und er gerät damit in Verwandtschaft mit Napoleon, der trotz zahlloser Beziehungen zu Frauen in der Verbannung lamentierte, er habe nie wahre Liebe empfunden.

Im Gegensatz zum Viel- und Fleischesser Napoleon enthielt sich der Vegetarier Hitler aus Prinzip der sexuellen Fleischeslust. Er hatte sich da seine eigene Philosophie zurechtgezimmert. Aus seinen Monologen im Führerhauptquartier vom 10./11. März 1942: »Die Welt des Mannes ist groß, verglichen mit der der Frau: Der Mann gehört seiner Pflicht, und nur ab und zu schweift ein Gedanke zur Frau hinüber. Die Welt der Frau ist der Mann, an anderes denkt sie nur ab und zu; das ist ein großer Unterschied. Die Frau kann viel tiefer lieben als der Mann!«[7]

Davon abgesehen hielt ihn eine manische Angst vor Syphilis von jeder Sexualität fern. In seinem Buch »Mein Kampf« geht er mehrmals auf dieses Thema ein und fordert »ungeheure Opfer und ebenso große Arbeiten« zu ihrer Bekämpfung. Frühe Verehelichung, so der Führer, sei die beste Voraussetzung, der Syphilis zu entgehen.

Hitler war 42, und von der Machtübernahme trennten ihn gerade noch zwei Jahre, als ein unvorhersehbares Ereignis den scheinbar standfesten Nationalsozialisten aus der Bahn warf. Er lebte damals noch als möblierter Herr in der Münchner Thierschstraße und war auf der Suche nach einer standesgemäßen Bleibe; schließlich war er seit den Reichstagswahlen im September 1930 Führer der zweitstärksten Partei im Parlament. Bisher hatte er nicht viel Wert gelegt auf eine bessere Wohnung; er hielt sich selten zu Hause auf, und für die Wochenenden hatte er auf dem Obersalzberg bei Berchtesgaden zum Preis von 100 Mark im Monat ein bescheidenes Landhaus gemietet, Haus

»Wachenfeld«, den Besitz einer Industriellenwitwe. Während seiner Abwesenheit wachte Hitlers Halbschwester Angela Raubal aus Wien über das Anwesen; sie hatte ihre beiden Töchter Friedl und Geli mitgebracht. Und Geli, seine Stiefnichte, war es, die Hitler ungewollt zum Vegetarier machte.

Geli Raubal, neunzehn Jahre jünger als Onkel Adolf, hatte hellbraunes Haar, ein lustiges Lachen und einen beachtenswerten Busen, jedenfalls entsprach das hübsche Mädchen Hitlers Idealbild von einer Frau; er himmelte es an und erfüllte ihm jeden Wunsch. Der Mutter konnte die Beziehung, die gewiß kein Verhältnis war, nicht verborgen bleiben; sie sah sie wohl auch nicht ungern, denn als Onkel Adolf in München eine neue Wohnung gefunden hatte (neun Zimmer, Prinzregentenstraße 16, 2. Stock), da erklärte sie sich einverstanden, daß Geli bei Hitler einzog – zum Studium, wie sie sagte.

In München sah man die beiden in Cafés, Restaurants und im Theater, und dabei stellte sich Hitler recht täppisch an und vermittelte eher den Eindruck eines ungeschickten Pennälers als eines »Führers«. Hitler vereinnahmte das Mädchen mit Haut und Haaren, wachte über seine Kleidung und seinen Umgang und stellte Aufpasser aus der Partei an Gelis Seite, wenn er selbst dieser Aufgabe nicht nachkommen konnte. Einer dieser Begleiter war sein Freund und alter Parteigenosse Heinrich Hoffmann. Ihm gestand Hitler eines Tages, daß er Geli liebe, daß er sie durchaus heiraten könnte, es aber vorziehe, Junggeselle zu bleiben.

Ohne von Geli zu lassen, stürzte Hitler sich mit einem Aufschwung der Gefühle in ein weiteres Abenteuer: In Heinrich Hoffmanns Fotoladen traf er auf ein siebzehnjähriges Mädchen, nicht weniger hübsch als Geli und ebenso selbstbewußt, Eva Braun. Zuerst fiel er ihr auf als »ein Herr von gewissem Alter mit einem komischen Bart und einem hellen englischen Mantel, einen großen Filzhut in der Hand«, der sie mit den Augen zu verschlingen drohte.[8] Aber mit Blumen und Pralinen gelang es dem Mann mit dem Filzhut, sich eine gewisse Zuneigung zu erschmeicheln. Noch aß er Fleisch.

Die Organisation des Parteiwesens nahm Hitler im Jahre 1931 so in Beschlag, daß er nur noch wenig Zeit in seiner Münchner Wohnung verbrachte, zum Leidwesen Geli Raubals, die sich, stets bewacht (Hitler hatte in die neue Wohnung seine alte Zimmerwirtin und deren Mutter mitgebracht), wie eine Gefangene vorkam. Sicher blieb Geli auch der Klatsch nicht verborgen, für den der übermütige Backfisch aus Hoffmanns Fotoladen sorgte: Eva Braun erzählte nämlich überall herum, daß der Herr Hitler ihr den Hof mache und sich mit dem Gedanken trage, sie zu heiraten. Das erste entsprach den Tatsachen, das letzte nicht.

Zum Eklat kam es, als Hitler im Herbst 1931 zu Ohren kam, daß Emil Maurice, sein eigener Chauffeur – Hitler war ein Automobilenthusiast, hatte aber nie einen Führerschein –, sich heimlich mit Geli Raubal verlobt habe. Nun war Maurice kein gewöhnlicher Chauffeur, er war eher ein alter Freund (wenn Hitler überhaupt je einen Freund hatte), und die beiden hatten zu Beginn der zwanziger Jahre, noch vor Hitlers Hochverratsprozeß, der ihm Festungshaft in Landsberg einbrachte, gemeinsam in München den Mädchen nachgestellt oder die Aktmodelle in der Akademie angegafft, aber zu mehr als einer harmlosen Einladung war es dabei nie gekommen. Daß Emil, gewiß der Attraktivere von beiden, ihm Geli wegschnappen wollte, konnte Hitler dem alten Weggefährten nicht verzeihen. Er stellte ihn zur Rede, Maurice gestand ihm seine Liebe, und Hitler warf ihn auf der Stelle hinaus.

Wider Erwarten schien dieser Schritt das platonische Verhältnis zwischen Geli und ihrem Onkel nicht zu beeinträchtigen; man sah sie wieder gemeinsam in der Öffentlichkeit, und das Mädchen gab sich der Hoffnung hin, vielleicht doch noch »Frau Hitler« zu werden. Sie akzeptierte auch, daß er ihr jeden Verehrer rigoros vom Leibe hielt; aber Mitte September kam es zwischen den beiden zu einem heftigen Streit. Hitler hatte am 17. September eine mehrtägige Reise nach Nürnberg und Hamburg geplant, und Geli Raubal wollte während dieser Zeit in ihre Heimatstadt Wien fahren. Onkel Adolf sagte nein.

Mit seinem neuen Chauffeur Julius Schreck, einem alten Weggenossen, der ihm verblüffend ähnlich sah, und Heinrich Hoffmann machte Hitler sich auf den Weg nach Nürnberg. Er hatte das Haus kaum verlassen, als Geli die Kleider ihres Onkels zu durchsuchen begann. War es Zufall oder ein verräterischer Hinweis? – in einem Sakko fand sie einen Brief mit kindlicher Handschrift auf blauem Papier:

»Lieber Herr Hitler,
ich danke Ihnen nochmals für die wunderschöne Einladung ins Theater. Ich werde diesen Abend so bald nicht vergessen. Ich verbleibe in Dankbarkeit für Ihre Freundlichkeit und zähle die Stunden bis zu einem Wiedersehen. Ihre Eva.«[9]

Geli zerriß den Brief und schloß sich in ihr Zimmer ein. Als sie auch am folgenden Morgen nicht öffnete, wurde ein Schlosser geholt: Das Mädchen lag vor der Couch auf dem Boden, es hatte sich mit einer Pistole 6.34 ins Herz geschossen.

Die Nachricht erreichte Hitler in Nürnberg. Er kehrte sofort zurück, aber man hatte Gelis Leiche schon weggebracht. Zusammen mit Hoffmann zog Hitler sich in das Haus eines Parteimitglieds am Tegernsee zurück. Dort, erinnerte sich Hoffmann, ging er zweieinhalb Tage mit den

Händen auf dem Rücken auf und ab. Er sagte nichts, aß nichts. Als ihm die Nachricht überbracht wurde, Geli sei auf dem Wiener Zentralfriedhof beigesetzt worden, fuhr er mit dem Auto nach Wien und legte Blumen an ihrem Grab nieder.

Der Vegetarier Adolf Hitler kam drei Tage später zum Durchbruch. Er hatte seine Parteigeschäfte wiederaufgenommen und war nach Hamburg gereist, wo er in einem nicht näher bekannten Gasthof übernachtete. Zum Frühstück gab es Schinken; aber Hitler lehnte entrüstet ab und verkündete, nichts auf der Welt könne ihn dazu bringen, je wieder Fleisch zu essen.

Man könnte diesen Bruch in der Weltanschauung – und beim Vegetarismus handelt es sich um eine Weltanschauung – als bewußt herbeigeführt sehen; dagegen sprechen jedoch Hitlers Toleranz gegenüber Fleischessern und seine Zurückhaltung in all seinen Schriften. Vielmehr wurde Hitlers Vegetarismus durch ein psychisches Trauma ausgelöst, das sich auch auf ganz andere Weise hätte manifestieren können.

Den Beweis liefert Geheimrat Professor Walter Stoekkel, der Grandseigneur der deutschen Gynäkologie. In seinen Memoiren[10] berichtet er von einer Einladung bei Magda Goebbels, seiner Patientin, die er nach zwei Fehlgeburten erfolgreich operiert hatte, so daß sie noch fünf Kinder zur Welt brachte. Dr. Joseph Goebbels war damals Gauleiter von Berlin und hatte gelobt, das rote Berlin für den Nationalsozialismus zu erobern. Die Goebbels' residierten damals noch nicht auf der Insel Schwanenwerder, sondern in einer Etagenwohnung am Reichskanzlerplatz. Dorthin bat Magda Goebbels »an einem Freitag im Dezember 1932« den Professor zu einer ihrer obligaten Mitternachtseinladungen mit einem Dutzend NSDAP-Größen, darunter Himmler und Hitler.

»Ich muß gestehen«, schreibt Stoeckel, »daß ich keinen

überwältigenden Eindruck von dem Mann hatte, dessen Absicht es war, die Regierungsgewalt im Reich zu übernehmen.« Hitler versuchte sich an seinem Gegenüber mit der üblichen »Augenprobe«, die darin bestand, dem anderen längere Zeit intensiv in die Augen zu blicken, ein simpler Trick, der dem Führer den unsinnigen Ruf der Menschenkenntnis einbrachte. Bei Tisch fiel dem Professor Hitlers Zurückhaltung auf und daß er nur vegetarisch aß. Bei dieser Gelegenheit fragte der Führer, was er vom Vegetarismus halte.

»Der Mensch ist vor Urzeiten ein pflanzenfressendes Tier gewesen«, sagte Stoeckel. »Das ist ihm gut bekommen, denn sonst hätte er sich nicht so erfolgreich fortgeplanzt.«

Hitler lachte: »Sehr gut, Herr Geheimrat. Das ist wissenschaftlich begründet und trotzdem volkstümlich ausgedrückt. Ein pflanzenfressendes Tier! Haben Sie das gehört, Himmler?«

Die anderen Gäste stimmten in das Gelächter ein. Doch schon im nächsten Augenblick verstummte die Fröhlichkeit abrupt, weil Professor Stoeckel gedankenlos eine Bemerkung machte, die Hitler in seinem Innersten traf.

»Männer«, sagte Stoeckel, »entschließen sich leichter zur Rohkost als Frauen, das beobachte ich immer wieder.«

Die ehrliche Erkenntnis des Arztes traf die Gesellschaft wie ein Blitzschlag. Zuerst herrschte eisiges Schweigen. Entsetzt starrten alle auf Professor Stoeckel; denn alle Anwesenden kannten die Ursache für Hitlers Vegetarismus, Gelis Tod, nur der Geheimrat offenbar nicht.

Gastgeberin Magda Goebbels machte schließlich den Versuch, die Situation zu retten, sie wandte sich an Hitler und sagte verlegen: »Sehen Sie, Herr Hitler, auch der Geheimrat ist der Meinung, daß Sie bald heiraten sollten!«

Der nahm die Bemerkung dankbar auf und erwiderte pathetisch: »Man kann seinem Volk auch ohne Söhne die-

231

nen und seinen Namen auch ohne Nachkommen erhalten. – Als Vater muß man ja immer befürchten, daß die Söhne von irgendeinem Vorfahren schlechte Eigenschaften geerbt haben, und eines Tages machen die sich unangenehm bemerkbar.«

Dr. Morell trat 1936 in Adolf Hitlers Leben, in einem Jahr, das von großer Bedeutung für die nationalsozialistische Bewegung war. Am 29. März wählten 98,8 Prozent der Wähler Hitler und seine Politik, am 1. August wurden in Berlin die Olympischen Spiele eröffnet, die Hitler-Deutschland in der Welt ungeheueren Prestigegewinn brachten, nicht nur wegen der 33 Goldmedaillen; Hitler war in der Welt hoffähig geworden.

Auf Morell wurde Hitler durch einen gemeinsamen Freund aufmerksam, Heinrich Hoffmann. Dieser lag angeblich an Gonorrhöe darnieder und erinnerte sich seines alten Duzfreundes, dem er in Berlin mehrfach begegnet war. Morell galt als *der* Modearzt, und zu seinen Patienten zählten Prominente wie Kronprinz Wilhelm, Marika Rökk, Max Schmeling, Richard Tauber, Rosita Serrano und Martha Eggert. Und wie es sich für einen Prominentenarzt gehört, schickte Hitler ein Sonderflugzeug nach Berlin, um den Doktor schnellstmöglich zu seinem Freund Heini Hoffmann zu transportieren, nicht wissend, daß Morell Flugzeuge mied wie der Teufel das Weihwasser. Aber Morell flog, stieg im Regina-Palast-Hotel ab und suchte Hoffmann im Stadtviertel Bogenhausen auf, wo er eine Nierenbeckenentzündung diagnostizierte und ein starkes Sulfonamid verschrieb, das umgehend Besserung brachte.

Sie lernten sich an Hoffmanns Krankenbett kennen: Hitler und Morell. War es Hoffmanns Einfluß oder Morells gewandtes Auftreten, sein psychologisches Einfühlungsvermögen, mit dem er seine Patienten verblüffte? Nach einem langen Gespräch unter vier Augen bat Hitler Morell um eine umfassende Behandlung.

Dies geschah zu einer Zeit, da der Führer sich wieder einmal in schlechter gesundheitlicher Verfassung befand. Im Vorjahr hatte er sich einer Operation unterziehen müssen, Professor Carl Otto von Eicken hatte Hitler nach wochenlanger Heiserkeit einen Stimmlippenpolypen entfernt, und Krankheit wie Eingriff hatten in der Öffentlichkeit großes Aufsehen erregt und zu wilden Spekulationen geführt. Nun plagten ihn chronische Schlafstörungen und permanentes Ohrensausen, das nachts zu einem metallischen Klingeln anschwoll; aber weder von Eicken noch Begleitarzt Brandt vermochten dem Patienten Linderung zu verschaffen. Da erschien ihm wohl der erfolgreiche Morell als letzte Hoffnung.

Nichts ist erfolgversprechender als ein »neues« Medikament. Morell begegnete den Magenkomplikationen seines Patienten A mit »Mutaflor«, einem überall erhältlichen Colipräparat, und das »Wunder« geschah: Nicht nur die Magenkrämpfe ließen nach, auch die Schlafstörungen besserten sich (Hitler ging selten vor vier Uhr morgens zu Bett). Gewohnt, über Ärzte nur mit zynischen Bemerkungen zu sprechen, verblüffte der Führer seine nächste Umgebung mit Lobeshymnen auf Dr. Theo Morell. Er versprach ihm sogar eine Villa im Süden, wenn es ihm gelingen sollte, ihn gesund zu machen, und Morell durfte dem Versprechen durchaus trauen, denn wenn es um seine Gesundheit ging, war dem Führer nichts zu teuer. Hinter vorgehaltener Hand redete man davon, Professor von Eicken habe für seinen Stimmlippeneingriff 260 000 Mark erhalten, eine unvorstellbare Summe.

Nebenbei ging Morell seiner Praxis am Kurfürstendamm nach, die nun, da seine neue Aufgabe bekannt wurde, sich noch größerer Beliebtheit erfreute, so daß der Doktor einen Vertreter namens Wolfgang Wohlgemuth engagierte. Immer häufiger suchte Hitler die Nähe seines Arztes, er lud Morell und Ehefrau Johanna Silvester 1936 auf den Obersalzberg ein, und bei dieser Gelegenheit ernannte er Morell offiziell zum »Leibarzt des Führers«.

Welch eine Karriere! Der Lehrersohn aus dem hessischen Trais-Münzenberg, vom Vater zum Schulmeister bestimmt und erst auf dem zweiten Bildungsweg zu Abitur und Medizinstudium gekommen, war mit einem Mal der prominenteste Arzt in Deutschland. Dabei hatte ihm nicht einmal seine Parteizugehörigkeit geholfen; zwar war er seit 1933 Mitglied der NSDAP, aber nicht mehr als einer der zahllosen Mitläufer. Jedenfalls hatte er, dessen französische Vorfahren vor zweihundert Jahren aus Glaubensgründen ins Hessische gewandert waren, die Partei weniger aus Überzeugung gesucht, denn aus geschäftlichen Gründen. Sein Aussehen entsprach nicht gerade dem arischen Idealbild, und unter den Künstlern, die seine Praxis bevölkerten, befanden sich besonders viele Juden, so daß viele glaubten, auch Morell sei Jude, und man Schmierereien an seinem Haus anbrachte. Als Parteigenosse blieb er davon verschont, und er konnte unbehelligt die Behandlung aller Patienten fortsetzen.

Der Schritt war typisch: Morell war ein beispielhafter Pragmatiker, er verstand es, sich ungewöhnlich schnell auf jede erdenkliche Situation einzustellen, wobei ihm ein hoher Grad Menschenkenntnis zugute kam. Kein Wunder bei seinem Umgang. Als Schiffsarzt des Norddeutschen Lloyd, der Deutschen Südamerika-Linie und der Woermann-Linie hatte er vor dem Ersten Weltkrieg Nord- und Südamerika und Afrika bereist und besaß ein durchaus weltmännisches Auftreten, das er auch in höchsten Kreisen beibehielt. Und nun war er »Leibarzt des Führers« – keine leichte Aufgabe.

In Kollegenkreisen schaffte ihm der Titel nur Feinde. Die Ärzteschaft machte sich vor allem über die von ihm selbst entworfene Uniform lustig, die seine unvorteilhafte Figur noch mehr betonte, in Wirklichkeit blieb Morell jedoch gar nichts anderes übrig, als in eine Uniform zu schlüpfen; denn die Umgebung des Führers bestand nur aus Uniformierten, und auch andere Ärzte wie Brandt oder Grawitz trugen als SS-Mitglieder Uniform.

Morell erkannte bald, daß alle Leiden Hitlers, seine Herzbeschwerden, Schlafstörungen, Kopfschmerzen, Schwindel und Verstopfung psychogener Natur waren. Entsprechend richtete er seine Therapie ein. Es wäre verfehlt gewesen, dem Patienten A eine Krankheit auszureden, ein Placebo tat bessere Wirkung. Hitler schätzte vor allem Morells Injektionen, die der Doktor, nach übereinstimmender Aussage seiner Patienten, so gekonnt setzte, daß viele den Einstich nicht einmal bemerkten. Ein Geheimnis dieser Kunst waren die extrem dünnen Nadeln, deren Morell sich bediente; das führte allerdings auch dazu, daß hin und wieder eine Nadel verbogen wurde oder gar abbrach. Die Meinungen über seine ärztlichen Fähigkeiten waren geteilt. Man konnte Morell nur bewundern oder verachten; gleichgültig stand dem Mediziner niemand gegenüber. Die einen nannten ihn einen Wunderheiler, die anderen einen Quacksalber und Scharlatan.

Zu seinen Bewunderern gehörte Goebbels' Adjutant und Referent im Reichspropagandaministerium Prinz Friedrich Christian zu Schaumburg-Lippe, der eines Nachts von rasenden Kopfschmerzen und hohem Fieber befallen wurde und eine Gehirnhautentzündung befürchtete. Er bat Morell an sein Krankenbett, und der untersuchte zur Verblüffung des Prinzen seine Augen und seine Schädelform und setzte eine Injektion, kurz darauf eine zweite.

»Was spritzen Sie mir da?« fragte Prinz Schaumburg-Lippe.

»Eine von mir erfundene Kombination«, erwiderte Morell, »die wird Ihnen sicher schnell helfen.«

Wenige Stunden später, beteuerte der Prinz, sei er »so

gut wie geheilt« und in der Lage gewesen, eine einstündige Rede im Lichterfelder Stadion zu halten.[11]

Reichsaußenminister Joachim von Ribbentrop, der wie viele NS-Größen an chronischer Schlaflosigkeit litt, beteuerte standhaft, Morell habe ihm mit seinen Injektionen den Schlaf wiedergegeben, und der Arzt wußte eine Fotografie mit entsprechender Widmung des Patienten publikumswirksam zu vermarkten, indem er sie, für jedermann sichtbar, in seiner Praxis ausstellte, wie eine Jagdtrophäe. Kein Zweifel, Morell war ein Prominentenjäger.

»Mit welchen Leiden man auch zu Morell kam, Zahnschmerzen, Kopfschmerzen, Hexenschuß, Schnupfen – er verabreichte eine Spritze; die Schmerzen ließen nach oder waren gänzlich verschwunden.« So beschrieb Hitlers Kammerdiener Karl Wilhelm Krause die Behandlungsmethode des Mediziners. »Die Spritzen hielten viele Stunden bzw. Tage an. Nach geraumer Zeit war es so, daß man sich ohne seine Spritzenbehandlung gar nicht mehr wohl fühlte. Bei Hitler war es ebenso. Er hat in den letzten Jahren von dieser Behandlung gelebt.«[12]

Idealer konnte ein Arzt-Patient-Verhältnis nicht sein als zwischen Morell und Hitler. Morell war verschreibungswütig, Hitler verschreibungssüchtig, und beide glaubten an ihre Unfehlbarkeit. So ist auch zu erklären, daß der hypersensible Hypochonder andere, zweifellos qualifiziertere Mediziner ignorierte und sich Morell regelrecht auslieferte.

Hugh Trevor-Roper, bei Kriegsende ein junger Major des britischen Geheimdienstes und später als Historiker mit dem Professorentitel geadelt, lernte Morell bei den Verhören 1945/1946 kennen. Er ging mit Hitlers Leibarzt hart ins Gericht: »Wer diesen plumpen, aber eingefallenen alten Mann mit den kriecherischen Manieren, der undeutlichen Sprechweise und den hygienischen Gewohnheiten eines Schweines nach seiner Internierung durch die Amerikaner sah, konnte nicht begreifen, wie ein Mann, der jeder Selbstachtung so vollkommen ermangelte, von irgend jemand zum Leibarzt erwählt werden konnte, der auch nur eine beschränkte Auswahl hatte. Aber Hitler wählte ihn nicht nur; er hielt sich ihn neun Jahre ständig als behandelnden Leibarzt, zog ihn allen anderen Ärzten vor und unterwarf schließlich, gegen einstimmigen Rat, seine Person den verheerenden Experimenten eines Scharlatans. Von 1936 bis 1945 war Morell, seinen eigenen Worten nach, Hitlers ›ständiger Gefährte‹, und doch war ihm die Gesundheit seines Patienten nur in zweiter Linie wichtig. Aus allen Beweisen geht klar hervor, daß Morells Gott der Mammon war. Wissenschaft oder Wahrheit waren ihm völlig gleichgültig. Dem Studium der langsamen Methoden geduldiger Forschung zog er das Herumspielen mit schnellwirkenden Drogen und phantastischen Geheimmitteln vor. Und wenn Kritiker auf die Unzulänglichkeit seiner Qualifikation hinwiesen, erweiterte er einfach seine lügnerischen Ansprüche. Er war – behauptete er – der wirkliche Entdecker des Penicillins, aber nachdem er seiner Entdeckung lange Jahre redlicher Forschung gewidmet hatte, habe der allgegenwärtige britische Geheimdienst das Geheimnis gestohlen, und ein englischer Arzt habe die Ehre für sich in Anspruch genommen.«[13]

Morells Lebenstraum hieß Penicillin. Vermutlich hätte er seine rechte Hand dafür gegeben, als Erfinder dieses Antibiotikums anerkannt zu werden; aber in die Verlegenheit kam er nicht. Der britische Bakteriologe Alexander Fleming nahm ihm die Entscheidung ab, als er 1928 das Penicillin erfand. Tatsächlich hatte Morell sich schon in den zwanziger Jahren als Pharmazeut versucht, allerdings wenig erfolgreich; doch das einträgliche Geschäft eines »Helfers der Menschheit« war noch immer sein Lebenstraum. Zur Erfüllung dieses Traumes konnte ihm sein Status als »Leibarzt des Führers« nur hilfreich sein. Die Anbiederungsversuche der pharmazeutischen Industrie zeigten deutlich, daß auch andere an den Werbefaktor »Leibarzt des Führers« glaubten.

Für Theo Morell war es deshalb eine logische Schlußfolgerung, daß er die Medikamente, die er Hitler verordnete, in eigener Produktion herstellte. Zaghaft zunächst kaufte er sich 1938 zu 50 Prozent in die *HAMMA Drogen- und Chemikalienvertriebsgesellschaft* in Hamburg ein, die von ihren jüdischen Besitzern zur Disposition gestellt wurde. Mitbeteiligt war Julius Wolf, der Direktor der pharmazeutischen *Nordmark-Werke*. Ein Jahr später beteiligte Morell sich an der *Johann Schmidt Kommanditgesellschaft* in Nürnberg, 1940 gründete er mit dem Kompagnon Walter Haupt die Pharma-Firma HAMO. Im Sommer desselben Jahres bemühte Morell sich um die *Chinoin-Aktiengesellschaft,* das zweitgrößte Pharma-Unternehmen Ungarns, das das Sulfonamid Ultraseptyl produzierte, und nur ein paar Tage später erwarb der Leibarzt 25 Prozent der *Kommanditgesellschaft Chemisches Laboratorium Ankermann und Co., Berlin.*

Geschickt verstand es Morell, die Besitzverhältnisse der genannten Firmen zu verschleiern. Dafür beschränkten sich seine Verordnungen, wenn nicht ausschließlich, so doch weitgehend auf pharmazeutische Produkte aus eigener Produktion, und bis auf die speziell für Hitler hergestellten Vitamultintäfelchen F waren alle Medikamente im freien Handel erhältlich. Einige wie das »normale« Vitamultin oder das Läusepulver »Rußla« machten Morell reich, weil er seinen Firmen Exklusivaufträge sicherte. Vitamultin wurde regelmäßig an Rüstungsarbeiter verteilt; das sicherte ein Vertrag mit der Deutschen Arbeitsfront.

Mochte das Vitaminpräparat noch von beschränktem Nutzen gewesen sein, so handelte es sich bei dem Läusepulver »Rußla« um eine Quacksalberei. Morell hatte es auf geniale Weise verstanden, den Patienten A von der

Wichtigkeit und Wirksamkeit eines Läusemittels im Krieg zu überzeugen, und Hitler selbst hatte den Einsatz von »Rußla« bei allen deutschen Truppen angeordnet. Hans-Dietrich Röhrs, stellvertretender NS-Reichsgesundheitsführer und erbitterter Kritiker von Morells Praktiken, erkannte schon 1939 in Morell einen Scharlatan, dem »das Handwerk zu legen« sei, aber erst nach dem Krieg meldete er sich in der Sache zu Wort: »Morell hatte davon gehört, daß im Ersten Weltkrieg die Kavallerie einen geringeren Läusebefall gegenüber der Infanterie aufgewiesen habe. So ließ er aus Pferdehaaren und Pferdehorn ein Pulver herstellen und redete Hitler ein, dies sei ein wirksames Mittel, um die in Rußland kämpfenden Truppen vor Läusebefall zu schützen. Wie von den Fachleuten erwartet, erwies es sich als unbrauchbar. Die deutsche pharmazeutische Industrie verfügte über wirksame Insektizide, die einen ausreichenden Schutz vor Fleckfieberepidemien geboten hätten. Infolge der sinnlosen Belieferung mit Rußla-Pulver kam es zu ausgedehntem Auftreten von Fleckfieber bei der in Rußland kämpfenden Truppe. Es schwächte ihre Kampfkraft und beeinträchtigte die Leistungsfähigkeit des Sanitätsdienstes erheblich; denn die nun notwendigen Fleckfieberlazarette beanspruchten Betten und Sanitätspersonal, die für die Versorgung der Verwundeten und ihre Wiederherstellung dringend benötigt wurden.«[14]

Und dann machte Röhrs eine interessante Rechnung auf: »Die Ausfälle durch Fleckfieber werden für die Ostfront von Sanitätsoffizieren, die dort tätig waren, auf 40 000–80 000 Fälle geschätzt. Die Sterblichkeit betrug nach ihren Erinnerungen 20 Prozent, während der Ausfall der Erkrankten für den Einsatz mit mindestens einem halben Jahr angegeben wird. Rechnet man noch die dadurch entstandenen Versorgungsschwierigkeiten bei den Verwundeten hinzu, so kommt man nicht umhin, den gewissenlosen Geschäftspraktiken Dr. Morells einen Anteil an der Minderung der Kampfkraft der Fronttruppe zuzuschreiben.«[15]

Morells Vitamin- und Traubenzuckerpräparate konnten als Einzeldosierung zumindest keinen Schaden anrichten, doch scheint ihr Nutzen für den Produzenten größer gewesen zu sein als für die Konsumenten. Professor Ernst-Günther Schenck, Beauftragter des Reichsgesundheitsführers Leonardo Conti, schätzte Morells Einkommen allein aus dem Präparat Vitamultin auf 20 Millionen Mark. Da die Grundsubstanzen zur Herstellung des Mittels in Deutschland knapp waren, Morell aber für die »Arbeitsfront« ungeheuren Bedarf anmeldete, wandte er sich mit Briefbögen Hitlers (»Der Führer und Reichskanzler«) an den Ernährungsminister und beauftragte die Lieferung von Askorbinsäure und Dextrose. Der Minister und der Reichsgesundheitsführer reagierten empört und gaben zu bedenken, daß der Vitaminbedarf der Bevölkerung auf diese Weise nur ungleich gedeckt werden könne, aber alle Einwände und Bedenken wurden von höchster Stelle unterdrückt, so daß Morell uneingeschränkt produzieren konnte.

Morell verstand es in bewundernswerter Weise, sich und seine Pharmaprodukte mit einem Nimbus zu umgeben, und er bediente sich dabei werbewirksamer Ideen, wie sie erst Jahrzehnte später, aus Amerika kommend, in Deutschland Einzug hielten. Über die Zusammensetzung schwieg er, handelte es sich aber um allgemein bekannte Produkte, so bereitete er geheimnisvolle Mixturen.

Das Wort »geheim«, das in Diktaturen ohnehin überbeansprucht wird, spielte auch bei Morells Therapien eine bedeutsame Rolle. Und da ein nationalsozialistischer Würdenträger, schon gar nicht der Führer, nicht das gleiche Medikament schlucken sollte wie ein Kanalarbeiter der Arbeitsfront, ließ Morell sein Vitamultin klassengerecht produzieren, zumindest aber klassengerecht verpacken.

Arbeiter wurden mit einfachen Tablettenröhrchen à 20 Stück bedient. Parteigrößen stärkten ihre Abwehrkraft mit Vitamultinplättchen in Silberfolie, etwa 3 cm im Quadrat, nur dem Führer stand das Präparat Vitamultin F zu, und diese Täfelchen steckten in Goldfolie.

Professor Schenck gelangte 1942 in den Besitz eines dieser goldenen Plättchen, zerstampfte es in einem Mörser und ließ das braune Pulver in einem Institut der militärärztlichen Akademie auf Alkaloide und Drogen analysieren. Ergebnis: Das Präparat enthielt unter anderem Koffein und Pervitin. Im klinischen Wörterbuch ist Pervitin als Suchtmittel beschrieben, das Demoralisierung, Abstumpfung des Gefühlslebens, Urteils- und Willensschwäche und Niveausenkung der Persönlichkeit bewirkt.

Schenck meldete seine Entdeckung an Himmler und den Reichsgesundheitsführer Conti, aber die Angelegenheit wurde von beiden schweigend übergangen. Vor allem im Hinblick auf Dr. Conti erscheint dieses Schweigen äußerst seltsam, weil sich der oberste Mediziner des Reiches eingehend mit der Droge Pervitin beschäftigt hatte. Dies führte dazu, daß das Innenministerium am 1. Juli 1941 eine Erweiterung des Opiumgesetzes verfügte, die auch die Anwendung von Pervitin wie die anderer Suchtmittel beschränkte. Leonardo Conti scheiterte jedoch bei dem Versuch, Pervitin im zivilen Bereich ganz zu verbieten. Die Droge durfte nur noch verschrieben werden, wenn der Arzt »nach strenger Prüfung der Besonderheiten des einzelnen Krankheitsfalles mit anderen Mitteln nicht auskommen kann«. Als Aufputschmittel im täglichen Gebrauch war Pervitin unzulässig.

Conti-Stellvertreter Röhrs, seines Zeichens auch SS-Divisionsarzt, hat versucht, Hitlers psychische Deformation und jegliches Fehlverhalten als Suchtkrankheit zu erklären. Nicht Hitler, sondern Morell sei der eigentliche Verbrecher. Es ist dies jene für die Nazis typische Vereinfachung, die auch Hitler zum Verhängnis wurde. Röhrs behauptete noch 1966, »daß Morell das Pervitin schon viel früher, als bisher angenommen wurde, in seine Therapie bei Hitler eingeführt habe. Contis Bemühen, gerade dieses Mittel auszuschalten, fällt ja auch in diese Zeit. So wäre es falsch, in Hitlers Verhalten nach einer dramatischen und plötzlichen Veränderung suchen zu wollen. Es ist im Gegenteil ein ganz langsamer und unauffälliger Prozeß gewesen, der am allerwenigsten denen bewußt wurde, die regelmäßig mit ihm zu tun hatten, so wie auftretende geistige Störungen von den Familienangehörigen oft am allerletzten erkannt werden. Bei der Exaltiertheit von Hitlers Wesen mußten sich die Übergänge zwischen den vom Pervitin beeinflußten und den vom Pervitineinfluß freien Phasen so verwischen, daß nur jemand, der mit den Wirkungen des Mittels vertraut war, sie hätte erkennen können. Aber gerade dadurch mußte die Auswirkung auf Hitlers Entschlüsse um so verhängnisvoller sein.«[16]

Natürlich läßt sich die Frage nach der Schuld an den Verbrechen des Dritten Reiches nicht auf die Sucht oder Nichtsucht Adolf Hitlers reduzieren; aber die Person Theo Morells als heimlicher Herrscher ist ein weitgehend übergangener Aspekt der Geschichtsschreibung. Natürlich war Hitler zu jeder Zeit Herr seiner Sinne, doch die Umstände, die zu seinen Entscheidungen führten, seine psychischen Schwankungen, Obsessionen und Depressionen sind es durchaus wert, unter physiologischen Gesichtspunkten betrachtet zu werden.

In Deutschland gab es kein Penicillin, deshalb versuchten sich deutsche Ärzte vor und während des Zweiten Weltkrieges in der Therapie bakterieller Infektionen mit Sulfonamiden. Hitler war ein Bunkermensch. Seine Augen waren lichtüberempfindlich, weshalb er spezialgefertigte Uniformmützen tief über die Augen drückte. Das gleiche galt für seine Haut, die er nie direkter Sonneneinstrahlung aussetzte, weshalb er auch bei größter Sommerhitze »bedeckende« Kleidung trug. Auf dem sonnigen Obersalzberg standen, wie Fotos beweisen, überall Sonnenschirme herum. Wochenlanger Aufenthalt in der Wolfsschanze oder im Führerbunker in Berlin belastete ihn kaum, auf jeden Fall viel weniger als die Menschen in seiner Umgebung. Doch dieses Bunkerleben hatte zur Folge, daß Hitler chronisch an Beschwerden der Atemwege litt, über eine rauhe Stimme, Katarrh, Erkältungen und Angina klagte.

Morell begegnete diesen Infekten mit dem in seiner ungarischen Firma Chinoin hergestellten Sulfonamid Ultraseptyl (chemisch: 2-[p-amino-benzolsulfonamido-]4-methylthiazol), das er in Tablettenform oder intravenös verabreichte. Ultraseptyl erwies sich zwar als wirksam, aber auch als giftig, vor allem in bezug auf Nebenwirkungen im Nieren- und Nervenbereich. Das pharmakologische Institut der Universität Leipzig hatte das Präparat vor der Zulassung getestet und als nervenschädigend analysiert; in der »Deutschen Medizinischen Wochenschrift« vom 28. 9. 1942 war Ultraseptyl als nierenschädigend beschrieben worden, es neige zur Auskristallation in den Nierenkanälchen. Morell kannte diesen Sachverhalt, er versuchte der Nebenwirkung dadurch zu begegnen, daß er »viel Flüssigkeit« verordnete.

Trotz vielfacher Bedenken gelang es Theo Morell, die Freigabe seines Präparates zu erreichen; Ultraseptyl erhielt sogar eine Dringlichkeitsbescheinigung, die es der Firma Chinoin ermöglichte, ihre Produktion zu steigern. Und obwohl Hitler die pharmazeutischen Bedenken bekannt waren, ließ er sich weiter mit dem Mittel behandeln.

Ein besonderer Trick des Leibarztes bestand darin, daß sich seine Indikation nie auf ein einziges Präparat bezog. Als geheimnisumwittert galten vor allem seine Injektionscocktails oder die Kombination von Tabletten und Injektionen. Diese Art der Indikation galt auch für das Sulfonamidpräparat Ultraseptyl. Beispiele aus Dr. Morells Tagebuch zeigen, daß Arzt und Patient mit dem propagierten »Wundermittel« ihre Schwierigkeiten hatten:

»7. Mai 1944. Patient A hat noch Schnupfen. Ultraseptyl hilft nicht mehr. Blutdruck 140/108 mm Hg, Traubenzukker i. v., Vitamultin forte und Testoviron und Glyconorminjektion. Ich bis zum Abend mit Hanni (von Papen, Giesler).«[17]

Bei dem Präparat Glyconorm handelte es sich um ein Vitaminmittel zur Infektabwehr, aber auch zur Steigerung der Konzentrations- und Leistungsfähigkeit. Testoviron, ein Hormonpräparat, mag überraschen. In der Tat nahm Hitler die Pille. Morell verordnete seinem Patienten eine ganze Reihe von Hormonpräparaten (Orchikrin, Progynon, Prostakrinum, Cortiron); weniger jedoch als Aphrodisiakum als zur Belebung. Cortiron wurde gegen Infektionen verschrieben.

»19. Oktober 1944. 13.30 Uhr mittags: Schlaf war gut. Puls 72, Temperatur nachts 36,8 Grad, Blutdruck 118 mm Hg; Halsdrüse an der linken Mandel noch dick, leichte Schwellung herabziehend bis neben den Kehlkopf. Herztöne rein und schwach, starke Akzentuierung des 2. Aortentons, Mandel links oben gerötet. Traubenzucker, Ultraseptyl i. v. und Cantan forte, Tonophosphan forte, Vitamultin-Ca. und Leber i. m. Führer bedauert, daß Giesing neulich beim Ausquetschen kein Präparat fertigen bzw. keine Kulturuntersuchung machen ließ. Von Eicken soll übermorgen kommen. Führer ließ Chineurin holen. Beim intravenösen Injizieren steche ich jetzt leicht durch die Vene (viel schwächerer Füllungszustand, da 118 mm Hg Druck statt früher 143 mm Hg). Um 15 Uhr über Arndt noch nachverordnet: Heute (nur heute!) noch dreimal 3 Tabletten Ultraseptyl als Stoß. Leider kein Jodex hier zum Halseinreiben. Umschläge möchte Führer nicht. – An Arndt für Führer heute 300 Dragees Luizym, zum Essen je zwei Stück. 19 Uhr abends: Führer telefoniert, daß er Ultraseptyl nicht weiternehmen könne, da er nach 3 Tabletten ähnliche Magenblähungen habe wie neulich, und er glaube, daß der kürzliche Zustand mit der Einnahme der großen Menge Ultraseptyl im Zusammenhang stünde. Ich erklärte, daß dies ausgeschlossen sei, aber wir wollten mit weiterem Verabreichen von Ultraseptyl aufhören. Allerdings dauere die Erkältung dann etwas länger. Ich hätte nur deshalb so viel geben wollen, weil ich gedacht hätte, daß er unter allen Umständen umgehend wieder gesund sein wolle. Im übrigen bekäme ich morgen Neo-Pyocyanase und Tonsillopan, das durch Versäumen es Zuges nicht überbracht worden wäre.«[18]

Das Enzympräparat Luizym wirkte verdauungsfördernd und war nur eines von vielen Mitteln, die Morell zu diesem Zweck verordnete. Sie alle erwiesen sich als mehr oder weniger erfolglos, und Patient A griff in Selbsttherapie nach wie vor zu Dr. Kösters Antigaspillen, die geringe Mengen Strychnin und Atropin enthielten. Bei Einnahme von bis zu 20 Pillen täglich, vor allem aber in Verbindung mit anderen Medikamenten, konnte das Mittel durchaus Vergiftungserscheinungen verursachen. Morell-Kritiker Dr. Röhrs nannte das Mittel zur Selbstbehandlung denkbar ungeeignet, denn in seinen Nebenwirkungen sei bei höheren Dosen eine psychische Exaltation (krankhafte gehobene Stimmung) eingetreten. Vor allem das enthaltene Atropin lähme die Akkomodation, das Zusammenspiel beider Augen, und durch Erweiterung der Hautgefäße trete eine Rötung der Haut ein. Tatsächlich litt Hitler unter Sehstörungen, die, da er es ablehnte, eine Brille zu tragen, ein immer größeres Ausmaß annahmen. Seine Textvorlagen und Reden wurden auf speziellen Schreibmaschinen in Großschrift geschrieben. Und zu Hitlers chronischer Hautrötung bemerkte sein Kammerdiener Krause: »Einige Minuten Sonne genügten, und er bekam eine rosige bis rote Gesichtsfarbe, so daß man annehmen konnte, er schminke sich. Gewisse Leute, die von der Empfindlichkeit seiner Haut nichts wußten, haben manchmal angenommen, er habe sich wirklich geschminkt.«[19]

Insgesamt bedienten sich Hitler und sein Leibarzt Morell etwa 30 verschiedener Präparate, die dem Führer zum Teil in Überdosen, meist durcheinander, in der Hauptsache aber als Injektionen verabreicht wurden. Patient A mußte zu keiner Therapie überredet werden, im Gegenteil, wie viele Diktatoren gierte Hitler nach Medizin. Weil er aber medizinisch unbedarft war, lieferte er sich seinem Leibarzt in gefährlicher Weise aus; und Mediziner in seiner nächsten Umgebung wie Reichsärzteführer Dr. Gerhard Wagner – er starb im März 1939 – und der stellvertretende Reichsgesundheitsführer Dr. Hans-Dietrich Röhrs wollen bereits im November 1938 ihre Besorgnis über die Methoden des Leibarztes zum Ausdruck gebracht haben. Begleitarzt Dr. Karl Brandt gab nach Kriegsende dem britischen Geheimdienstmajor Hugh Trevor-Roper zu Protokoll: »Morell wandte sich immer mehr der Behandlung durch Injektionen zu, bis er sich zuletzt ausschließlich dieser Methode bediente. Gegen leichte Erkältungen z. B. verabreichte er große Dosen von Sulfonamiden, und er gab sie jedem in Hitlers Hauptquartier. Morell und ich stritten oft darüber. Dann begann Morell, Injektionen, die Dextrose, Hormone, Vitamine usw. enthielten, zu verabreichen, nach denen sich der Patient sofort besser fühlte; diese Art Behandlung machte auf Hitler anscheinend großen Eindruck. Wenn er eine Erkältung kommen spürte, ließ er sich drei bis sechs Injektionen täglich geben und verhütete dadurch eine wirkliche Entfaltung der Infektion. Therapeutisch war das zufriedenstellend. Dann begann Morell, seine Mittel prophylaktisch zu verwenden. Wenn Hitler an einem kalten oder regnerischen Tag eine Rede zu halten hatte, so ließ er sich am Tage vorher, am Tag der Rede und am Tag nachher Injektionen machen. Dadurch wurde die natürliche Widerstandskraft des Körpers allmählich durch ein künstliches Mittel ersetzt. Als der Krieg begann, betrachtete Hitler sich als unentbehrlich und erhielt während des ganzen Krieges fast dauernd Injektionen. Während der letzten zwei Jahre erhielt er sie täglich. Als ich Morell nach dem Namen der benützten Heilmittel fragte, verweigerte er die Antwort. Hitler wurde von diesen Injektionen immer abhängiger; diese Abhängigkeit wurde während des letzten Jahres sehr deutlich. Alle Mitglieder von Hitlers Stab, ausgenommen General Jodl, wurden von Zeit zu Zeit von Morell behandelt.«[20]

Kammerdiener Krause, seinem Herrn in devoter Weise ergeben, beklagte den seltsamen Wandel des Führers in den Jahren 1938/39. Früher sei Hitler ein freundlicher, zugänglicher Mensch gewesen, der sich persönlich um alle Wehwehchen seines direkten Personals gekümmert habe, doch dann auf einmal habe er eine »hohe Isoliermauer« um sich errichtet, und selbst er, Krause, habe kaum noch gewagt, eine Frage an den Chef zu richten.

Reichspressechef Dr. Otto Dietrich machte die gleichen Beobachtungen. Hitler habe sich auf einmal von seiner Umgebung distanziert, er sei zwar bereit gewesen zu reden, aber nicht bereit zuzuhören. Besucher wurden beordert, andernfalls nicht empfangen. Er kapselte sich sogar vom Parteileben ab und trat nur noch bei den Schauveranstaltungen in München und Nürnberg und bei seinen Februar- und Novemberreden auf, so daß selbst führende Parteigenossen klagten, sie müßten die wichtigsten Entscheidungen aus dem Radio erfahren.

Vorsichtiger Kritik begegnete Hitler mit dem Hinweis auf seine Überlastung als Staatsmann; aber dies konnte nicht darüber hinwegtäuschen, daß er eine charakterliche Wandlung durchmachte, sich immer mehr in sich zurückzog und für seine nächste Umgebung zum Problemfall wurde. Sein körperliches Befinden war unbeständig und unberechenbar. Morell versuchte, den Tiefs mit Traubenzuckerinjektionen zu begegnen. Sie verursachten eine Erhöhung des Blutzuckerspiegels und verbesserten augenblicklich das Wohlbefinden, versetzten den Patienten A aber auch in eine gewisse Abhängigkeit von diesem »Stärkungsmittel« – wie Morell sich auszudrücken pflegte.

Hitler erlebte die Einsamkeit des Diktators, und diese Einsamkeit machte nicht einmal vor seiner Lebensgefährtin Eva Braun halt. Der Führer integrierte sie in seinen Stundenplan wie die festgesetzten Zeiten der Nahrungsaufnahme oder den Kurzspaziergang mit dem Schäferhund Blondi. In dieser Zeit war Professor Theo Morell der einzige, der zu Hitlers Psyche noch Zugang fand, finden durfte – der heimliche Herrscher.

Es ist sicher kein Zufall, daß Hitlers erste große politische Krise im Sommer 1941 mit seiner ersten gefährlichen Gesundheitskrise zusammenfiel. Nach strategischen Erfolgen in Südosteuropa, die ihn in eine wahre Hochstimmung versetzt hatten, war Hitlers nervlicher Zustand durch zwei unvorhersehbare Ereignisse aufs äußerste gereizt. Am 11. Mai überreichte der Adjutant des Führerstellvertreters Rudolf Heß gegen Mittag auf dem Obersalzberg einen Briefumschlag. Hitler las, wurde bleich, ließ sich in einen Sessel fallen und schrie: »O mein Gott, mein Gott! Er ist nach England geflogen!«

Mitten im Krieg hatte Heß in einem offenbar seit langem geplanten Unternehmen bei Augsburg eine Me 110 bestiegen, war nach Schottland geflogen und dort, da er bei einer Landung Gefahr lief, abgeschossen zu werden, mit dem Fallschirm abgesprungen. Zweck dieses tollkühnen Unternehmens sollte ein Friedensprogramm sein, das Heß nach eigenen Angaben den Engländern auf diese Weise unterbreiten wollte. Hitler zeigte sich tief verunsichert, ob Heß nicht seit langem im Dienste feindlicher Geheimdienste gestanden habe, trat dann aber die Flucht nach vorn an und ließ die Meldung über alle deutschen Sender verbreiten, Heß habe aus durchaus ehrenhaften Motiven gehandelt, er sei aber schlichtweg verrückt geworden.

Die zweite Hiobsbotschaft traf am 27. Mai auf dem Berghof ein. Britische Schlachtschiffe hatten im Atlantik das 242 Meter lange Großkampfschiff *Bismarck* manövrierunfähig geschossen. Das 31-Knoten-Schiff mit der unvorstellbaren Reichweite von 8100 Meilen und sechs Seeflugzeugen an Bord galt mit seinen 41 Zentimeter dicken Seitenwänden als das am besten gepanzerte Schiff der Welt und als unsinkbar.

»Ganz Deutschland ist bei Euch!« ließ Hitler der 2400-Mann-Besatzung funken. Zerschossen brannte die *Bismarck* auf ihrer Jungfernfahrt bei 48 Grad Nord, 16 Grad West. Der 52. Geburtstag war Admiral Günther Lütjens' Todestag. Bevor sich die *Bismarck* selbst versenkte, funkte Lütjens: »Es lebe der Führer!« Nur 110 Besatzungsmitglieder wurden gerettet.

Der Diktator, dem scheinbar alles gelang, war angeschlagen. Und er hatte Angst. Die Magenbeschwerden, die ihn seit dem Frühsommer des Jahres 1941 in verstärktem Maße plagten, waren zweifellos psychosomatischer Natur. Er schluckte unter Morells Aufsicht bis zu 150 Tabletten gegen Verdauungsstörungen. Mediziner bestätigen, daß sich Angst in zwei gegensätzlichen Körperreaktionen zeigen kann. Obstipation oder Diarrhöe, Verstopfung oder Durchfall. Hitler hatte große Angst – er litt an schwerer Verstopfung.

Der Grund seiner Angst, die er seiner Umgebung mehrfach geäußert hat, lag in einem einfachen Codewort: Unternehmen »Barbarossa«. Dahinter verbarg sich der von langer Hand geplante Überfall auf die Sowjetunion. »Schicksalskampf« nannte der Führer dieses Unternehmen – er sollte recht behalten.

Am 22. Juni 1941 um 3.15 Uhr überschritten 3,2 Millionen deutscher Soldaten die russische Grenze vom Eismeer bis zum Schwarzen Meer. 3000 Panzer und 2000 Flugzeuge drangen gen Osten vor in ein Abenteuer, dessen Ausmaß Hitler zwar gekannt, dessen Folgen er jedoch unter Magenkrämpfen verdrängt hatte. Er wußte um die Weite des Landes und die Nachschubprobleme, die sich dadurch auftaten; er hatte Napoleons Feldzug genügend studiert, war aber zu der Ansicht gelangt, die strategische Situation habe sich aufgrund der Motorisierung grundlegend geändert. Warum er die Bolschewisten mit derselben Inbrunst haßte wie die Juden, muß hier nicht erörtert werden; er war von dem Gedanken besessen, Moskau dem Erdboden gleichzumachen, und, damit der Name ein für allemal ausgelöscht sei, in der weiten Senke sollte ein Staubecken angelegt werden.

Um dem Kriegsgeschehen möglichst nahe zu sein, verlegte Hitler sein Hauptquartier nach Ostpreußen. Östlich der kleinen Stadt Rastenburg, in einem feuchten, moorigen Waldgebiet der Masuren, hatten Bautrupps eine mit riesigen Netzen getarnte Barackenstadt und Unterstände und Bunker errichtet. Tarnname: Wolfsschanze. Dorthin begab sich der Führer am 23. Juni in Begleitung seines Stabes, und zu diesem ausgewählten Stab gehörte natürlich Theo Morell. Hitler war unfähig und zutiefst verunsichert, auch nur einen Schritt ohne seinen Leibarzt zu tun.

Trotz der Erfolgsmeldungen der ersten Tage herrschte schon bald gedrückte Stimmung. In dem feucht-schwülen Klima gab es Millionen von Stechmücken; Betten und Kleidung fühlten sich immer feucht an, und das Zusammenleben auf engem Raum schürte Aggressionen. Hitlers Stimmung schwankte extrem, entweder er schwieg stundenlang und grübelte vor sich hin, oder er hielt endlose Monologe. Aus einem Heimatbrief einer seiner Sekretärinnen: »Jetzt redet er sich seine Befürchtungen von der

Seele, immer wieder betonend, welch große Gefahr der Bolschewismus für Europa bedeutet und daß, wenn er noch ein Jahr gewartet hätte, es wahrscheinlich schon zu spät gewesen sei. Neulich sagte er noch in Berlin in der üblichen Kaffeestunde, die er täglich in unserem Zimmer verbringt, ihm käme Rußland unheimlich vor, so ungefähr wie das Gespensterschiff im ›Fliegenden Holländer‹. Auf meine Frage, warum er immer betone, daß dies sein schwerster Entschluß sei (nämlich gegen Rußland vorzugehen), antwortete er: Deshalb, weil man so gar nichts über Rußland wisse, es könne eine große Seifenblase sein, es könne aber auch ebensogut anders sein.«[21]

In der Tat ließ der erhoffte Blitzschlag auf sich warten, die Zahl der russischen Panzer war viel größer als angenommen, und Hitler bemerkte, wäre ihm ihre wahre Anzahl bekannt gewesen, hätte er diesen Krieg nicht angefangen. Unbehagen und böse Ahnungen quälten Magen und Gedärme. Die Folge – Durchfall, Übelkeit, Schweißausbrüche, Schüttelfrost, möglicherweise Ruhr.

28. Juli. Die Spannungen im Führungsstab kamen immer offensichtlicher zutage, vor allem mit Reichsaußenminister Joachim von Ribbentrop, der offen bekannte, der Überfall auf die Sowjetunion sei ein Fehler gewesen. Hitler brüllte. Ribbentrop schrie zurück: »Der liebe Gott läßt sich nicht in seine Karten schauen!«

Hitler wurde aschfahl, griff an sein Herz und mimte so höchste innere Erregung. »Ich dachte schon«, sagte er nach einer Weile, »ich habe einen Herzanfall. Sie dürfen mir nie wieder so widersprechen!«[22]

Der Reichsaußenminister versprach es.

7. August. Morells Tagebuch, sonst eher sachlich knapp berichtend, wird auf einmal weit ausholend: Hans Junge, Hitlers Diener und Ordonnanz, rief gegen Mittag Morell in den Führerbunker.

Hitler hing leichenblaß in einem Sessel. »Es ist mir sehr

schlecht, wie es mir vorher nicht war. Es ist mir plötzlich soeben schwindelig geworden. Ich weiß nicht, was das ist. Hier oben an der Schläfe ist da so ein eigenartiges Gefühl. Während der Tage neulich zog es dauernd dorthin. Auch habe ich mich kürzlich maßlos aufgeregt und fühle mich seit der Zeit wenig wohl. Auch hatte ich schon eine ganze Zeit Magenverstimmung.«

So gab Morell in seinem Tagebuch Hitlers Worte wieder.[23] Sein Untersuchungsbericht führte auf: »Blutdruck 172–174 mm Hg, Puls 72–76, Trigeminus beiderseits druckempfindlich, Zunge belegt, Leber leicht vergrößert und von härterer Konsistenz, Summen im linken Ohr, Darmgase.« Morell verabreichte eine Vitamultin-Ca.- und Glyconorminjektion (wobei die dünne Nadel beim Einstich knickte), eine Yatrenpille und 20 Tropfen Dolantin.

Nach einer zweiten Untersuchung gegen 23 Uhr gab er seinem Patienten zwei weitere Yatrenpillen und schickte sich an, zwei Ampullen Omnadin zu spritzen, als etwas Unerwartetes geschah, etwas, das von Stund an das beidseitig sensible Arzt-Patient-Verhältnis ins Wanken brachte: Hitler, der bisher seinem Leibarzt wie ein hungriges Tier aus der Hand gefressen hatte, der auch Mottenpulver geschluckt hätte, wenn es erfolgversprechend gewesen wäre, widersetzte sich mit einemmal der Injektionsspritze Morells. Auch Rizinus zu nehmen lehnte er ab, ebenso andere Abführmittel, dafür verlangte er mehr Yatrenpillen.

Fürchtete Hitler nach den Spannungen der letzten Tage eine Vergiftung, oder war es die verunglückte Injektion, die ihm Schmerz verursacht hatte?

Ein Elektrokardiogramm, das Morell »anonym« zur Auswertung an den Herzspezialisten Professor Karl Weber in Bad Nauheim schickte, kam mit der Diagnose zurück: Rasch fortschreitende Koronarsklerose (krankhafte Verhärtung der Herzkranzgefäße). Morell verheimlichte jedoch seinem Patienten die Diagnose. Dafür gibt es keine

Erklärung. In der gegenwärtigen Situation schien der Mediziner vor allem wegen des Ohrensausens seines Patienten besorgt. Er versuchte, dem mit Blutegeln zu begegnen.

Am 11. August spielte sich zwischen 16 und 20 Uhr im Führerbunker der Wolfsschanze eine groteske Szene ab, die sowohl von Morell als auch von Hitlers Kammerdiener Heinz Linge bezeugt wird, eine Szene wie aus einem surrealistischen Gruselfilm.

Morell brachte Blutegel in einem Glas, die das besondere Interesse des Führers erregten. Er klopfte das dunkle, schleimige Gewürm aus dem Glas, und Morell versuchte, den einen mit der Pinzette zu fassen. Das mißlang. Mit einer Injektionsnadel hatte der Leibarzt seinen Patienten vor und hinter dem linken Ohr gestochen, jetzt nahm er die sich windenden Egel in die Hand und hielt sie an die blutigen Stellen vor und hinter Hitlers Ohr. Der vordere saugte sich sehr schnell fett, der hintere nur langsam. Linge mußte einen Spiegel bringen, und Hitler betrachtete fasziniert sein Spiegelbild. Er gab wohlige Laute von sich: »Ah, gut!« – Vollgesogen plumpste zuerst der vordere Blutegel auf den Tisch, der hintere saugte eine halbe Stunde länger, und Morell mußte ihn schließlich abreißen.

»Jetzt habe ich den Kopf wieder frei!« kommentierte Hitler die Prozedur und legte den Spiegel beiseite. Zwei Stunden, schreibt Morell, hätten die Wunden des Führers weitergeblutet, trotz Eisenchloridwatte und Hansaplast, und Hitler sei an diesem Tag nicht zum Abendessen erschienen.

Die Therapie wurde von Morell noch zweimal wiederholt, und wie es scheint war sie wirklich dafür verantwortlich, daß Hitlers Ohrensausen verschwand.

Ans Bett gefesselt, bemühte Hitler sich zu betonen, daß er seit seiner Vergiftung durch Kampfgas im Ersten Weltkrieg (13. Oktober 1918), die zur vorübergehenden Erblindung führte, nie auch nur einen Tag krank im Bett gelegen habe, und er drohte Morell, er würde ein schlechter Patient sein. Morell zeigte sich beunruhigt über den Zustand seines Patienten, vor allem über das Zittern der Hände, das allen Besuchern sofort auffiel. Der Führer sehe, bemerkte Joseph Goebbels, angegriffen und kränklich aus.

Diktatoren dürfen alles, nur eingestehen, daß sie krank sind, dürfen Diktatoren nicht. Gesundheit gehörte zur NS-Ideologie. Der Führer des deutschen Volkes *durfte* nicht krank sein. Krankheit hätte ihn von seinem Führungsanspruch enthoben. Im Dritten Reich durfte ein Mensch dumm sein, nur nicht krank. Aus Hitlers Credo »Mein Kampf«: »Der völkische Staat muß von der Voraussetzung ausgehen, daß ein zwar wissenschaftlich wenig gebildeter, aber körperlich gesunder Mensch mit gutem, festem Charakter, erfüllt von Entschlußfreudigkeit und Willenskraft, für die Volksgemeinschaft wertvoller ist als ein geistreicher Schwächling. Ein Volk von Gelehrten wird, wenn diese dabei körperlich degenerierte, willensschwache und feige Pazifisten sind, den Himmel nicht erobern, ja nicht einmal auf dieser Erde sich das Dasein zu sichern vermögen.«[24]

Hitlers militärische Befehlshaber nahmen die NS-Bibel beim Wort. Sie probten beim ersten Anzeichen von Schwäche des Führers den Aufstand, ein verhängnisvolles Unternehmen, eine geschichtsträchtige Situation ähnlich der des deutschen Kaisers Friedrichs III., die die Frage aufwirft: Was wäre geschehen wenn?

Hermann Göring sagte vor dem Nürnberger Prozeß im Hinblick auf Hitlers erste Krise im August 1941: »Ich bin auch heute der Ansicht, daß, ohne diese Verwässerung von Hitlers ursprünglichem genialen Plan, der Ostfeldzug spätestens im Frühjahr 1942 entschieden gewesen wäre.«[25] Was geschah damals wirklich?

Zwischen Hitler und seinen Generalen herrschte Meinungsverschiedenheit über die Strategie im Rußlandfeldzug. Die Generalität suchte den direkten Weg nach Moskau, Hitler dagegen sah Leningrad im Norden und die Ukraine im Süden als wichtigere Operationsziele. Beide waren von hoher wirtschaftlicher Bedeutung und boten, nach Ansicht Hitlers, die Möglichkeit, Moskau in einer Zangenbewegung im Rücken anzugreifen. Der Chef des Generalstabs des Heeres, General Franz Halder, und Generalfeldmarschall Walther von Brauchitsch, Oberbefehlshaber des Heeres, dem Hitler anfangs blind vertraute, dem er seit Beginn des Krieges aber mit zunehmendem Mißtrauen begegnete, nutzten Hitlers Schwäche zur Durchsetzung ihrer Vorstellungen vom Rußlandfeldzug.

Kostbare Wochen vergingen, ehe der Führer den von Berlin ausgehenden »Ungehorsam« erkannte und seine Generale empört zurückpfiff, das Operationsziel vor Wintereinbruch sei nicht Moskau, sondern die Krim. In einer barschen Note beleidigte er seine Generale, bescheinigte ihnen »versteinerte Hirne«, und es hätte nicht viel gefehlt, und Brauchitsch wäre zurückgetreten.

Morell hatte damals, im August 1941, ungeheure Macht. Er hatte die Macht, den Führer in jenem gesundheitlichen Schwebezustand zu halten, der seinen Widersachern die Möglichkeit gab, den Krieg vorzeitig zu entscheiden – die Weltgeschichte wäre anders verlaufen. Ob wir heute mit diesem Verlauf zufrieden wären, ist eine andere Frage. Sie ist auch müßig, weil Leibarzt Morell, der nach dem Krieg beteuerte, er sei ein durch und durch unpolitischer Mensch gewesen, seine Medikation so stark erhöhte, daß Hitler schneller genas als erwartet.

Und so zog sich der Krieg in die Länge, und je länger er dauerte, desto mehr wuchs unsichtbarer Widerstand in den eigenen Reihen, desto mehr nahmen aber auch Hitlers Unsicherheit und Verkrampfung und seine gesundheitliche Anfälligkeit zu. Gewarnt durch den Vorfall im August 1941, verdrängte er nach außen jeden Anflug von Schwäche, entledigte sich »aus Krankheitsgründen« seines Oberbefehlshabers des Heeres Walther von Brauchitsch sowie einiger Armeeführer ohne Angabe von Gründen. Als seine Angriffsspitzen eine Frontline 65 Kilometer vor Moskau erreichten, setzten die Herbstregen ein. Die deutschen Panzer blieben im Schlamm stecken – Wasser auf die Mühlen der Militärs, die klagten: Wären wir direkt auf Moskau marschiert, der Krieg wäre entschieden gewesen.

Morell nützte seine freie Zeit für seine Pharma-Firmen, indem er aus den eroberten russischen Schlachthöfen Tierdrüsen horten ließ, zum Leidwesen der Deutschen Pankreas-Gesellschaft, die ebenfalls an dem anfallenden Material interessiert war. »Die Drüsentrocknung«, schrieb Morell, »geht recht gut vor sich. Morgen will ich mal wieder kontrollieren. Hoffentlich kommt recht schnell die Vakuumtrockeneinrichtung und die Extraktionsvorrichtung. Dann kann der Großbetrieb beginnen. Bei genügend Apparatur soll damit in Kiew und Poltawa begonnen werden ...«[26]

Doch nun häuften sich die Hiobsbotschaften, und jede war eine Attacke auf die Gesundheit des Führers: Immer wieder Schwindelgefühle, Herzanfälle, denen Morell mit Strophantin, Prostophanta und Sympatol begegnete. Die winterbedingten Horrormeldungen von der Ostfront (über 100 000 Erfrierungen, 800 000 Verwundete, 225 000 Gefallene) weckten bei Hitler eine Aversion gegen Schnee, die sich bis zur Psychose steigerte. Allein der Anblick von Schnee machte Hitler fortan krank. Goebbels bestätigte, daß Frost und Schnee bei ihm körperlichen Abscheu hervorriefen.

Die Wolfsschanze, ein Alptraum für jeden, der die Bunkerbehausung zum ersten Male betrat, paßte zum psychischen Zustand des Führers, eines Eingeigelten, der nur noch wenige an sich heranließ, dessen Merkwürdigkeiten jeden Tag zunahmen, der – seine einzige Verbindung zur Außenwelt – die tägliche Lagebesprechung anberaumte, bei der er sich vor seinen Beratern in stundenlangen Monologen erging, die von Bormanns Adjutant Heinrich Heim mitstenographiert wurden.

Silvester 1941 war eine ziemlich traurige Angelegenheit. Eine von Hitlers Sekretärinnen bekam das heulende Elend. Der Führer hörte von einem Grammophon Bruckners 7. Symphonie. »Nach Stalingrad«, erinnerte sich Hitlers Privatsekretärin Christa Schröder, »konnte Hitler keine Musik mehr hören. Wir verbrachten nunmehr alle Abende damit, ihn monologisieren zu hören. Aber seine Gesprächsthemen waren so abgespielt wie die Platten. Es war immer das gleiche: seine Jugendzeit in Wien, die Kampfzeit, die Geschichte der Menschheit, der Mikrokosmos und der Makrokosmos. Bei jeglichem Thema wußten alle im voraus, was er darüber sagen würde ...«[27]

Während sich die Lage von Woche zu Woche verschlechterte, notierte Leibarzt Morell: »Fast kein Schlaf wegen großer verantwortungsvoller Arbeitsüberbürdung« (23. November) und »Schlechte Stimmung wegen Lage« (15. Dezember). Zum ersten Male sprach Hitler in diesen Tagen über den Tod, er fürchte ihn nicht, denn er sei eine Erlösung für ihn, er lebe nur für Deutschland. Zuvor schon hatte er erste Andeutungen gemacht, der Krieg sei nun nicht mehr zu gewinnen, eine Aussicht, die die meisten Militärs mit ihm teilten. Damals muß es zu einer ernsten Aussprache zwischen Patient A und seinem Leibarzt gekommen sein. Hitler ahnte wohl, daß Morell ihm etwas verschwieg, daß er längst nicht so gesund war, wie der Doktor immer behauptete. Jedenfalls setzte Morell den Führer am 17. Dezember 1942 von seiner Koronarsklerose in Kenntnis und warnte vor der Möglichkeit einer Angina pectoris; für diesen Fall, so beteuerte er, führe er jedoch ständig verschiedene Mittel mit sich. Für einen eventuellen Notfall überließ der Leibarzt seinem Patienten Nitroglyzerintabletten und Esdesan cum Nitro.

In Wirklichkeit muß Hitlers Zustand zu dieser Zeit weit besorgniserregender gewesen sein, als Morell zugab. Das geht aus einem Brief Morells vom 13. Mai 1943 an den Kardiologen Professor Dr. Karl Weber hervor: »Vor ungefähr zwei Jahren sandte ich Ihnen eines der beiliegenden EKGs zur Beurteilung, wobei ich bemerkte, daß es sich um einen Herrn des Auswärtigen Amtes handele. Sie waren der Meinung, daß eine beginnende Koronarsklerose in Frage käme. Inzwischen habe ich den betreffenden Patienten, der ungeheure Belastungen zu bestehen hat und sich fast nie Ruhe gönnen kann, zeitweilig immer wieder mit Traubenzucker und Jodinjektionen behandelt (öfter Kuren, wobei ich meist 2- bis 3mal täglich 10 ccm Traubenzukkerlösung 20%ig und anschließend 10 ccm Septojod injizierte), was stets vorzüglich bekam. Auch wendete ich zeitweise Blutegel an. Herz- und anginöse Beschwerden sind keine vorhanden, nur Neigung zu Arteriospasmen mit dann rasch ansteigendem Blutdruck (bei Erregung) und im allgemeinen große Schlaflosigkeit. Intramus. bewährte sich nur das Vitamultinkalzium sehr gut, dem ich wegen des Nervensystems noch Tonophosphan forte zufügte.

Bei einer neuerlichen eingehenden Durchuntersuchung, die einen Puls von 72 pro Minute und einen Blutdruck von 146–154/100 mm Hg bei reinen Tönen ergab und sonst durchweg Normalbefunde, stellte ich das zweite beiliegende EKG her. Soviel ich sehe, ist eine ganz kleine Verschlechterung zu konstatieren. Würden Sie so freundlich sein und mir Ihre Ansicht 1.) bezüglich des jetzigen Befundes, 2.) im Vergleich zu früher und 3.) bezüglich der Therapie mitteilen. Wenn möglich in zwei Schreiben, eines, das ich dem Patienten zeigen kann, und eines für mich.«[28]

Zweifellos kannte Professor Weber den Namen des Patienten, er bemühte sich jedoch, sachlich zu bleiben, obwohl seine Diagnose bedenklich ausfiel. Weber verweigerte Zeitangaben über den zu erwartenden Krankheitsverlauf, riet, »Berufsarbeit auf das Unumgängliche« einzuschränken, und verordnete viel Schlaf, Theominal, Deriphyllin oder Jod-Calcium-Diuretin. Webers Auswertung des neuesten Elektrokardiogramms: »Die beiden Aufnahmen vom 11. Mai d. J. zeigten: Sinusrhythmus, Linkstyp, vielleicht schon beginnende Linksverspätung, geringe Senkung von ST_I und ST_{II}. T_I beginnend negativ, T_{II} in der Nullinie. Im Vergleich zu der Aufnahme vom Jahr 1941 ist eine zweifellose Verschlechterung eingetreten, insofern als die ST-Senkung deutlicher geworden ist und T_I damals noch deutlich positiv, jetzt jedoch negativ verläuft. Auch II, damals noch deutlich positiv, fällt jetzt nahezu in die Nullinie. Die Aufnahme vom 11. V. d. J. bestärkt mich in meiner damaligen Diagnose: Koronarsklerose, es handelt sich augenscheinlich um einen progredienten Fall.«[29]

Patient A nahm keine Rücksicht auf seinen gesundheitlichen Zustand und pendelte zwischen Wolfsschanze, Berghof und Reichskanzlei hin und her, Morell immer in Rufweite. Vor allem das Bunker- und Barackenleben war es, das den Leibarzt weit mehr belastete als seinen Patienten. Zu Beginn des Jahres 1944 holte sich Professor Morell angeblich eine Lungenentzündung, ihr folgten akute Herzbeschwerden und Atemnot schon nach wenigen Treppenstufen und anginoide Zustände; jedenfalls war der Leibarzt auch nach eigener Einschätzung kränker als sein Patient A.

Morell muß sich damals mit dem Gedanken getragen haben, dem Führer seinen Assistenten Dr. Richard Weber, der bisher seine Berliner Praxis leitete, als Leibarzt vorzuschlagen. Weber behandelte nicht nur den kranken Morell, er wurde von Morell dem Führer vorgestellt und wegen seiner Verdienste als Mediziner gerühmt. Dieser Dr. Weber äußerte später die Vermutung, Morell habe sich damals einer diplomatischen Krankheit hingegeben, er sei längst nicht so krank gewesen, wie er tat. Die Vermutung des Arztes wird durch Morells Tagebücher gestützt. In diesen Aufzeichnungen nahm nunmehr sein eigenes Befinden breiten Raum ein (wie erwähnt führte Morell die Tagebücher zur eigenen Rechtfertigung).

Hitlers Stellung war nach den Konflikten mit der Generalität keineswegs mehr unumstritten. Die Endsiegstimmung war einer Untergangsstimmung gewichen. Der Führer fürchtete ein Attentat, seltsamerweise nicht das naheliegendste, ein Pistolen- oder Sprengstoffattentat, er fürchtete, auf hinterhältige Weise vergiftet zu werden, und fand damit bei Morell offene Ohren.

Es scheint, als sei auch Morell von Furcht vor einem Attentat getrieben worden. Der mysteriöse Tod des bulgarischen Königs Boris, der gerüchteweise dem Giftanschlag einer Verschwörergruppe zum Opfer gefallen war, löste bei Hitler und seiner Umgebung eine regelrechte Giftpsychose aus. Als er erfuhr, daß jedermann wußte, wo das Gemüse für den Führer eingekauft wurde, unternahm Morell den Versuch, den Einkauf zum Staatsgeheimnis zu machen. Marlene Exner, eine renommierte Diätköchin aus Wien, die nichts anderes als Salate und Bohnengemüse für den Führer zubereitete, wurde von einem Tag auf den anderen entlassen. Offizielle Begründung: nichtarische Großmutter.

In der Zwischenzeit hatten die Geheimdienste der Alliierten Hitlers Achillesferse entdeckt, den labilen Gesundheitszustand des Führers, und Zeitungen und Feindsender posaunten die Nachricht aus, Hitler sei regierungsunfähig, Himmler bereits zu seinem Nachfolger bestimmt. Propagandaminister Goebbels beeilte sich daraufhin, immer wieder zu betonen, wie gut es gerade jetzt dem Führer gehe.

Es gibt Tage, an denen die Weltgeschichte am Scheideweg steht. Ein solcher Tag war der 20. Juli 1944. Hitler und Morell befanden sich wieder in der Wolfsschanze, an der er, trotz widriger Umstände, zunehmend Gefallen fand, weil er hier besser schlafen konnte als anderswo, und er hatte auch keine Erklärung dafür: Das Bunkersystem liege auf 400 Meter Meereshöhe, so wie Braunau, seine Geburtsstadt, und ein Mensch sollte sich stets auf der Meereshöhe aufhalten, die seinem Geburtsort entspricht.

Tags zuvor hatte seine Sekretärin Christa Schröder bei ihrem Chef noch extreme Nervosität festgestellt und auf ihre besorgte Frage zur Antwort erhalten: »Hoffentlich passiert mir nichts. Ich habe ein ganz schlechtes Gefühl. Es darf mir jetzt aber nichts passieren! Ich kann mir nicht einmal erlauben, krank zu werden, denn es ist niemand da, der diese schwierige Situation meistern würde.«[30]

Nach den Plänen einer zahlenmäßig beträchtlichen Widerstandsbewegung sollte der 20. Juli 1944 Hitlers Todestag und die Geburtsstunde eines Staatsstreichs sein. Die Planungen waren, schon vom Grad der perfekten Geheimhaltung, durchaus professioneller Natur. General Ludwig Beck sollte in einer nur vorübergehenden Militärdiktatur den Posten des Staatsoberhauptes übernehmen. Reichskanzler sollte Carl Friedrich Goerdeler, Chef der Wehrmacht Erwin von Witzleben, Außenminister Werner Graf von der Schulenburg oder Ulrich von Hassell werden.

Claus Graf Schenk von Stauffenberg, ein 36jähriger in Afrika schwer verwundeter Oberst, hatte die Doppelaufgabe übernommen, Hitler zu töten und den Staatsstreich in Berlin zu leiten. Als Attentäter war Stauffenberg deshalb ausersehen, weil er als Stabschef des deutschen Ersatzheeres Zutritt zu den Lagebesprechungen des Führers hatte. Hitler hatte Stauffenberg für den 20. Juli in die Wolfsschanze bestellt, um zu erfahren, wieviel Ersatzmannschaften für den Rußlandeinsatz zur Verfügung stünden.

Der Tag war mit Terminen eng besetzt, zumal Benito Mussolini erwartet wurde. Die Lagebesprechung begann um 12 Uhr. Um 11 Uhr 15 hatte Morell dem Patienten A die übliche Traubenzucker- und Vitamininjektion verabreicht. Die Bombe, mit der Stauffenberg im Führerbunker eintraf, befand sich in einer braunen Aktentasche, die der Graf unter dem großen Kartentisch, zwei Meter von Hitler entfernt, abstellte. Der Zünder war auf 12 Uhr 42 eingestellt.

Über den Tisch gebeugt, verfolgten die Militärs und Hitler, der auf einem Stuhl saß, den Bericht von General Adolf Heusinger. Ein Ordonnanzoffizier fühlte sich von der braunen Aktentasche behindert. Er nahm das Gepäckstück und stellte es etwas beiseite – ein Handgriff, der Weltgeschichte machen sollte.

Zu dieser Zeit schlief Theo Morell in seiner Baracke. Um 12 Uhr 45 explodierte die Bombe. Sie tötete fünf Teilnehmer der Lagebesprechung. Hitler wurde nur leicht verletzt. Morells Tagebucheintragung an diesem Tag gibt Rätsel auf. Sie ist von unerklärlicher Kürze und Knappheit: »Patient A: 11 Uhr 15 Injektion wie immer. Attentat mit Sprengmine auf den Führer! Abends beim Tee, nur zwei Stunden geschlafen. Puls 78.«[31]

Der Attentäter (Graf Stauffenberg hatte sich unbemerkt aus dem Kartenraum entfernt und war in der Annahme, der Anschlag sei erfolgreich verlaufen, nach Berlin geflogen) wurde ebenso wie die übrigen 200 namhaften Mitglieder der Verschwörung erschossen. Bei Hitler, der bemüht war, das Attentat herunterzuspielen, und der noch am selben Tag tönte, er sei unverwundbar, ja unsterblich, hatte die Bombenexplosion unerwartete Folgen: Das Zittern in seinem linken Bein hatte abrupt aufgehört, dafür zitterte nun sein rechter Arm.

Neurologen bezeichnen dieses ungewöhnliche Phänomen als »hysterische Konversion«. Dr. Cortez F. Enloe, Mediziner und Offizier des US-Geheimdienstes, der nach Kriegsende alle Ärzte aus der Umgebung des Führers für

seine Dienststelle befragte, vertrat in einem Zeitschriften-
beitrag[32] die Ansicht, das Zittern in Hitlers rechtem Arm
sei der demonstrative Hinweis auf das Auseinanderbre-
chen seiner Persönlichkeit gewesen. Das Attentat habe
Hitler schockartig klargemacht, daß sich Widerstand gegen ihn regte, und das habe sich katastrophal auf seinen
geistigen Zustand ausgewirkt.

Hitlers eigenen Worten ist zu entnehmen, daß er schon
seit 1943 nicht mehr an den Endsieg glaubte. Seit dem Attentat vom 20. Juli ging Hitler bewußt den Weg der Selbst-
zerstörung; ihm war klargeworden, daß er nicht überleben
konnte. Sein Gesundheitszustand spielte dabei eine untergeordnete Rolle, auch wenn sich seine oberflächigen Verletzungen doch als schwerer erwiesen als zunächst angenommen. Der Führer litt am folgenden Tag an Nystagmus,
einem deutlichen Rechtsdrall der Augen und der Beine,
außerdem war er auf dem rechten Ohr taub, die Aufnah-
mefähigkeit des linken war geschwächt.

Von Morell wurden zur Behandlung weitere Spezialisten wie der bekannte HNO-Professor Carl von Eicken
und Dr. Erwin Giesing hinzugezogen; aber der Führer
zeigte deutliche Symptome einer Ärztemüdigkeit. Er vermittelte den Eindruck, als hätte er mit dem Leben abgeschlossen. Aus einem Gespräch mit Professor von Eicken
vom 25. Juli 1944:

Hitler: »Mein lieber Professor, nun mußten Sie meinet-
wegen die lange Reise antreten, aber ich freue mich, wie
gut Sie aussehen. Wie alt sind Sie eigentlich?«

Eicken: »Siebzig Jahre, mein Führer, und ich werde ein-
undsiebzig.«

Hitler: »Ja, so alt werde ich wohl nicht werden. Die Sorgen fressen mich auf und der Kummer und der Ärger – und
ich habe nur noch zwei bis drei Jahre zu leben ...«[33]

Sogar in dieser letzten Selbsteinschätzung irrte der Diktator. Ihm verblieb nicht einmal mehr ein Jahr.

Hitlers zunehmende Resignation hatte natürlich auch Einfluß auf Morells Macht und Einfluß. Mit Stauffenbergs Bombe war auch der Stern des Professors Theo Morell geplatzt. Das einzige, was Arzt und Patient noch verband, war das Sulfonamid Ultraseptyl, von dem der Führer bereits in eine gewisse Abhängigkeit geraten war und dessen gefährliche Nebenwirkungen von allen anderen Ärzten ebenso verurteilt wurden wie Dr. Kösters Antigastabletten.

In dieser Situation versuchten die übrigen Ärzte, die mit Hitler befaßt waren, Morell zu stürzen. Grund: Der Leibarzt vergifte seinen Patienten. Hauptbeteiligte an der Intrige waren Professor Hanskarl von Hasselbach, Dr. Karl Brandt und Dr. Erwin Giesing. Giesing machte einen Selbstversuch mit den Antigastabletten, und das Ergebnis waren Magenkrämpfe, sensible Überreizung und Lichtüberempfindlichkeit, Symptome, wie sie bei Patient A auftraten. Als bei einer chemischen Analyse der schwarzen Tabletten gar Strychnin entdeckt wurde, schalteten die Mediziner den Reichsführer SS Heinrich Himmler ein, der schnell zur Überzeugung gelangte, Morell wolle den Führer systematisch vergiften. Himmlers erklärtes Ziel war es, Morell an den Galgen zu bringen.

Eine vertrauliche Unterredung zwischen Hitler und Himmler endete mit einem Fehlschlag für die Ärzte. Hitler wies Himmler zurecht, der Morell als ein Sicherheitsrisiko bezeichnete, und Himmler rüffelte Dr. Brandt, der erklärt hatte, die vorhandenen Beweise reichten für eine Anklage. Morell, ließ Hitler wissen, genieße sein volles Vertrauen.

Nach Kriegsende tauchten immer wieder Gerüchte auf, die Theo Morell im Zusammenhang mit einer Verschwörung nannten, die es sich zum Ziel gesetzt habe, Hitler zu beseitigen. US-Geheimdienstoffizier Cortez F. Enloe nannte Himmler, Bormann und hohe Offiziere der Wehrmacht als die führenden Köpfe des Komplotts, blieb die

Beweise jedoch schuldig. Daß Morells Drogenmißbrauch den Zusammenbruch von Hitlers Persönlichkeit zumindest stark beschleunigt hat, steht außer Frage. Daß er bewußt als kühner Einzelgänger gehandelt hat mit dem Ziel, den Führer in absehbarer Zeit außer Gefecht zu setzen, ist eher unwahrscheinlich; nicht nur Morells Frau Johanna bestätigte, daß der Leibarzt ein unpolitischer Mensch gewesen sei, diese Haltung findet in seinem ganzen Leben Bestätigung.

Morell war Mitläufer, einer von Millionen, einer, der unverhofft zu Macht und Ansehen gekommen war und der damit – und mit sich – nicht fertig wurde. Patient A hatte für ihn nur insofern Bedeutung, als dieser seine Reputation erhöhte. Und Reputation bedeutete Einnahmen, Einnahmen, von denen Morell nie genug haben konnte. Wie viele seiner Generation, die den Ersten Weltkrieg und die Weltwirtschaftskrise mitgemacht hatten, litt Morell unter der Psychose, verhungern zu müssen. Sein Bauchumfang von 161 und sein Lebendgewicht von 230 Pfund waren angefressen – aus Angst.

Theo Morell tat beinahe alles, was er tat, aus einem Gefühl der Angst. Aus Angst vor Armut wurde er Mediziner, aus Angst vor Mißerfolg wurde er zum Parteigenossen, aus Angst, seinen Leibarztposten zu verlieren, überließ er Hitler der Selbsttherapie, aus Angst vor den Russen floh er mit dem letzten Flugzeug aus Berlin, aus Angst vor einer Verurteilung durch die Siegermächte flüchtete sich Morell in eine Reihe von Krankheiten. Und furchtbare Angstgefühle muß bei Morell der wohlüberlegte Schritt der amerikanischen Geheimdienste ausgelöst haben, ihn zu seinem Todfeind Dr. Brandt in eine Zelle zu sperren.

Dort fiel auch der Satz, der rückblickend Morells Charakter beschreibt wie kein zweiter: »Ich wollte«, sagte Morell, »ich wäre nicht ich.«[34]

VI.
Zar Nikolaus II. und der Wunderdoktor mit dem stechenden Blick

Es scheint unvorstellbar, daß im Hause Gorochawaja 64 unter Bittstellern aus Sibirien, feinen und weniger feinen Damen der Gesellschaft auch hohe Militärs, Parlamentspräsidenten, ja sogar der Ministerpräsident verkehrten. Und der rüde Umgang, für den Rasputin bekannt war, machte auch vor ihnen nicht halt. Rasputins Stärke war die Schwäche des Zaren. Bald fällte der Zar keine Entscheidung ohne den Rat des sibirischen Wunderdoktors.

Dies ist eine höchst seltsame Geschichte über einen Herrscher und seinen Leibarzt. Seltsam deshalb, weil der Leibarzt viel berühmter wurde als sein Herrscher. Seltsam deshalb, weil der Leibarzt in einem Fall wundersame Heilerfolge erzielte, der von der Schulmedizin bereits aufgegeben war, und das, obwohl er nicht einmal Medizin studiert hatte. Seltsam, weil dieser Wunderheiler auch als Zukunftsdeuter und Kirchenmann auftrat und weil er es verstand, einen Kaiser und seine bigotte Gemahlin um den Finger zu wickeln wie Seegras. Seltsam auch deshalb, weil ihm der Ruf der Heiligkeit vorausging, aber auch der Ruf eines Erotomanen.

Daß dieser Mann, der irgendwann im letzten Drittel des vergangenen Jahrhunderts in dem sibirischen Dorf Pokrowskoje bei Tjumenji als Grigori Jefimowitsch geboren wurde, im Jahre 1916, drei Monate vor dem Ausbruch der russischen Revolution, die er zweifellos mitverursacht hat, einen gewaltsamen Tod fand, das mag weniger verwundern als die Umstände seines Sterbens. Er, der zeit seines Lebens mit frömmelnder Arroganz verkündet hatte, er sei unsterblich, und wenn er stürbe, würde mit ihm Rußland untergehen, er, der ein halbes Dutzend Attentate überlebt hatte, verendete schließlich grausam in einer Dezembernacht; aber dazu bedurfte es vier verschiedener Tode, des Vergiftens, des Erschießens, des Erschlagens und Ertränkens. Es hatte wirklich den Anschein, als sei dieser Mann beinahe unsterblich gewesen.

Tolstoi und Dostojewski hätten kein erregenderes Drama zu Papier bringen können als die Moiren, die das Schicksal dreier Männer unentrinnbar verknüpften, jenes des russischen Zaren Nikolaus II., das des Wunderheilers Grigori Jefimowitsch, genannt Rasputin, und das seines Mörders Fürst Felix Jussupoff. Man könnte das Drama aus dem Blickwinkel eines jeden dieser Männer erzählen, also dreimal, und es wäre dreimal eine andere Geschichte, trotz gleichen Inhalts: das Drama des letzten russischen Zaren, das Drama eines Übermenschen, der an sich selber scheiterte, und das Drama eines dekadenten Jünglings der Petersburger Gesellschaft auf der Suche nach einer herostratischen Tat. Das mag erklären, warum es so schwierig ist, das Geschehen jener Zeit objektiv wiederzugeben, ohne den einen zu verteidigen und die anderen zu verleumden.

Zweifellos hatte jeder von ihnen den Teufel im Leib: Zar Nikolaus den Teufel der Schwermut und Dummheit, Fürst Jussupoff den Teufel der Seelenspaltung und Grigori Jefimowitsch Rasputin den Teufel der Selbstüberschätzung, weil ihm eine Gabe verliehen war, die den anderen fehlte. Für sich allein hätte keiner von ihnen eine Gefahr dargestellt (selbst Zar Nikolaus nicht, denn ein stärkerer Zar hätte die Revolution vielleicht verzögern, aber nicht

267

aufhalten können), doch ihr gemeinsames, indirekt aufeinander abgestimmtes Wirken mußte zur Katastrophe führen.

Daß sogar starke Persönlichkeiten sich in die Abhängigkeit eines Arztes begeben, haben wir mehrfach gesehen. Dies nun ist ein ganz anderes Beispiel: Ein schwächlicher Herrscher, ohne die Hilfe seiner Frau regierungsunfähig, lieferte sich einem Medizinmann aus, dem jedes medizinische Wissen fremd, jeder übernatürliche Hokuspokus aber willkommen war. Sein Leben war eine einzige Tragödie, nicht nur im Hinblick auf das Ende, sondern weil Nikolaus Alexandrowitsch alles, was er tat, gegen seinen Willen tun mußte (allgemeines Wahlrecht, gesetzliche Volksvertretung Duma, Abschaffung des Branntweinmonopols). Als er mitten im Ersten Weltkrieg den Oberkommandierenden seiner Streitkräfte entließ und auf Drängen seines Wunderheilers selbst das Kommando übernahm, obwohl er von militärischer Führung und strategischer Planung weniger Ahnung hatte als jeder Frontsoldat, da war dies der Anfang vom Ende. Angesichts des Revolutionsausbruchs mußte Nikolaus II. auf Druck der Generalität abdanken. Er wurde 1918 mit seiner Familie in Jekaterinenburg erschossen. Zu dieser Zeit war sein Ratgeber Rasputin bereits eineinhalb Jahre tot.

Vieles an Rasputins Vergangenheit ist dunkel, schmutzig und widersprüchlich wie sein rätselhafter Charakter, und die Namen, die man ihm gab, bestätigen das. »Pferdedieb« schimpften ihn die einen, »neuer Heiliger« nannten ihn die anderen; er wurde als Hochstapler, Hofschranze und Intrigant bezeichnet, aber auch als Wunderheiler, Hypnotiseur, liebevoller Mönch, Mädchenschänder und »heiliger Teufel«. Versucht man, der Wahrheit nahezukommen, so nötigt der Versuch das Eingeständnis ab: Rasputin war alles, das eine wie das andere, bewunderns- wie verabscheuenswert, zärtlich und brutal, weltmännisch und primitiv, ein

Mensch, wie ihn nur die endlose Weite der sibirischen Steppe hervorbringt – und auch die nur alle hundert Jahre.

Widersprüchlich sind die Berichte, er sei ein armer Bauernsohn aus Pokrowskoje gewesen, ein reicher Großgrundbesitzersohn oder Sprößling eines Fuhrunternehmers; aber das ist unerheblich. Unerheblich ist auch, ob dieser Mann 1872 geboren wurde, wie die meisten Chronisten berichten, oder 1863, wie Maria, angeblich Rasputins älteste und einzige die Revolution überlebende Tochter, erzählt hat.

Die Merkwürdigkeiten in dem an Merkwürdigkeiten so reichen Leben des Grigori Jefimowitsch Rasputin begannen, als er gerade fünfzehn war, ein schmächtiger Junge, weder des Lesens noch des Schreibens kundig, was der Norm entsprach in den Dörfern und Städten Sibiriens. Damals starb Grigoris Mutter plötzlich an einem Fieber, und keine zwei Wochen später stürzte der älteste Bruder Michael in die Tura, einen reißenden Fluß; Grigori war ihm nachgesprungen, um ihn zu retten. Bruder Michael starb an einem Schädelbruch, Grigori aber fieberte wochenlang in seinem Bett, wobei ihn immer wieder das Bewußtsein verließ. Der Vater mußte das Schlimmste befürchten.

Zu dieser Zeit hatten sich die Männer von Pokrowskoje bei Grigoris Vater Jefim versammelt, um ihrem Zorn freien Lauf zu lassen über das ruchlose Verbrechen, das einen aus ihren Reihen getroffen hatte wie eine unergründliche Strafe Gottes. Einem der Ärmsten von ihnen war das einzige Pferd aus dem Stall gestohlen worden, ein Frevel, der in dieser Zeit und an diesem Ort einer Mordtat gleichkam. Und während die Männer redeten, erhob sich Grigori von seinem Krankenlager, ging auf Pjotr Alexandrowitsch zu, streckte den Arm aus und rief: »Er hat das Pferd gestohlen. Er ist der Dieb!«

Jefim, Grigoris Vater, entschuldigte sich untertänig bei Pjotr, der als der wohlhabendste Bauer galt in Pokrowskoje und über jeden Zweifel erhaben zu sein schien, man wisse ja, wie krank der Junge sei. Doch bei den übrigen hatte der Vorfall Mißtrauen erregt, und einer nach dem anderen schlich noch in der Nacht zum Stall des Bauern Alexandrowitsch, um dessen Pferde zu zählen. Da sahen sie, wie Pjotr ein Pferd aus einem Schuppen holte und in der Dunkelheit verschwand. Seither begegneten sie dem jungen Grigori mit einer gewissen Ehrfurcht, und sie verlachten ihn auch nicht, als er von der Erscheinung einer »schönen Dame« sprach, die ihm baldige Genesung verheißen haben sollte, was auch geschah.

Sein größtes Interesse galt von nun an den Starezen. Das waren Wanderprediger ohne festen Wohnsitz, fromme Brüder und Geschichtenerzähler, denen das Volk die Fähigkeit zuschrieb, durch Handauflegen Krankheiten zu heilen und die Zukunft vorherzusagen. Grigori, der sich mit den Pferden seines Vaters als Fuhrmann betätigte, lauschte, sooft er einem Starez begegnete, den frommen Erzählungen. Ein junger Mönch namens Mileti Saborowski, der ihn bat, ihn zum Kloster Werchoturje zu kutschieren, sollte Grigoris Leben verändern. Grigori gefiel das Kloster so sehr, daß er sich entschloß, sein Leben für ein paar Monate mit den Mönchen in Gebet und Arbeit zu teilen.

Es dauerte nicht lange, und Grigori machte in dem weitläufigen Kloster, das mit seinen ausgedehnten Ländereien eher wie ein Arbeitslager aussah, eine merkwürdige Entdeckung: Die frommen Mönche von Werchoturje teilten sich in zwei Klassen, in Gefangene und ihre Wärter. Bei dem Kloster handelte es sich um eine Besserungsanstalt der orthodoxen Kirche, in der abtrünnige Geistliche der heiligen Mutter Kirche zum rechten Glauben zurückgeführt werden sollten. Vor allem Anhänger der Chlysti, einer weitverbreiteten Geheimsekte, waren hier versammelt; sie hatten die Besserungsanstalt längst in ihrer Gewalt und weihten sogar die Wärter in ihre Riten ein.

270

Die Chlysti predigten die Wiedergeburt. Gott Vater habe sich in Rußland niedergelassen, im Amtsbezirk Starodub, Gouvernement Wladimir, in Gestalt des Bauern Danila Filitpitsch, und Danila habe in Iwan Timofejewitsch Susloff, dem Sohn eines hundertjährigen Greises aus derselben Gegend, Jesus von Nazareth erkannt. Wer nach den Regeln der Chlysti lebe, könne mit Hilfe des göttlichen Geistes Kranke heilen und Wunder tun. Vordergründig predigten die Chlysti die fromme Zucht, Leidenschaftslosigkeit und Reinheit, doch zur »Befreiung« ihrer Seelen veranstalteten sie »sündige Handgemenge« – wie sie sich auszudrücken pflegten, nichts anderes als hemmungslose Orgien, die kein Tabu vor dem Alter und der Familie kannten.

Ob die Sekte der Chlysti das unstete Leben Grigoris begünstigte oder ob umgekehrt die Chlysti die einzigen waren, die sein unstetes Leben zum Prinzip erhoben, ist nicht zu erforschen; fest steht, daß Grigori Jefimowitsch im Alter von 17 Jahren seine Heimatstadt Pokrowskoje bei Tjumenji im sibirischen Gouvernement Tobalsk verließ, um mit kargem Gepäck – ein Kleidersack und eine Almosenschüssel – auf Wanderschaft zu gehen, als einer der zahlreichen Starezen, die sich überall auf dem Land herumtrieben. Weit scheint er dabei nicht gekommen zu sein, denn immer wieder erzählten Reisende in Pokrowskoje von den Wundertaten eines Mannes, auf den die Beschreibung Grigoris zutraf. Vor allem Frauen und Mädchen, hieß es, folgten ihm wie Fliegengeschmeiß dem Pferdefuhrwerk. Mit diesen »Schwestern« – so nannte Grigori seine Anhängerinnen – zog er unter Absingen frommer Kirchengesänge durch die Wälder, demütigte seine Anhängerschaft mit entwürdigenden Befehlen und soll mit ihnen die schrecklichsten Sünden wider das Fleisch begangen haben, als wäre er ein Abgesandter des Satans. Das alles geschah unter dem Deckmäntelchen der Frömmigkeit, um den russischen Frauen ihren Stolz, die Selbstgerechtigkeit und Hoffart zu nehmen. Übereinstimmend berichteten alle, die ihm begegneten, vom ungewöhnlichen Aussehen eines heiligen Mannes, das in der Hauptsache daher rührte, daß Rasputin den einfachen Landmenschen wie seinerzeit Christus gegenübertrat, den sie von ihren heiligen Ikonen und Hausaltären kannten: hager, mit dunklem Vollbart und mit langem, in der Mitte gescheiteltem Haupthaar. Seine Augen hatten etwas Durchdringendes, und viele wurden von frommem Schauder überwältigt, wenn sie ihm gegenübertraten. In seiner Erscheinung lag etwas Unerklärbares, etwas Außergewöhnliches, das eine seltsame Faszination ausübte.

Auf der Wanderschaft geriet Rasputin mehrfach mit dem Gesetz in Konflikt, was nicht ungewöhnlich war für einen sibirischen Bauern, dem schon bei Pferdediebstahl die Todesstrafe drohte; aber ein frommer Starez stellte vor Gericht doch eine Seltenheit dar, vor allem wenn er des Meineids oder des Diebstahls bezichtigt und zu einer Prügelstrafe verurteilt wurde. Durchaus zu Recht übrigens, doch wuchs seit dieser Zeit sein Haß gegen Polizei und jede Art von Obrigkeit, was später zu extremen Reaktionen führen sollte.

Als Rasputin im Frühjahr 1893 in sein Heimatdorf Pokrowskoje zurückkehrte, war er ein anderer geworden. Selbstbewußt bot er dem Popen Peter Semenow, der im Dorf auch als Schulvorsteher fungierte und mehr an dem eigenen als dem Wohlergehen seiner Pfarrkinder interessiert war, die Stirn. Dem Popen ging es gut, aber seine Kirche verfiel, und deshalb begann Rasputin, eine eigene Kapelle zu errichten, hinter dem Haus unter der Erde; aber der erhoffte Zulauf blieb aus. Bis der Starez ein Wunder geschehen ließ.

Der schönste, kostbarste Hengst des Dorfes war toll geworden, griff Menschen an und konnte nur noch mit Mühe in seinem Stall gebändigt werden. Die Ältesten des Dorfes hatten beschlossen, das Tier zu erschießen, denn es gefährdete die Bewohner von ganz Pokrowskoje. Als dann der heimgekehrte Wanderprediger Grigori ankündigte, das Tier mit Gottes Hilfe zu heilen, war er auf einmal in aller Munde. Es gelang ihm wirklich, das störrische, zitternde Tier zu beruhigen, indem er ihm die Hand auf die Stirn legte. Und von diesem Tag an kamen Kranke oft aus hundert Kilometern Entfernung, um bei Rasputin Heilung zu erlangen, und sie entlohnten ihn reichlich mit Naturalien.

Damals lernte Grigori Praskowja Feodorowna Dubrowin kennen, ein Mädchen aus dem Nachbardorf. Er heiratete es im Frühjahr 1895, aber die Wundergabe des Starez konnte nicht verhindern, daß der Sohn, der ein Jahr später geboren wurde, nach ein paar Monaten starb. Dieses Ereignis muß Rasputin zutiefst erschüttert haben, denn er nahm es zum Anlaß, sich erneut auf Wanderschaft zu begeben, von Kloster zu Kloster, von Dorf zu Dorf. Zum ersten Male führte ihn der Weg auch nach St. Petersburg, wo sich auf Einladung des Popen Iwan von Kronstadt Wanderprediger und Wundertäter aus ganz Rußland trafen.

Der Pope fand Gefallen an Grigori, der zwar weder lesen noch schreiben konnte, der angeblich aber das gesamte Alte und Neue Testament aus dem Kopf hersagen und auf eine respektable Zahl von Wunderheilungen zurückblicken konnte. Iwan bot dem Neuling an, ihn auf der Akademie von St. Petersburg zum orthodoxen Priester ausbilden zu lassen, aber Rasputin lehnte mit der Begründung ab, er könne als einfacher Starez der Menschheit mehr dienen; nur Lesen und Schreiben und ein paar Umgangsformen, wie sie die Städter pflegten, könnten ihm von Nutzen sein.

Der große Prediger Dimitri Iliodor brachte Grigori Jefimowitsch zu Olga Lochtina, einer ebenso geistreichen wie schönen Lehrerin, verheiratet zwar, aber stets auf der Suche nach Abwechslung. Heimlich hatte Iliodor auf diese

273

aufregende Frau schon lange ein Auge geworfen, und er hoffte wohl, ihr mit dem neuen Schüler aus Pokrowskoje im Gefolge näherzukommen; aber der raffiniert eingefädelte Plan geriet zur Posse, weil die Lochtina nicht an dem wohltönenden Prediger aus Zaryzin Gefallen fand, sondern an Rasputin, dem sibirischen Urgestein mit seinen ungeschliffenen Manieren. Wohl eher aus Verlegenheit widersetzte Grigori sich dem Werben der vornehmen Dame, aber es war nur eine Frage der Zeit, bis er ihrem Drängen nachgab.

Olga Lochtina führte den sibirischen Starez in die höchsten Kreise der Petersburger Gesellschaft ein. Bei den Tees und Cocktails der vornehmen Leute erregte Grigori schon allein durch seine bäuerische Kleidung Aufmerksamkeit – Kaftan, Pluderhosen und Stiefel, die er nun zwar etwas feiner in der Art, aber nach wie vor jeden modischen Trend ignorierend, mit Selbstbewußtsein zur Schau trug. Großfürsten, Grafen, Großgrundbesitzer und Bankiers, vor allem aber deren vielfach gelangweilte Gemahlinnen drängten an die Seite Rasputins, dem der Ruf vorauseilte, Kranke nur durch Handauflegen, Blickkontakt und seine frommen Gebete zu heilen. Zu seinen glühendsten Anhängerinnen wurden die Großfürstinnen Anastasia und Militza, die Gräfin Golowina, Ehefrau des Kanzlers und Kammerherrn Eugen Golowin, und Anna Wyrubowa, der noch eine verhängnisvolle Rolle im Leben von Grigori Jefimowitsch Rasputin zukommen sollte.

Jene, die ihm kritisch gegenüberstanden, wie Anastasias Ehemann Großfürst Nikolaj Nikolajewitsch, ein spleeniger Anhänger des Spiritismus und okkulter Phantastereien, überzeugte der Mann aus Pokrowskoje durch die Heilung seines Kammerdieners, der, ohne daß irgendein Arzt sein Leiden diagnostizieren konnte, dahinsiechte wie eine verdurstende Pflanze. Rasputin machte ihn gesund, indem er ihm fest in die Augen sah und betete. Von jenem

Tag an lag ihm St. Petersburg zu Füßen. Nicht nur Großfürst Nikolaj beschenkte ihn fürstlich, auch andere Mitglieder der Gesellschaft betrachteten es als Ehre, dem wundertätigen Starez jeden Wunsch von den Lippen abzulesen.

In der sogenannten feinen Gesellschaft von St. Petersburg dominierte eine Mischung aus politischem Mißtrauen, persönlichen Feindschaften und Intrigen, der sich fernzuhalten nicht einmal dem Zaren gelang. Seit 1894 regierte Zar Nikolaus II., und im Laufe seiner Regierung überlebte er nicht weniger als 27 Attentatsversuche. Zwischen 1904 und 1905 wurden in Rußland 18 000 politische Morde registriert.

Zar Nikolaus, Sohn des Zaren Alexanders III., hatte sich durch seine Eheschließung mit der deutschstämmigen Prinzessin Alice von Hessen-Darmstadt, die als Zarin den Namen Alexandra trug, zusätzliche Feinde geschaffen. Zwar hatte Alexandra bei der mehrfach aufgeschobenen Liebesheirat den russisch-orthodoxen Glauben angenommen, doch die Reserviertheit der meisten Russen gegenüber der Kaiserin aus dem Westen vermochte auch dieser Schritt nicht aus der Welt zu schaffen.

Nikolaus und Alexandra waren einander sehr zugetan, schrieben sich täglich kleine Briefchen und turtelten noch nach Jahren, zu einer Zeit, in der die meisten Ehen bereits zur öden Routine geworden sind. Er nannte sie »Sunshine«, sie rief ihn »kleiner Papa« oder »Dove«-Täubchen, und dieser Umgang änderte sich nie im Verlauf ihrer Ehe.

Um dem repräsentativen Pomp von St. Petersburg zu entgehen, zogen sich Nikolaus und Alexandra, sooft es ging, in die Sommerresidenz Zarskoje Selo, eine Stunde außerhalb der Hauptstadt, aufs Land zurück, wo alles klein und intim war und sie ein glückliches Familienleben ohne die am Zarenhof üblichen zahllosen Lakaien und Hofschranzen führen konnten; und schließlich wählten sie

Zarskoje Selo zum Daueraufenthalt. In St. Petersburg wurde diese Flucht in die Einfachheit und Einsamkeit mit Unmut aufgenommen, sie entrückte die ohnehin fremde Kaiserin nur noch mehr und gab damit Raum für neue Intrigen, Bosheiten und Verleumdungen. In der Hauptstadt bildeten sich Nebenhöfe und politische Zentren wie jenes der Zarenwitwe oder der Großfürstin Maria Pawlowna, deren oberstes Ziel es war, einem ihrer Söhne die russische Krone zuzuschanzen, falls die fremde Kaiserin keinen Thronerben zu Welt brachte.

Höchst bürgerlich, beinahe bieder, lebten Zar Nikolaus und Alexandra außerhalb in ihrer Residenz, umgeben von wenig Personal und noch weniger Freunden, und es schien, als gelänge es ihnen, die im Aufruhr begriffene Welt um sich herum zu vergessen.

Diesen Eindruck gewinnt man in der Tat aus dem Tagebuch des Zaren, der Regierungspflichten und Staatsgeschäfte nur mit kurzen Worten erwähnt, sich im übrigen aber im Glück seines Familienlebens ergeht.

Notizen aus dem Tagebuch Zar Nikolaus' II.:

»Es ist schade, daß die Geschäfte soviel Zeit in Anspruch nehmen, während ich doch so gerne nur mit ihr beisammen wäre! ...

Vormittags mußte ich wieder Berichte entgegennehmen, doch nachmittags ging ich mit Alix im Garten spazieren. Wir können es nicht über uns bringen, uns voneinander zu trennen ...

Da ich vormittags beschäftigt war, sah ich die teure Alix bis zum Frühstück überhaupt nicht. Nachmittags aber fuhren wir wieder nach Pawlowsk und bewunderten den schönen Sonnenuntergang. Abends, nach dem Tee, las ich ihr längere Zeit laut vor ...

Ich empfing Durnowo, Fredericks, Richter und Avelan. Dann fuhr ich nach der Akademie der Wissenschaften, wo die feierliche Jahresversammlung stattfand. Sie war nicht interessant, dauerte aber auch kaum eine Stunde, so daß ich um zwei Uhr schon wieder zu Hause war. Ich fuhr mit meiner lieben kleinen Frau nach den Inseln spazieren, der Abend war wundervoll und die Fahrt sehr angenehm. Erst um halb zwölf Uhr nachts kamen wir nach Hause.«[1]

Nikolaus und Alexandra hatten keine Geheimnisse voreinander. Alexandra las die Aufzeichnungen ihres Mannes und ergänzte sie bisweilen mit eigenen Kommentaren, so daß das Doppeltagebuch zum rührenden Dokument einer großen Liebesbeziehung wird.

Zar Nikolaus II.: »Heute hatte ich viel freie Zeit, da ich fast gar keine Berichte lesen mußte. Wir frühstückten und dinierten allein. Ich kann es gar nicht beschreiben, wie glücklich das Leben zu zweit in dem schönen Zarskoje verläuft!«

Zarin Alexandra (in englischer Sprache): »Deine kleine Frau betet dich an!«

Zar Nikolaus II.: »Meine Seligkeit ist grenzenlos. Nur mit Widerwillen verlasse ich Zarskoje, das uns beiden so teuer geworden ist. Hier sind wir zum ersten Male nach unserer Hochzeit allein gewesen und haben ganz ungestört miteinander gelebt.«

Zarin Alexandra: »Nie hätte ich geglaubt, daß in der Welt ein solches wolkenloses Glück und ein solches Ineinanderaufgehen zweier Menschen möglich sein könnte. Ich liebe dich, und in diesen drei Worten liegt mein ganzes Leben.«[2]

Alexandra brachte zwei Töchter zur Welt, Olga und Tatjana, aber nicht den heißersehnten Sohn. Rußland brauchte einen Zarewitsch; doch seine Geburt war mit einem großen Risiko verbunden, und das Kaiserpaar wußte davon. Die Zarin hatte drei Schwestern, von denen die eine kinderlos geblieben war, vier Söhne der beiden anderen Schwestern litten an der Bluterkrankheit (Hämophi-

277

lie), die ausschließlich bei Männern in Erscheinung tritt, während die weiblichen Mitglieder der Bluterfamilie die Erbanlage nur übertragen. Blutungen treten bei Hämophilen vor allem in jungen Jahren als Haut-, Gelenk- und Schleimhautblutungen auf. Nasenbluten oder Zahnziehen können, wenn es nicht gelingt, die Blutung zu stillen, zum Tod führen. Kein Wunder, daß Kaiserin Alexandra unter dieser Belastung litt.

Die Zaren hatten schon immer ein Faible für Wundertäter, Mönche und Magier, und ihr Mangel an medizinischer Ausbildung hinderte die Romanows nicht, Zauberer und Spiritisten zu russischen Militärärzten zu machen wie jenen Metzgergesellen aus Lyon, der den klangvollen Namen Philippe Nizier-Vachod trug und im Paris der Jahrhundertwende durch allerlei Zaubereien und Gesundbetungen aufgefallen war. Paris galt überhaupt als Hochburg der Spiritisten und Wundertäter, und da der russische Hochadel alles bewunderte, was aus der französischen Hauptstadt kam, wurde Zarin Alexandra auch auf den wundertätigen Philippe aufmerksam und bat ihn, alle Mittel seiner magischen Kunst einzusetzen und ihr die Geburt eines Thronfolgers zu ermöglichen.

Aber die Tätigkeit des Lyoner Wurstmetzgers blieb ebenso erfolglos wie der Versuch eines Hypnotiseurs aus Marseille namens Papus, der der bedauernswerten Zarin unter Hypnose suggerierte, sie sei schwanger. Tatsächlich lebte Alexandra neun Monate in einer Art Scheinschwangerschaft, dann kam die Stunde der Wahrheit, und die Euphorie wich dem Delirium. Die beiden Hochgelobten, die jahrelang am Zarenhof von Petersburg ihr Unwesen getrieben, spiritistische und okkultistische Sitzungen gehalten, die Zukunft geweissagt und den kaiserlichen Zeugungsakt dem Lauf der Gestirne unterstellt hatten, wurden entlassen und nach Frankreich zurückgeschickt – nicht ohne sofort nach neuen Wundertätern Ausschau zu halten.

Zarin Alexandra und Zar Nikolaus standen einander, wenn es um Aberglauben ging, in keiner Weise nach. Nikolaus hatte noch vor seiner Thronbesteigung mit Prinz Georg von Griechenland eine Ostasienreise unternommen, bei der ihm ein buddhistischer Mönch geweissagt hatte, er würde vom Totenbett seines Vaters zum Traualtar schreiten, was sich auf unerwartete Weise bewahrheitete: Zar Alexander III. starb am 1. November 1894, zwei Wochen später heiratete Nikolaus II. die deutsche Provinzprinzessin Alice von Hessen-Darmstadt.

Hinzu kam der zur Schau getragene Pietismus des Kaisers, der seit Peter dem Großen auch Oberhaupt der russischen Kirche war. Er und die Zarin hingen aber auch einer naiven Wundergläubigkeit an. Was für Alexander III. der fromme Mystiker Johann von Kronstadt war, bedeutete für Zar Nikolaus II. ein Trio »heiliger« Männer mit – wie Zar und Zarin glaubten – übernatürlichen Fähigkeiten, die sich, bei näherer Betrachtung, nicht nur als sehr natürlich, sondern sogar als widernatürlich entpuppten; doch davon wollte man am Zarenhof nichts wissen.

Theophan hieß der eine, Rektor der Theologischen Fakultät der Universität und als Beichtvater der Kaiserin und Religionslehrer der Zarenkinder von hohem Einfluß; der andere war Hermogen, der wohlbeleibte Bischof von Sarow, ebenso scherzhaft wie streitbar; und schließlich der Mönchspriester von Zaryzin, Iliodor, mit bürgerlichem Namen Sergej Trufanoff, ein vielbewunderter Geistlicher, dem der Ruf vorausging, Rußlands größter Prediger zu sein und keine anderen Gefühle zu kennen außer Haß und Zorn. Wenn er, hager und hochgewachsen und damit das Gegenteil von Hermogen, mit seiner schneidenden, unangenehmen Stimme zu reden begann, stand er dem Florentiner Savonarola in nichts nach. Wie dieser glaubte er sich durch göttliche Visionen zum Propheten seiner Zeit erwählt; von dem rauhgekleideten Mönch des Mittelalters trennte ihn jedoch die Demut.

Iliodor war alles andere als demütig, er liebte den Luxus und ein pompöses Zeremoniell, seine päpstlichen Allüren manifestierten sich in allerlei grotesken Aktionen, etwa wenn er sich und seine Klostermönche am Dreikönigstag auf Streitwagen wie römische Wagenlenker, vorbei an knienden Menschen, umwogt von Fahnen und Heiligenbildern durch die Straßen der Stadt ziehen ließ. Von den Triumphatoren unterschieden sich die heiligen russischen Mönche nur durch die aufgeputzten Gespanne. Statt Pferde, wie bei den Römern, waren junge Mädchen und Greisinnen angespannt.

Mit Bußpredigten hatte er sich ein Kloster von respektabler Größe zusammengeschnorrt, indem er von den Besitzenden Baumaterial, von den Armen aber Arbeitskraft forderte; trotzdem erwies sich die Kirche für seine Predigten bald als zu klein, und Iliodor überzeugte die frommen Russen mit seinen Reden, einen künstlichen Hügel aufzuschütten. Darauf sollte ein gläserner Turm entstehen, von dem aus der Mönchspriester seine Bergpredigten halten wollte; doch wie der Turm von Babel wurde auch dieser Turm nie vollendet.

Was Iliodor gefährlicher als andere Mitglieder der Geistlichkeit machte, war sein politisches Sendungsbewußtsein, das er in den Falten seines Ordensgewandes verbarg. Iliodor war ein politischer Reaktionär und dabei ein Verfechter der unbeschränkten Selbstherrlichkeit des Zaren; andererseits vertrat er in seinen Reden, zu denen ihm vor allem Arbeiter und Bauern, also die unteren Schichten, zuliefen, populistische Ideen, wie sie der Kommunismus hervorbrachte. Das Volk, eiferte der Mönch, bestehe ohne Standesunterschiede aus gleichberechtigten Brüdern, und der Zar sei der alleinige Herr. Iliodor polemisierte gegen jede Art von Obrigkeit, gegen Beamte, Verwalter und Funktionäre, vor allem gegen Intellektuelle und Juden. Das kam an. Seine Anhängerschaft wuchs von Tag zu Tag, und selbst die Zeitung in Zaryzin mußte sich seinem Herrschaftsanspruch beugen, wenn er nachts durch Spielsäle, Tanzpaläste und Freudenhäuser polterte und seine Erlebnisse samt den Namen derjenigen, die er dort antraf, öffentlich bekanntgab. Auf diese Weise hatte sich sein Ruf bis nach St. Petersburg verbreitet.

Am Hof des Zaren hatten immer wieder Geistliche die Rolle der Leibärzte übernommen. So auch bei Zar Nikolaus II. Für die kleineren Leiden gab es zwar den Leibarzt Dr. Bodkin, aber größere medizinische Probleme bedurften des Eingreifens der frommen Männer wie Theophan. Der Beichtvater der Kaiserin war es auch, der ein probates Mittel parat hatte, wie Alexandra den ersehnten Thronfolger zur Welt bringen konnte: Der Zar, so forderte Theophan, müsse die Heiligsprechung des wundertätigen Mönchs Seraphim von Saratow anordnen, und in der Nacht nach der Heiligsprechung müsse die Kaiserin an seinem Grab beten und in der Quelle von Saratow baden. In seiner Ratlosigkeit befolgte das Herrscherpaar die obskuren Forderungen, und erstaunlicherweise brachte Kaiserin Alexandra zwölf Monate später, am 12. August 1904, einen Jungen zur Welt, den Zarewitsch Alexej.

In sein Tagebuch schrieb Zar Nikolaus an diesem Tag: »Ein unvergeßlicher, großer Tag, an welchem uns die Gnade Gottes sichtbar zuteil geworden ist. Um ein und ein viertel Uhr brachte Alix einen Sohn zur Welt, der im Gebet den Namen Alexej erhielt. Ich hatte noch vormittags einen Bericht von Kokowzoff entgegengenommen und den verwundeten Artillerieoffizier Klepikoff empfangen und war dann zu Alix gegangen, um mit ihr zu frühstücken. Eine halbe Stunde später vollzog sich das freudige Ereignis. Es gibt keine Worte, um dem Herrn für diesen Trost in schweren Prüfungen gebührend zu danken. Die teure Alix fühlte sich sehr wohl; um fünf Uhr fuhr ich mit den Kindern zu einem feierlichen Gottesdienst, wo sich die ganze Familie versammelte ...«[3]

Nun hatte Rußland zwar einen Zarewitsch, aber Alexandras Befürchtungen hatten sich bewahrheitet; Alexej war ein Bluter. Ein Sturz beim Spielen, eine kleine Verletzung konnten dem Kind den Tod bringen. Deshalb gab der Zar seinem Sohn den Matrosen Derewenko als Aufpasser bei. Derewenko bewachte Alexej Tag und Nacht, er achtete darauf, daß er keine heftigen Bewegungen machte, nicht übermütig herumhüpfte, keine Dinge mit spitzen und scharfen Kanten in die Hände nahm, eben nichts tat, was kleine Jungen gerne tun.

Er war gerade vier Jahre alt, als das Unvermeidliche geschah, Alexej stürzte, zog sich einen Bluterguß zu und drohte zu verbluten. Weder Bittgottesdienste noch die medizinische Kunst Doktor Bodkins vermochten Abhilfe zu schaffen, ja nicht einmal Beichtvater Theophan, dem sie, wie die Zarin glaubte, die Geburt des Zarewitsch verdankte, konnte helfen. Verzweifelt wandte sich Großfürstin Anastasia an Grigori Jefimowitsch Rasputin, ob nicht *er* den russischen Thronfolger heilen könne. Das Verhängnis nahm seinen Lauf.

Bis zu diesem Tag hatte Rasputin schon zahlreiche als unheilbar geltende Patienten geheilt, aber einem Fall von Hämophilie war er noch nie begegnet. Grigori wußte selbst nicht, ob er erfolgreich sein würde, willigte jedoch ein, sich mit seinen Gebeten am Zarewitsch zu versuchen.

Über Rasputins erste Begegnung mit dem Zar und seiner Gemahlin in Zarskoje Solo berichtet Maria, die einzige überlebende Tochter Grigoris.[4] Danach hielten sich im Krankenzimmer in der Sommerresidenz, neben den Eltern und Schwestern des kranken Jungen, Doktor Bodkin, der Pope Theophan und Anna Wyrubowa, die beste Freundin und erste Ehrendame der Zarin, auf. Grigori, einfach gekleidet wie immer, umarmte Zar und Zarin, kniete vor dem Bett des Kindes nieder und betete einige Minuten. Dann legte er seine Hand auf den Kopf des Vierjährigen und sagte:»Mein Sohn, schlage die Augen auf und lächle. Du leidest nicht mehr und bist jetzt glücklich.«

Alle Umstehenden hielten den Atem an. Plötzlich richtete Alexej sich auf. Er lachte. Die Zarin wollte ihr Kind in die Arme schließen, aber Rasputin wehrte ab:»Nicht doch. Bringe ihm frisches Wasser. Er hat viel Blut verloren, er braucht viel Flüssigkeit.«

Daraus entstand eine Diskussion, ob der Junge Wasser trinken dürfe oder nicht, aber schließlich gehorchte die Zarin, brachte ein Glas Wasser, und der Junge trank gierig. Der Zarewitsch schien von einem Augenblick auf den anderen geheilt. Er setzte sich auf und bat den fremden Mann, ihm eine Geschichte zu erzählen.

Zarin Alexandra küßte Rasputins Hände.

»Euer Kind wird leben!« sagte Grigori.

In Angst, der Zustand des Kindes könnte sich wieder verschlechtern, bat Zar Nikolaus den wundertätigen Starez, die Nacht im Palais zu verbringen. Doktor Bodkin sprach von einem Wunder, er konnte den Blutungsstillstand aus medizinischer Sicht nicht erklären. Grigori übrigens auch nicht, er betonte, er habe nur bei Gott Fürbitte eingelegt, und Gott habe seine Gebete erhört.

Dieses Ereignis im Juli 1907 sollte Rasputins Leben verändern. Der Zar bot dem »fremden Mann«, wie er bei Hofe genannt wurde, ein festes Gehalt, eine Wohnung in St. Petersburg samt Diener und neuinstalliertem Fernsprecher an, aber Grigori zog es vor, die meiste Zeit im Palast zu verbringen. Dadurch wuchs sein Einfluß in kurzer Zeit, nicht nur, weil er über das Leben des Zarewitsch wachte. Zar und Zarin zeigten zunehmend Interesse an Rasputins politischen Ansichten.

Nikolaus und Alexandra lebten äußerst zurückgezogen,

von einem Urlaub auf der Krim und Ferien in Finnland abgesehen, verließen sie St. Petersburg kaum. Grigori hingegen, der Mann aus der Provinz, war viele Jahre durch Gegenden gezogen, die der Zar nur vom Hörensagen kannte, er hatte mit Menschen verkehrt, deren Leben bei Hofe fremd erschien. »Später«, schrieb Rasputins Tochter Maria, »gestand die Zarin der Mutter in meiner Gegenwart, vom Vater mehr über das ländliche Rußland erfahren zu haben, als sie allen sonstigen Quellen verdankte.«[5] Hinzu kam, daß Zarewitsch Alexej aufgrund seiner Krankheit von den Eltern so verzogen worden war, daß er den ganzen Hof terrorisierte, und mehr als einmal rief die Zarin spätabends Rasputin an, der Thronfolger weigere sich, ins Bett zu gehen. Dann hielt der Starez seinem Schützling telefonisch eine Standpauke, und Alexej suchte, ohne zu murren, sein Bett auf.

Dem Bauern aus Sibirien begann das Leben in der Hauptstadt zu gefallen. Sein Umgang bei Hofe machte ihn auch für höchste Gesellschaftskreise in St. Petersburg interessant, vor allem auf Frauen übte der Starez eine magische Anziehungskraft aus. Seine Adresse wurde als Geheimtip herumgereicht; und sie war es in der Tat, denn der wundertätige Heilige wechselte seine Bleibe ziemlich häufig. Er hatte, als er nach St. Petersburg kam, zunächst möbliert am Narski-Prospekt gewohnt, dann in der wenig vornehmen Kirotschnaja, von dort war er an den Englischen Prospekt gezogen, und seit 1911 wohnte Grigori Jefimowitsch in einer geräumigen Fünfzimmerwohnung an der Gorochawaja 64 mit Fernsprechanschluß 64646, ein bemerkenswertes Statussymbol vor dem Ersten Weltkrieg. Man wußte, wer ihm dazu verholfen hatte.

Es war dieselbe Gönnerin, Zarin Alexandra, die den Geheimdienstchef Globitscheff mit der Bewachung Jefimowitschs beauftragt hatte, »als sei er ein Mitglied der Zarenfamilie«. Fortan konnte der Mann aus Pokrowskoje keinen Schritt mehr tun, ohne von einem Rudel Agenten verfolgt zu werden, die ihrerseits wieder von Agenten der geheimen Staatspolizei beobachtet wurden. Zwar durfte er sich sicher fühlen vor Attentätern und üblem Gesindel, doch die wohlgemeinten Aktionen der Kaiserin zeitigten ungewollte Folgen: Die »unauffälligen« Geheimagenten, die Tag und Nacht um das Mietshaus Gorochawaja 64 herumlungerten und sich wie Kletten an die Fersen des Schutzbefohlenen hefteten, hatten über jede Wahrnehmung schriftlichen Bericht zu erstatten, und so kam es, daß sich im Polizeipräsidium von St. Petersburg Hunderte und bald schon Tausende Protokolle stapelten, in denen Rasputins Umgang, seine Gewohnheiten und noch mehr seine seltsamen Eigenheiten festgehalten sind. Mehr als es dem wundertätigen Starez lieb sein konnte, legen diese Protokolle den wahren Charakter Rasputins bloß; sie zeigen, daß der »heilige Mönch« der Erotomanie verfallen und daß der bäuerische Asket, der auf einem Feld zu schlafen pflegte, dem Luxus keineswegs abgeneigt war. Geld bedeutete Grigori nichts, kein Wunder, es wurde ihm im Übermaß gegeben. Die Geheimdienstprotokolle sind aber auch ein faszinierendes Spiegelbild des Lebens in St. Petersburg in den letzten zaristischen Jahren.

Augenfälligste, immer wiederkehrende Information in diesen datierten Aufzeichnungen aus den Jahren 1915 und 1916 ist das maßlose Treiben eines Libidinisten, vor dem kein Rockzipfel sicher war.

»3. November: Eine unbekannte Frau ist bei Rasputin erschienen und wollte durchsetzen, daß ihr Mann, ein im Hospital liegender Leutnant, nicht aus Petersburg weggeschafft werde. Beim Verlassen des Hauses erzählte sie in der Portierloge, wie sonderbar Rasputin sie empfangen habe: ›Ein Mädchen öffnete mir die Türe und führte mich in ein Zimmer, wo alsbald Rasputin, den ich noch nie vorher gesehen hatte, eintrat. Er sagte mir sogleich, ich solle mich ausziehen. Als ich seinem Wunsch nachgekommen und mit im in das anstoßende Zimmer gegangen war, hörte er meine Bitte kaum an, betastete fortwährend mein Gesicht und meine Brüste und verlangte, ich solle ihn küssen. Dann schrieb er einen Zettel, gab mir diesen aber nicht, meinte vielmehr, er sei mir böse, und forderte mich auf, am nächsten Tag wiederzukommen.«

»In der Nacht vom 25. auf den 26. November hat die Schauspielerin Warwarowa bei Rasputin geschlafen.«

»3. Dezember: Heute erschien Frau Leikart zum ersten Male bei Rasputin, um für ihren Mann zu intervenieren. Rasputin schlug ihr vor, sie solle ihn küssen, sie weigerte sich jedoch und ging fort. Dann kam die Mätresse des Senators Mamonotoff; Rasputin bat sie, um ein Uhr nachts wiederzukommen.«

»16. Januar: Rasputin hat, während eines Besuches der Familie Pistolkors, die Prostituierte Gregubowa auf seine Knie genommen und dabei etwas vor sich hin gemurmelt.«

»In der Nacht vom 17. auf den 18. Januar hat Marja Gill, die Gattin des Hauptmanns aus dem 145. Regiment, bei Rasputin geschlafen.«

»26. Januar: Heute abend fand bei Rasputin zu Ehren irgendwelcher aus dem Gefängnis entlassener Personen ein Ball statt, wobei es sehr frei zuging. Die Gäste sangen und tanzten bis zum frühen Morgen.«

»29. Januar: Die Frau des Obersten Tatarinoff hat Rasputin aufgesucht und nachher den Agenten erzählt, der Starez habe in ihrer Gegenwart ein junges Mädchen umarmt und geküßt; der Vorfall sei ihr so peinlich gewesen, daß sie beschlossen habe, Rasputin nie wieder aufzusuchen.«

»18. Februar: Rasputin hat nachstehendes Telegramm abgeschickt: ›Wyrubowa, Zarskoje Selo. Sage der Frau Golowin, sie solle mich morgen um drei Uhr besuchen.‹«

»16. März: Gegen ein Uhr nachts erschienen acht Männer und Frauen bei Rasputin und blieben dort bis drei Uhr morgens. Die ganze Gesellschaft sang und tanzte; als alle schon betrunken waren, gingen sie, gemeinsam mit Rasputin, aus dem Hause.«

»30. März: Rasputin hat nachstehendes Telegramm nach Moskau geschickt: ›Fürstin Tenischewa. Freue mich über Ihre Offenherzigkeit. Küsse meiner Teuren.‹

Ferner telegraphierte Rasputin an Jelena Djanumowa: ›Geliebter Schatz, bin im Geiste bei Dir, küsse Dich.‹«

»3. April: Gegen ein Uhr nachts brachte Rasputin eine unbekannte Frau mit, die bei ihm übernachtete.«

»11. Mai: Rasputin hat eine Prostituierte in seine Wohnung mitgebracht und sie in seinem Zimmer eingeschlossen; die Dienerschaft hat das Mädchen jedoch wieder hinausgelassen.«

»2. Juni: Rasputin hatte die Frau des Hausbesorgers nach der Masseuse Utilia geschickt, doch war diese nicht daheim. Hierauf begab er sich persönlich in die Wohnung Nr. 31 zu der Schneiderin Katja. Dort wurde er offenbar nicht eingelassen, denn er kam wieder die Treppe herunter und verlangte von der Frau des Hausbesorgers, daß sie ihn küssen sollte. Diese aber befreite sich aus seinen Armen und läutete bei seiner Wohnung an, worauf das Dienstmädchen erschien und Rasputin zu Bett brachte.«[6]

Diese Protokolle, die keineswegs zur Überführung Grigori Jefimowitschs angelegt wurden, sondern bei der angeordneten Bewachung anfielen, widerlegten Behauptungen von Rasputins ältester Tochter Matrjona Solowjoff, die bemüht war, den Ruf ihres Vaters zu schonen. Matrjona hatte 1918 Boris Solowjoff geheiratet. Die Ehe war noch von Rasputin eingefädelt worden, der die Familie der Solowjoffs lange zu seinen Freunden zählte. Unter dem Namen Maria Rasputin versuchte Matrjona Solowjoff in einem

Buch »Mein Vater Rasputin« die Eskapaden ihres Vaters durch Nichterinnern herunterzuspielen und – so sie sich erinnerte – dadurch zu widerlegen, daß sie nichts davon bemerkt haben wollte, obwohl sie und ihre Schwester Warija jahrelang die Wohnung Gorochawaja 64 mit ihm geteilt hätten. In dieser Wohnung lebte auch Rasputins Frau Praskowja Feodorowna Dubrowin, wenn sie zur Winterzeit aus Pokrowskoje nach St. Petersburg kam. Matrjona berichtet, ihr Vater Grigori habe einen Doppelgänger gehabt, einen erfolglosen Schauspieler, der Rasputin zum Verwechseln ähnlich sah und in auffälliger Weise Bordelle besuchte, sich mit Damen zweifelhaften Rufes – bis zu vieren gleichzeitig – in vornehmen Lokalen wie der »Villa Rode« sehen ließ, betrunken durch die Stadt zog und sich mit der Obrigkeit anlegte mit dem Hinweis, er sei Rasputin. Bei einer Reise nach Moskau sei dieser Doppelgänger gar ihrem Vater nachgereist und habe sich dort in aller Öffentlichkeit zu Darbietungen hinreißen lassen, »welche die Grenzen des Anstandes weit überschritten«. Zar und Zarin, die ihn deshalb zur Rede stellten, hätten Grigori Jefimowitsch geglaubt, und schließlich sei der Doppelgänger gefaßt und an die Front geschickt worden, wo sich seine Spuren verlieren. Als dürftigen Beweis führt Matrjona eine Fotografie des Doppelgängers an, die wohl eher ihren Vater Jefimowitsch darstellt.

Da scheinen die Petersburger Überwachungsprotokolle weit glaubhafter, und ein dubioser Prozeß aus dem Jahre 1900, bei dem Grigori Jefimowitsch aus Mangel an Beweisen freigesprochen wurde, gewinnt neue Bedeutung. Der Prozeß war aufgrund einer Anzeige vom 3. September 1900 aufgerollt worden. Eine »unverehelichte Frauensperson« namens Lisaweta Nikolajewna Bul war Zeuge eines scheußlichen Verbrechens geworden: Ein verwegen aussehender Mann, sagte sie aus, habe sich in einem Kornfeld an der Straße von Fagast nach Kasan an zwei kleinen Mädchen vergangen. Sie selbst sei einer Verfolgung nur dadurch entgangen, daß sie sich drei Tage im Wald versteckte. Die Beschreibung des Wüstlings traf genau auf Grigori Jefimowitsch zu, der damals in der Gegend sein Unwesen trieb. Mehr als zwei Wochen suchte die Polizei nach Jefimowitsch. Als sie ihn in Kasan entdeckte und der Zeugin gegenüberstellen wollte, war diese verschwunden, und sie ist auch nie wieder aufgetaucht.

Jetzt, 15 Jahre später, erinnerte sich kaum jemand an die zweifelhafte Affäre, obwohl Rasputins Liebschaften Tagesgespräch waren und zu vielerlei Spott in den Zeitungen Anlaß gaben. Als Mitglied der Petersburger Gesellschaft und Protegé des Zaren (oder besser der Zarin, was sogar zu dem Gerücht führte, er unterhalte auch mit Kaiserin Alexandra ein intimes Verhältnis) führte Rasputin ein großes Haus, und sein Terminkalender übertraf den des Zaren bei weitem.

Zwei Tage aus den Geheimprotokollen der St. Petersburger Polizei (wobei nur wichtige Namen und bekannte Persönlichkeiten aufgeführt sind):

»8. Februar 1915: Heute um 10 Uhr kam Frau Solowjoff, um 10 Uhr 10 Min. kam Marja Golowina, um 11 Uhr 50 Min. kam die Fürstin Tatjana Schachowskaja und ging nach fünfzig Minuten wieder fort. Punkt 12 Uhr empfing Rasputin seinen Privatsekretär Simanowitsch, um 12 Uhr 10 Min. kam die Frau des Stabskapitäns Sandetzki, die nach 10 Minuten das Kabinett wieder verließ, um 12 Uhr kam auch der Sänger Derewenski, um 12 Uhr 20 Min. ging die Laptinskaja fort, und um 12 Uhr 40 Min. kam ein unbekannter Mann in Uniform mit einem Automobil, um Rasputin abzuholen.

Um 1 Uhr 35 Min. erschien der Geheimrat und Senator Mamontoff, um 1 Uhr 40 Min. kam die Basilewskaja in Begleitung der Gar; die beiden Frauen blieben anderthalb

Stunden bei Rasputin. Um 2 Uhr sprach Simanowitsch mit einem uniformierten Mann bei Rasputin vor, ging aber nach 20 Minuten wieder weg. Dann erschien eine Offiziersfrau, die fünfundzwanzig Minuten bei Rasputin verweilte, um 3 Uhr 30 Min. kam Simanowitsch zum dritten Male und blieb eine halbe Stunde; um 4 Uhr 10 Min. erschien Knirsche mit einigen Flaschen Wein, um 5 Uhr die Turowitsch und die Tscherwinskaja, um 5 Uhr 10 Min. Frau Solowjoff und um 6 Uhr 20 Min. zum vierten Male der Sekretär Simanowitsch. Um 6 Uhr 45 Min. kam Reschetnikoff, um 7 Uhr 20 Min. eine unbekannte Dame, um 9 Uhr 30 Min. die Dobrowolskaja, um 10 Uhr Katharina Bermann, um 10 Uhr 10 Min. Knirsche. Um 11 Uhr 15 Min. kamen weitere fünf Personen, so daß schließlich insgesamt fünfundzwanzig Personen bei Rasputin versammelt waren.«

»9. Februar 1915: Die Gäste gingen um 3 Uhr morgens auseinander. Um 9 Uhr 45 Min. erschien dann Anna Wyrubowa, um 10 Uhr 25. Min. die Dobrowolskaja, um 10 Uhr 50 Min. die Damen Golowin und um 11 Uhr Marja Gar. Die Dobrowolskaja blieb drei Stunden zehn Minuten bei Rasputin, die Gar nur zwei Stunden. Um 11 Uhr 40 Min. kamen Manuiloff und Ossipenko mit einem unbekannten Beamten in dem Militärauto Nr. 5064 und blieben dreißig Minuten bei Rasputin. Um 12 Uhr kam Dobrowolski, der sich eine Stunde und fünfundvierzig Minuten aufhielt; um 12 Uhr 30 Min. kam in dem Auto Nr. 127 der Bischof Warnawa mit dem Bischof Augustin; die beiden blieben vierzig Minuten bei Rasputin.«[7]

Bis aus dem fernen Sibirien, seiner alten Heimat, kamen die Menschen zu Rasputin und baten um Hilfe, freilich ging es nun weniger um Wunderheilungen als um handfeste wirtschaftliche Interessen, um Verwaltungsangelegenheiten, Postenvergabe und einträgliche Geschäfte. Bis zu

500 Bittsteller und Besucher wurden an manchen Tagen im Hause Gorochawaja 64 gezählt. Unter den Adel aus der Hauptstadt mischten sich Bauern aus der Provinz. Für seine Dienste forderte Rasputin nie Geld, aber er bekam es reichlich, Geld, Naturalien und teure Geschenke, und bald hatte er so viel, daß er die Armen unter seinen Besuchern bedenken konnte. Das förderte seinen Ruf als Wohltäter.

Viele, die Rasputin aufsuchten, besonders Damen von Stand, hatten weder wirtschaftliche Interessen, noch litten sie an einer unheilbaren Krankheit – wenn man Neugierde nicht als Krankheit bezeichnen will. Eine von ihnen, die Malerin Lucien Murat, deren Familie Napoleon den Aufstieg in höchste Kreise verdankte, so daß sie sich nun Prinzessin nennen durfte, veröffentlichte 1917 ein Buch, in dem sie ihre erste Begegnung mit Rasputin beschreibt.[8] Die Begegnung fand im Jahre 1916 statt, und Lucien Murat mußte, um an den wundersamen Mann heranzukommen, eine – wie sie sich ausdrückt – »chinesische Mauer« überwinden, hinter der sich der Meister, eifersüchtig bewacht, verbarg; aber Frauen hätten es von vornherein leichter gehabt. »Am Ende eines einfachen Hofes«, schreibt Prinzessin Murat, »läuteten wir im ersten Stock. Auf der Treppe trafen wir verdächtige Gestalten, zweifellos Detektive. Sie standen fast auf jeder Stufe in so merkwürdiger Kleidung, daß ich lächeln mußte. Diese Agenten trugen alte aus der Mode gekommene Anzüge, weite Fräcke, Hüte mit breiten Rändern, geblümte bestickte Westen.

Der Sicherheit halber hatte ich zu meinem Schutz zwei Begleiterinnen mitgenommen, ich traute dem Satyr nicht recht. Ein Kind von 14 Jahren mit niedlichem Gesicht öffnete. Es war seine Tochter. Sie hatte ein rotes Tuch um den Kopf, maliziös funkelnde Augen und schien eine städtisch gewordene Bäuerin. Sie führte uns in ein sehr einfaches Zimmer, das wie der Raum eines Provinzadvokaten aussah, ein grünes Rohrsofa, einige Stühle und einen Schreibtisch enthielt. Während ich den Hausherrn erwartete, läutete die Glocke unaufhörlich: goldbestickte Generäle, geschäftige Damen der Gesellschaft kamen. Jeder steckte seinen Kopf durch die Tür und suchte Rasputin, um ihm eine Bittschrift zu überreichen, ihn um eine Stellung zu ersuchen, um einen Posten, ein Ministerium. Am Telefon meldeten sich Stürmer,[9] Protopopow[10] und die Allmächtige,[11] wie man damals spöttisch sagte. Tatsächlich war dieser Mann eine Macht im Staate oder schien es wenigstens zu sein.«

Es scheint unvorstellbar, daß im Hause Gorochawaja 64 unter Bittstellern aus Sibirien, feinen und weniger feinen Damen der Gesellschaft auch hohe Militärs, Parlamentspräsidenten, ja sogar der Ministerpräsident verkehrten. Und der rüde Umgang, für den Rasputin bekannt war, machte auch vor ihnen nicht halt.

Rasputins Stärke war die Schwäche des Zaren. Bald fällte der Zar keine Entscheidung ohne den Rat des sibirischen Wunderdoktors mehr. Minister und Beamte, deren Fluktuation im zaristischen Rußland ohnehin größer war als irgendwo auf der Welt, wurden von Grigori Jefimowitsch ohne Ansehen ihrer Politik oder Fähigkeit ein- und abgesetzt, einfach aus einem Gefühl der Sympathie oder Antipathie heraus, und so kam es, daß Apparatschiks und Karrieristen sich bei dem allmächtigen Zarenfreund auf widerwärtigste Weise einzuschmeicheln versuchten. Grigori konnte schalten und walten, wie es ihm in den Sinn kam. Den Staatsrat Stürmer hatte *er* trotz nachgewiesener Unfähigkeit zum Regierungschef gemacht, und einer vorsichtigen Kritik des Zaren begegnete er mit einem Telegramm an Nikolaus II. und der Drohung: »Rühre mir den Alten nicht an!«

Ein Mann von solchem Ruf flößte Respekt ein, und Rasputin pflegte seinen Nimbus ganz bewußt; er wußte, was er seinem Ruf schuldig war. Fremde wie Prinzessin Murat, die ihn noch nie gesehen hatten, fieberten dem Augenblick der ersten Begegnung entgegen, selbst wenn sie, wie unsere Chronistin, der übersinnlichen Betörung distanziert gegenüberstanden.

»Endlich kam er«, erinnerte sich Lucien Murat, »er entschuldigte sich, daß er mich habe warten lassen, und küßte meine Begleiterinnen auf den Mund, wie es in Rußland üblich ist. Ich wich ängstlich zurück, und er begnügte sich, meine Hände zu schütteln. Ich ließ es, etwas überrascht, geschehen und bemühte mich, ihn möglichst genau zu beobachten.

›Also, wir wollen einen Zirkel machen‹, sagte er, ›indem wir einander berühren, damit unser Fluidum sich nicht zerstreut und damit unsere Seelen sich besser durchdringen.‹ Wir rückten unsere Stühle nahe zusammen, und ich blickte in seine blauen Augen, die blauer sind als vom Tau befeuchtete Myosotis. Seine Augen fixierten uns seltsam wie Bohrer und faszinierten uns. Als ich die Skizze seines Gesichtes begann, hatte ich Mühe, diesen beherrschenden Blick zu zeichnen. Wider meinen Willen fühlte ich eine entschiedene Sympathie für ihn in mir aufsteigen, und ich hätte geschworen, daß er ein guter Mensch sei. Seine kastanienbraunen Haare fielen unordentlich auf seine breiten Schultern, seine leicht gewölbte Nase machte einen aristokratischen Eindruck, seine hohe Stirn strahlte gewissermaßen, sein Mund war schön, seine Lippen ein wenig sinnlich wie gewölbt, sein Kinn energisch, gut zu erkennen unter dem schlecht gekämmten Bart. Er machte für seine 50 Jahre einen jungen Eindruck. Seine Schultern waren mächtig. Ich hatte vor mir einen sehr beherrschten Mann, der sich seiner Leidenschaften bediente, ohne sich von ihnen unterjochen zu lassen.«

Rasputin nutzte die Gelegenheit und lud die Prinzessin zu einem Künstlerfest ein, das am selben Abend ihm zu

Ehren gegeben werden sollte; aber Lucien lehnte ab. Sie hatte zuviel von ähnlichen Partys gehört, bei denen sich der fromme Mann in einen Sessel fallen ließ, um so eine Auserwählte für seine nächtlichen Ausschweifungen zu bestimmen. Dabei kam es zu erstaunlichen Umtrieben, von denen »rituelle Bäder« mit allerlei Spielereien noch von der harmloseren Art waren.

»Sie haben unrecht«, erklärte Grigori Jefimowitsch düpiert, »denn ich trage in mir einen Teil des höchsten Wesens, und nur durch mich kann man zum Heil gelangen. Dazu muß man sich mit mir körperlich und geistig vereinigen. Alles, was von mir ausgeht, ist eine Quelle des Lichtes, welche die Sünden fortspült. Kommen Sie heute abend. Wenn die Sterne aufgehen, wird der Weihrauch auf dem Dreifuß rauchen, und wir werden uns an den Händen fassen. Wenn Sie Ihr Fleisch nicht erproben, werden Sie nicht gerettet werden. Man muß sündigen, um gerettet zu werden.«[12]

Lucien Murat war eine der wenigen Frauen, die sich dem Werben, das im Falle Rasputins eher einem Fordern gleichkam, widersetzten. Doch lag der Grund für diese Ablehnung vermutlich nicht in übermäßiger Tugendhaftigkeit begründet, welche die Französin im Gegensatz zu vielen anderen Damen zur Schau trug, als in einer einfachen Tatsache: Die Französin war für Verbalsuggestion und Hypnose unempfänglich. Denn die Grundlage seiner Erfolge bei der Vereinnahmung von Menschen bildeten Rasputins hypnotische Fähigkeiten. Grigori Jefimowitsch hat nie darüber gesprochen, ob er diese Fähigkeit während seiner Kloster- und Wanderjahre erlernt oder ob er er eine Naturbegabung autodidaktisch zur Perfektion gebracht hatte. Zweifellos beruhten zahlreiche seiner medizinischen Heilerfolge auf Hypnose, einschließlich der Wunderheilung des Zarewitsch.

Was ist Hypnose?

Ein psychischer Ausnahmezustand in unterschiedlichen Erscheinungs- und Auslösungsformen. Vorstadium der Hypnose ist die Verbalsuggestion, bei der die Versuchsperson in eine gewisse Bereitschaft versetzt wird. Hypnose kennt drei Tiefengrade: Somnolenz (Benommenheit), Hypotaxis (Unterordnung) und Somnambulismus (Schlafwandeln). Vom zweiten Stadium an, das weit häufiger zu Tage tritt als von vorfreudianischen Wissenschaftlern angenommen, gerät der Mensch in willensmäßige Abhängigkeit. Die vom Vegetativum wie die vom Großhirn gesteuerten Vorgänge unterliegen erhöhter Beeinflußbarkeit; ein Mensch ist der Verbalsuggestion kritiklos ausgeliefert. In der sogenannten Posthypnose kann Abhängigkeit sogar über den hypnotischen Zustand hinaus aufrechterhalten werden.

Bereitschaft zur Hypnose wird auch über den Umweg sexueller Hörigkeit erreicht. Gewisse Eigenschaften eines Hypnotiseurs (wildes Aussehen, stechender Blick) sind nicht Voraussetzung zur Ausübung dieser Fähigkeit, aber zweifellos nützlich.

Von allen, die Rasputin je begegnet sind, wird übereinstimmend der lauernde, nadelstichartige, bisweilen grauenerregende Blick des Wundermönchs beschrieben. Ausgerechnet seinem späteren Mörder blieb die präziseste Beschreibung Rasputin vorbehalten. Fürst Felix Jussupoff begegnete Grigori Jefimowitsch Rasputin zum ersten Male im Jahre 1909 im Haus des Kammerherrn Eugen Graf Golowin an der Simniaja Kanawka in St. Petersburg. Jussupoff, jung, schön, einer der reichsten Aristokraten im zaristischen Rußland und entsprechend selbstbewußt, stand zu Mirja, der Tochter des Hauses, »in besonders herzlichen Beziehungen«, und diese Mirja hatte, zum Leidwesen des jungen Fürsten, einen starken Hang zum Übersinnlichen. Religion spielte in ihrem Leben eine bedeutsame Rolle, aber ihr religiöses Gefühl hatte Züge eines krankhaften Mystizismus – das ideale »Opfer« für einen Mann wie Rasputin.

Tatsächlich verkehrte Grigori schon seit geraumer Zeit im Hause des Grafen Golowin, von der Mutter nicht minder vergöttert wie von der Tochter. Aus Gesprächen hatte Jussupoff den Eindruck gewonnen, daß Mirja in Rasputin ein übersinnliches Wesen, den Auserwählten Gottes sah, und sie war von dieser Überzeugung durch nichts auf der Welt abzubringen. »Ich entsinne mich«, schreibt Jussupoff, »daß ich ihre Äußerungen sehr skeptisch aufgenommen habe, trotzdem sich damals in meiner Seele irgendein Mißtrauen gegen die Persönlichkeit Rasputins noch kaum zu regen schien.«[13] Mirjas Erzählungen von dem »Heilbringer«, »Sendboten Gottes«, »Tröster der Leidvollen« und »neuen Apostel« machten den Fürsten jedoch so neugierig, daß er den Wunsch äußerte, Rasputin kennenzulernen.

Die Begegnung fand im Eßzimmer der Golowins statt. Mutter und Tochter saßen in sichtbarer Erregung beim Tee, als erwarteten sie die Ankunft einer wundertätigen Ikone, da öffnete sich lautlos die Tür, und Rasputin trat mit winzigen, tippelnden Schritten ein. Obwohl er den Fürsten nie gesehen hatte, trat er sofort auf ihn zu und machte Anstalten, ihn auf den Mund zu küssen. Jussupoff wich zurück. Rasputins Gesicht verzog sich daraufhin »zu einer pfiffig lächelnden Grimasse«. Er schien ob der Distanziertheit des jungen Fürsten verunsichert und wiederholte seinen Auftritt bei Mutter und Tochter ohne Widerstreben.

Jussupoff beschreibt den Körper des wundertätigen Mannes als schmächtig, mit sehr langen, herabhängenden Armen. Sein Haar wirkte wirr und zerzaust mit einer gelichteten Stelle über der Stirne, einer Verletzung. Die Verletzung stammte von einer Züchtigung in jungen Jahren, der Verurteilung wegen eines Pferdediebstahls. Ein ungepflegter Bart rahmte sein Gesicht, ein russisches Durchschnittsgesicht mit den derben Zügen eines Bauern. Die

Nase war ziemlich lang, seine Augenbrauen wuchsen über der Nasenwurzel zusammen. In seiner Haltung und dem Gebaren Rasputins erkannte Jussupoff eine deutliche Unruhe, ein gefahrwitterndes, angespanntes Auf-der-Lauer-Sein. Seine Aussprache war undeutlich und kaum zu verstehen, die Stimme klang hohl.

»Während er sprach, beobachtete ich aufmerksam seinen Gesichtsausdruck. Und da machte ich auf einmal die Entdeckung, daß von diesem Bauerngesicht wirklich etwas Ungewöhnliches ausstrahlte. Was mich besonders in immer steigendem Maße verblüffte, waren seine Augen; aber zugleich löste sich mein Staunen in ein Gefühl tiefsten Ekels. Nicht eine Spur von Durchgeistigung verrieten die veränderten Gesichtszüge Rasputins; im Gegenteil, sie erinnerten an das Gesicht eines Satyrs. Schlauheit und Wollust malten sich ganz deutlich in ihnen. Das Besondere aber an seinen Augen war, daß sie klein und farblos waren und daß sie ganz dicht nebeneinander in den sehr tiefen Augenhöhlen saßen, so daß man aus der Ferne ihrer anfangs gar nicht gewahr wurde – sie verkrochen sich gleichsam in ihre Löcher. Oft war es nicht leicht festzustellen, ob er seine Augen offen oder geschlossen hielt. Nur das Gefühl, daß man wie von Nadelstichen durchbohrt würde, verriet in solchen Fällen, daß Rasputin einen anschaute und beobachtete. Sein Blick war stechend, lähmend und von durchdringender Schärfe. Man ahnte wirklich, daß hinter diesen Augen eine unheimliche, fast übermenschliche Kraft verborgen lag.

Neben diesem grauenerregenden Blick fiel bei Rasputin noch sein Lächeln auf; es war von einer übermäßigen Freundlichkeit und doch häßlich und wollüstig zugleich. Als Ganzes hatte sein Wesen etwas unaussprechlich Widerwärtiges an sich, das er unter der Maske von Falschheit und Scheinheiligkeit zu verbergen suchte.

Auf M. G.[14] wirkte die Anwesenheit Rasputins in geradezu aufregender Weise. Ihre Augen glänzten, ihre Wangen waren von einer fieberhaften Röte übergossen. Gleich ihrer Mutter wandte auch sie keinen Blick von ihm und sog atemhaltend jedes Wort des ›Wundermönchs‹ förmlich in sich ein.«[15]

Beim Abschied, der schnell und ohne große Umschweife vonstatten ging, beschränkte sich Rasputin auf allgemeine Floskeln. Doch Jussupoff schien sein Interesse erregt zu haben, und er versuchte, den jungen Fürsten in seinen Bann zu ziehen, indem er zum Abschied sagte: »Du, mein Lieber, ich weiß nicht, wie du dich beim Namen nennst, du wirst es weit bringen, oh, sehr weit!«[16]

Sechs Jahre später, der junge Jussupoff hatte sein Studium in England beendet und war mit der Fürstin Irina, Tochter des Großfürsten Alexander Michailowitsch und der Großfürstin Xenia Alexandrowna, der Schwester des Zaren, verlobt worden, kam diesem Mann zum ersten Male der Gedanke, den »verbrecherischen Wundermönch« umzubringen. Das war nicht der wirre Gedanke eines Einzelgängers, sondern das Ergebnis nüchterner Überlegungen, die Fürst Felix zusammen mit seiner Mutter anstellte und zahllose Kollektiveingaben, Protokolle und Resolutionen zum Anlaß nahm, die dem Zarenpaar den vernichtenden Einfluß Rasputins klarmachen sollten.

Die Hörigkeit von Zar und Zarin gegenüber dem ungewöhnlichen Menschen Grigori Jefimowitsch hatte Gründe, die im nachhinein leicht nachvollziehbar sind. Mit Nikolaus und Alexandra hatten sich zwei seelenverwandte Menschen gefunden, sie waren beide psychisch minimal belastbar (während sich in ihrem Leben ein Schicksalsschlag an den anderen reihte), und sie waren beide zutiefst unglücklich (nach einer Aneinanderreihung von Unglükken fanden sie erst zueinander). Nikolaus und Alexandra lebten in permanenter Lebens- und Zukunftsangst, und sie ließen diesem Gefühl oft freien Lauf, indem sie gemeinsam weinten. Die Kaiserin, chronisch gemütskrank, war jedoch – im Gegensatz zu ihrem willensschwachen, naiven Gemahl – intelligent, in England und in Deutschland erzogen, und dem jungen Zaren geistig überlegen. Nikolaus hingegen hatte in rührender Art und Weise den Wunsch geäußert, als Apostel des Weltfriedens in die Geschichte einzugehen, war aber in bester Absicht von einer Blutlache in die andere getappt.

Leo Tolstoi, russischer Graf und Dichter und schon zu Lebzeiten (1828–1910) eine Legende, wußte wie viele andere von der Unbedarftheit des Zaren, der sich vor der Realität nach Zarskoje Selo zurückgezogen hatte; aber kein anderer versuchte so wie er, dem Zaren die Realität nahezubringen. Zarskoje war Nikolaus' Neuschwanstein, Ziel seiner Flucht aus der Wirklichkeit, aber für den Zaren war diese Wirklichkeitsflucht ebenso todbringend wie für den bayerischen König. Tolstoi galt als skeptischer Beobachter aller Zeitströmungen und trachtete, oft zum Unwillen des hohen Adels, dem er selbst angehörte, alles Scheinhafte transparent zu machen. Vor allem der verlogenen gesellschaftlichen Konvention und dem sozialen Unrecht im zaristischen Rußland galt seine beißende Kritik. Mit Zar Nikolaus, von dem ihn zwei Generationen trennten, hatte er sogar eine gewisse Gemeinsamkeit, er litt wie der Zar unter sich selbst, unter dem Widerspruch seiner religiös-sozialen Ideen und seiner hohen gesellschaftlichen Stellung.

Mehr als einmal fühlte er sich dem Tode nahe, und in Sorge um sein Land schrieb er 1902, im Alter von 74 Jahren, an den Zaren. Sein eindringlicher Brief gibt die Zustände jener Zeit ohne die ihm sonst eigene dichterische Überhöhung wieder, es ist die Warnung eines Mannes, der der Zukunft mit Schrecken ins Auge blickt.

»Ich möchte nicht sterben«, schreibt Tolstoi dem Zaren, »ohne Ihnen gesagt zu haben, was ich von Ihrer bisherigen

Tätigkeit denke, wie sie meiner Überzeugung nach sein, wieviel Gutes Ihre Regierung Millionen von Menschen und Ihnen selbst bringen könnte, und wieviel Böses sie bringen wird, wenn sie in ihrer jetzigen Richtung fortgesetzt wird. Ein Drittel Rußlands befindet sich im Zustand des sogenannten ›verschärften Schutzes‹, was so viel bedeutet wie völlige Gesetzlosigkeit. Das Heer der geheimen und öffentlichen Polizisten wächst immer mehr an; die Gefängnisse, die Verbannungsorte und Zuchthäuser in Sibirien sind nicht nur mit Hunderttausenden gemeiner Verbrecher, sondern auch mit politischen Sträflingen überfüllt, zu welchen man jetzt auch die Arbeiter rechnet. Die Zensur verbietet alles mit einer Willkür, wie sie nicht einmal in der schlimmsten Zeit der vierziger Jahre geherrscht hat. Niemals noch sind die religiösen Verfolgungen so häufig gewesen wie jetzt, und dieser Zustand wird immer noch ärger. In den Städten und in den großen Industriezentren sind Truppen zusammengezogen, die mit geladenen Gewehren gegen das Volk aufgeboten werden. An vielen Orten ist es bereits zu brudermörderischem Blutvergießen gekommen, weiteres Blutvergießen wird überall vorbereitet und wird unvermeidlich stattfinden. Als Resultat dieser ganzen grausamen Verwaltung ergibt es sich, daß die Bauernschaft, jene hundert Millionen Menschen, auf denen die Macht Rußlands beruht, mit jedem Jahr ärmer wird und daß die Hungersnot bei uns zu einer regelmäßigen und geradezu normalen Erscheinung geworden ist ...«[17]

Natürlich wußte Zar Nikolaus um die Zustände in seinem Reich, aber er war viel zu schwach, um dagegen angehen zu können. Und schwache Persönlichkeiten sind anfällig gegenüber starken Charakteren. In ihrer Hilflosigkeit lieferten sich Zar und Zarin zwei Menschen aus, deren Stärke offensichtlich, deren intellektuelle Fähigkeiten jedoch beschränkt waren: Grigori Jefimowitsch Rasputin und Anna Wyrubowa.

»Die Wyrubowa« – wie sie in ganz Rußland genannt wurde – war klein, fett und stiernackig mit einem hübschen rosigen Gesicht, wie es bei Menschen dieser Statur oft zu finden ist. Sie galt als Intrigantin schlechthin, aber – wie sie glaubte – nie um des eigenen Vorteils willen, sondern zum Wohle Rußlands. Sie hieß Anna Alexandrowna Tanejeff, als sie sich mit 23 Jahren bei Zarin Alexandra als Hoffräulein verdingte. Die beiden verstanden sich; vor allem ihre Schlichtheit ging der Zarin nahe. Annas Ehe mit dem Schiffsleutnant Wyruboff endete in einer Katastrophe von dostojewskischem Ausmaß: Der Schiffsleutnant verfiel dem Wahnsinn, die Ehe wurde geschieden.

Anna Wyrubowa blieb nur ein Häuschen aus Holz, einer Provinzbahnstation nicht unähnlich, an der Ecke Srednaja-Tserkownaja in Zarskoje Selo, ein paar Schritte von der Zarenresidenz entfernt. In diesem primitiven Häuschen, das ohne Fundamente und daher im Winter so kalt war, daß man sogar am offenen Feuer fror, traf sich das Zarenpaar mit seinen beiden engsten Vertrauten, eben der Wyrubowa und mit Rasputin. Das geschah nicht etwa, weil sich die Berater im Palast nicht sehen lassen durften, sondern weil Zar und Zarin sich in der einfachen Atmosphäre einer bürgerlichen Wohnstube wohler fühlten als im kaiserlichen Ambiente.

Die Wyrubowa war eine glühende Verehrerin Rasputins, und ihrem Einfluß ist der rasche Zugang des Wundermannes zu dem Kaiserpaar zu danken. Bis zu seinem Auftauchen in Zarskoje Selo wurde die Zarenfamilie stets von zwei Ärzten begleitet, doch der wundersame Heilerfolg Rasputins an dem Zarewitsch drängte ihre Bedeutung zugunsten des Wundertäters zurück. Rasputins Anwesenheit, vor allem aber seine unbestrittenen Fähigkeiten stärkten die Bigotterie und den religiösen Mystizismus. Während der »heilige Mann« aus Pokrowskoje sich mit willigen Damen durch St. Petersburgs Luxuslokale soff,

301

übte sich die Zarin in Askese, indem sie stundenlang auf dem kalten Steinboden der Krypta einer nahen Regimentskirche lag, die sie zu ihrer eigenen Andacht hatte ausbauen lassen.

Rasputins psychische Gewalt über den äußerst gefährdeten Zarewitsch und damit auch über das Zarenpaar war so groß, daß Grigori sogar aus der Ferne tätig wurde. Bei einem Jagdaufenthalt der Familie im polnischen Skiernewice verletzte sich der Junge und zog sich eine innere Blutung in der Leistengegend zu. Die hinzugezogenen Ärzte befürchteten eine Blutvergiftung und hatten kaum noch Hoffnung. Auf ein verzweifeltes Telegramm der Zarin drahtete Grigori zurück: »Gott hat deine Tränen erhört und deinen Gebeten Gehör geschenkt + Sei nicht traurig + Dein Sohn wird leben + Die Ärzte sollen ihn nicht weiter quälen.«

Alexandra zeigte das Telegramm dem sterbenskranken Jungen, und innerhalb weniger Stunden begann sich sein Zustand zu bessern. Der Zarewitsch genas. Von dieser Zeit an durfte Rasputin die Zarenfamilie nicht mehr verlassen, denn Alexandra war überzeugt, Grigori Jefimowitsch sei in der Lage, jede Krankheit zu bezwingen. Über die Hintergründe seiner Erfolge, die heute eher ein Thema für Psychologen und Parapsychologen sind, hat die Zarin sich nie Gedanken gemacht. Für sie war Rasputin ein Heiliger, und bei einem Heiligen stellen sich Fragen nach Ursache und Wirkung nicht.

Trotz all seiner Macht und allen ihm innewohnenden Kräften gelang es Rasputin nicht, die russische Gesamtmobilmachung und den folgenden Ersten Weltkrieg zu verhindern; aber vielleicht hieße das auch, seine Macht zu überschätzen. Tatsache ist, Grigori Jefimowitsch wollte diesen Krieg nicht, er war Pazifist im christlichen Sinn und verkündete lautstark, Rußland sei gegen den Willen Gottes in diesen Krieg eingetreten, und ein ganzes Leben voll von Gebeten werde nicht genügen, um das wiedergutzumachen. Rasputin tadelte Zar und Zarin öffentlich wegen ihrer Starrköpfigkeit, dabei fehlte dem Zaren ebenso wie ihm die Macht, diesen Krieg zu verhindern. Denn Rasputin mochte der heimliche Herrscher über den Zaren und seine Frau sein, die Militärs, vor allem den Oberkommandierenden der russischen Truppe, Großfürst Nikolaj Nikolajewitsch, beherrschte er nicht.

Weit entfernt von strategischem Verständnis warnte Grigori vor der galizischen Offensive, sie werde mit einer Katastrophe enden; aber Nikolajewitsch ließ sich von der Ahnung eines »Heiligen« nicht beeindrucken, die eher einer Weissagung gleichkam. Nikolajewitsch scheiterte, Gorlice wurde zur vernichtenden Niederlage. Lange von ihm hofiert, wurde Rasputin für Nikolaj Nikolajewitsch zum Todfeind, und es gelang dem Starez schließlich sogar, den verhaßten Großfürsten seiner Macht zu entheben. Seine Forderung, der Zar müsse selbst den Oberbefehl über die Truppen übernehmen (gewiß glaubte Rasputin auf diese Weise den größten Einfluß ausüben zu können), erwies sich jedoch als katastrophale Selbstüberschätzung.

Vom Heereshauptquartier wurde eigens eine Leitung nach Zarskoje Selo gelegt. Über diese Leitung gingen alle wichtigen politischen und strategischen Entscheidungen direkt an Zarin Alexandra, die sich dann sofort mit Rasputin besprach – meist im Hause der Wyrubowa. Rasputin, der von Kriegführung soviel verstand wie sein Todfeind Nikolajewitsch von Wunderheilung, nämlich nichts, gab dann seine Anordnungen, und diese gingen per Draht oder per Brief zum Hauptquartier der Armee.

»Unser Freund Rasputin ist ganz außer sich«, heißt es in einem Brief der Zarin an den Zaren, »daß Brussiloff Deinen Befehl mißachtet hat und den Vormarsch nicht einstellt!«

Oder: »Freund Rasputin schlägt vor, daß drei Tage hindurch nur Züge mit Mehl, Butter und Zucker abgefertigt werden dürfen, und berechnet, daß es möglich sein muß, einen Zug durch 40 alte Soldaten innerhalb einer Stunde beladen zu lassen. Man sollte einen solchen Transport nach dem anderen abschicken, aber nicht alle nach einer Stadt, sondern die einen nach Petrograd, die anderen nach Moskau; einige Waggons sollen an verschiedenen Orten anhalten, so daß nach und nach das ganze Land wieder ordentlich verpflegt wird.«

Ein anderes Mal: »Rasputin ist nervös wegen des empfindlichen Mangels an Fleisch. Er ist der Meinung, einer der Minister müsse die großen Kaufleute zu sich rufen und ihnen verbieten, ein einer so kritischen Zeit die Preise zu erhöhen.«

Auch der folgende Brief der Zarin an Zar Nikolaus ist authentisch: »Rasputin bittet Dich, Du mögest zur Kenntnis nehmen, daß das einfache Volk es nicht begreift, weshalb das Land mit neuem Papiergeld überschwemmt wird ... Ich sende Dir im Auftrag unseres Freundes zwei finnische Banknoten, von denen die eine gefälscht ist. Das Volk ist sehr unzufrieden, denn es wird mit diesen falschen Banknoten betrogen. Erteile sofort Befehl, daß diese Emission eingezogen wird!«

Im Herbst 1915: »Unser Freund betet die ganze Zeit und wünscht, es möge ihm sofort gemeldet werden, wenn etwas Besonderes vorfällt. Man hat ihm von dem Nebel erzählt, und er hat mir Vorwürfe gemacht, daß er davon nicht früher verständigt worden sei. Dann betete er und erklärte, von nun an werde der Nebel nicht länger hinderlich sein.«

Und damit dem Zaren nicht etwa Zweifel kämen: »Verlasse Dich auf den Rat unseres Freundes Rasputin! Sogar unsere Kinder finden, daß alles, was wir entgegen seinen Anweisungen tun, schlecht ausgeht, daß aber alles gelingt, was er geraten.«[18]

Grigori Jefimowitsch Rasputin hatte sich unvorsichtigerweise öffentlich geäußert, das deutsche Volk wolle den Krieg ebensowenig wie das russische Volk. Dies wirkte auf gewisse Kreise provozierend und brachte Rasputin in den Verdacht, ein Spion und Verräter zu sein.

Zu denen, die dem seltsamen Berater des Zaren von Anfang an skeptisch gegenüberstanden, gehörte Fürst Felix Jussupoff. Es wäre nicht verwunderlich, meinte der junge Fürst, wenn die Deutschen von allen russischen Vormärschen und sämtlichen Kriegsplänen schon im voraus informiert wären. Obwohl es bis heute keinen Beweis für diese Annahme gibt, nahm Jussupoff allein den Verdacht zum Anlaß, sich mit Großfürst Dimitrij Pawlowitsch und Leutnant Suchotin zu verbünden mit dem Ziel, Rasputin zu beseitigen.

Pawlowitsch kam aus dem Hauptquartier, wo er beinahe täglich in Kontakt mit dem Zaren stand, und er beklagte die zunehmende Gleichgültigkeit, ja Interesselosigkeit des obersten Kriegsherrn. Nach Ansicht des Großfürsten war dies das Resultat verschiedener Kräuter aus der Giftküche Rasputins, die das Bewußtsein und Willenszentrum des Zaren lähmten. Allein dies war für Pawlowitsch Anlaß genug, sich an der Verschwörung zu beteiligen.

Ein Attentat auf Rasputin war ein in vielfacher Hinsicht riskantes Unternehmen. Der heilige Mann aus Pokrowskoje hatte bereits mehrere Anschläge überlebt und wurde seither rund um die Uhr bewacht. Wie Hitler lebte Rasputin im Gefühl seiner Unverletzbarkeit. Beim schwersten Attentat im Juli 1914 war Grigori dem Tod näher als dem Leben, als eine Frau namens Chionia Gussewa mit einem Messer auf ihn einstach, daß die Gedärme hervortraten. Der Anschlag geschah in seinem Heimatdorf Pokrowskoje, über die Attentäterin gibt es unterschiedliche Angaben. Angeblich sei es eine Bäuerin aus Pokrowskoje gewesen, die von Rasputin vergewaltigt worden war; es heißt aber auch, die Gussewa sei eine Dirne aus St.

Petersburg gewesen, die Rasputins Gegner gedungen hatten, weil sie einen pazifistischen Einfluß auf den Zaren fürchteten. Chionia Gussewa landete im Irrenhaus. Hinter einem weiteren Attentatsversuch stand Innenminister A. N. Chwostoff. Der Versuch scheiterte, Chwostoff wurde gestürzt.

Den Attentätern einer dritten Verschwörung begegnete Rasputin mit hypnotischen Kräften. In einem Petersburger Lokal drang, gerade als der Starez sich anschickte, zu den Klängen einer Zigeunerkapelle zu tanzen, eine Handvoll junger Offiziere auf Grigori Jefimowitsch ein; aber noch bevor die Verschwörer mit ihren Revolvern und gezogenen Säbeln aktiv werden konnten, trat ihnen das Opfer mit durchdringendem Blick entgegen, und einen nach dem anderen verließ der Mut. Rasputin aber wandte sich an die bewaffneten Männer, die nun vor ihm niederknieten und weinend um Verzeihung baten: »Ihr wart meine Feinde. Jetzt seid ihr mir keine Feinde mehr. Ihr habt gesehen, daß meine Kraft gesiegt hat. Bedauert nicht, daß ihr hierhergekommen seid; freut euch mit, daß ihr jetzt gehen könnt. Es gibt keine Macht mehr, die euch wieder gegen mich schicken könnte. Geht nach Hause; ich will mit den Meinen hierbleiben, um mich zu erholen!«[19]

Um ihn der öffentlichen Diskussion zu entziehen, hatte der Zar schon 1912 ein Verbot erlassen, den Namen Grigori Jefimowitsch Rasputin in der Duma zu nennen oder in Zeitungen und Publikationen zu verbreiten. Die Gegner des heiligen Mannes geißelten diesen Schritt als Pressezensur und verfielen auf allerlei Tricks, um das Verbot zu umgehen. So schrieben sie zum Beispiel von »dunklen Mächten«, die den Zaren und das Schicksal Rußlands bedrohten, und jeder wußte, wer gemeint war.

Fürst Felix Jussupoff hätte also mit breiter Unterstützung seiner Pläne rechnen können, doch er wußte, daß eine Verschwörung nur dann erfolgversprechend ist, wenn es gelingt, den Kreis der Verschwörer möglichst klein zu halten. Chwostoffs gescheiterter Plan, bei dem ein General allen Ernstes telegraphisch angefragt hatte, ob er mit der amtlichen Genehmigung für die Ermordung Rasputins rechnen könne, war das beste Beispiel. Rasputin wußte, daß gedungene Mörder seine Erdrosselung in einem Automobil probten und mit Katzen an seiner Vergiftung experimentierten. Das alles schien ihn nicht einmal zu beunruhigen, ja es amüsierte ihn, als das Komplott aufgedeckt wurde.

Die Verschwörung Jussupoff-Pawlowitsch-Suchotin war ursprünglich nur diesen dreien bekannt. Nach einem Losentscheid kurz vor der Tat sollte der, auf den das Los fiel, Rasputin in dessen Wohnung erschießen.

Zunächst galt es, sich in das Leben des heiligen Mannes einzuschleichen, und dabei kam den dreien zugute, daß Rasputin aus unerklärlichem Grund Interesse an dem jungen Fürsten gefunden hatte. Es war dies jener oft zu beobachtende Zwang, der Mörder und Opfer auf unerfindliche Weise zusammenführt.

Der Wundermönch ließ Jussupoff über Mirja Golowina ausrichten, er wünsche ihn bei den Golowins zu sehen. Die Begegnung verlief ziemlich distanziert, hatte aber weitere zur Folge, die Jussupoffs Haß gegen Rasputin nur noch steigerten; denn der heilige Mann äußerte sich abfällig über den Zaren, der unfähig sei, ein Land zu regieren, und Gott habe ihn gesandt, um dem Zaren Beistand zu leisten.

Jussupoffs eigentliche Tragödie lag im unbeschreiblichen Reichtum seiner Familie, die Häuser und Ländereien im ganzen Reich besaß und deren Petersburger Palais mit seinen Kunstschätzen und Sammlungen es durchaus mit dem Zarenpalast aufnehmen konnte. Langeweile machte den schmächtigen Felix zum Sadisten, der kleinere Kameraden zu verprügeln pflegte und einer Gouvernante beinahe den Finger abbiß – jedenfalls trug sie die Hand ein Jahr im Verband.

Standesgemäß logierte er während des Studiums in Oxford im vornehmen Carlton Hotel, und er empfand einen Heidenspaß, wenn er kistenweise Hühner und Kaninchen in das vornehme Haus schmuggelte, um sie auf den Gängen und in den Restaurants freizulassen.

Bedeutsamer als diese Dummejungenstreiche beeinflußte Felix' Leben eine Seelenspaltung während der Pubertät. Seine hohe Fistelstimme mag dazu beigetragen haben, daß er mit Vorliebe Frauenkleider trug, kostbaren Schmuck anlegte und sich schminkte. Seiner Neigung huldigte er auch öffentlich, indem er unerkannt mit Offizieren flirtete oder zu Musik und Tanz im Zigeunerviertel auftauchte. Es gelang ihm sogar, von einem Petersburger Theater als Sängerin engagiert zu werden und öffentlich aufzutreten. Seine Entdeckung war natürlich ein Skandal, aber ein Skandal, wie ihn die St. Petersburger Gesellschaft liebte.

Der junge Fürst mit den weichen, weibischen Zügen gab offen zu, daß er Männer mehr liebte als Frauen, ein Geständnis, das damals noch Mut erforderte; dieses hinderte ihn aber nicht, sich später mit einer wegen ihrer Schönheit gerühmten Frau zu verehelichen. Damit war der Konvention Genüge getan.

Es scheint, als hätte sich Jussupoff Rasputins erotisches Interesse erschlichen, aber besser kennengelernt hatte er den heimlichen Herrscher Rußlands dabei nicht. Deshalb griff der Fürst zu einer List: Er simulierte eine unbekannte Krankheit und beteuerte, er sei aufs äußerste geschwächt. Jefimowitsch, der von sich selbst behauptete, in die Zukunft blicken zu können, erkannte die List nicht. Er versprach, die Krankheit mit Gebeten aus Jussupoff »herauszureißen«, und bat den Fürsten in seine Wohnung.

Bei dieser Gelegenheit machte Jussupoff zum ersten

Male Bekanntschaft mit Rasputins Heilmethode, der Hypnose, und obwohl er sich mit aller Gewalt gegen die geheimen Kräfte des heiligen Mannes stemmte, gelang es ihm nur mit Mühe, sich seiner Macht zu entziehen. Jussupoff mußte sich auf das Sofa in Rasputins Kabinett legen, einem altmodisch, spartanisch möblierten Raum. Grigori blickte dem »Patienten« durchdringend in die Augen und begann, seinen Körper zu streicheln. Während er ihm beide Hände auf die Stirn legte, murmelte er unverständliche Laute. »Die Macht der Rasputinschen Hypnose«, schreibt Felix Fürst Jussupoff, »war eine ungeheuere. Ich fühlte, wie mein Wesen ganz von ihr ergriffen wurde und wie sie meinen ganzen Körper in ein wohliges Gefühl der Wärme einhüllte. Zugleich aber fühlte ich auch meine Glieder gänzlich erstarren, und mein Körper schien langsam abzusterben. Ich versuchte zu sprechen, aber meine Zunge wollte mir nicht gehorchen. Allmählich versank ich in einen schweren Schlaf, wie unter der Wirkung eines starken narkotischen Mittels.

Nur noch die Augen Rasputins blieben mir sichtbar. Sie strahlten ein merkwürdig phosphoreszierendes Licht aus, das sich immer mehr ausbreitete und sich schließlich zu einem großen brennenden Kreis zusammenschloß.

Dieser Lichtkreis kam abwechselnd näher an mich heran und entfernte sich dann wieder, und als er dicht vor mir stand, glaubte ich die Augen Rasputins sehen und unterscheiden zu können. Aber schon im nächsten Augenblick waren sie wieder in dem leuchtenden Kreis verschwunden, der von neuem sich von mir zu entfernen begann.

An mein Ohr drang die Stimme des ›Wundermönchs‹, die Worte jedoch konnte ich nicht klar erkennen, ich hörte bloß ein undeutliches Gemurmel. So verblieb ich eine Zeitlang in dieser unbeweglichen Lage und konnte weder rufen noch mich rühren. Nur mein Denken war noch im wachen Zustand, und ich fühlte deutlich, wie ich immer mehr der Macht dieses rätselhaften Menschen verfiel.

Aber schon kam mir wieder zu Bewußtsein, daß in meiner Seele, ohne eine besondere Willensanstrengung von meiner Seite, sich eine innere Kraft zu regen begann, die der Hypnose erfolgreich Widerstand leistete. Sie wurde allmählich stärker, bis sie schließlich mein ganzes Wesen mit einem unsichtbaren Panzer bedeckte. Dunkel tauchte in meinem Gehirn der Gedanke auf, daß ich mich in einem aufreibenden Kampf mit Rasputin befand. Ich fühlte, wie durch das Aufeinanderprallen beider feindlichen Mächte meine inneren Kräfte ständig wuchsen und Rasputin allmählich die Herrschaft über meine Seele entrissen.«[20]

Das »Arzt-Patient-Verhältnis« wurde schließlich so vertrauensvoll, daß Rasputin Jussupoff anbot, er werde ihn zum Minister machen. Der Fürst lehnte ab. Für ihn war Rasputins Angebot nur ein Beweis für die Willkür, mit der der Mann aus Sibirien die Regierenden beherrschte, und ein Grund mehr, ihn zu beseitigen.

Rasputin war überzeugt, er hätte den Ausbruch des Krieges verhindern können, wenn er zu jener Zeit in St. Petersburg gewesen wäre. Aber zu dieser Zeit lag Grigori zu Hause in Pokrowskoje nach dem Messerattentat der Gussewa halbtot in seinem Bett. Nun klagte er über das hunderttausendfache Blutvergießen auf beiden Seiten der Front und nannte die Deutschen – zur Verblüffung Jussupoffs – Brüder, was dessen Argwohn, Grigori sei ein Spion, nur noch vergrößerte. Jussupoff war dem Zaren treu ergeben, und als Rasputin ihm im Suff von seinen Plänen erzählte, Zar Nikolaus nach Liwadja zu verbannen und Alexandra mit dem minderjährigen Sohn zur Herrscherin auszurufen, war für ihn das Maß voll. Zu durchsichtig erschienen ihm diese Pläne, zu augenfällig, auf diese Weise seine eigene Macht zu vergrößern. Rasputin mußte weg, und zwar schnell.

Jussupoff und seine beiden Mitverschwörer gaben den ursprünglichen Plan, Rasputin in seiner Wohnung zu erschießen, auf, obwohl es für den Fürsten einfach gewesen wäre. Der glaubte nämlich, der Mord an Rasputin könnte in diesem Augenblick fälschlich als Demonstration gegen Zar und Zarin aufgefaßt werden und deshalb müsse der heilige Mann am besten spurlos verschwinden, und niemand dürfe auch nur den geringsten Verdacht haben, unter welchen Umständen das Ganze geschah.

Obwohl Jussupoff längst den Entschluß gefaßt hatte, den Losentscheid fallenzulassen und das Attentat selbst in die Hand zu nehmen, machte er nun den entscheidenden Fehler, indem er weitere Mitwisser in seine Pläne einweihte. Der Abgeordnete V. A. Maklakow, der sich früher in der Duma kritisch über Rasputin geäußert hatte, wurde mißtrauisch und lehnte seine Teilnahme ab. Der Abgeordnete Wladimir Mitrofanowitsch Purischkewitsch hingegen zeigte sich begeistert. Bei einer geheimen Zusammenkunft im Hause Jussupoffs wurde der Plan gefaßt, Rasputin in diesem Haus zu vergiften. Über die näheren Umstände herrschte Unklarheit, und Purischkewitsch bestand darauf, seinen Freund Dr. Stanislaus Lasowert einzuweihen und in die Pläne einzubeziehen.

Er sollte Rasputin, sobald dieser den Wunsch äußerte, den Fürsten zu besuchen, als Chauffeur verkleidet mit seinem Wagen abholen und zur Wohnung auf der Mojka bringen, wo dem verhaßten Mann im Tee Zyankali verabreicht werden sollte. Nach seinem Tod sollte die Leiche im Automobil des Großfürsten Pawlowitsch aus der Stadt geschafft und ins Wasser geworfen werden. Pawlowitschs Auto war mit den fürstlichen Insignien gekennzeichnet und lief deshalb nicht Gefahr, von der Polizei kontrolliert zu werden. Am 16. Dezember 1916 ergab sich die Gelegenheit.

Gegen 23 Uhr trafen sich die Verschwörer in Jussupoffs Wohnung, die gerade erst renoviert und mit neuen Teppichen und Vorhängen versehen worden war. Die Begegnung sollte in einem Raum im Tiefparterre stattfinden, der einen separaten Ausgang zum Hof hatte. Auf dem Tisch in der Mitte des Raumes brodelte der Samowar, Kuchen und Süßigkeiten standen bereit, ebenso ein Tablett mit Wein und Gläsern.

Lasowert, ein Arzt polnischer Abstammung, streifte sich Gummihandschuhe über und begann, kleine Stäbchen aus Zyankali zu Pulver zu reiben. Dann nahm er von dem Kuchen, insgesamt sechs Stück, drei Schokoladen- und drei Mandeltörtchen, hob mit der Bedachtsamkeit eines Chirurgen die obere Schicht ab, streute das Zyankalipulver darauf und fügte die Gebäckstücke wieder zusammen. Der Rest des Giftes sollte im letzten Augenblick in eines der Weingläser geschüttet werden.

Die Verschwörer hatten das Attentat generalstabsmäßig geplant, und es schien, als setzte Jussupoff allen Ehrgeiz ein, einen »möglichst perfekten«, »möglichst sauberen« Mord zu inszenieren. Fürst Felix war sich bewußt, eine historische Tat zu vollbringen, und dieser Gedanke dürfte bei seinen Planungen eine größere Rolle gespielt haben als alle von ihm vorgebrachten politischen Motive. Der junge, schmächtige, als mädchenhaft geschilderte Jussupoff konnte keine größere Tat vollbringen, um sich an die Spitze der adeligen Petersburger Gesellschaft zu setzen.

Zur minuziösen Planung des Verbrechens gehörte die Einbeziehung des Großfürsten Dimitri Pawlowitsch in die Verschwörung. Seine Teilnahme minderte das strafrechtliche Risiko bei einer möglichen Aufdeckung des Komplotts, denn Mitglieder des kaiserlichen Hauses, und Pawlowitsch gehörte als Großfürst dem kaiserlichen Haus an, unterstanden nicht wie gewöhnliche Bürger den Behörden, sondern allein dem Zaren. Ein Vergehen oder Verbrechen bedurfte keiner Gerichtsverhandlung, sobald ein Mitglied des Kaiserhauses in irgendeiner Form beteiligt war.

Um Grigori Jefimowitsch in das Haus des jungen Fürsten an der Mojka zu locken – das elterliche Palais mit dem zahlreichen Personal war für das Attentat denkbar ungeeignet – verfiel Jussupoff auf einen billigen Trick. Er kannte den Erotomanen aus Sibirien und wußte, wie er an jeden Ort zu locken war. Deshalb ließ er Rasputin die Nachricht zukommen, seine kränkelnde Frau Irina Alexandrowna würde sich gerne seiner Behandlung unterziehen, ob er ihr nicht zu später Stunde einen Besuch abstatten könne; ihr liege daran, daß niemand davon erfahre.

Rasputin und die Alexandrowna waren sich noch nie begegnet, und die Einladung wirkte auf den Wundermönch äußerst verlockend, weil Irina der Ruf vorausging, die schönste Frau der Petersburger Gesellschaft zu sein. Wie kaltschnäuzig Jussupoff bei seiner Planung ans Werk ging, wird aus der Tatsache deutlich, daß sich die schöne Irina überhaupt nicht in St. Petersburg aufhielt – sie kurte auf der Krim.

Bereits in diesem Stadium hatte das Komplott zu viele Mitwisser. In Petersburg gingen wilde Gerüchte um. Gegen Abend erschien Innenminister Protopopoff in Rasputins Wohnung, umarmte seinen Gönner und flehte mit theatralischen Gesten, sich nicht allein aus dem Haus zu wagen, »böse Menschen« planten einen Anschlag. Rasputin beruhigte Protopopoff mit dem Hinweis, ohne den Willen des Herrn könne ihm niemand ein Leid zufügen, und schickte ihn fort.

Es mochte 23 Uhr sein, als Dr. Lazowert mit Jussupoff vor dem Haus Gorochawaja 64 vorfuhr. Der als Chauffeur verkleidete Doktor blieb im Wagen zurück, Jussupoff im Pelz aus Hundefell, auf dem Kopf eine Mütze mit Ohrenklappen, die ihn unkenntlich machte, nahm den Hintereingang durch den Hof, der in die Küche mündete. Auf sein Klopfen öffnete Grigori und zog ihn in sein Schlafzimmer, wo er gerade mit seiner Garderobe beschäftigt war. Er roch nach billiger Seife, Kopf- und Barthaar waren gekämmt. Jussupoff konnte sich nicht erinnern, den Wundermönch je so zurechtgemacht gesehen zu haben. Jefimowitsch trug ein weißseidenes Hemd, mit blauen Kornblumen bestickt, und einen karminroten Strick als Gürtel mit großen Quasten. Seine schwarzen Plüschhosen steckten in neuen schwarzen Stiefeln.

Bisher verlief alles nach Plan. Die beiden bestiegen Lazowerts Automobil, ohne daß jemand davon Notiz nahm. Die Straßen waren zu so später Stunde leer, und ohne Aufsehen verließen sie das Fahrzeug vor einem Seiteneingang zu Jussupoffs Haus. Aus einem der oberen Räume quäkte ein Grammophon. Auch das gehörte zu der minuziösen Planung. Rasputin reagierte wie erwartet.

»Ist das ein Zechgelage?« fragte er interessiert.

»Nein«, erwiderte der Fürst, »meine Frau hat bloß Gäste bei sich, die gehen aber gleich fort. Wollen wir doch inzwischen ins Eßzimmer gehen und dort Tee trinken.«[21]

Im Obergeschoß, aus dem amerikanische Musik drang, hielten sich die Verschwörer auf. Jussupoff geleitete den Gast nach unten in den Raum, wo alles für den Anschlag vorbereitet war. Doch nun wurde Jussupoff nervös: Rasputin wollte weder Tee noch Gebäck, noch Wein.

Ahnte er, was ihm bevorstand?

Die Unterhaltung, die sich zwischen den beiden entspann, schien das zu bestätigen. Grigori redete von den zahlreichen Feinden, die er hatte, und daß der Innenminister ihn heute gewarnt habe.

Ein Mörder mordet in Vorbereitung seiner Tat nicht nur einmal, in Gedanken bringt er sein Opfer viele Male um. So auch Jussupoff. Er hörte Rasputins Worte kaum. Durch sein Gehirn schoß nur der eine Gedanke, wie konnte er sein Opfer dazubringen, ein Weinglas zu leeren oder eines der vergifteten Törtchen zu vertilgen.

Da plötzlich verlangte Grigori Tee.

Jussupoff ließ heißes Wasser aus dem Samowar. Der Tee enthielt kein Zyankali. Jussupoff schob Rasputin den Teller mit den Törtchen hin. Rasputin griff zu.

Wie gebannt starrte der Mörder auf sein Opfer, das ein Stückchen nach dem anderen verschlang. Wo blieb die Wirkung des Zyankalis? Als wäre nichts geschehen, setzte der heilige Mann die Unterhaltung fort. Jussupoffs Nervosität wuchs. Die Zeit wurde immer länger. War dieser Wundermönch unsterblich?

Jussupoff schenkte Wein ein. Er war so aufgeregt, daß er es nicht fertigbrachte, eines jener Gläser zu wählen, in dem sich bereits Zyankali befand.

Rasputin leerte das Glas, hielt seinem Gastgeber das Glas hin und verlangte einen Madeira. Jussupoff machte Anstalten, nun ein vergiftetes Glas zum Einsatz zu bringen, aber Grigori protestierte heftig und bestand auf dem verwendeten Glas. In seiner Verzweiflung kam dem jungen Fürsten eine Idee: Beim Nachschenken stieß er das Glas mit einer ungeschickten Bewegung zu Boden; es zersprang. Nun nahm Jussupoff ein Glas mit Zyankali.

Rasputin trank.

Jussupoff verfolgte jede Bewegung des Alten. Jeden Augenblick mußte er tot umfallen; aber nichts dergleichen geschah. Bisweilen nur faßte er sich an die Kehle, als fühlte er beim Schlucken ein Hindernis; schließlich bemerkte er, er schmecke eine Bitterkeit im Hals. Doch er trank weiter. Dem Fürsten gelang es, ein weiteres vergiftetes Glas zu verwenden – ohne erkennbare Wirkung.

»Plötzlich«, so Fürst Felix Jussupoff in seiner detaillierten Beschreibung der Tat, »nahm sein Gesicht einen gänzlich veränderten Ausdruck an. Das süßlich-schlaue Lächeln verschwand, Haß und Widerwille malten sich jetzt deutlich in den entstellten Zügen. Noch nie erschien mir Rasputin so schrecklich wie diesmal. Er verschlang mich geradezu mit seinen Satansaugen. In diesem Augenblick war er mir ganz besonders verhaßt, und ich hätte nicht davor zurückgeschreckt, mich auf ihn zu stürzen und ihn zu erwürgen.

In dem Raum herrschte eine schwüle, beängstigende Stille. Es schien mir, als habe er jetzt endlich begriffen, wozu ich ihn hierhergelockt und was ich mit ihm vorhatte. Zwischen uns beiden wurde stillschweigend ein schwerer Kampf ausgetragen; es war entsetzlich. Nur ein Augenblick, und ich war besiegt und vernichtet. Ich fühlte, wie ich unter dem lähmenden Blick Rasputins die Herrschaft über mich zu verlieren begann ... Mein ganzer Körper war wie versteinert, der Kopf ging mir im Kreise herum, und ich sah nichts um mich. Wie lange ich so in diesem Zustande verharrte, weiß ich kaum mehr zu sagen. Als ich wieder zu mir kam, sah ich Rasputin an derselben Stelle sitzen wie zuvor. Sein Kopf hing tief herab, er hielt ihn auf die Hände gestützt; die Augen waren nicht zu sehen.«[22]

Aber statt leblos nach vorne zu sacken und tot zu Boden zu stürzen, wandte er seinen Blick zu der Gitarre, die unbeabsichtigt herumlag, und bat Jussupoff, etwas zu spielen, etwas Heiteres. Jussupoff überkamen Zweifel, ob er diesem makabren Schauspiel gewachsen sein würde, aber er spielte und sang irgendein Lied. Die Uhr zeigte auf halb drei.

Im Obergeschoß trauten Pawlowitsch, Purischkewitsch und Suchotin ihren Ohren nicht. Sang der Mörder seinem Opfer wirklich ein Abendlied? Unruhe entstand unter den Verschwörern, und Jussupoff glaubte, seinen Kumpanen eine Erklärung schuldig zu sein. Er hastete die enge Wendeltreppe nach oben. Dort standen die drei, ein jeder mit einem Revolver in der Hand. Im Flüsterton beratschlagten sie, was zu tun sei. Schließlich nahm Jussupoff den Revolver des Großfürsten und wandte sich nach unten.

Rasputin klagte über Benommenheit. Dennoch machte er den Vorschlag, zu den Zigeunern vor der Stadt zu fahren, wo er bisweilen bei Musik und Tanz seine Nächte verbrachte. Jussupoff lehnte entschieden ab. Hinter seinem Rücken hielt er den Revolver, er wußte, daß nun der entscheidende Augenblick gekommen war, und er tat das Ungewöhnlichste, was ein Mörder unmittelbar vor seiner Tat tun kann, er betete: »Allmächtiger Gott, gib mir doch die Kraft, mit ihm ein Ende zu machen!« Dann hob er den Revolver, zielte auf das Herz seines Opfers und drückte ab.

Für Pawlowitsch, Purischkewitsch und Suchotin war der Schuß das Signal. Sie stürzten die Treppe nach unten, einer fiel über den anderen, der dritte verfing sich in der Schaltschnur des elektrischen Lichts; als Jussupoff das Licht wieder anknipste, lag Rasputin auf einem Bärenfell auf dem Boden. Seine Augen waren geschlossen, das Gesicht zuckte in kurzen Abständen, auf dem hellseidenen Hemd konnte man einen winzigen Blutfleck erkennen. Nach einigen Minuten gab der Wundermönch kein Lebenszeichen mehr von sich.

Wie es den Anschein hatte, verlief das Attentat doch noch nach Plan. Dieser sah vor, daß Suchotin nun Rasputins Pelz und Mütze anzog und mit dem Großfürsten und Dr. Lazowert im offenen Automobil Purischkewitschs in Richtung Jefimowitschs Wohnung davonfuhr. Das Possenspiel sollte unsichtbaren Geheimagenten vorgaukeln, der Wundermönch habe Jussupoffs Haus wieder verlassen – lebend. Erst nach der Rückkehr der Verschwörer – Suchotin mußte sich während der Fahrt der Kleidung Rasputins entledigen – sollte Rasputins Leiche mit dem geschlossenen Wagen des Großfürsten Dimitrij Pawlowitsch zur Petrowskij-Brücke geschafft werden.

In gewisser Weise war diese Planung genial, und wäre Rasputin ein gewöhnlicher Mensch gewesen, so hätte das Komplott auch ein unentdecktes Ende gefunden. Aber Rasputin war kein gewöhnlicher Mensch. Während Purischkewitsch und Jussupoff, die zurückgeblieben waren,

über die Zukunft Rußlands nach dem Tode Rasputins redeten, wurde Fürst Felix von dem Gedanken verfolgt, das
Opfer im Souterrain könnte noch gar nicht tot sein. Er ging
nach unten. Rasputin lag regungslos. Er griff seine Hände
und schüttelte sie – sie fielen leblos zu Boden.

Jussupoff wollte sich gerade entfernen, als er auf dem
linken Augenlid ein Zittern wahrzunehmen glaubte. Jussupoff kam ganz nahe an das Gesicht heran und beobachtete
es ganz genau. Kein Zweifel, über Rasputins Gesicht
huschten Zuckungen. Ganz langsam öffnete er das linke
Auge, bald darauf das rechte, und Jussupoff fühlte, als
durchbohrten ihn diese Augen wie spitze Dolche.

In dieser Erinnerung Jussupoffs stellte sich die Szene so
dar: »Ich war wie gelähmt«, schreibt er, »alle Muskeln meines Körpers wurden auf einmal steif. Ich wollte davonlau-
fen, zu Hilfe rufen, aber ich konnte meine Beine gar nicht
bewegen, und meine Stimme gehorchte mir nicht ...

Wie benebelt stand ich fest an den steinerenen Boden
angewurzelt. Und nun geschah das Unglaublichste. Durch
eine ungestüme, heftige Bewegung schwang sich Rasputin
plötzlich auf die Beine; auf seinen Lippen zeigte sich
Schaum. Er war schrecklich anzusehen. Das Zimmer füllte
sich mit tierischem Gebrüll an, und ich bemerkte nur, wie
die durch Krampf gekrümmten Finger einen Augenblick in
der Luft spielten ... Da, auf einmal, bohrten sie sich wie
glühendes Eisen in meinen Rücken und versuchten, mich
an der Gurgel zu packen. Seine Augen verdrehten sich und
drohten gar aus den Augenhöhlen zu herauszuspringen.
Der ins Leben zurückgekehrte Rasputin wiederholte in
heiserem Flüstertone unaufhörlich meinen Namen. Ein
grenzenloses Entsetzen erfaßte mich. Ich bemühte mich,
von ihm loszukommen, aber er hielt mich mit einer un-
glaublichen Kraft in seiner eisernen Umklammerung fest.
Es entspann sich ein fürchterliches Ringen zwischen uns.

Dieser absterbende, vergiftete und von Kugeln durchbohrte Körper, dem irgendeine dunkle Macht sich wieder aufzurichten verhalf, damit er seinen schmählichen Tod rächen konnte, barg so viel Grauenerregendes und Ungeheuerliches in sich, daß ich auch heute noch mit einem kaum zu beschreibenden Schauergefühl an jene Augenblicke denken muß.

Damals begriff ich erst recht und fühlte es noch stärker als sonst heraus, was dieser Rasputin für ein besonderer Mensch war. Mir schien es, als sei der Teufel selber in diesen Bauern gefahren, der mich jetzt mit seinen krallenartigen Fingern umfangen hielt und mich nicht mehr loslassen wollte. Mit einer letzten gewaltigen Anstrengung gelang es mir, mich loszureißen; ich war frei.«[23]

Rasputin sank auf den Boden, sein Körper krümmte sich und blieb regungslos liegen.

In wilder Panik stürzte Jussupoff die enge Treppe nach oben und rief: »Purischkewitsch, den Revolver, er lebt noch!«

Wähend Jussupoff nach einem Gummiknüppel suchte, fingerte Purischkewitsch seinen Revolver aus dem Etui, in das er die Waffe bereits zurückgelegt hatte. Auf dem obersten Treppenabsatz lauschte Felix nach unten. Er vernahm Geräusche, als schleppte sich sein Opfer auf allen vieren durch den Raum. Zuerst glaubte er, Rasputin suche sich an der Treppe hinaufzuhangeln, dann aber wurde ihm klar, der tödlich Getroffene schleppte sich zur Tür, die ins Freie führte. Die Türe, das wußte Jussupoff, war verschlossen, doch im selben Augenblick, da er diesen Gedanken faßte, hörte er, wie diese Tür geöffnet und mit einer heftigen Bewegung wieder geschlossen wurde.

Purischkewitsch, nun seine Waffe im Anschlag, hetzte hinter Rasputin her. Im Hof fielen zwei Schüsse. In der Furcht, das Opfer könnte durch das Hoftor auf die Straße entkommen, rannte Jussupoff zum Haupteingang, lief ein paar Schritte die Straße entlang, bog um die Ecke und versuchte so an dem Seiteneingang des Hauses, Rasputin den Weg abzuschneiden. Er sah ihn durch das Eisengatter entgegenkommen, aber im selben Augenblick peitschten zwei weitere Schüsse aus Purischkewitschs Waffe durch die Nacht. Rasputin sank lautlos vor einem Schneehaufen zu Boden.

Im Näherkommen erkannte Fürst Felix eine große Wunde an der Schläfe des Opfers. Die Schüsse hatten einen Polizisten angelockt, doch es gelang Jussupoff, ihn abzuwimmeln mit dem Hinweis, er habe mit Freunden gezecht, und einer der Tölpel habe im Suff begonnen, mit seiner Waffe herumzuballern. Zunächst gab der Ordnungshüter sich damit zufrieden, aber es dauerte keine halbe Stunde, und er kehrte zurück: Die Schüsse seien sogar im Präsidium gehört worden, und man verlange Aufklärung über den Vorfall. Der Abgeordnete Purischkewitsch ergriff die Flucht nach vorne, gestand dem Polizisten die Bluttat und beschwor ihn, wenn er sein Vaterland und den Zaren liebe, zu schweigen.

Zwei Diener des Fürsten hatten Rasputin inzwischen ins Haus getragen und vor der Wendeltreppe niedergelegt. Wenig später kehrten Pawlowitsch, Suchotin und Lazowert von ihrer nächtlichen Fahrt zurück. Sie wickelten die entstellte Leiche in ein Tuch und trugen sie zum Automobil des Großfürsten, das am Seiteneingang parkte. In schneller Fahrt fuhren sie zur Petrowskij-Brücke. Sie saßen zu dritt auf den vorderen Sitzen. Hinten lag Rasputin. Es schien, als würde er sich bewegen. Suchotin glaubte sogar ein leises Stöhnen zu vernehmen.

Unter der Brücke war eine Stelle im Fluß eisfrei geblieben. Dort warfen sie Rasputin in die Newa.

In der Morgendämmerung entdeckte Jussupoff im Haus und im verschneiten Hof zahlreiche Blutspuren. Jussupoff gab seinem Kammerdiener den Auftrag, einen seiner Schäferhunde zu erschießen und den Kadaver in den Hof zu schleppen, wo wenige Stunden zuvor Rasputin zusammengebrochen war. Die Erschießung fand in einem Schuppen statt und wurde nicht bemerkt. Dann rief der Fürst sein Personal zusammen. Er weihte die Diener in das Geschehen der vergangenen Nacht ein und verurteilte sie zu absolutem Stillschweigen.

Gegen fünf Uhr morgens fand die Dienstmagd Katja Iwanowa Rasputins Bett leer. Um sieben erschienen zwei Polizisten, die sich nach dem Verbleib des Zarengünstlings erkundigten, worauf sie die Auskunft erhielten, er habe sich am Abend zuvor zu Fürst Jussupoff begeben. Um acht begann sich das Haus mit Bittstellern zu füllen. Um zehn kam der tägliche Anruf der Zarin aus Zarskoje Selo, und damit begann die Fahndungsmaschinerie zu laufen.

Sonderstreifen der Polizei durchkämmten St. Petersburg. Gegen Mittag wurden zwischen dem dritten und vierten Brückenpfeiler der Petrowskij-Brücke Blutspuren und ein einzelner Schuh auf dem Eis entdeckt. Dieser Schuh, Marke Treugolnik, Größe 10, wurde von Rasputins Töchtern als ihrem Vater gehörend identifiziert. Innenminister Protopopow höchstpersönlich übernahm die Leitung der Ermittlungen, und bereits am Nachmittag erstattete er der Zarin – Nikolaus II. hielt sich im Hauptquartier auf – den ersten Bericht. Für Protopopow bestand bereits zu diesem Zeitpunkt kaum noch ein Zweifel an der Täterschaft Jussupoffs und seiner Mitverschwörer, doch, so ließ er wissen, durch die Mitwirkung des Großfürsten Dimitri Pawlowitsch seien ihm die Hände gebunden.

Zarin Alexandra weigerte sich, der Wahrheit ins Auge zu blicken, sie wollte es einfach nicht wahrhaben, daß Rasputin tot sei. Und obwohl Indizien gegen Jussupoff sprachen, ließ die Zarin den jungen Fürsten unbehelligt. Aus einem Brief Alexandras vom 17. Dezember 1916 an den Zaren: »Wir sitzen alle beisammen, und Du kannst Dir unsere Gefühle nicht vorstellen: Rasputin ist verschwunden!

Gestern ist Anja noch bei ihm gewesen, und bei dieser Gelegenheit hat er ihr mitgeteilt, er wolle nachts den Fürsten Jussupoff aufsuchen. Er ist dann auch wirklich von einem Militärauto mit zwei Zivilpersonen abgeholt worden und mit ihnen fortgefahren ...

Rasputin ist während der letzten Tage in ausgezeichneter Stimmung gewesen. Felix behauptet, er habe ihn gar nicht besucht, aber es besteht kaum ein Zweifel, daß dies eine Lüge ist. Ich rechne noch auf die Gnade Gottes und hoffe, daß Rasputin nur irgendwohin verschleppt worden ist. Protopopoff tut sein möglichstes, um die Angelegenheit aufzuklären. Bitte schicke mir sofort den Palastkommandanten Wojeikoff, denn wir Frauen mit unseren schwachen Nerven sind hier ganz allein. Wir müssen auch etwas für Anjas Sicherheit tun, sonst kommt auch sie noch an die Reihe. Ich kann und will nicht glauben, daß Rasputin wirklich ermordet worden ist! Gott, erbarme dich unser! Meine Stimmung ist verzweifelt, aber ich kann doch nicht glauben, daß er wirklich tot ist!«[24]

Taucher suchten am folgenden Tag an der Petrowskij-Brücke den Grund des Flusses ab – vergebens. Am 19. Dezember entdeckte ein Beamter der Flußpolizei etwa 60 Meter unterhalb im Eis der Newa den eingefrorenen Ärmel eines Biberpelzes. Das Eis wurde aufgehackt, und unter den Schollen kam Rasputins Leiche zum Vorschein. Eine dicke weiße Kruste bedeckte den Körper, und es dauerte geraume Zeit, bis er in einem Schuppen am Ufer vom Eis befreit war. Dort traf bald darauf der Innenminister in Begleitung des Chefs der Geheimpolizei und des Chefs des Petersburger Generalkommandos ein. Ein Staatsanwalt protokollierte zwei Wunden durch Feuerwaffen, eine in der Brustgegend, die zweite am Hals. Arme und Beine des Toten waren mit Stricken zusammengebunden; nachdem ein Arm sich jedoch aus den Fesseln befreit hatte, mußten die Untersuchungsbeamten davon ausgehen, daß Rasputin zu dem Zeitpunkt, als er ins Wasser geworfen wurde, noch gelebt hat.

Diese unglaubliche Tatsache bestätigte die Obduktion durch Professor Kossorotoff im Altersheim von Tschesma. Kossorotoff fand Wasser in den Lungen des Toten.

Unmittelbar nach der Obduzierung fuhr gegen zwei Uhr nachts ein Automobil vor dem Altersheim vor. Von den Polizeibehörden war das Gerücht verbreitet worden, Rasputin werde in seinem Heimatdorf Pokrowskoje bestattet werden. Doch das Automobil mit dem Toten raste auf verschlungenen Wegen nach Zarskoje Selo. Dort wurde Rasputin am Morgen des 21. Dezember 1916 in Anwesenheit des Zarenpaares und der Töchter Rasputins in einem eilends ausgehobenen Grab bestattet.

Seine Grabesruhe war nur von kurzer Dauer. Drei Monate später, bei Ausbruch der russischen Revolution, in der Nacht vom 22. auf 23. März 1917, holten Bolschewisten Rasputins Leiche aus dem Grab, übergossen sie mit Petroleum und verbrannten sie an der Straße von Zarskoje nach St. Petersburg im Wald von Pargolowo.

Das Schicksal des Zaren und seiner Gemahlin, das Grigori Jefimowitsch Rasputin mehr als ein Jahrzehnt mit der hinterhältigen Gewalt eines Diktators bestimmt hatte, endete so, wie der heimliche Herrscher es vorhergesagt hatte: »Wenn ich sterbe, wird bald darauf der Zar seine Krone verlieren.«

Die Prophezeiung ließ nicht lange auf sich warten. Das russische Volk ging gegen den Zaren und die Regierung auf die Straße. Es forderte Brot und Frieden. Die Regierung löste sich auf, die Minister flohen, eine Garnison nach der anderen lief zu den Aufständischen über. Zarin Alexandra an Zar Nikolaus II. im Hauptquartier: »Welch eine furchtbare Zeit wir durchleben! Ich fühle und leide mit Dir, mehr noch als ich dies in Worten ausdrücken könnte. Was kann ich tun? Ich kann nur beten. Unser treuer

Freund Rasputin betet im Jenseits für uns; jetzt ist er uns noch näher. Aber wie gern würde ich Rasputins beruhigende, tröstende Stimme hören.«[25]

Orientierungslos ohne ihren Heiligen tappten Zar Nikolaus II. und Zarin Alexandra durch die Geschichte. Rasputin war ihr Wunderdoktor gewesen, vor allem aber ihr Seelenarzt. Ohne ihn waren beide nicht lebensfähig, nicht einmal lebenswillig. Am 15. März 1917 dankte der Zar im Salonwagen seines Zuges auf dem Weg vom Hauptquartier nach Zarskoje Selo ab. Was blieb, waren »Bürger und Bürgerin Romanoff« – Zielscheibe für die Gewehre russischer Revolutionäre.

Fürst Felix Jussupoff und Großfürst Dimitri Pawlowitsch waren vom Zaren für schuldig erkannt und nach Sibirien und Persien verbannt worden. Der Verbannung verdankten die jungen Männer – Felix war gerade 30, Dimitri 27 – ihr Leben. Jussupoff gelang die Flucht nach Paris. Dort starb er Ende der fünfziger Jahre.

Viele Einzelheiten der Beziehung zwischen Rasputin und dem Zaren wurden erst durch einen Zufallsfund aus dem Jahre 1927 bekannt. Damals stießen Kanalarbeiter in Odessa auf ein Gewölbe mit 500 Aktenschränken. Das Gewölbe gehörte zum Keller des während der Revolution zerstörten Polizeipräsidiums. In den Aktenschränken fand man geheime Protokolle des Ochrana-Generals Spiridowitsch. Die Ochrana (»Schutz«) war seit 1881 die geheime Staatspolizei im zaristischen Rußland, und Spiridowitschs Agenten hatten nicht nur den Zaren, sondern jeden, der in St. Petersburg einen Namen hatte, überwacht, also auch Grigori Jefimowitsch Rasputin, den heimlichen Herrscher jener Tage.

VII.
Paul Niehans
und Riccardo Galeazzi-Lisi:
Patient Papst Pius XII.

Für Ärzte war im Vatikan, wo die Unsterblichkeit zum Prinzip erhoben ist, nie Platz. Notfalls bediente man sich ihrer Kunst klammheimlich wie jener Wunderheiler und Wahrsager, die offiziell geächtet, deren Schriften jedoch im Geheimarchiv des Vatikans gehütet werden wie der Heilige Gral des Wolfram von Eschenbach ... Als geradezu skandalös mußte es daher wirken, als 1954 gleich zwei Ärzte sich des sterbenskranken Papstes Pacelli annahmen ...

Zwei Ärzte teilten sich das Leben des 261. Papstes der Kirchengeschichte, des »Pontifex maximus«, des »Nachfolgers des Apostelfürsten«, des »obersten Pontifex der Universalkirche«, des »Patriarchen des Abendlandes«, des »Primas von Italien«, des »Erzbischofs und Metropoliten der römischen Kirchenprovinz«, des »Statthalters Christi auf Erden« und des »Bischofs von Rom« Eugenio Pacelli – zwei Ärzte, die verschiedener nicht sein konnten: ein verklemmter Buchhaltertyp der eine; klein, untersetzt, schwarzhaarig, mit verkniffenem Gesicht und schmalem Oberlippenbärtchen, katholisch; sein Name Dr. Riccardo Galeazzi-Lisi. Der andere, Dr. Paul Niehans, ein Herr vom schlohweißen Scheitel bis zur Sohle, ein gutaussehender, stets lächelnder, vornehm gekleideter Mann von Welt, gutmütig, Schöngeist, Kunst- und Antiquitätensammler, ein Frauentyp mit offenem Gesicht. Auch dieses Gesicht zierte ein schmales Oberlippenbärtchen, aber bei ihm wirkte die Manneszier nicht mafios wie bei seinem Kollegen, sondern keck und herausfordernd, wie es einem Künstler zukommt.

Wer je versucht hat, über Interna des Kirchenstaates (und um einen Staat handelt es sich bei den 0,44 Quadratkilometern Land seit den Lateranverträgen von 1929 wirklich) zu berichten, wer je versucht hat, die Leoninischen Mauern zu durchdringen, der weiß, daß dieser halbe Quadratkilometer geheiligter Erde die bestgehüteten, undurchdringlichsten Geheimnisse der Welt birgt. Selbst KGB und FBI müssen da die Waffen strecken. Der »Stato della Città del Vaticano« verfügt über eine eigene Regierung mit Ministern, eigene Flagge, eigenen Bischof, eigene Post- und Telegraphenverwaltung, eigene Briefmarken, eigene Radiostation, eigene Polizei und eigenen Geheimdienst. Von allen anderen Staaten dieser Welt unterscheidet ihn die Tatsache, daß Chef all der genannten Institutionen *ein* Mann ist, der, einmal gewählt, erst mit dem Tode abtritt, und sogar dieser Tod ist von einem seit Jahrhunderten unveränderten Ritual umgeben.

Für Ärzte war im Vatikan, wo die Unsterblichkeit zum Prinzip erhoben ist, nie Platz. Notfalls bediente man sich ihrer Kunst klammheimlich wie jener Wunderheiler und Wahrsager, die offiziell geächtet, deren Schriften jedoch im Geheimarchiv des Vatikans gehütet werden wie der Heilige Gral des Wolfram von Eschenbach. Jahrhundertelang pflegten die Päpste auch nicht zu sterben, schon gar nicht an einer Krankheit, sie »gingen in die Ewigkeit ein«, weshalb es den Gläubigen verwehrt war, nach pompöser Trauerzeremonie mit dem sarglos aufgebahrten Papst, der dreifachen Einsargung (Zypressenholz, Blei, Bronze) und Einmauerung in den Katakomben der Peterskirche beizuwohnen.

Als geradezu skandalös mußte es daher wirken, als 1954

gleich zwei Ärzte sich des sterbenskranken Pacelli-Papstes annahmen, von denen, wie man hörte, der eine diese Aufgabe schon 15 Jahre bekleidete, während der andere, wegen seiner eigenwilligen Therapie höchst umstritten, Patienten wie die Schauspieler Charly Chaplin und Gloria Swanson, die Könige Ibn Saud von Arabien und Mohammed von Marokko, Charles de Gaulle und Konrad Adenauer, Thomas Mann und Somerset Maugham zu seinen Patienten zählte. Gott sei's geklagt, sogar den sündigen »Blauen Engel« Marlene Dietrich.

Galeazzi-Lisi fungierte nicht nur als Leibarzt seiner Heiligkeit, er war Direktor des vatikanischen Gesundheitsamtes, Major der päpstlichen Palastgarde und Träger zahlreicher Auszeichnungen, die der Stato della Città del Vaticano zu vergeben hat. Bis zum Februar des Jahres 1954 wirkte der Professor mit den Fachgebieten Innere Medizin und Augenheilkunde wie alle Arbeitnehmer im Vatikan hinter den Kulissen, und sein Name tauchte nur in den Wirtschafts- und Gehaltslisten auf, die alljährlich zum internen Gebrauch veröffentlicht werden. Seine Aufgaben waren allgemein bekannt, doch wußte niemand etwas über das persönliche Verhältnis des Arztes zu seinem Patienten, schon gar nicht über Krankheiten oder Therapien, denen der Pacelli-Papst sich unterziehen mußte, und nur die engsten Berater seiner Heiligkeit hatten Kenntnis von den beinahe täglichen Besuchen des Professors.

Der Gesundheitszustand Papst Pius' XII. galt bis zu jenem Februar des Jahres 1954 als Tabu; man sprach nicht darüber, obwohl die erschreckend weiße Hautfarbe und sein katastrophales Untergewicht – der Papst wog kaum mehr als 50 Kilogramm – Anlaß zu vielerlei Spekulationen hätten bieten können. Aber diese ungewöhnliche Konstitution kam dem Ruf des Asketen auf dem Weg zur Heiligkeit entgegen, der im Vatikan schon zu Lebzeiten gepflegt wurde und dem sich Pius auch nicht widersetzte, im Gegenteil. Wie der heilige Franziskus suchte er die Einsamkeit, sogar beim Essen, das ob seiner Kargheit eher als Nahrungsaufnahme bezeichnet werden muß. Wie der heilige Franziskus pflegte Pius in Gesellschaft von Federvieh zu speisen, fünf gewöhnlichen Finken, von denen er einen in den vatikanischen Gärten aufgelesen und »Gretel« genannt hatte, nach deutschem Vorbild. Butter betrachtete er als Luxus, seit diese mitten im Krieg knapp geworden war, und bis an sein Lebensende aß er keine Messerspitze mehr davon. Einziges Zugeständnis an seine Gesundheit waren allmorgendlich 15 Minuten Freiübungen bei offenem Fenster, und es grenzt an ein Wunder – wobei man mit diesem Wort in Zusammenhang mit Pius XII. vorsichtig umgehen muß –, daß Pacelli nicht auf dem Fußboden schlief wie Marc Aurel 1800 Jahre zuvor, sondern in einem Messingbett.

Mit Marc Aurel verbindet Pius mancher Charakterzug: die Last der historischen Bedeutung, der Drang zur Verinnerlichung, das Schlafdefizit sowie die Kasteiung bis zur Selbstaufgabe und der damit verbundene Raubbau an der Gesundheit. Menschen dieser physischen wie psychischen Konstitution sind anfällig für Magenleiden, und das traf auf Marc Aurel wie Pius XII. zu.

Die Uhr des Eugenio Maria Giuseppe Giovanni Pacelli, geboren am 2. März 1876 in Rom, schien abgelaufen, bevor er das 78. Lebensjahr vollendet hatte. Seit der Jahreswende 1953/54 lag Pius XII. schwerkrank darnieder. Dr. Galeazzi-Lisi und die Würdenträger der Kurie hatten ihn bereits aufgegeben und die Mitglieder des in Rom versammelten Kardinalskollegiums gebeten, die Stadt nicht zu verlassen. Der Papst erbrach Blut, behielt nicht einmal Flüssigkeit bei sich und war nicht mehr in der Lage, die Flüssigkeit zu schlucken, die für eine Röntgenuntersuchung des Magens unumgänglich gewesen wäre. Am 5. Februar 1954 gab Galeazzi-Lisi ein ärztliches Bulletin von deprimierendem Inhalt heraus – ungewöhnlich genug im Hinblick auf den Patienten –, wohl, um die Öffentlichkeit auf das Schlimmste vorzubereiten.

Unter den Menschen aus der Umgebung des Papstes traf der bevorstehende Tod vor allem eine Frau, die einzige Frau im ganzen vatikanischen Palast, die bayerische Nonne und Haushälterin Pasqualina, die ihr ganzes Leben an der Seite Pacellis verbracht und ihn seit seiner Zeit als Nuntius in Bayern versorgt hatte. Sie galt als graue Eminenz unter all den Purpurträgern der Kurie, und manche behaupteten, sie habe auf Pacelli mehr Einfluß ausgeübt als die Leiter des päpstlichen Staatssekretariats, die Prosekretäre Montini und Tardini.

Italienische Zeitungen berichteten später, Schwester Pasqualina sei es gewesen, die in dieser ausweglosen Situation zum Telefonhörer gegriffen und in Vevey am Genfer See bei Dr. Paul Niehans angerufen habe, dem Frischzellenspezialisten. Pacelli und Niehans kannten sich über den Dirigenten Wilhelm Furtwängler. Es war ein seltener Zufall. Die Nazis hatten Furtwängler im Dritten Reich hofiert, und der Dirigent mußte nach dem Krieg fürchten, als Kriegsverbrecher angeklagt zu werden. Nach einem Konzert in der Schweiz zog er es daher vor, auf neutralem Boden zu bleiben, und er bat seinen Freund, den Schriftsteller John Knittel in Graubünden, um Hilfe. Der aber galt selbst als politisch suspekt und empfahl Furtwängler seinem Freund Niehans, der zwischen Lausanne und Montreux eine Privatklinik betrieb. Dort, meinte Knittel, könne Furtwängler sich als Patient einquartieren.

Niehans und Furtwängler fanden Gefallen aneinander. Unerkannt lebte der Dirigent im Arbeitszimmer der Niehansschen Klinik, dort komponierte er seine III. Symphonie in cis-Moll, dort blieb er beinahe zwei Jahre »der schweigsame Patient«, bis er 1947 nach Deutschland zurückkehrte.

Zu einem Konzert, das er in Rom dirigierte, lud Furtwängler Niehans in die italienische Hauptstadt ein. Furtwängler seinerseits wurde von Papst Pius XII. ein Empfang
gewährt, und dabei kam der Dirigent auf den Schweizer
Arzt und seine ungewöhnliche Therapie zu sprechen. Der
Bericht muß den Stellvertreter Gottes derart beeindruckt
haben, daß er den in Rom weilenden Niehans umgehend in
den Vatikan bat.

Niehans untersuchte Pacelli. Über das Ergebnis ist
nichts bekannt, ebensowenig über eine Therapie; aber
Schwester Pasqualina scheint damals beeindruckt gewesen
zu sein, jedenfalls vertraute sie Niehans mehr als Galeazzi-
Lisi. Die resolute Nonne, die sich nicht scheute, in eine Pri-
vataudienz mit US-Außenminister John Foster Dulles hin-
einzuplatzen mit der Bemerkung, die Suppe stehe auf dem
Tisch, bat nun Dr. Niehans inständig, nach Rom zu kommen, der Papst liege im Sterben.

Am 12. Februar 1954 flog Niehans von Genf nach Rom,
stieg im vornehmen Hotel Hasler ab und wurde wenig später von einer dunklen Limousine mit Vatikankennzeichen
abgeholt. In den päpstlichen Räumen trafen sie sich zum
ersten Mal: Dr. Riccardo Galeazzi-Lisi und Dr. Paul Niehans. Galeazzi-Lisi hatte zu dieser Zeit den Patienten bereits aufgegeben. Papst Pius wurde künstlich ernährt.
Diagnose: schwere Gastritis und Magenblutungen. Die
Magenblutungen zogen einen nicht zu stillenden Schluckauf nach sich. Pacelli fühlte, wie er sagte, daß er wohl gehen müsse.

Mit Hilfe von Eiswasser, das er dem Papst schluckweise
verabreichte, brachte Niehans Schluckauf und Magenblutungen zum Stocken. Schließlich entschied er sich für Zellinjektionen. Niehans hielt es für erforderlich, die nächsten
Wochen im Vatikan zu verbringen. Der Papst selbst bot
ihm sein Arbeitszimmer unmittelbar neben seinem Schlaf-
raum an, aber als der Arzt den Raum in Augenschein

nahm und die dort gelagerten Briefe und Akten sah, bat er um ein anderes Zimmer. Man einigte sich auf den danebenliegenden Audienzraum, in dem der Papst für gewöhnlich mit den Kardinälen konferierte. Hier verbrachte Niehans die Nächte, wobei er oft bis in die frühen Morgenstunden las oder Briefe schrieb.

Die Römer, vor allem die Journalisten in Rom, kennen die Räumlichkeiten im vatikanischen Palast genau, und sie deuteten das nächtliche Licht im Audienzraum als Abschiedskonferenzen des sterbenden Papstes mit seinen Kardinälen. Wider Erwarten genas Pius XII., die Zellulartherapie zeitigte Wirkung, Niehans sprach von Revitalisierung. Der Papst begann normal zu essen, vor allem aber fand er wieder Schlaf. Für die Mitglieder der römischen Kurie, die den sterbenskranken Pontifex gesehen hatten, kam diese Genesung einem Wunder gleich, und manche bezeichneten sie auch in aller Öffentlichkeit so. Internationale Magazine wie *Newsweek* und *Look* berichteten in großer Aufmachung über das »Wunder«, und Dr. Paul Niehans und seine Frischzellentherapie wurden zum weltweiten Gesprächsthema.

Was verbarg sich hinter dem Wunder der Zelltherapie?

Niehans beantwortete diese Frage im August 1954 auf einem Therapiekongreß in Karlsruhe auf folgende Weise: »Jede Zellinjektion ist im Grunde eine tausendfache Transplantation, wie wir sie aus der totalen Übertragung von Drüsen kennen. Dabei sind aber die in den Muskeln des Patienten eingespritzten Zellen, wie die Erfahrung gezeigt hat, viel wirksamer als eine Organüberpflanzung in ihrer Gesamtheit oder in schichtweiser Transplantation.«[1]

Medizinisch bedeutet Zelltherapie das Einspritzen von Aufschwemmungen aus embryonalen und jugendlichen tierischen Geweben oder Organen kurz zuvor getöteter Tiere (»Frischzellen«). Der Erfolg dieser Therapie beruht auf der vermehrten Bildung organspezifischer Antikörper, welche die Krankheitsabwehr des Organismus steigern. Das Wesen der Zelltherapie besteht entweder im Einwandern der Frischzellen in den Krankheitsherd oder im Abbau der Zellen an der Injektionsstelle, der Resorption der Abbauprodukte und der Wiederverwendung zum Neuaufbau von Gewebe oder auch im Weiterleben der Zellen an der Injektionsstelle mit Fernwirkung auf den Krankheitsherd. Vor allem bei Blutarmut, Hochdruck, peripheren Durchblutungsstörungen, Schrumpfungsvorgängen der Leber, hormonalen Störungen und vorzeitigem Altern zeigt diese Therapie Wirkung.

Als Geburtstag der Zelltherapie nannte Niehans den 1. April 1931. An diesem Tag wurde dem Doktor aus Vevey eine Patientin mit schwerer postoperativer Tetanie überwiesen. Paul Niehans erinnerte sich: »Da die Patientin sterbend in meiner Klinik ankam, konnte ich, wie vorgesehen und vorbereitet, keine Drüsentransplantation mehr vornehmen. So zerschnitt ich Epithelkörnchen der Nebenschilddrüse vom Rind in kleinste Teile, gab physiologische Kochsalzlösung dazu und instillierte sie in den Musculus pectoris. Ich dachte, die Wirkung werde, wie eine Hormoninjektion, nur von kurzer Dauer sein, so daß ich bald nachspritzen müßte. Dem war nicht so: Überraschenderweise wurde die Frischzelleninstillation nicht nur reaktionslos vertragen, sondern ihre Wirkung hielt an, länger als jedes Extrakt, jedes synthetische Hormon, jeder Kristall, jede Transplantation.«[2] Nach 23 Jahre lebte die Patientin noch immer.

Niehans war überzeugt, durch gezielte Zelltherapie einem kranken Organismus neues Leben schenken zu können, und der Erfolg mit seinem Patienten Eugenio Pacelli schien ihm Recht zu geben, auch wenn ihm die Schulmedizin höchst skeptisch, ja ablehnend gegenüberstand – was sich im übrigen bis heute nicht geändert hat. Der Arzt aus der Schweiz vertrat die Ansicht, mit Hilfe seiner Therapie würden viele chirurgische Eingriffe überflüssig. Er spritzte jugendliche Zellen von beinahe allen Organen und machte die Beobachtung, daß diese sogar von Schwerkranken aufgenommen wurden.

»Schon frühzeitig«, so Niehans in seinem Karlsruher Vortrag, »erkannte ich, daß in unserem aufs feinste ausbalancierten Organismus Erkrankungen selten auf ein einzelnes Organ beschränkt bleiben, sondern meist auch andere Organe in Mitleidenschaft gezogen werden. So galt es, auch sekundär geschädigten Organen mit entsprechenden Zellen zu helfen.«

Tausend Zellinjektionen, meinte Niehans, seien keineswegs tausend Erfolge, doch brächten sie, bei richtiger Anwendung, »eine Fülle günstiger Resultate«. An Selbstbewußtsein mangelte es dem Arzt vom Genfer See nie, und deshalb erließ er acht Gebote für den Zellulartherapeuten:

1. Eine gewissenhafte klinische Untersuchung und eine Organbilanz nach Abderhalden[3] müssen sicherstellen, daß der Patient einer Zellulartherapie bedarf.
2. In einen septischen Organismus dürfen keine Zellen eingespritzt werden. Streuherde, welche die Abderhalden-Reaktion anzeigt, sind vorher zu sanieren.
3. Zur Heilung bedarf der Körper selten nur Zellen eines einzigen Organs, mehr, als wir vermuten, sind Organsysteme in Mitleidenschaft gezogen. Daher Prüfung auch der über- und untergeordneten Organe.
4. Gezielte Therapie mit entsprechenden Zellen für Organe in Unterfunktionen, Stärkung der Antagonisten bei Behandlung von Organen in Überfunktion. Vorsicht mit Hypophysen-Vorderlappen-Zellen im krebsgefährdeten Alter. Hilfe dem Hypothalamus, wenn er gelitten hat. Embryonale Zellen benötigen Placentazellen. Bei Hypotonie ist jedoch Placenta, bei Hypertonie Nebennierenmark kontraindiziert.

5. Der Frischzellentherapeut benötigt eine Schlachtstelle in nächster Nähe seines Krankenhauses. Um Krankheitsübertragungen auszuschließen, dürfen nur gesund befundene Tiere als Spender verwendet werden.
   Die technische Entwicklung der Trockenzelle empfiehlt dem verantwortungsbewußten Arzt jedoch die Anwendung der Trockenzelle.
6. Beherrschung der Technik und rasches, absolut aseptisches Arbeiten ist notwendig, damit die Zellinjektion in einem Minimum an Zeit nach der Entnahme des Organs frisch und keimfrei erfolgen kann. Die Verwendung der Trockenzelle schließt 90 Prozent aller Gefahrenmomente aus.
7. Nach einer Zellinjektion bedarf der Patient einige Tage der Ruhe.
8. Nach einer Zellularinjektion keine andere Medikamentation, keine Toxine – konzentrierter Alkohol, Nikotin, Impfstoffe –, Vorsicht vor Röntgenstrahlen und Hitzewellen.[4]

Die weltweite Beachtung des Dr. Paul Niehans und der von ihm propagierten Frischzellentherapie hatte ihre Ursache nicht nur in der erfolgreichen Behandlung des Papstes. Der protestantische Doktor aus Vevey hatte Pacellis Vertrauen gewonnen und war, ohne es zu wollen, zum Ratgeber des Papstes geworden. Diese Entwicklung war um so erstaunlicher, als Pius XII. einsam wie ein Eremit regierte, sich die im Vatikan üblichen Berater vom Leibe hielt und seit 1944, als das Amt des Kardinalstaatssekretärs vakant geworden war, sogar diesen Posten übernahm; Pacelli war selbst sein bester Berater. Sogar bei den häufigen öffentlichen Audienzen spürten die Menschen jene Distanz und Entrücktheit, die Pacelli mit der Gloriole eines heiligen Mannes umgab. Sein Chauffeur klagte später, der Papst habe bei den Autofahrten im

100-Kilometer-Tempo zwischen Vatikanstaat und der Sommerresidenz Castelgandolfo nie ein Wort verloren, ja ihn während seiner gesamten Dienstzeit nicht ein einziges Mal gegrüßt, weil er mit seinen Gedanken stets irgendwo anders gewesen sei. In den päpstlichen Gemächern hatte Schwester Pasqualina das Sagen, und dies ging weit über Haushaltsfragen hinaus. Mehr als einmal klagten geistliche Würdenträger der Kurie, der Einfluß der bayerischen Nonne sei größer als jener, der ihnen kraft ihres Amtes zustünde.

Als noch bedeutsamer wurde zu Beginn der Einfluß von Leibarzt Galeazzi-Lisi eingeschätzt, den Pius XII. lange Zeit als Freund und Berater ansah, bis dieser, kein unbeschriebenes Blatt in den zahlreichen Skandalen der römischen Nachkriegsgeschichte, das Vertrauen des Papstes auf primitive Weise mißbrauchte. Galeazzi-Lisi, meldete die Mailänder Zeitung »Il Giorno«, habe den Heiligen Vater im Pyjama bei der Morgengymnastik und auf einem elektrischen Pferd beim Muskeltraining fotografiert und die Fotos einer amerikanischen Illustrierten für ein Vermögen verkauft. Noch vor der Veröffentlichung sei Pius der Coup des Leibarztes zu Ohren gekommen. Galeazzi-Lisi habe den Vertrauensbruch gestanden und dem Papst auf Knien versprochen, die Bilder zurückzukaufen.

Der Papst verzieh seinem Leibarzt; aber das Vertrauensverhältnis war seit diesem Vorgang zweifellos gestört. So ist es zu verstehen, daß Pacelli sich nun dem vornehm-zurückhaltenden, gutmütigen Niehans zuwandte, von dem derlei Eskapaden nicht zu erwarten waren. In der Tat genügten Niehans ein paar Zeitungsfotos, die ihn zusammen mit dem wiedergenesenen Stellvertreter Gottes auf Erden zeigten. Kaum eine Zeitung auf der Welt, die dieses Bild nicht auf der ersten Seite veröffentlichte. Diese Aktion – das sei ausdrücklich betont – war nicht gesteuert; aber Niehans sah sie gewiß nicht ungern, denn als bezahlte Public-Relations-Aktion hätte der Werbeaufwand Hunderte von Millionen Mark verschlungen.

Galeazzi-Lisis Stern hingegen sank. Er wußte, daß seine Tage im Vatikan gezählt sein würden, sollte Pius XII. sterben. Aber noch immer hielt er den offiziellen Titel »Leibarzt des Papstes«, und so versuchte er im Bann seines Konkurrenten Niehans, dem die Großen dieser Welt zu Füßen zu liegen schienen, aus diesem Titel Kapital zu schlagen wie weiland Hitlers Leibarzt Theo Morell.

Galeazzi-Lisi entwickelte ein dubioses Vitalisierungspräparat »Apiserum«, ein angebliches Wundermittel aus der Nahrung der Bienenkönigin, das krebsverhütend wirken sollte. Obwohl er es nie behauptete, versuchte er, mit seinem Mittel den Eindruck zu erwecken, der Heilige Vater bediene sich ebenfalls dieses Präparates. Lautstark machte Galeazzi im Frühjahr 1956 für sein »Apiserum« Reklame, trommelte auf Fachkongressen und erntete den Ruf medizinischer Inkompetenz und Unseriosität. Papst Pius XII., die Güte in Person, soll seinen Leibarzt daraufhin ermahnt und gebeten haben, von der Krebsforschung Abstand zu nehmen.[5]

Vom Erfolg seines Widersachers Niehans provoziert, sann Galeazzi-Lisi in fragwürdiger Einfalt nach Neuem. Diesem alten, verknöcherten Mediziner wollte einfach nicht in den Kopf, daß ein Schweizer Kollege, dessen Methoden in Fachkreisen höchst umstritten waren, den Ruhm erntete, der eigentlich *ihm* gebührte, dem langjährigen Leibarzt des Papstes. Vor allem der damit verbundene finanzielle Erfolg des Frischzellendoktors aus Vevey ließ Galeazzi-Lisi nicht ruhen. Daß Niehans, der insgesamt vier Monate in unmittelbarer Nähe des Papstes verbrachte, in dieser Zeit *seine* Rolle als Freund und Berater übernommen hatte, war für den Professor aus Rom schwer genug zu ertragen, daß jedoch aufgrund dieser

Tatsache die Großen dieser Welt bei Niehans Schlange standen wie Kassenpatienten, das erschien Galeazzi-Lisi unerträglich.

In der Tat ist die aufwendige Zelltherapie keine Behandlungsmethode für Kassenpatienten. In Niehans' Villa Sonnenfels über dem Genfer See, deren Ausstattung mit Antiquitäten jedem Nationalmuseum zur Ehre gereicht hätte, hingen die kostbarsten Gemälde an den Wänden, ein Dürer, ein van Dyck und ein Duccio. Letzterer ist nicht nur deshalb erwähnenswert, weil er der Wegbereiter Leonardo da Vincis war und Duccio-Werke in Privatbesitz überhaupt unbekannt sind, bemerkenswert war die Herkunft des unbezahlbaren Schatzes, »ein Geschenk eines sehr berühmten, sehr reichen Patienten«, wie Niehans sich auszudrücken pflegte.

Obwohl Paul Niehans nicht einen seiner prominenten Patienten beim Namen nannte, blieben die Großen dieser Welt, die bei ihm ein und aus gingen, nicht unbekannt. Journalisten, die Haus und Klinik des Frischzellentherapeuten beinahe rund um die Uhr belagerten, brauchten nur Taxifahrer zu fragen, wen sie schon einmal chauffiert hatten. Nur wenige, wie der Papst und König Ibn Saud, genossen das Privileg, das Niehans samt ärztlicher Ausrüstung einflog.

Konrad Adenauer, den man »das Schlitzohr« nannte, verstand es, immer dann im Hotel Bühler Höhe zu kuren, wenn zufällig Niehans dort Urlaub machte. So konnte ein Bonner Regierungssprecher auf Anfrage wahrheitsgemäß Auskunft geben, Bundeskanzler Adenauer habe sich nie einer Behandlung in Vevey unterzogen. Doch mit zunehmenden Jahren – als Adenauer Kanzler wurde, war er bereits 73 – wurde die Frischzellenbehandlung des großen Alten von Rhöndorf zum offenen Geheimnis, und ohne Zweifel verdankte der Mann, der das Wort von der »Kanzlerdemokratie« kreierte und mit Stolz von sich behauptete, *er* sei 75 Prozent des Kabinetts, die bedeutsamsten Jahre seines Lebens der Behandlung des Dr. Paul Niehans.

Seine Therapie verlieh ihm nicht nur ungewöhnliche Spannkraft, die weit jüngere Politiker erblassen und wegsterben ließ, sondern auch eine zunehmend penetrante Art von Altersstarrsinn, der ihn zum Risiko für seine Partei werden ließ. Der Dauerkanzler der Bundesrepublik (19. 9.1949 – 15. 10. 1963) mußte mit 87 Jahren schließlich von seiner eigenen Partei, der CDU, aus seinem Amt gedrängt werden. Sein »Rücktritt« 1963 bedeutete jedoch nicht, daß er sein Abgeordnetenmandat niederlegte. Zeitungen wie die Münchner »Abendzeitung« hielten jahrelang vorgefertigte Titelseiten mit der Schlagzeile »Adenauer tot« griffbereit, und bisweilen starben die Journalisten, die diese Seiten in Auftrag gegeben hatten, eher als der totgesagte Kanzler. Adenauer war seine eigene Legende – er starb mit 91 Jahre an einer Grippe.

Im umgekehrten Sinn wie bei Kaiser Friedrich III., dessen früher Tod die Weltgeschichte beeinflußt hat, stellt sich bei Konrad Adenauer die Frage, was wäre geschehen, wenn der Alte von Rhöndorf ohne Frischzellenbehandlung in durchaus ehrbarem Alter gestorben wäre. Historiker werfen Adenauer, dessen politische Verdienste damit keineswegs geschmälert werden sollen, eine Reihe verpaßter Gelegenheiten zur Wiedervereinigung vor, und in der Konsequenz bedeutet das, daß Niehans mit seiner Injektionsnadel Weltgeschichte gemacht hat.

Adenauer war neben Pius XII. gewiß der populärste Niehans-Patient. Beider Namen waren für die Verbreitung der Zelltherapie vor allem deshalb wichtig, weil sie den Begriff von Seriosität vermittelten und weil sie lebender Beweis für den Erfolg der Behandlung waren.

Am 13. Dezember 1954 erlitt Papst Pius XII. in Castelgandolfo einen Zwerchfellbruch. Beim Heben von Akten stieß ein Teil seiner oberen Magenwand durch das Zwerchfell und verklemmte sich. Die Folge – unerträgliche Magenschmerzen, Nahrungsverweigerung, Atemnot und wiederum Schluckauf. Ob Galeazzi-Lisi oder der Papst selbst Paul Niehans um Hilfe rief, ist unklar, doch flog der Schweizer Arzt tags darauf aus Genf ein, inkognito, mit einer dunklen Sonnenbrille getarnt, und im Gegensatz zu seiner sonstigen Gewohnheit stieg er im Hotel Majestic ab. Niehans und Galeazzi-Lisi verständigten sich, ein Ärztekonsilium einzuberufen, dem der bekannte Chirurg Professor Raffaele Paolucci und der Gastroenterologe Professor Antonio Gasbarini angehörten.

Die drei Italiener plädierten für eine Operation, Niehans sprach sich dagegen aus, und er verstand es sogar, den päpstlichen Leibarzt auf seine Seite zu ziehen mit dem Hinweis, die gesundheitliche Verfassung des Heiligen Vaters sei so schlecht, daß eine Operation den sicheren Tod bedeuten würde.

Entgegen vatikanischer Gepflogenheit ging Professor Paolucci an die Öffentlichkeit und berichtete in einer Pressekonferenz von dem Ärztestreit. Niehans hingegen behandelte den Papst nach einer Methode, die er in ähnlichen Fällen schon viele Male angewandt hatte, die ihm, im Falle eines Mißerfolges, jedoch unendliches Gespött eingebracht hätte: Er anästhesierte den Zwerchfellnerv des Papstes und entkrampfte damit die Verklemmung; dann flößte er dem auf dem Rücken liegenden Patienten Kartoffelbrei ein (nach einer anderen Version handelte es sich um Tomatensuppe) – jedenfalls zog das Gewicht dieser Nahrung den Magen nach unten, und Pius XII. konnte genesen.

Zeitungen und Illustrierte überschlugen sich daraufhin mit ihren Berichten über den »Wunderdoktor«, der dem Papst zum zweiten Male das Leben gerettet hatte. Niehans setzte seine Frischzellentherapie fort, Pius' Gesundheitszustand stabilisierte sich, und der bereits zweimal totgesagte Patient wurde gesund wie in seinen besten Tagen.

Es konnte nicht ausbleiben, daß die Illustrierten, zu deren Lieblingskind Niehans neben dem Herzog und der Herzogin von Windsor in den fünfziger Jahren avanciert war, sich nun auch auf das Privatleben des Frischzellenspezialisten stürzten und dabei Erstaunliches zutage förderten: Niehans war ein Enkel des deutschen Kaisers Friedrichs III., jenes Friedrichs, dessen Kehlkopfkrebs Geschichte gemacht hatte, und Kaiser Wilhelm II. war sein Onkel. Die verwandtschaftlichen Beziehungen liegen in Niehans' Mutter Anna Kaufmann begründet, die eine Enkelin von Kaiser Wilhelm I. war. Sein Vater, ein protestantischer Berner Chirurg, hatte nichts gegen den Wunsch seines Sohnes Paul einzuwenden, Theologie zu studieren, aber er sah es natürlich noch lieber, als der ausgebildete Pastor nach Abschluß seiner theologischen Studien Medizin zu studieren begann und schließlich bei ihm und anderen namhaften Schweizer Professoren hospitierte.

Nach dem Ersten Weltkrieg siedelte sich der junge Arzt in Clarens am Genfer See an und beschäftigte sich schon bald mit Drüsentransplantationen. Dieser Problematik lag die Idee zugrunde, daß Drüsen frisch geschlachteter Tiere bei Verpflanzung auf entsprechende menschliche Organe anregend wirken müßten – das Grundprinzip der späteren Frischzellentherapie. Aus dem Schlachthof der Stadt bezog Niehans Drüsen von Kälbern, Lämmern und Jungschweinen, und im Laufe der Jahre wurden die anfänglichen Experimente zur praktischen Routine, und Niehans zur internationalen Koryphäe auf seinem Gebiet.

Der junge Niehans war ein respektabler Bergsteiger. Er gehörte dem »Club der Viertausender« an, einer sportlichen Verbindung, die es sich zum Ziel gesetzt hatte, möglichst viele Viertausener in möglichst kurzer Zeit zu besteigen. Sein persönlicher Rekord: Drei Viertausender in einer Woche. Siebenmal erstieg er allein den 4158 Meter hohen Gipfel der Jungfrau im Berner Oberland.

Im Engadin lernte er auch seine Frau Coralie kennen, eine Engländerin, die in St. Moritz ihre Ferien verbrachte. Statt ihrer Adresse hinterließ sie dem jungen Niehans nur ihr Foto, und mit diesem Foto machte sich Niehans eines Tages auf den Weg nach London. Es gehörte schon eine gehörige Portion Selbstvertrauen dazu, vergleichbar nur der berühmten Suche nach der Nadel im Heuhaufen, ein Mädchen, von dem er nur den Namen kannte – es hieß Coralie Marsh –, in der Millionenstadt zu suchen; aber an Selbstvertrauen fehlte es Niehans nie, auch nicht an Glück: Als er in Charing Cross die Londoner U-Bahn verließ und die Straße überqueren wollte, fuhr an ihm ein Taxi vorbei. Er traute seinen Augen kaum – auf dem Rücksitz saß Coralie. Im dichten Londoner Verkehr gelang es dem Schweizer das Taxi einzuholen – sie war es. Und natürlich hatte die Geschichte ein Happy-End.

Diese menschliche Episode stand im Gegensatz zu der Entrücktheit, die den Wunderdoktor vom Genfer See zunehmend umgab. Hauptursache dieser Erscheinung war natürlich der päpstliche Patient Eugenio Pacelli, der, von Frischzellen gestärkt, jenseits des 80. Lebensjahres die Attitüden eines Heiligen annahm, der auf Erden wandelte. Schon 1951 hatte Kardinal Tedeschini die Christenheit mit der Mitteilung überrascht, Papst Pius XII. habe, in den vatikanischen Gärten wandelnd, gen Himmel geblickt und statt der runden Sonnenscheibe ein strahlendes Kreuz erblickt, und diese Erscheinung habe sich an den folgenden Tagen mehrmals wiederholt.

Wenige Monate nach Niehans' Behandlung meldete die damals vom Vatikan wohlgelittene Illustrierte »Oggi« aufgrund einer »liebevollen Indiskretion«, hinter der, wie später bekannt wurde, die päpstliche Haushälterin Pasqualina steckte, Jesus sei Pacelli im Dezember 1954 erschienen, kurz bevor Niehans kam. Der Papst habe gerade in lateinischer Sprache sein Sterbegebet verrichtet (*In hora mortis meae voca me. Iube me venire ad Te* – »In der Stunde meines Todes rufe mich. Befiehl mir, zu Dir zu kommen«), als Jesus Christus an sein Bett getreten sei. »Oggi« wörtlich: Aber Jesus war nicht gekommen, um ihn zu holen, sondern um ihn zu trösten und, wie wir glauben, ihm die Gewißheit zu geben, daß seine Stunde noch nicht gekommen sei. Der Heilige Vater ist sehr sicher, Jesus gesehen zu haben. Es handelt sich nicht um einen Traum. In jedem Augenblick war er wach und klar bei Verstand. Am folgenden Tag, als sein Zustand hoffnungslos schien, als die Zeitungen der ganzen Welt die bevorstehende Katastrophe schon vorauszusehen glaubten, stellte sich plötzlich eine Besserung im Krankheitszustand ein, so daß es vielen wie ein Wunder erschien.«[6]

Der Mann, der hinter diesem Wunder stand, hieß Paul Niehans, und alle wußten es.

Der offiziöse »Osseratore Romano« kommentierte die Veröffentlichung, »Oggi« habe gegen den Willen des Papstes berichtet, aber wenige Tage später wurde vom Vatikan die Christus-Vision des Papstes bestätigt. Dies war eine Sensation; denn Pius XII. war unter den 261 Päpsten seit der Zeitenwende erst der dritte, dem diese Gnade widerfuhr. Vor ihm konnten sich nur Petrus, der Apostel, und Silvester, der Wunderheiler Konstantins des Großen, einer solchen Erscheinung rühmen – und beide wurden heiliggesprochen.

Geriet Paul Niehans also unfreiwillig in den Sog der Heiligkeit, so verschob sich das Ansehen seines Kollegen Galeazzi-Lisi in das Gegenteil. Beinahe vier Jahre hatte der Römer, der offiziell noch immer den Titel »Leibarzt des Papstes« führte, Niehans' Weltruhm und das immer engere persönliche Verhältnis mit Pius XII. verfolgt. Welche Verbitterung, welche Gefühle mögen sich während dieser Zeit in dem alten Mann angestaut haben! Nur so ist sein Verhalten zu erklären, das ihm zwar eine bescheidene

Summe Geld, aber auch Zutrittsverbot für das Territorium des Vatikans und Ausschluß aus der römischen Ärztekammer einbrachte. Was war geschehen?

Am 6. Oktober 1958 erlitt der Papst zwei Gehirnschläge, zwei Tage später einen dritten, am 9. Oktober 1958 starb Pius XII. Die römische Tageszeitung »Il Tempo« berichtete minuziös: »Vier Tage am Bett des mit dem Tode ringenden Papstes Pacelli.« Autor: Professor Riccardo Galeazzi-Lisi.

Bis zu jenen Oktobertagen des Jahres 1958 waren von einem Papst weder Krankenberichte noch Therapien veröffentlicht worden. Nun erfuhr die schockierte Welt Details über das Sterben des Stellvertreters Gottes.

»Dienstag, 20 Uhr: Es war nicht notwendig, den Katheterismus zu wiederholen, da der Heilige Vater spontan eine ausreichende Menge Urin ausgesondert hat; Temperatur 37°, Puls 82, Atmung 24, Blutdruck 140–180.

3 Uhr 30: Blutdruck 60. Das Ende kommt rasch heran. Wir wollen den Heiligen Vater nicht weiter mit Einspritzungen und Untersuchungen quälen, die sowieso keine Bedeutung mehr haben.

3 Uhr 52: Jemand der Anwesenden sagt: ›Er ist tot.‹ Ich antworte: ›Nein, er ist nicht tot. Er atmet noch.‹ In der Tat machte er noch zwei weitere Atemzüge, jedoch mit erheblichem Abstand. Dann floß ein kleines Rinnsal schwärzlichen Blutes aus dem linken Mundwinkel herunter. Schließlich neigte er sein Haupt.«[7]

Für viele Katholiken, vor allem aber für die papaphilen Italiener war die Veröffentlichung des medizinischen Aspektes des Ablebens Pius' XII. ein Skandal wie 1415 das Sündenregister Johannes' XXIII. Während die Ärztekammer von Rom den Leibarzt des Papstes »wegen Verletzung der ärztlichen Schweigepflicht unter dem erschwerenden Umstand gewinnsüchtiger Motive« anklagte, behauptete Galeazzi-Lisi, der Tod des Papstes habe seine Schweige-

343

pflicht beendet. Allerdings hatte Galeazzi-Lisi sich noch zu Lebzeiten seines Patienten als Skandalreporter betätigt, als er Pius XII., mit einer Kanüle im Mund auf dem Krankenbett fotografierte. Illustrierte in aller Welt veröffentlichten diese Bilder, außerdem eine Serie, die er während der Einbalsamierung des Papstes geschossen hatte.

Galeazzi-Lisis Skandalberichte spalteten die Medien in zwei Lager: die einen rissen ihm aus der Hand, was immer er anbot; die anderen weigerten sich, für seine Indiskretionen Geld zu bezahlen. Zu letzteren gehörte das römische Magazin »Lo Specchio«, dem der in »Tempo« erschienene Bericht für eineinhalb Millionen Lire (damals etwa 10 000 DM) angeboten worden war. »Lo Specchio« lehnte ab, ebenso »La Stampa«. Dafür, so das römische Blatt, zahlte der Londoner »Sunday Pictorial« 3000 Pfund, die französische Illustrierte »Paris Match« legte sechs Millionen Francs zu.

Jene Anerkennung, um die er als Leibarzt des Papstes vergebens gerungen hatte, suchte Galeazzi-Lisi nun als Sensationsschriftsteller. Er rühmte sich, »wie Mussolini« für ein Honorar von einem Dollar pro Wort zu schreiben. Vorwürfe, die Leiche des Heiligen Vaters zu vermarkten, wies der einst angesehene Augenarzt und Internist zurück, er sei kein Schakal, sondern ein gutmütiger Mensch.

Die Antwort war bezeichnend für Galeazzi-Lisi, der darunter litt, daß sein Kollege Niehans nicht nur wegen seiner Therapie weltweit gerühmt wurde, sondern auch wegen seiner Gutmütigkeit. Von Galeazzi-Lisi hat man, nach Veröffentlichung der skandalösen Erinnerungen, nie wieder gehört. Paul Niehans starb 1971 im 89. Lebensjahr. Die noch heute umstrittene Frischzellentherapie trägt seinen Namen.

STATT EINES NACHWORTS:
HELDEN. HELDEN?

Dieses Buch erzählt von ungewöhnlichen Menschen, ungewöhnlichen Herrschern und ungewöhnlichen Ärzten, es ist ein Buch *über* sie, nicht gegen sie, der Versuch, ihre Charaktere zu erklären. Nicht jeder Kaiser war ein Friedrich III., nicht jeder König ein Ludwig II., nicht jeder Leibarzt ein Morell oder Galenos. Und doch zeigen diese Beispiele, daß sich die Abhängigkeit der Herrschenden von ihren Ärzten wie ein roter Faden durch die Geschichte der Menschheit zieht. Ihre Abhängigkeit von Nadel, Tabletten und geheimnisvollen Mixturen, oft aber auch nur von einer wohlklingenden Diagnose oder ebensolchen Worten ist keine Entschuldigung für Fehlverhalten, vielleicht aber eine Erklärung.

Die Präzision, mit der hier Diagnosen, Therapien und Krankengeschichten wiedergegeben werden und die weder Hämoglobinwerte noch Organgewichte und systoloschen Blutdruck verschweigen, mag im ersten Augenblick befremden und die Frage nach dem Datenschutz aufwerfen. Dazu ist zu sagen, daß Herrscher Personen der Zeitgeschichte sind und anderen Persönlichkeitsrechten unterliegen als »gewöhnliche« Menschen. Jene, die unser Schicksal bestimmt haben, *müssen* es sich posthum gefallen lassen, daß ihre Motive und die Ursachen ihres Handelns bis ins Detail erklärt werden.

Ebenso verkehrt wie die Behauptung, Leibärzte hätten keinen Einfluß auf den Verlauf der Geschichte gehabt, ist natürlich die Auffassung, nur Ärzte hätten Geschichte gemacht, nicht Kaiser, Könige und Präsidenten. Es gab genug starke Herrscherpersönlichkeiten, die sich der ärztlichen Kunst in angemessener Weise bedienten, ja sogar solche, die sie nicht brauchten oder nicht zu brauchen glaubten, Übermenschen und Helden.

Soll man die Herrschenden, die noch im Tod die Heldenrolle spielten, bewundern, bemitleiden, oder soll man sie verachten?

Der Soldatenkönig Friedrich Wilhelm I., Schöpfer fragwürdiger Errungenschaften wie des preußischen Beamten, des preußischen Offiziers und Bewunderer von Prinz Eugen, plante seinen Tod bis ins Detail. Wie Napoleon Bonaparte ordnete er seine Obduktion an, um die Todesursache festzustellen, verbunden jedoch mit der Auflage, »daß bei Leib und Leben nichts von mir herausgenommen wird«. Er regelte sogar die Ausstattung seiner Beerdigung und das Biergeld für die Grenadiere.

Und so starb er, am 31. Mai 1740 im Schloß Potsdam, gegen elf Uhr vormittags:

Der König (im Bett): »Wie lange habe ich noch zu leben?«

Der Oberchirurg seines Leibregiments (fühlte den Puls): »Eine halbe Stunde noch; der Puls steht schon fast stille.«

Der König (mit der Faust drohend): »Er soll aber nicht stillestehen!«

Pause.

Der Pfarrer: »Majestät müssen nun allen Feinden vergeben und sich mit ihnen versöhnen, um zur ewigen Seligkeit zu gelangen.«

Der König: »Nun gut, es muß wohl so sein, und ich will auch wirklich all meinen Feinden verzeihen, aber nicht meinem Schwager König Georg II. von England!«

Palaver.

Schließlich der König: »Also gut« (an seine Frau Sophie Dorothea gewandt): »Schreibe deinem Bruder, daß ich mich auf dem Sterbelager mit ihm ausgesöhnt habe. Aber schreibe ihm das erst, wenn ich ganz tot bin, wenn ich wirklich ganz tot bin!«

Gegen Mittag.

Der König (läßt sich einen Spiegel reichen und zeigt auf seine Brust): »Bis hier bin ich schon tot« (ballt die Faust): »Tod, ich jraule mir nich vor dir!«

14 Uhr: Tod Friedrich Wilhelms I.

Die Dialoge sind verbürgt.[1]

Ebenso jene bei einem gescheiterten Attentat auf Ludwig XV., das nicht weniger grotesk anmutet:

5. Januar 1757. Schloß Versailles. 17 Uhr 30.

In einem finsteren Treppenhaus, über das der König in Begleitung zahlreicher Höflinge herabschreitet, drängt sich ein vermeintlicher Bittsteller an König Ludwig XV. heran. Plötzlich zieht er ein Messer und sticht zu.

Der König (schreiend): »Herzog d'Ayen! Jemand hat mich gestoßen!«

Der Dauphin (der die Lage noch nicht erkannt hat, zu dem Attentäter): »Siehst du denn den König nicht?«

Der König (faßt sich an die Seite): »Ich bin verwundet!«

Der Leibwächter Herzog d'Ayen (aufgeregt): »Der Mann dort war es, der ohne Hut, haltet ihn fest!«

Der König (mit Blut besudelt): »Bewacht ihn gut, aber tötet ihn nicht!«

Ludwig XV. wird in sein Schlafzimmer gebracht. Er fällt in Ohnmacht. As er erwacht, ist Maria Leszczynska, seine Frau, bei ihm.

Der König (mit schwacher Stimme): »Madame, ich bin ermordet worden.«[2]

Dann trifft er alle nötigen Anordnungen für seine Nachfolge.

Ludwig XV. überlebte. Der Attentäter, ein Geisteskranker namens Robert-François Damiens (»Man wird von mir reden!«), wurde am 26. März 1757 zum Tode verurteilt.

Oder Lord Nelson. Es scheint, als habe der große Admiral, Diplomat und Liebhaber sein Leben mit der Inszenierung seines Todes zu krönen versucht. Nelson starb shakespearehaft, wie ein Held, in Pose; und nach seinem Tod wurde geargwöhnt, ob der Held von Trafalgar nach seinem größten Sieg nicht den Tod gesucht habe, um einem für ihn viel furchtbareren Schicksal zu entgehen, der völligen Erblindung. Ein blinder Admiral?

Dr. William Beatty, der Nelson auf dessen eigenen Wunsch obduzierte, merkte an: »Alle lebenswichtigen Organe waren zwar anscheinend vollkommen gesund, aber so klein, daß sie vielmehr denen eines Jugendlichen als denen eines Mannes glichen, der sein 47. Lebensjahr erreicht hatte ... In Anbetracht von Nelsons maßvollen Gewohnheiten bestand Grund zu glauben, daß er sehr alt hätte werden können.« Dann aber der erschreckende Satz: »Wenn er ein paar Jahre länger gelebt hätte und weiter zur See gefahren wäre, hätte er ganz und gar das Augenlicht verloren.«

Sein drohendes Schicksal war dem Admiral bekannt. So erscheint sein Tod in gewonnener Schlacht in anderem Licht, im Spotlight einer grandiosen Theaterinszenierung. Man könnte Zweifel hegen an dieser Theorie, wenn man die Briefe liest, die Nelson noch wenige Wochen zuvor an die geliebte Lady Hamilton schrieb. 17. September 1805: »Ich flehe Dich an, meine liebe Emma, wieder Mut zu fassen; und wir werden uns auf viele, viele glückliche Jahre freuen und von unseren Kindeskindern umgeben sein ...« Am 19. Oktober 1805: »Auf jeden Fall will ich mir Mühe geben, daß mein Name Dir und Horatia (der gemeinsamen Tochter) stets teuer bleibt, und ich liebe Euch beide wie mein eigenes Leben. Und da ich mein letztes Schreiben vor der Schlacht an Dich richte, hoffe ich in Gott, daß ich am

Leben bleibe, um meinen Brief nach der Schlacht zu beenden ...«[3]

Am 21. Oktober 1805, dem Tag der Schlacht von Trafalgar, gab es viele Ungereimtheiten.

Trafalgar an der spanischen Atlantikküste liegt südlich von Cadiz. Es ist ein sandiges, etwa 20 Meter aus dem Meer ragendes Vorgebirge, das die Römer Promontorium Junonis und die Araber Taraf el agar (Höhlenvorgebirge) nannten. Im Kampf um die Seeherrschaft trafen dort die englische und französisch-spanische Flotte aufeinander. Die Alliierten mit 33 bunt zusammengewürfelten Schiffen fügten sich dem Kommando von Admiral Villeneuve; Nelson kommandierte 27 Schiffe. 2870 Geschützen und 27 500 Mann Besatzung bei den Alliierten standen 2230 Geschütze und 20 500 Soldaten der Engländer gegenüber.

Napoleon hat aus seiner schlechten Meinung über die französische Flotte nie ein Hehl gemacht. Vor allem seine Admirale setzte er häufigem Spott aus. Trafalgar gab ihm Recht. Obwohl Franzosen und Spanier erbittert kämpften, verloren sie dank Nelsons Taktik. Nelson hatte in einem »Trafalgar-Memorandum« seine Taktik dargelegt, er verfuhr nach altem militärischem Grundsatz und konzentrierte sich zunächst auf jene feindliche Linie, der vom übrigen Verband nur schwer geholfen werden konnte. Unerwartet stieß er in zwei Schiffskolonnen schräg auf den Gegner und durchbrach so ihre Linie. Damit war die Schlacht praktisch entschieden.

Aber wie seltsam verhielt sich Nelson?

Er stand ohne Deckung auf dem Achterdeck der *Victory* – in Admiralsuniform mit vier Ritterordenssternen. Die *Victory* und Villeneuves *Bucentaure* lagen gleichauf, zu nahe für den Einsatz der Kanonen, so daß die Soldaten mit Gewehren aufeinander zielten. Die Offiziere wagten nicht, Nelson unter Deck zu schicken, damit er seine Admiralsuniform auszöge. Schiffsarzt Beatty wollte es tun, wurde aber von den Fregattenkapitänen Blackwood, Dundas, Capel und Prowse gehindert, die sich bei ihm aufhielten. Schließlich bat Nelson Blackwood und Hardy, den Kapitän der *Victory,* unter Deck in seine Kabine, er legte ihnen ein vorbereitetes Schriftstück vor und bat sie, seine Unterschrift zu beglaubigen – ein ungewöhnlicher Vorgang mitten in der Schlacht.

Noch ungewöhnlicher war der Inhalt des Schreibens, das Nelson an den König richtete. Er hatte es in Sorge um Lady Hamilton und ihre gemeinsame Tochter verfaßt, und es bezog sich auf deren Hilfe für England während des Ägyptenfeldzuges. »Könnte ich diese Dinge vergolten haben«, schrieb der Admiral an den König, »so würde ich jetzt nicht mein Land dazu aufrufen; doch da dies nicht in meiner Macht stand, hinterlasse ich Emma Hamilton meinem König und Land als Legat, auf daß sie ihr ausreichende Versorgung zukommen lassen, damit sie ihren Lebensstand halten kann. Ich stelle der Wohltätigkeit meines Landes auch meine Adoptivtochter Horatia Nelson Thompson anheim; und ich wünsche, daß sie in Zukunft nur den Namen Nelson führt. Dies sind die einzigen Gefälligkeiten, die ich von meinem König und Land in diesem Augenblick erbitte, da ich mich anschicke, die Schlacht für sie zu schlagen.«

Nachdem die beiden Kapitäne dem Wunsch Nelsons entsprochen und das Schriftstück beglaubigt hatten, zogen sie sich zurück. Ein Leutnant will wenig später den Admiral in seiner Kabine auf dem Boden kniend gesehen haben. Das war nicht der Held der sieben Meere, der unbeugsamste Feind Napoleons, der überlegene Sieger von Abukir, sondern ein armseliger, bedauernswerter Mensch, der sich entschlossen hatte zu sterben.

Helden sterben einsam. Nelsons Sterben begann hier unter Deck. Wenn ihm das Schicksal schon eine dunkle Zukunft verhieß, eine Dämmerung lebenslang, der er sich verweigerte, dann wollte er wenigstens aufrecht, im Angesicht dieser Welt aus dem Leben scheiden; vor allem wollte *er* den Termin bestimmen. Und wie es einem Helden zukommt, suchte er nicht den Tod durch seine eigene Kugel, sondern durch Feindeshand.

Helden dürsten nach einem ruhmreichen Tod. Das Leben vieler Helden ist in ihrem zügellosen Gebaren sogar auf nichts anderes ausgerichtet, und die Tragödien manchen Heldenlebens bestehen im Überleben, das sie als »Vorsehung« oder »Gott« oder »Schicksal« bezeichnen, Begriffe, mit denen sie selbst überhaupt nichts anfangen können. Cäsar *wollte* sterben – warum sonst hätte er alle Warnungen in den Wind geschlagen? Ein cäsarisches Leben konnte nicht im Bett enden. Ludwig II., der verkannte Heldenkönig, *wollte* sterben; vielleicht war er nach seiner gescheiterten Flucht des Alleinseins überdrüssig und fühlte sich verkannt. Napoleon *wollte* sterben, und da ihm das so gut wie unmöglich gemacht wurde, weil ihm die Engländer den Heldenmythos nicht gönnten, lebte Bonaparte zielstrebig auf seinen Tod hin, indem er Raubbau mit seiner Gesundheit trieb. Und Nelson?

Leibarzt Dr. William Beatty gibt einen authentischen Bericht vom Tode Lord Nelsons (*The Authentic Narrative of the Death of Lord Nelson,* London, 1807). Daraus geht hervor, daß es sich bei der Schlacht von Trafalgar um eines der härtesten Gefechte in der Geschichte der Seefahrt gehandelt haben muß; aber auch, daß der englische Sieg nie gefährdet war. Nelson, so heißt es, habe das Angebot Kapitän Blackwoods abgelehnt, vom Flaggschiff *Victory* auf die weniger im Ziel der Feinde stehende *Euryalus* zu wechseln, er wollte mit gutem Beispiel vorangehen, für Freund und Feind sichtbar auf dem Achterdeck seines Schiffes. Ein riskantes Unternehmen, weil die Treffsicherheit der französischen Scharfschützen, die in den Takelagen ihrer Schiffe lauerten, bekannt und gefürchtet war. Sich in leuchtender Uniform auf das von allen Seiten einsehbare Achterdeck zu stellen *war* Selbstmord.

Gleich zu Beginn des Gefechtes wurde die *Victory* von sechs Schiffen der Alliierten unter Feuer genommen, darunter der *Santa Anna,* dem zweitgrößten Kriegsschiff der Welt mit 122 Kanonen an Bord, und Männer in der Umgebung des Admirals wurden zuerst getroffen: Nelsons Sekretär John Scott, sein Schreibsekretär Whipple und acht Marineinfanteristen um ihn herum. Admiral Nelson kühl, in der Art des Helden: »Das geht zu heiß her, als daß es lange dauern könnte.«

Es widersprach der Bedächtigkeit Nelsons, in dieser Situation wild zurückzufeuern. Erst nach einer zwanzigminütigen Kanonade, die das Großbramsegel und die Takelage zerfetzt und das Ruderrad zerstört hatte, ging Lord Nelson zum Angriff über. Er gab Kapitän Thomas M. Hardy, der schon vor Abukir an seiner Seite gestanden hatte, Befehl, die französische *Redoutable* zu rammen. Darauf kam es zu einem verheerenden Feuergefecht, bei dem das Schiff so beschädigt wurde, daß es am folgenden Tag sank.

Etwa eine Stunde nach Gefechtsbeginn sah Kapitän Hardy plötzlich, wie Admiral Nelson in die Knie ging, sich mit den Händen aufstützte und vornüber auf die Planken stürzte – an genau der blutverschmierten Stelle, wo sein Sekretär getroffen worden war. Dr. Beatty wörtlich: »Es ist durchaus nicht gewiß, wenn auch höchst wahrscheinlich, daß sich der Feind besonders Lord Nelson zum Ziel nahm. Zu dieser Zeit, da seine Lordschaft verwundet wurde, befanden sich auf dem Besanmast der *Redoutable* nur noch zwei überlebende Franzosen ...«

»Jetzt haben sie mich erledigt«, sagte Nelson zu Hardy.

Hardy: »Aber nein, Sir.«

»Doch«, erwiderte der Admiral, »mein Rückgrat ist durchschossen.«

Lord Nelson wurde unter Deck in den roten Verbandsraum getragen, wo schon zahlreiche Matrosen und Infanteristen lagen. Von den Sanitätern notdürftig versorgt, brachte man ihn in die unter der Wasserlinie liegende Koje eines Kadetten.

»Die Steuerreeps müssen erneuert werden«, kommandierte der Admiral, »erledigen Sie das unverzüglich!«

Hardy nickte.

Dr. Beatty half beim Entkleiden des Schwerverletzten. Dabei kam eine Miniatur zum Vorschein, die Nelson auf der nackten Brust trug: Lady Hamilton in der Verkleidung einer Bacchantin.

Die Untersuchung Beattys ergab folgende Diagnose: Eine Kugel hatte die Epaulette und zwei Rippen durchschlagen. Aber die Verletzung war schwerer als oberflächlich ersichtlich: Die Hauptarterie des linken Lungenflügels war zerrissen, der sechste und siebente Rückenwirbel gebrochen.

Nelson wußte um seine Lage genau Bescheid: »Mein Rückgrat ist durchschossen!« sagte er mehrmals. Und dann: »Doktor, ich habe es doch gleich gesagt. Ich bin verloren. – Grüßt Lady Hamilton von mir! Grüßt Horatia von mir!« Und mit leiser Stimme: »Ich muß Lady Hamilton und meine Adoptivtochter Horatia meinem Land als Vermächtnis hinterlassen.«

Dr. Beatty: »Was spüren Sie, Mylord?«

Nelson: »Ich spüre jede Minute einen Schwall Blut in der Brust. Im unteren Teil meines Körpers fehlt mir jedes Gefühl. Das Atmen fällt mir schwer und macht mir große Schmerzen. Vor allem im Bereich der Wirbelsäule, wo die Kugel einschlug.« (Nelson war der irrigen Ansicht, die Kugel sei im Rücken eingedrungen und an der linken Schulter ausgetreten. In Wirklichkeit war es genau umgekehrt.)

Das Sterben des Admirals dauerte über drei Stunden, und Nelson betonte, er halte trotz seiner tödlichen Verwundung noch immer das Kommando. Kapitän Hardy brachte schließlich die Siegesnachricht und gratulierte dem Admiral. Der war kaum noch seiner Stimme mächtig, aber er gab den Befehl: »Ankern, Hardy, ankern!« Er spürte, daß es zu Ende ging, aber noch im Sterben bewies er Galgenhumor: »Werft mich nicht über Bord, Hardy!«

Noch einmal legte er allen Anwesenden Lady Hamilton und seine Tochter ans Herz. Dann wiederholte er mehrmals die letzten Worte: »Gott sei Dank, ich habe meine Pflicht getan.«

Eintrag im Logbuch der *Victory:* »Der Schußwechsel dauerte teilweise bis 4.30 Uhr, worauf der sehr ehrenwerte Lord Vicombe Nelson, Bath-Ritter und Oberbefehlshaber, nachdem ihm ein Sieg gemeldet war, an seiner Verwundung starb.«

Bei Trafalgar verloren die Verbündeten 22 Schiffe. Wie viele Tote sie zu beklagen hatten, ist unbekannt, gewiß waren es mehrere tausend. Den Engländern ging kein einziges Schiff verloren. Neben Lord Nelson starben weitere 448 Mann.

Der Admiral starb, wie er es geplant hatte, als Held. Aber tote Helden wirken bisweilen auf makabre Weise lächerlich. Tote Übermenschen werden zur Karikatur, weil sich Übermenschsein nicht mit dem Sterben verträgt. So geriet der letzte Weg des Helden zur See Admiral Horatio Nelson zur Farce. Seinem Wunsch entsprechend schnitt man ihm die Haare ab, als Andenken für Lady Hamilton. Dann wurde er, nur mit einem Hemd bekleidet, in das größte an Bord der *Victory* verfügbare Faß gelegt. Das Faß füllten sie mit Branntwein. In Gibraltar wurde der Brandy gegen Weingeist ausgetauscht. Auf See begann sich bei Nacht der Deckel des Fasses mit dem toten Admiral geräuschvoll zu heben. Die Wachen schlugen Alarm. Eine Untersuchung des Vorfalls ergab, daß sich unter Einwirkung des Alkohols Luft aus der Leiche des Helden entleert hatte.

Wie gesagt. Tote Helden wirken bisweilen auf makabre Weise lächerlich, und die Frage, ob sie unsere Bewunderung, unser Mitleid oder gar unsere Verachtung verdienen, mag jeder für sich beantworten.

ANMERKUNGEN

Die heimlichen Herrscher

[1] Brendon, *Churchill,* München 1984, S. 183
[2] Wieder/Hapgood, *Der Mörder Napoleons,* Bayreuth 1983, S. 15
[3] Ernle Bradford, *Nelson,* Berlin 1980, S. 114

I.
Die großen Drei von Jalta:
Dr. McIntire, Dr. Winogradow, Lord Moran

[1] Ross T. McIntire, *White House Physician,* New York 1946, S. 211
[2] Ross McIntire, S. 214/215
[3] Ross McIntire, S. 64
[4] Dr. Lee über Roosevelt in: Lord Moran, *Churchill. Aus dem Tagebuch seines Leibarztes,* München 1967, S. 251
[5] James F. Byrnes, *Speaking Frankly,* New York 1947
[6] Lord Moran, siehe 4. Februar 1945
[7] James McGregor Burnes, *Roosevelt: The Soldier of Freedom,* New York 1970, S. 449–450
[8] Jim Bishop, *FDR's Last Year,* New York 1974, S. 201/202
[9] Grace Tully, *FDR: My Boss,* Chicago 1949, S. 274
[10] McIntires Brief in: Bishop, *FDR's Last Year,* S. 201
[11] Ross McIntire, S. 216/217
[12] Ross McIntire, S. 221
[13] Ross McIntire, S. 225
[14] Ross McIntire, S. 235/236
[15] Ross McIntire, S. 242/243
[16] Lord Moran, S. 81

[17] Swetlana Allilujewa, *Zwanzig Briefe an einen Freund,* Wien 1967, S. 244

[18] s. o.

[19] Swetlana Allilujewa, S. 220/221

[20] Swetlana Allilujewa, S. 213

[21] Swetlana Allilujewa, s. o.

[22] Stalin-Zitat in: Hedrik Smith, *Die Russen,* Bern 1976, S. 309

[23] Stalins Tod in: Swetlana Allilujewa, S. 25

[24] Lord Moran, *Churchill,* S. 37

[25] s. o.

[26] Im Badezimmer: Lord Moran, S. 42

[27] Der Brief von Lord Beaverbrook an Lord Moran ist veröffentlicht in: Lord Moran, *Churchill,* S. 849

[28] Lord Moran, S. 45

[29] Ironside-Zitate: R. Macleod, Dennis Kelly, *The Ironside Diaries,* S. 263, 278

[30] Pug Ismay: *John Connell,* Auchinleck, S. 472

[31] Der Notenwechsel über das Medikament »Mepacrine«: Lord Moran, S. 183–185

[32] s. o.

[33] s. o.

[34] Churchill über den kranken Moran: Piers Brendon, *Churchill,* München 1984, S. 228

[35] Lord Moran, S. 255/256

[36] Lord Moran, S. 259

[37] Sir Alan Brooke: Arthur Bryant, *Triumph in the West,* S. 175, 186, 187, 481

[38] s. o.

[39] Edward Raczynski, *In Allied London,* S. 218

[40] Lord Moran, S. 281

[41] Piers Brendon, *Churchill,* München 1984, S. 264

[42] Lord Moran, S. 306

[43] Stalins Zähigkeit in: Lord Moran, S. 307

[44] Konrad Adenauer, *Erinnerungen*, Bd. 1, Stuttgart 1965

[45] Lord Moran, S. 308

[46] Lord Moran, S. 317

[47] Lord Moran, S. 343

[48] Lord Moran, S. 407

[49] Lord Moran, S. 415/416

[50] Lord Moran, S. 416

[51] Lord Moran, S. 442
[52] Lord Moran, S. 661
[53] Lord Moran, S. 14

II.
Dr. Bernhard von Guddens letzter Fall:
Ludwig II.

[1] Forell über Gudden in: Auguste Forel, *Rückblick auf mein Leben,* Zürich 1935, S. 67
[2] Kraepelin über Gudden in: Prof. Dr. Hugo Spatz, »Bernhard von Gudden«, *Münchner Medizinische Wochenschrift* (MMW), 103, 1961
[3] Nissl über das Laboratorium in Schloß Fürstenried: Hugo Spatz, »Bernhard von Gudden«, MMW 25/1961
[4] Ganser über Gudden in: »Hugo Spatz«, MMW 25/1961
[5] Das Guddensche Gutachten ist ohne die Verweise auf jene Anlagen aufgeführt, die dem Psychiater als Grundlagen seiner Arbeit dienten. Bayerisches Hauptstaatsarchiv, München
[6] Wagner an Ludwig in: *Das Buch Ludwig,* München 1986, S. 57, Ludwig an Wagner, s. o., S. 62
[7] Wagner-Briefe: s. o., S. 64
[8] Theater: *Das Buch Ludwig,* S. 118/119
[9] s. o., S. 119/120
[10] Kaiserin Sissi an ihren Sohn Rudolf in: *Das Buch Ludwig,* S. 35
[11] *Das Buch Ludwig,* S. 20
[12] s. o., S. 22
[13] Essen in: *Das Buch Ludwig,* S. 106
[14] An Fr. v. Leonard: s. o., S. 129
[15] Dr. med. Franz Carl Müller: »Die letzten Tage Ludwigs II.«, *Süddeutsche Monatshefte* 1939, 11, 26 Jg.
[16] Über Ludwigs Festnahme: Müller, »Die letzten Tage«, S. 778
[17] s. o.
[18] Ludwig Hüttl, *Ludwig II.,* München 1986, S. 394
[19] Franz Carl Müller, Die letzten Tage, S. 780/781
[20] Über Graf Eulenburg in: Dr. Richard Sexau, »Die Tragödie König Ludwigs II.«, München o. J., Vortrag vor der Vereinigung des Adels in Bayern, S. 6

[21] Dr. Müller zu Freiherr von Bruck in: Sexau, »Die Tragödie«, S. 7
[22] Sexau, »Die Tragödie«, S. 7
[23] Gedichte; *Das Buch Ludwig*, S. 183–185

III.
Sir Morell Mackenzie:
Der 99-Tage-Leibarzt Kaiser Friedrichs III.

[1] Ned J. Chalat, *Sir Morell Mackenzie Revisted*, o. O. u. J.
[2] Philip Marshall Dale, *Medical Biographics*, Norman, Oklahoma, 1987, S. 210
[3] Richard Barkeley, *Die Kaiserin Friedrich, Mutter Wilhelms II.*, mit einer Vorbemerkung von Theodor Heuss, Dordrecht 1959
[4] Werner Richter, *Friedrich III.*, München 1981, S. 152
[5] Richter, S. 192
[6] G. R. Hocke, *Europäische Tagebücher aus vier Jahrhunderten*, München 1986, S. 815
[7] H. R. Haweis, *Sir Morell Mackenzie*, London, 1893, S. 126
[8] Haweis, S. 93
[9] Haweis, S. 119
[10] M. Mackenzie, *The fatal Illness of Frederik the Noble*, London 1888, S. 11
[11] H. Rochs, »Die Krankheit des Kaisers Friedrich III.«, *Der Türmer*, Jg. 28, 1926
[12] Mackenzie, S. 12/13
[13] Felix Semon, *Autobiography*, London 1926, S. 163
[14] Wilhelm von Waldeyer-Hartz, *Lebenserinnerungen*, Berlin 1920, S. 334
[15] *Diseases of the throath and nose*, London, o. J.
[16] Aus den »Erinnerungen« des Bibliothekars Friedrich Dohme, S. 83
[17] Mackenzie, S. 65/66
[18] s. o.
[19] Reichsanzeiger, Berlin, 15. 11. 1887
[20] Victoria, *Briefe der Kaiserin Friedrich*, herausgegeben von Sir Frederick Ponsonby, Berlin 1929, S. 271/72
[21] Schulthess, *Geschichtskalender*, o. O. u. J., Band 29, S. 58
[22] Mackenzie, S. 80/85

[23] Mackenzie, S. 87
[24] Waldeyer-Hartz, *Lebenserinnerungen,* o. O. u. J., S. 333
[25] Mackenzie, S. 91/92
[26] Mackenzie, S. 121/122
[27] Mackenzie, S. 123
[28] Philipp zu Eulenburg-Hertefeld, *Aus 50 Jahren, Erinnerungen, Tagebücher und Briefe aus dem Nachlaß,* Berlin 1925, S. 164/165
[29] Haweis, S. 158/159
[30] *Friedrich III., Briefe, Reden und Erlasse,* Berlin 1907, S. 340
[31] Mackenzie, S. 142
[32] Mackenzie, S. 142/143
[33] Mackenzie, S. 172
[34] Mackenzie, S. 175
[35] Friedrich, Tagebuch, Brandenburg-Preußisches Staatsarchiv, Rep. 52
[36] Victoria, Briefe, S. 334
[37] Mackenzie, S. 176
[38] Mackenzie, S. 177
[39] Mackenzie, S. 180
[40] *Die Krankheit Kaiser Friedrich III. – dargestellt nach amtlichen Quellen und den im Königlichen Hausministerium niedergelegten Berichten der Ärzte,* Berlin 1888, S. 102

IV.
Zwei Philosophen:
Kaiser Marc Aurel und sein Leibarzt Galenos

[1] Übersetzung nach: Walter Müri, *Der Arzt im Altertum,* München 1986
[2] H. V. Morton, *Rom,* München 1981
[3] Reinhard Raffalt, *Große Kaiser Roms,* Marc Aurel, München 1980, S. 183
[4] *Die großen Ärzte,* »Galenos« von Heinrich Schipperges, München 1982, S. 47

V.
Professor Theo Morell und sein
geheimnisvoller Patient A (wie Adolf Hitler)

[1] *Der Spiegel,* 28. April 1969, Nr. 18, S. 94

[2] *Spiegel* 18/69, S. 94

[3] Uwe Bahnsen, James P. O'Donnel, *Die Katakombe, Das Ende in der Reichskanzlei,* S. 305

[4] *Spiegel* 18/69, S. 94

[5] David Irving, *Die geheimen Tagebücher des Dr. Morell,* München 1983, S. 279–282

[6] *New York Times,* 22. Mai 1945, Tania-Long-Interview mit Morell

[7] Heinrich Heims, *Adolf Hitler, Monologe im Führerhauptquartier 1941–1944,* München 1982, S. 316

[8] Nevin E. Gun, *Eva Braun-Hitler,* Velbert 1968, S. 46

[9] Nevin E. Gun, S. 28

[10] Walter Stoeckel, *Erinnerungen eines Frauenarztes,* München 1966, S. 351 ff.

[11] H. D. Röhrs, *Hitlers Krankheit,* Neckargemünd 1966, S. 56

[12] s. o., S. 58

[13] Hugh Redwald Trevor-Roper, *The Last Days of Hitler,* London 1958

[14] Hans-Dietrich Röhrs, *Hitlers Krankheit,* S. 62

[15] s. o., S. 62

[16] s. o., S. 109

[17] David Irving, *Tagebücher,* S. 170

[18] David Irving, S. 223/224

[19] Röhrs, S. 113

[20] Hugh Trevor-Roper, *The Last Days of Hitler,* London 1958, zitiert nach Röhrs, S. 79/80

[21] David Irving, *Hitlers Krieg, 1939–1942,* München 1985, S. 232/33

[22] John Toland, *Adolf Hitler,* Bergisch Gladbach, 1977, S. 875

[23] Irving, *Tagebücher,* S. 90/91

[24] Hitler, *Mein Kampf,* S. 452/453

[25] Irving, *Hitlers Krieg,* S. 350

[26] Irving, *Tagebücher,* S. 108

[27] Toland, S. 914

[28] Irving, *Tagebücher,* S. 124

[29] s. o., S. 125
[30] Toland, S. 980
[31] Irving, *Tagebücher,* S. 183
[32] *Colliers Magazine,* 4. Mai 1946
[33] David Irving, *Wie krank war Hitler wirklich?,* München 1980, S. 72
[34] Irving, *Tagebücher,* S. 287

VI.
Zar Nikolaus II. und der
Wunderdoktor mit dem stechenden Blick

[1] Nach René Fülöp-Miller, *Der heilige Teufel,* Leipzig/Zürich 1927, S. 83
[2] s. o., S. 83/84
[3] s. o., S. 92
[4] Maria Rasputin, *Mein Vater Rasputin,* Stuttgart, 1968, S. 51/52
[5] s. o., S. 53
[6] Nach Fülöp-Miller, S. 211–217, der die Protokolle der geheimen Überwachung Rasputins im Moskauer Staatsarchiv ausgewertet hat (gez. Korniloff)
[7] s. o., S. 215/216
[8] Lucien Murat, *Rasputine et L'dube sanglante,* Paris 1917
[9] Staatsrat Stürmer, Ministerpräsident
[10] Protopopow, Vizepräsident der Duma (russische Volksvertretung)
[11] Gemeint ist Anna Wyrubowa
[12] Lucien Murat, s. Anm. 8
[13] Fürst Felix Jussupoff, *Rasputins Ende,* Berlin 1928, S. 21/22
[14] Mirja Golowina
[15] Jussupoff, s. o., S. 26/28
[16] Jussupoff, s. o., S. 28
[17] Nach Fülöp-Miller, S. 97
[18] s. o., S. 188/189, 182/183
[19] Adolf Dresler, *Rasputin,* München 1929, S. 174
[20] Fürst Jussupoff, S. 104/105
[21] Fürst Jussupoff, S. 161. Alle folgenden Dialoge und die Beschreibung der Tat nach Jussupoff, S. 161 ff.
[22] s. o., S. 167/168

[23] s. o., S. 181/182
[24] Fülöp-Miller, S. 418
[25] Fülöp-Miller, S. 423

VII.
Paul Niehans und Riccardo Galeazzi-Lisi:
Patient Papst Pius XII.

[1] Vortrag von Dr. Paul Niehans beim Therapiekongreß 1954 in Karlsruhe
[2] s. o.
[3] Emil Abderhalden, *Physiologie* (1877–1950)
[4] Aus dem Karlsruher Vortrag v. August 1954
[5] *Der Spiegel,* 29. Oktober 1958
[6] *Der Spiegel,* 15. Oktober 1958, S. 56
[7] Übersetzungen nach *Der Spiegel,* 29. Oktober 1958, S. 45/46

Statt eines Nachworts:
Helden. Helden?

[1] Wolfgang Venohr, *Fredericus Rex,* Bergisch Gladbach 1985, S. 99/100
[2] Jacques Levron, *Ludwig XV.,* München 1987, S. 212/213
[3] Ernle Bradford, *Nelson,* Berlin 1980, S. 396/397

Das versunkene
Hellas
3-404-64070-5

Das fünfte
Evangelium
3-404-12276-3

Der Schatz
des Priamos
3-404-61423-2

Philipp
VANDENBERG

Der Meister des archäologischen Thrillers

Der Fluch des
Kopernikus
3-404-12839-7

Das Pharao-
Komplott
3-404-11883-9

Der
Pompejaner
3-404-11366-7

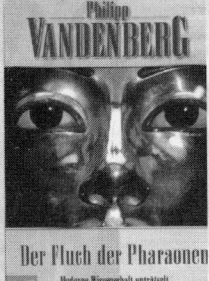
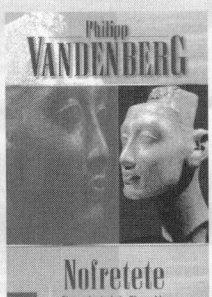

Philipp VANDENBERG

Das Geheimnis der Orakel

Archäologen entschlüsseln
das bestgehütete Mysterium der Antike

Jahrtausendwende. Auf den Tischen der Buchhändler
häufen sich die Werke, die einen Ausblick ins nächste
Jahrtausend geben wollen; Politiker, Wirtschaftswis-
senschaftler, Gurus und sonstige Kapazitäten fühlen
sich berufen, Prophezeiungen für die Zukunft auszu-
sprechen.
Doch sie sind nicht die ersten. Schon vor weit über
2000 Jahren bemühte sich der Mensch, in die Zukunft
zu sehen, und lauschte den Weissagungen der
Götter. Bestsellerautor Philipp Vandenberg widmet
sich in seinem spannend geschriebenen Buch den
Geheimnissen der antiken Orakel und zeigt, daß
schon damals nicht immer alles mit rechten Dingen
zuging …

ISBN 3-404-64169-8

BASTEI
LÜBBE

Europa im fünfzehnten Jahrhundert. Michel Melzer, ein Spiegelmacher aus Mainz, reist in das ferne Konstantinopel, um sein Glück zu machen. Durch Zufall gelangt er dort in den Besitz einer Erfindung, die unermeßlichen Reichtum verspricht: das Geheimnis der künstlichen Schrift. Dadurch gerät er in den Konflikt zwischen dem Kaiser von Byzanz und dem türkischen Sultan, dem Papst in Rom und dem Dogen von Venedig.

Doch der Spiegelmacher läßt sich allein vom Zauber der schönen Lautenspielerin Simonetta blenden, die im Dienst einer fremden Macht steht, welche die Schwarze Kunst für ihre eigenen Zwecke mißbrauchen will.

»Philipp Vandenberg ist ein Meister in der Verwandlung historischer Stoffe zu spannend-farbigen Romanen.«
AACHENER ZEITUNG

ISBN 3-404-14277-2

Christiane Desroches Noblecourt
RAMSES
SONNE ÄGYPTENS
Die wahre Geschichte

Um keinen anderen Pharao des alten Orients – von Tutanchamun vielleicht abgesehen – ranken sich mehr Legenden als um Ramses II. Alles an ihm übertraf irdische Maßstäbe: sein hohes Alter, seine lange Regierungszeit, seine große Schar Kinder, seine Rolle als Kriegsherr, seine meisterhafte Beherrschung der Diplomatie, seine grandiose Bautätigkeit und sein Selbstdarstellungsdrang. Die Lebensgeschichte dieses Pharaos birgt aber immer noch mehr überraschende Details, als Romanciers sich träumen lassen. Christiane Desroches Noblecourt, die Nestorin der französischen Ägyptologie, erzählt sie deshalb neu: spannend, informativ, einfach klassisch.

»Der illustrierte Band ist wohl das beste, was über den legendären Pharao derzeit vorliegt.«

Berliner Morgenpost

ISBN 3-404-61438-0

BASTEI
LÜBBE